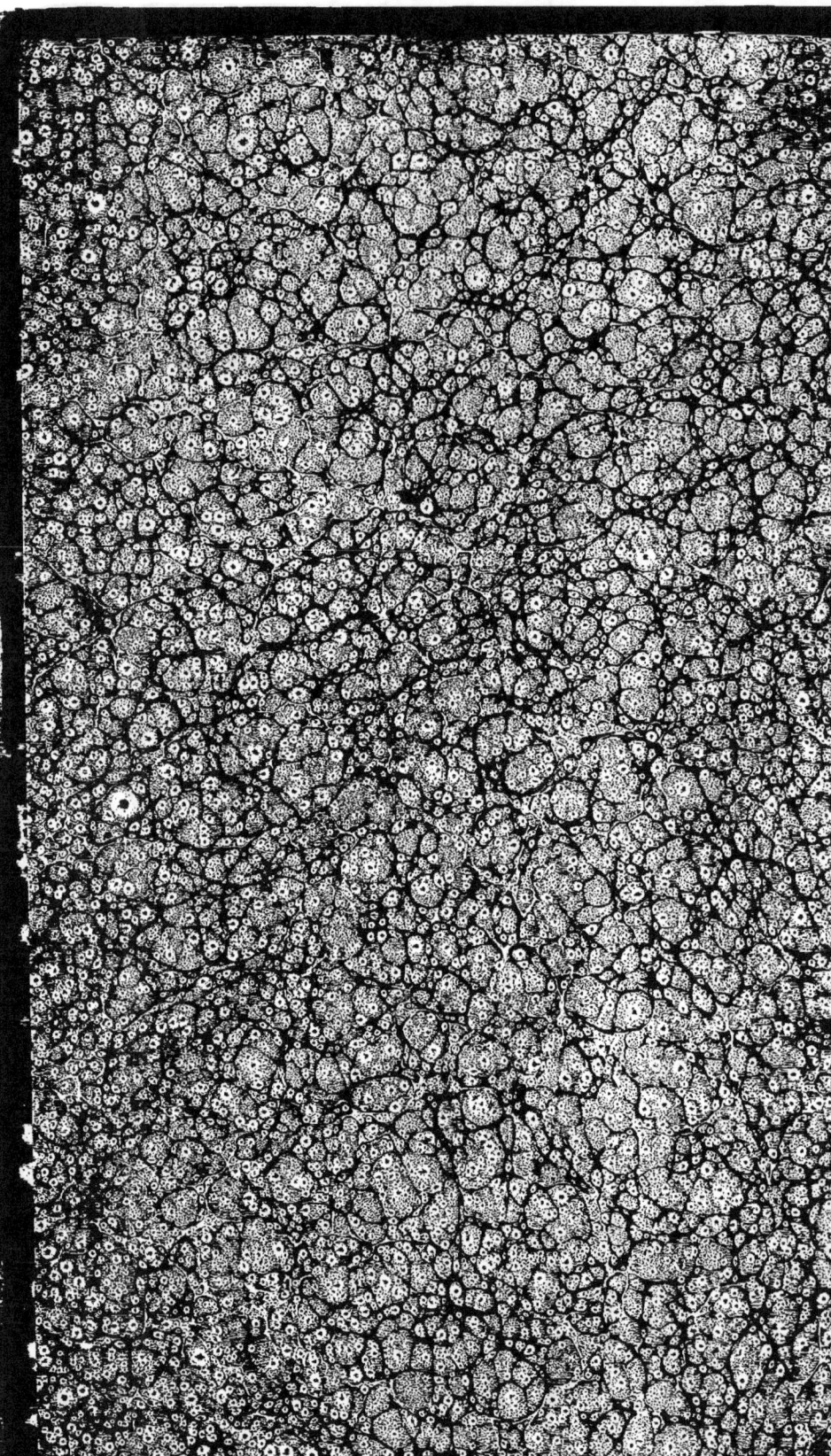

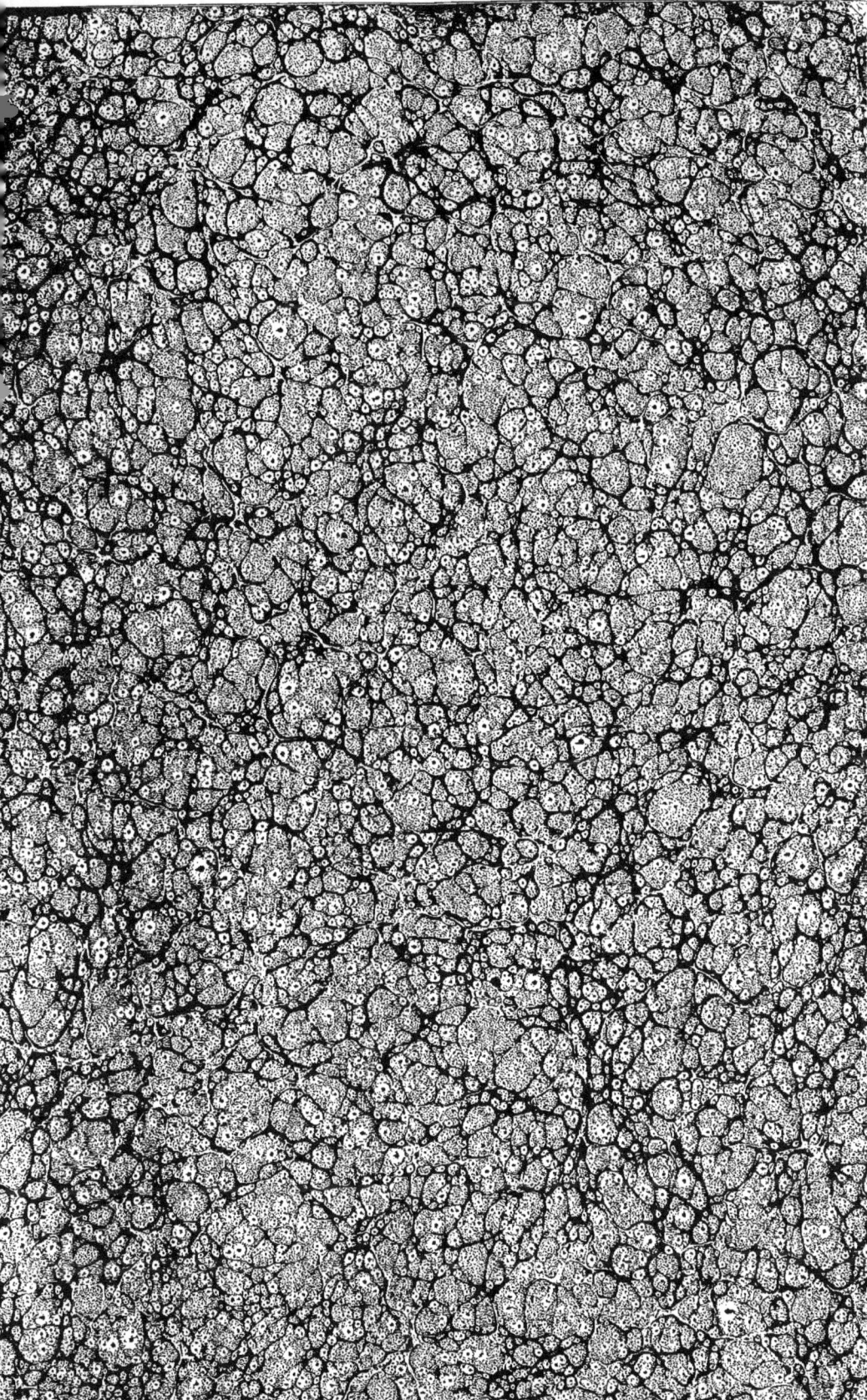

G

HISTOIRE PITTORESQUE

DES RELIGIONS.

SAINT-DENIS.—IMPRIMERIE DE PREVOT ET DROUARD.

HISTOIRE PITTORESQUE
DES
RELIGIONS

DOCTRINES,

CÉRÉMONIES ET COUTUMES RELIGIEUSES

DE TOUS LES PEUPLES DU MONDE

ANCIENS ET MODERNES;

PAR

F.-T. B.-CLAVEL.

ILLUSTRÉE DE TRÈS BELLES GRAVURES SUR ACIER.

TOME II.

PARIS.

PAGNERRE, ÉDITEUR,

RUE DE SEINE, 14 BIS.

1845.

HISTOIRE PITTORESQUE
DES RELIGIONS.

LIVRE TROISIÈME.—POLYTHÉÏSME

DE L'OCÉANIE ET DE L'AMÉRIQUE.

CHAPITRE Ier.

CROYANCES OCÉANIENNES. Source de ces croyances. — Venues originairement de l'Inde. — S'établissent d'abord dans la Malaisie. — Preuve tirée des langues de cet archipel. — Se propagent jusqu'en Amérique, par les îles polynésiennes. — Se mélangent des idées religieuses de tous les peuples de l'ancien monde. — Les quippos, ou cordelettes graphiques. — Syrinx, momies, têtes de sphinx, pyramides. — La trinité chrétienne. — Le Mérou. — Le valhalla. — L'unification. — Pan-kou, Tao, le bouc Mendès, le phallus. — Tradition juive sur la création de l'homme. — Initiation. — Hyéroglyphes. — Ventriloquie. — Divination par le vol des oiseaux et par l'inspection des entrailles. — Sacrifices humains. — Croix, emblèmes funéraires. — Interdictions. — Asiles. — Circoncision. — Baptême. — Éclipses de lune. — Fêtes du premier de l'an. — Souhaits aux gens qui éternuent. — Le brahmaïsme à Java. — Modifications qu'il y subit. — Les sept classes de génies. — Culte rendu au tigre. — Suttis. — Bouddhaïsme. — Ruines de tchandis ou temples hindous. — Ruines de monuments égyptiens. — Brahmaïsme de Bali. — Les dévas, les djinns et les orang-alous. — Culte des ancêtres. — Temples. — Prêtres : les aïdas et les mamangkou. — Le cordon des brâhmanes. — Embaumement des corps. — Cérémonies funèbres. — Fêtes solsticiales. — Opinions et coutumes religieuses des habitants de Bornéo, de Sumatra, de Célèbes, de Pogghi, des Philippines, de Formose, des Marianes. — Traditions et rites des Papous. — Culte des morts. — Festins funèbres. — Australiens. — Professent une sorte de manichéisme. — Coyan et Potoyan. — Songes, charmes et sortilèges. — Les kerredeis, les kinedous et les malgaradocks. — Temples des nouveaux Irlandais. — Le prapraghan. — Panthéon des insulaires de Viti. — Ouden-hi, père des dieux et créateur de l'univers. — Zan-haoualou, dieu du tabou. — Prêtres, prêtresses, temples. — Meurtre des veuves sur la tombe de leurs maris.

Origines. Tout démontre que, dès les temps les plus reculés, la Malaisie a reçu du grand foyer de l'Inde les premières semences de civilisation. En effet, les langues religieuse, littéraire et industrielle parlées dans les différentes parties de cet archipel sont incontestablement dérivées du sanskrit; et, d'un autre côté, le brahmaïsme et le bouddhaïsme sont encore dominants à Bali et dans plusieurs districts montagneux de Madoura et de Java, que d'antiques monuments, appartenant à ces deux croyances, couvrent presque en entier de leurs ruines imposantes. De ce point, les traditions hindoues se sont propagées, de proche en proche, dans les directions du nord et de l'est, jusqu'en Amérique, se corrompant davantage à mesure qu'elles s'éloignaient de leur source et se mélangeaient avec celles

T. II.

de tous les peuples de l'ancien monde, qui paraissent avoir sillonné, à diverses époques, les vastes mers de cette région.

L'histoire se tait sur la date et sur les particularités de ces communications; mais elles ont laissé de nombreuses traces dans les usages et dans les institutions des races océaniennes. On sait qu'avant l'invention des caractères de l'écriture, les Chinois y suppléaient au moyen de cordelettes qui, diversement nouées, servaient à transmettre les ordres du gouvernement et à perpétuer le souvenir des évènements mémorables. Cette méthode, imaginée, dit-on, par l'empereur Soui-gin-chi, trois mille ans avant notre ère, se retrouve dans toute sa simplicité chez les Redjangs de l'île de Java. Lors de la découverte du Mexique par les Espagnols, les peuples de ce pays écrivaient également à l'aide de cordelettes, auxquelles ils donnaient la dénomination de *quippos*. Ainsi que les anciens Égyptiens, les naturels de la Nouvelle-Irlande comptent, parmi leurs instruments de musique, l'épinette et le syrinx, ou flûte de Pan; les insulaires des Carolines entourent leurs morts de bandelettes et les placent dans des édifices de pierre attenant à leurs habitations; ceux de Waigiou et de Dory leur font des oreillers de bois terminés aux extrémités par des figures sculptées de sphinx, pareils à ceux qu'on trouve habituellement sous la tête des momies; les Taïtiens embaument les corps et les enferment dans des *moraïs* gigantesques, de la forme des pyramides égyptiennes, qui n'étaient également que de vastes tombeaux.

Les premiers voyageurs européens qui visitèrent les îles de la mer du Sud virent établi partout le dogme de la trinité divine; et, ce qui leur causa une surprise bien facile à s'expliquer, c'est que la trinité des Taïtiens se composait de Tane, ou Te-medoua, le père, l'homme; d'Oro, ou Mattiou, le dieu engendré, le fils, celui qui verse le sang; et de Taaroa, ou Manou-te-hooa, l'oiseau, l'esprit, le dieu créateur : ce qui avait un rapport frappant avec la trinité chrétienne. Partout aussi ils trouvèrent professée la croyance en une vie future, avec des récompenses pour les âmes des bons et des peines pour les âmes des méchants, celles-ci infligées dans un enfer; celles-là décernées dans un paradis le plus communément appelé mérou, et qui présente la même idée que le mont Mérou des brâhmanes. Par une singularité non moins étrange, un de ces paradis, celui des insulaires de la Nouvelle-Zélande, est de tous points semblable au valhalla des anciens Scandinaves. Dans ce lieu de délices, les âmes des braves, auxquelles il est exclusivement réservé, « se livrent des combats toujours heureux, boivent le sang et se repaissent des chairs de leurs ennemis, dans des banquets éternels où les patates douces ne manqueront jamais. » La rémunération des actes louables s'obtient quelquefois dès cette vie ; et, suivant la doctrine de *l'unification*, professée par les brâhmanes et par les sangas, les habitants de Nouka-hiva, entre autres, qui se purifient et s'élèvent par leurs mérites et par leurs vertus, parviennent à identifier leur essence avec celle de la divinité. Le panthéon des Océaniens offre les traits altérés de celui des religions de l'Inde ; et, dans les *atouas* de ces peuples, il est aisé de reconnaître les *dévas* ou *dévatas* du brahmaïsme. Parmi eux, ont aussi pénétré les cultes de quelques dieux de la Chine et de l'Égypte. C'est ainsi qu'on adore aux Mariannes Pountan ou Pouan-kou, qui fabriqua le monde ; à Nouka-hiva, Tao, qui apporta le cocotier dans cette île ; et, à Timor, le crocodile sacré, dont les chefs de tribus prétendent être issus. Sous le nom d'Ouré, le bouc Mendès est honoré par des danses lassives à la Nouvelle-Zélande, et l'on retrouve, dans plusieurs autres îles, des vestiges non moins caractérisés de l'adoration du phallus. Enfin, ce qui étonnera plus encore, une tradition des Taïtiens rappelle, avec une exactitude parfaite, ce que dit la Genèse des Juifs à propos de la création de la femme. Cette légende rapporte qu'un jour le dieu Taaroa, ou le créateur, plongea l'homme dans un profond sommeil et lui enleva un os (*ivi*), dont il lui fit une compagne.

Comme tous les autres sacerdoces, celui des peuples océaniens a établi dans son sein des mystères et des initiations dont les adeptes sont distingués par certains traits hiéroglyphiques de leur tatouage. Ils ont, à l'instar des charlatans sacrés qui habitaient les forêts de Dodone, la connaissance de la ventriloquie, à l'aide de laquelle ils rendent leurs oracles. Mais ce n'est pas là l'unique procédé qu'ils emploient pour écarter les voiles qui cachent l'avenir : à Taïti, ils consultent le vol et le cri des oiseaux, et, dans toute l'Océanie, les entrailles des victimes humaines. Ces horribles sacrifices, qui n'ont complètement cessé que là où le christianisme est devenu dominant, subsistent en outre comme cérémonie funéraire dans la plupart des îles de cette partie du monde. Quelques tribus de Célèbes immolent une jeune vierge sur la tombe de leurs chefs ; à Timor, dans le royaume de Sonnebâya, on avait coutume, il y a peu de temps encore, d'enfermer deux esclaves vivants dans le sépulcre des rois dont on célébrait les obsèques ; dans les îles de Bali et de Lombock, on brûle les veuves sur le bûcher de leurs maris ; et dans celle de Viti, de Tonga et de la Nouvelle-Zélande, ces infortunées sont contraintes de s'arracher elles-mêmes la vie. Il peut être curieux de remarquer en passant que, dans plusieurs archipels de la Polynésie, il est d'usage de planter des *croix* dans la terre qui recouvre les morts. Les ministres qui président à ces pratiques sanguinaires, renouvelées des druïdes, des prêtres de Kâli et de ceux des Grecs, des Romains et des Carthaginois, sont aussi les régulateurs et les dispensateurs du *tabou*, sorte d'interdiction religieuse semblable à cette coutume des nations anciennes qui défendait aux profanes de pénétrer dans certains sanctuaires, de porter la main sur les arbres des bois sacrés, et qui ouvrait des asiles inviolables aux hommes que poursuivait ou la rigueur des lois ou la haine des tyrans.

Parmi les pratiques publiques et privées de la religion, les prêtres océaniens ont introduit les purifications, les oblations, la continence, l'abstention de certains aliments, la séparation des sexes aux heures des repas, prescrite par le *Mânava-dharma-sâstra*. Ils ont établi une sorte de circoncision, et un baptême qui a la plus grande analogie avec celui des chrétiens. Ainsi, à la Nouvelle-Zélande, des femmes trempent un rameau vert dans un vase rempli d'eau, et s'en servent pour asperger le front du nouveau-né; dans l'île de Rotouma, le chef de tribu, qui cumule souvent les fonctions sacerdotales avec l'autorité civile et militaire dont il est investi en vertu de son rang, frotte le visage de l'enfant avec de l'huile de coco mêlée à de l'eau salée, et lui impose ensuite un nom.

Nous complèterons ce parallèle en traitant successivement des religions particulières à chaque groupe d'îles océaniennes; mais, avant d'aborder un autre sujet, nous ferons encore quelques rapprochements curieux, qui, peut-être, ne pourraient trouver place ailleurs. L'opinion, universellement répandue parmi les peuples ignorants, que les éclipses de lune sont produites par un méchant esprit qui s'élance sur cet astre pour le dévorer existe chez les insulaires de Taïti et de plusieurs autres archipels polynésiens. S'ils n'essaient pas d'effrayer le monstre par leurs clameurs et par leurs menaces, ils courent du moins vers leurs temples, afin d'adjurer les dieux de le contraindre à abandonner sa proie. Un tissu blanc, une branche d'arbre, sont généralement considérés par eux comme des symboles de paix. Les naturels des îles de Haouaï, ou de Sandwich, ont coutume de célébrer, par des fêtes, le renouvellement de l'année; et le prêtre qui préside à la solennité n'attend pas qu'on lui fasse des présents; il s'approprie, sans scrupule comme sans obstacle, tout ce qui lui tombe sous la main. Enfin, on adresse partout des vœux aux personnes qui éternuent. « Que le bon Atoua te réveille! » ou bien : Que le mauvais Atoua ne t'endorme pas! » est la formule usitée à Taïti dans cette occasion.

Croyances malaisiennes, micronésiennes et mélanésiennes. Bien que les religions mahométane et chrétienne, introduites depuis plusieurs siècles dans les îles malaises, soient aujourd'hui professées par la majeure partie des habitants, toutefois la branche saivaïte du brahmaïsme y compte encore un grand nombre de sectateurs. Il y existe également quelques restes de cette secte de Brahmâ dont l'extinction remonte, dans l'Hindoustân, à l'époque la plus reculée, et dont l'établissement, en Malaisie, doit vraisemblablement avoir précédé celui de la secte de Siva. Il s'en faut cependant qu'à cette distance de leur source les dogmes du brahmaïsme se soient conservés purs de toute altération. Voici, d'après Rienzi, les modifications principales qui y ont été apportées dans l'île de Java. Aux divinités originaires, ces insulaires ont ajouté une hiérarchie de génies bons et mauvais, dont nous reproduisons et les noms et l'emploi. Les uns habitent les grands arbres et errent pendant la nuit, cherchant les occasions de faire le mal et de porter préjudice aux hommes; on les appelle banaspati. Les autres, que l'on nomme kabo-kamali, sont les soutiens des voleurs et en général de tous les infracteurs des lois; ils prennent ordinairement la forme du buffle, et souvent aussi celle des maris, dans l'intention de tromper leurs femmes. Les barkasahan résident dans l'air et n'ont point de demeures fixes. Viennent ensuite les wiwi, qui revêtent l'apparence de grandes femmes et enlèvent les enfants; puis les prayangan, qui se métamorphosent en de séduisantes jeunes filles, et, par ce moyen, ensorcellent les hommes et les rendent insensés. Les damnit sont de bons génies à face humaine, gardiens des maisons et des villages, qu'ils défendent contre les entreprises des malfaiteurs. Enfin, les dadoung-awou sont tout à la fois les patrons des chasseurs et les protecteurs des bêtes fauves. De même que les Hindous, les Javanais ont foi en la métempsycose; mais ils pensent que certains animaux seulement sont aptes à recevoir les âmes des hommes après la mort. Tel est particulièrement le tigre royal, qui, pour cette raison, est sacré à leurs yeux, et qu'ils saluent du nom de *nini* ou de grand-père. Ils n'ont garde de se défendre contre sa fureur en faisant usage des armes; ils croient plus sûr de s'agenouiller devant lui et de le supplier de ne leur faire aucun mal. Ils vont même jusqu'à lui rendre un véritable culte, déposant pour lui, aux portes de leurs maisons, des offrandes de riz et de fruits, comme font les Hindous à l'égard des serpents. C'est parmi eux une opinion accréditée que, dans un district secret de leur île, les tigres ont un gouvernement, une cour, des villes, et des maisons couvertes de cheveux de femmes. Les mêmes idées sont adoptées par les brahmaïstes de Bali et de Sumatra. On ne trouve à Java ni des ordres mendiants, ni de ces fanatiques dont tant d'autres pays offrent l'affligeant spectacle, qui, par esprit de religion, se soumettent à de cruelles et sanglantes austérités. En revanche, les brâhmanes sont impitoyables pour les veuves; et aucune d'elles n'échappe au supplice du bûcher. Il est, du reste, à remarquer que, contrairement à ce qui se passe dans l'Inde, cette affreuse coutume n'atteint pas les femmes de la caste sacerdotale. Le bouddhaïsme aussi a des sectateurs à Java, où son introduction date des temps les plus anciens; mais les Javanais qui le professent sont en petit nombre : la masse se compose des Chinois qui ont fixé leur résidence dans l'île.

La surface presque entière de Java est couverte de ruines de *tchandis* ou temples, d'une immense étendue, et dont la construction remonte à une époque très éloignée. Les plus importants paraissent appartenir au bouddhaïsme. Parmi ceux-ci, il faut citer le temple de Boro-bodo, c'est-à-dire du grand Bouddha. Suivant la description qu'en donne M. Walkenaer, ce tchandi est construit sur la pente d'une montagne. Il a la forme équilatérale et est surmonté d'un dôme qui n'a pas moins de cinquante pieds de diamètre. Il est entouré de sept enceintes, dont la plus grande a, de chaque côté, une étendue de six cent vingt pieds. Les autres décroissent de hauteur à mesure que l'on gravit la montagne. Soixante-douze tours disposées sur trois rangs accompagnent les murs de la première enceinte; et les uns et les autres sont percés de niches où l'on a placé des statues colossales qui se montent au nombre d'environ quatre cents. Chacun des autres temples de Java mériterait une mention particulière, à raison tant de l'énormité de sa masse que de la supériorité de son exécution; mais, comme nous devons nous renfermer dans des limites fort étroites, nous nous bornerons seulement à signaler les plus remarquables. Les tchandis de Loro-djongrang, dit l'écrivain déjà cité, se composaient de vingt édifices différents, avec des enceintes et des entrées qui leur étaient propres. Le plus considérable avait quatre-vingt-dix pieds anglais d'élévation. Sur le frontispice de la porte principale, on voit encore la statue de la déesse Loro-djongrang, la même que la Bhâvani des Hindous; ce qui rattacherait ces temples à la croyance brahmaïque. A une faible distance, dans la direction du nord-est, on trouve les tchandi-siwou, ou les mille temples. Il est impossible de rencontrer une aussi grande quantité de colonnes, de statues, de bas-reliefs entassés sur un même terrain. Tout est terminé et poli avec une perfection rare, beaucoup d'art et d'invention, et un goût pur et exercé. Les statues des gardiens ou portiers du temple (boudous) ont neuf pieds de hauteur, quoiqu'elles soient agenouillées. Chacun des temples forme un parallélogramme d'environ cinq cent quarante pieds de long sur cinq cent dix de large. Tous sont construits sur le même plan, et le style de l'architecture, les costumes et les emblèmes des statues et des bas-reliefs qui les ornent, sont littéralement semblables à ceux des temples hindous; tous sont exactement orientés, et leurs plus grands côtés font face à l'orient et à l'occident; leur distribution intérieure est constamment en forme de croix. Une particularité que nous ne saurions non plus passer sous silence témoigne des rapports qui ont existé, dès la plus haute antiquité, entre les Javanais et les Égyptiens : « On trouve de vastes ruines sur une des collines qui entourent la base du mont Lawou. Une des constructions principales consiste en une pyramide tronquée qui se dresse sur le sommet de trois terrasses superposées. Près de cette pyramide, il y a des obélisques, des colonnes et des sculptures en partie renversés. La longueur des terrasses est d'environ cent cinquante-sept pieds. La première a quatre-vingts pieds de hauteur, la seconde trente et la troisième cent trente pieds. La porte d'entrée de ce temple est aussi en pyramide. Les figures sculptées et les bas-reliefs que l'on y voit ressemblent à ceux qu'on a trouvés en Égypte. C'est tantôt un monstre qui dévore un enfant et qui rappelle le cruel Typhon ; tantôt un chien qui fait ressouvenir du dieu Anubis ; ici, une grue dans laquelle on reconnaît l'Ibis, sculpté si fréquemment sur les monuments des rives du Nil ; là, le palmier, le pigeon, l'épervier, le serpent, symboles communs de l'antique Égypte. »

C'est de l'île de Java que le brahmaïsme a été apporté à Bali, où régnait déjà le bouddhaïsme. L'adoption de la première de ces croyances date, selon la tradition populaire, de peu d'années avant la conversion des Javanais à la foi musulmane, c'est-à-dire du vIII^e siècle de notre ère. Le chef de la mission des brâhmanes, qui appartenait à la secte de Siva, est désigné sous le nom de Wouhou-bahou. Dans son état actuel, le brahmaïsme de Bali n'est pas moins altéré que celui de Java. D'après la mythologie des insulaires, les dêvas sont des êtres d'un ordre supérieur, des dieux tutélaires, qui règnent sur les éléments, les montagnes, les forêts, les États et les provinces. Ils accueillent les prières et les sacrifices des hommes. Il les animent, les inspirent, les guident, les protégent, et sont les arbitres de leurs destinées. Ces divinités habitent la terre, et fixent leurs demeures, les unes, dans les forêts ; les autres, sur le sommet ou dans les flancs des montagnes ; celles-ci, sur les bords des fleuves et des torrents ; celles-là, dans les eaux tranquilles des ruisseaux. Au-dessous d'elles, dans l'ordre hiérarchique, sont des génies malfaisants appelés *djinns*, source de tous les maux qui affligent l'humanité. Ils résident également en divers lieux de la terre, et gardent leurs asiles avec un soin jaloux. Malheur à l'imprudent qui s'en approche ! il ne tarde pas à être victime de la colère de ces esprits ombrageux et méchants. Les Balinais croient en outre à une classe d'êtres qui tiennent le milieu entre les précédents et l'homme. On nomme ceux-là *orang-alous*, hommes impalpables, invisibles. « Je ne connais pas précisément, dit M. Raffles, à qui nous empruntons ces détails, leur essence et leur office. Ce sont, à ce qu'il paraît, des êtres en qui le matériel et l'immatériel se confondent, et qui participent de la nature des créatures humaines et de celle des esprits. J'ai vu un homme que l'on disait être marié avec un être féminin de la classe des orang-alous; il avait, ajoutait-on, des enfants monstrueux; mais personne n'avait jamais aperçu un seul d'entre eux; d'où je conclus qu'ils ressemblaient à leur mère. » Indépendamment des sacrifices qu'ils font à ces diverses divinités, les Balinais rendent aussi un culte religieux à leurs ancêtres, dont ils fixent la résidence sur les montagnes. Ces âmes sacrées veillent sur les actions et sur le sort de leur postérité; et ce sont elles qu'on invoque lorsqu'il s'agit de se livrer à quelque entreprise, ou lorsqu'on est menacé de quelque danger sérieux.

Dans cette île, les temples n'ont pas à beaucoup près la magnificence de ceux de Java. Ils consistent en de simples constructions en bois ou en briques, divisées en deux compartiments, dans le dernier desquels se trouvent les images des dieux, grossièrement modelées en terre. Devant ces statues, sont les offrandes de fruits qu'y ont déposées les fidèles. Les prêtres se partagent en deux classes. Ceux de l'ordre le plus élevé se nomment *aïdas*; les autres, *mamangkou*, c'est-à-dire gardiens. Tous sont pris exclusivement dans certaines familles et se transmettent le sacerdoce par voie d'hérédité; tous aussi portent le cordon sacré des brâhmanes, auquel ils donnent le nom de *ganitri*. Ils ont, les uns et les autres, pour unique revenu les rétributions qui leur sont accordées sur les funérailles et sur les suttis. Ils paraissent avoir emprunté des Égyptiens la coutume d'embaumer les corps; mais ce n'est pas pour les conserver perpétuellement dans cet état : à l'expiration d'une année, ils les réduisent en cendres ou les abandonnent au cours des fleuves. Il enterrent les enfants qui n'ont pas encore fait leur dentition, et les personnes qui ont été emportées par la petite vérole. Les funérailles sont accompagnées de lamentations, de chants et de danses. Une chèvre est ensuite sacrifiée, et son sang est répandu autour de la maison mortuaire, pendant que de jeunes filles adjurent le défunt de revenir à la vie. Cette formalité se continue jusqu'au moment où le corps, donnant des signes non équivoques de putréfaction, est décidément livré aux flammes du bûcher. Les solstices sont célébrés par deux fêtes solennelles, auxquelles prend part toute la population : la première, qu'on appelle *galoungan*, se prolonge pendant cinq jours; la seconde, nommée *kouningan*, dure deux jours seulement; elles ont lieu à l'époque où on plante le riz, et à celle où on le récolte.

Les croyances et les institutions religieuses des autres insulaires de la Malaisie, plus ou moins mêlées de mahométisme, conservent néanmoins de nombreuses traces du brahmaïsme dont elles sont originairement dérivées. Les habitants de Bornéo, particulièrement les Dayas, se servent encore aujourd'hui des divisions du temps empruntées de la méthode hindoue, et, en conséquence, leurs grandes périodes portent le nom de yougas. Ils s'imaginent aussi que les génies Kétou et Rahou se précipitent à certains moments sur la lune pour la dévorer, et occasionnent ainsi les éclipses de cet astre. A l'exemple des Hindous, ils poussent de grands cris pour effrayer ces génies et leur faire lâcher prise. Le dieu principal de la plupart d'entre eux se nomme Diouta; ils le considèrent comme le grand ouvrier du monde, et joignent au culte qu'ils lui rendent des hommages religieux aux mânes de leurs ancêtres. Les Battas de Sumatra adorent Dibata-assi-assi, créateur et maître de l'univers. Cet être suprême a produit trois autres dieux, qui ne sont que les ministres de ses volontés. Les Battas vénèrent également les âmes de leurs pères et les prennent à témoin de leurs serments. La coutume horrible de l'anthropophagie s'est perpétuée parmi eux; mais c'est moins parce que leurs instincts les y portent que pour se conformer à leur code religieux, qui remonte à la plus haute antiquité et qui prescrit impérieusement ces sanglants sacrifices. Néanmoins le nombre des cas où l'on doit dévorer des hommes diminue de jour en jour, et les vieillards, entre autres, sont maintenant dispensés de subir cette fatale nécessité.

On trouve dans plusieurs districts de Célèbes des vestiges nombreux d'antiques monuments du brahmaïsme, et des tombeaux en basalte couverts d'hiéroglyphes qui paraissent avoir une origine égyptienne. Les insulaires professent un mahométisme altéré par des dogmes et des usages empruntés de leur religion antérieure. Quelques tribus se sont même refusées jusqu'à présent à embrasser la nouvelle croyance et conservent leurs traditions et leurs coutumes primitives. Leurs aggui, ou prêtres, leur enseignent que le ciel est éternel. Autrefois, la lune et le soleil s'en partageaient l'empire; mais l'ambition les divisa; une lutte terrible s'établit entre eux; la lune recula devant son puissant adversaire: en fuyant elle se blessa, et le choc qu'elle éprouva la fit accoucher de la terre. Suivant une autre légende, Célèbes eut d'abord quatre rois. Une femme d'une admirable beauté, appelée Toummanourong, descendit du ciel pour les instruire. Un d'entre eux ressentit pour elle un violent amour, et elle consentit à l'épouser. De cette union, naquit un fils qui reçut le nom de Salingabayang. C'est, dit-on, ce jeune prince qui a institué les rites religieux. D'un autre côté, les Célébiens attribuent cette institution à Batara-gourou, c'est-à-dire à Siva, qu'ils prétendent avoir été un de leurs premiers souverains. Au reste, leur religion, qui admettait autrefois le culte des différentes divinités de l'Inde, semble se réduire aujourd'hui à une espèce de manichéisme: ils croient à des esprits malfaisants (empong), auxquels ils adressent des vœux, et en l'honneur desquels ils s'imposent des privations qui tiennent du tabou, que nous verrons particulièrement établi parmi les Polynésiens. Les principales fonctions des prêtres consistent dans les divinations par le chant et le vol des oiseaux, et par l'inspection des entrailles des victimes. Leurs prophéties sont formulées, à l'instar de celles des Grecs, dans un langage poétique cadencé. Les Orang-matawis de l'île Pogghi adorent les grands agents de la nature qui manifestent leur puissance dans le mouvement apparent des astres et des planètes, dans le tonnerre, les éclairs, les tremblements de terre. Quelquefois, et à cela se bornent les cérémonies de leur culte, ils sacrifient à ces dieux inconnus des porcs et des volatiles, pour apaiser leur courroux, pour les rendre propices à leurs entreprises, ou pour qu'ils les rappellent à la santé.

Les Aétas, sauvages noirs des Philippines, dont ils sont les premiers habitants, n'ont aucune idée d'une vie future, de récompenses pour les bonnes actions, de punitions pour les mauvaises. Ils croient seulement à l'existence de certains esprits malfaisants qui résident dans l'air, et auxquels ils donnent le nom de nono. Des prêtresses appelées catalona et babaïlana président au culte de ces méchants génies et leur sacrifient des porcs, des cocos et du riz. Ces peuples ont foi en outre dans le tigbalan, sorte de fantôme qui se montre souvent aux hommes sous une forme horrible et menaçante, et qu'on peut toutefois contraindre à s'éloigner en recourant à des exorcismes entourés de cérémonies magiques. Une autre superstition de ces insulaires est celle du *patiniak*. « C'est, dit Rienzi, un sortilège attaché à l'enfant qu'une femme porte dans son sein. Il a pour effet de prolonger les douleurs de l'enfantement et même de l'empêcher. Pour lever le patiniak, le mari, au plus fort de la souffrance, ferme soigneusement la porte de la case, allume un grand feu à l'entour, quitte le peu de vêtements qui le couvrent, et frappe l'air avec fureur de son kampilan, sabre dont la lame est plus large à l'extrémité que près de la garde, et il ne cesse enfin cet exercice violent que lorsque sa femme est parvenue à accoucher. » Les Aétas sont persuadés que les morts ne sont pas affranchis des besoins qu'ils éprouvaient dans cette vie : aussi déposent-ils à leurs côtés, dans la terre, des aliments pour plusieurs jours. Au repas qui accompagne les funérailles, ils leur laissent une place vide au milieu d'eux, afin qu'ils puissent participer au banquet funéraire. Ils supposent aussi que les âmes des morts, ou plutôt leur personne elle-même, rend quelquefois visite au foyer qu'elle a quitté ; et ils ne doutent pas que cette visite n'ait eu lieu, lorsque, sur les cendres qu'ils ont exprès étendues sur l'âtre de la cabane, ils aperçoivent la trace d'un pied ou tout autre indice analogue. Alors leur affliction n'a pas de bornes, et, dans la pensée que les défunts sont revenus pour exercer quelque vengeance, ils s'empressent de leur offrir des sacrifices destinés à apaiser leurs mânes irrités.

Les croyances et les pratiques des Aétas ont une grande analogie avec celles des insulaires de Formose, île qui n'est située qu'à une faible distance des Philippines, et fait partie de l'empire chinois. Là, comme ici, le sacerdoce est le partage exclusif de prêtresses que l'on nomme juiba; on croit à une sorte de tigbalan qui ne s'ingénie qu'à troubler la paix et le bonheur des hommes, et qu'on peut également éloigner à l'aide de conjurations magiques; il y a des festins funèbres, et l'on pourvoit les morts d'armes et d'aliments; enfin, on sacrifie de même à de malins génies et on leur fait des offrandes de porcs, de riz et de fruits. Seulement les Formosans ont foi dans une vie à venir et dans un lieu de récompenses, où les bons parviennent sans obstacle en traversant un pont étroit formé d'un seul bambou, tandis que ce pont se rompt sous les pas des méchants qui essaient de le franchir et qui vont s'ensevelir dans une fosse profonde pleine de matières immondes et empestées. D'un autre côté, les habitants des îles Mariannes, voisins de la Chine, comme les Formosans, paraissent avoir eu connaissance de quelques traditions reçues dans cet empire. C'est ainsi qu'ils prétendent qu'avant que le monde eût été formé, il y avait dans l'espace un être divin appelé Pountan (le Pouan-kou des tao-sse), qui, fatigué de l'oisiveté dans laquelle il vivait, conçut le projet de tirer l'univers du chaos qui était en lui. Dans cette vue, il mit ses sœurs à l'œuvre, et les chargea de faire, de ses épaules, le ciel et la terre; de ses yeux, le soleil et la lune, et de ses sourcils l'arc-en-ciel. Le premier homme fut pétri avec un fragment du rocher de Fauna, petite île située sur la côte occidentale de Gouaham. Les makahna sont les ministres du culte, qui se compose uniquement de cérémonies funèbres et de conjurations, opérées au moyen des crânes des morts, que les insulaires détachent des corps et gardent avec soin dans leurs maisons.

On a recueilli peu de renseignements sur les croyances et sur les rites des habitants de la Mélanésie, race peu nombreuse d'ailleurs et qui végète dans un état d'incroyable dégradation morale. A vrai dire, parmi ces peuples, qui ont la peau noire comme ceux de l'Afrique, avec lesquels ils offrent encore d'autres ressemblances, indices probables d'une identité d'origine, la religion n'est qu'un composé de vagues superstitions nées des inspirations de la misère et de la peur. Ainsi que les insulaires des Philippines et des Mariannes, ceux de la Papouasie, ou Nouvelle-Guinée, ne rendent guère d'hommages qu'aux âmes des morts. Ils ont pour autels des tombeaux, qu'ils entretiennent avec un soin minutieux et sur lesquels ils déposent des offrandes et des statuettes à formes bizarres. Nous avons déjà dit qu'ils plaçaient sous la tête des cadavres des coussinets en bois sculpté, pareils à ceux que les Égyptiens employaient pour le même usage. Leurs uniques solennités sont des fêtes funèbres qui ont lieu la nuit à la clarté des torches. Elles sont accompagnées de festins, dressés sur la plate-forme des cabanes, et pendant lesquels les convives haranguent les fétiches disposés autour de la table et dévorent en commun et les porcs et les fruits qui ont été offerts en sacrifice. Les idées et les pratiques religieuses des habitants de la Nouvelle-Hollande, ou Australie, diffèrent peu de celles des Papous. Ceux-là professent une sorte de manichéisme, qui admet un génie bienfaisant appelé Coyan, et un méchant esprit nommé Potoyan, sans cesse en lutte l'un contre l'autre et ne songeant qu'à nuire aux hommes ou à les protéger. Le premier agit constamment au grand jour; le second se plaît dans les ténèbres. Il rôde toutes les nuits autour des habitations, épiant l'occasion de satisfaire ses féroces instincts. Le feu seul, qui lui cause un insurmontable effroi, peut mettre à couvert de ses entreprises; aussi les Australiens ne négligent-ils jamais d'entourer leurs demeures de brasiers ardents pendant qu'ils se livrent au repos. Un enfant disparaît-il, c'est Potoyan qui l'a enlevé pour le dévorer. Alors on invoque Coyan, et, pour se concilier sa faveur et obtenir son appui, on lui fait une offrande de flèches et de dards. Si ensuite l'enfant échappe à toutes les recherches, ce fâcheux résultat est attribué, non à l'incurie ou à l'impuissance du dieu, mais à quelque faute secrète commise par un de ses adorateurs, et qui aura comprimé l'élan de sa bonne volonté. Les Australiens ont foi à l'influence des songes, aux charmes et aux sortiléges; et ils leur attribuent les malheurs qui les frappent, les maladies dont ils sont affligés. Ils emploient, soit pour se garantir de leurs effets, soit pour les tourner contre leurs ennemis, le ministère des kerredei, des kinedou et des malgaradock, espèce de sorciers qui remplissent parmi eux l'office de prêtres et de médecins. Ces peuples ont des notions confuses d'une existence future, et croient à la résurrection des corps: lorsqu'ils reviendront dans ce monde, ils seront transformés en hommes blancs, possèderont toutes les sciences, goûteront tous les plaisirs, au premier rang desquels ils placent l'oisiveté et la bonne chère. Ils ont, comme les Papous, des fêtes et des cérémonies funéraires, et ils munissent les morts, qu'ils entourent de bandelettes, de casse-têtes et d'autres armes, pour se défendre, au besoin, contre les attaques dont ils pourraient être l'objet.

M. Jules de Blosseville est peut-être le seul voyageur qui donne des détails sur la religion des naturels de la Nouvelle-Irlande; encore les renseignements qu'il a recueillis sont-ils obscurs et incomplets. Il paraît que ces insulaires reconnaissent un assez grand nombre d'intelligences supérieures, qu'ils désignent indistinctement sous le nom de bakoui. Pendant le séjour qu'il fit parmi eux, M. de Blosseville fut conduit par les chefs à une sorte de pagode, formant un parallélogramme de trente-six pieds de long sur onze de large, et haut de dix-huit pieds. Cette construction est partagée en deux compartiments par un plancher sur lequel sont posées les idoles. La principale, qui est près de l'entrée, est une statue d'homme, de trois pieds de hauteur, grossièrement sculptée, peinte en blanc, en noir et en rouge, et qui se distingue par un phallus énorme, comme autrefois, chez les Grecs, la statue de Priape. A la droite est un poisson ; à la gauche, une figure informe qu'on peut prendre pour un chien. De chaque côté, il y a cinq autres dieux sous l'apparence de têtes humaines. Enfin on voit dans le fond une quatorzième idole d'une plus grande dimension, peinte en rouge et dont les yeux sont figurés par des plaques de nacre. Non loin de là, est attaché un ornement en bois artistement découpé, que les naturels nomment prapraghan, et pour lequel ils paraissent éprouver une dévotion particulière. Ils placent habituellement cette figure couverte d'un voile à l'avant de leurs pirogues. De cette partie du temple, qui se trouve au niveau du sol, on descend dans la partie souterraine. Là, M. de Blosseville ne vit que deux tam-tams suspendus au plafond et quelques fruits déposés comme offrande. Du reste, il ne put rien apprendre ni des croyances ni des pratiques religieuses des insulaires ; mais, ce qui lui parut démontré, c'est qu'ils n'accomplissent pas de sacrifices humains, dont l'usage est pourtant général dans les îles de la mer du Sud.

Quoique plus abondantes, les notions qu'on s'est procurées sur la religion des naturels des îles de Figgi ou de Viti ne sont guère plus explicites. Là, on reconnaît une série complète de dieux. En tête, se place Ouden-heï, qu'on nomme plus habituellement Ouden-hi. C'est le père et le maître des autres divinités, et le créateur du ciel, de la terre et de tout ce qui existe. Après lui, vient Zan-haoualou, qui préside spécialement au tabou, institution en vigueur dans cette île, comme dans celles de la Polynésie ; puis seize autres intelligences subalternes, dont les attributions ne sont pas définies : telles sont Kalou-niouza, Reïzo, Vazougui-bérata ; telles sont encore Vazougui-ton-ha, Komeï-bouni-koura, Babé-bounti, etc. Il y a en outre deux déesses appelées Goulia-zavazo et Goli-koro, qui, avec le reste des dieux, habitent le nouma-lanhi, ou le ciel. Les Vitiens admettent le dogme de la vie future ; suivant eux, lorsque l'âme se sépare du corps, elle va se réunir à l'essence d'Ouden-hi, d'où elle est émanée. Les ministres qui desservent les autels des dieux sont pris dans les deux sexes. Les prêtres ordinaires ont le titre d'ambetti ; le souverain pontife, celui d'ambetti-levou. On nomme les prêtresses ambetti-levoua. Les offrandes consistent en porcs, en bananes, en étoffes et en divers autres objets. Le culte s'accomplit dans des ambouré, ou temples, qui sont de simples constructions en bois. Les mœurs de ces insulaires paraissent être assez douces, et les sacrifices humains, si communs parmi les naturels de la mer du Sud, leur sont tout à fait étrangers. Cependant leurs idées superstitieuses les poussent en certaines occasions à commettre des actes d'une odieuse cruauté. C'est ainsi que, lorsqu'un mari meurt avant sa femme, celle-ci est étranglée le jour où il expire, et est enterrée avec lui.

CHAPITRE II.

CROYANCES OCÉANIENNES (SUITE.) Communauté de traditions religieuses des naturels de la Polynésie. — Néo-Zélandais : leur trinité, pareille à la nôtre. Leurs autres dieux, ou atoua. Heko-toro à la recherche de sa femme. Leur pirogue merveilleuse. Rona tombé du ciel. Éclaire l'orbe de la lune. Les atoua, causes des phénomènes physiques. Origine de l'univers. La ligne de Maoui potiki. Création de l'homme et de la femme, conforme à la tradition judaïque. Vie future. L'ata-mira, semblable au Valhalla des Scandinaves. Les éatouas, anges gardiens. Les tii, malins esprits. Opinions superstitieuses. Les ariki, ou prêtres. Le tabou. Les ouaré-atoua, ou temples. Pounamou, karakia, a-o-kaïtou, karakia-tanga. Le toinga, baptême analogue à celui des chrétiens. Funérailles. Croix dans les cimetières. Le relèvement des os. Anthropophagie. Ses causes. Théorie de la formation des îles de la mer du sud. Assimilation des qualités de l'ennemi dévoré. Sacrifices humains. Cérémonial qui les accompagne. Le rakau-tabou. Ses propriétés. — Tongas : leurs divinités : hotoua et atoua-hou. Leurs attributions. Tangaloa, dieu des arts, et ses prêtres charpentiers. Ce dieu tire la terre du fond des eaux à l'aide d'une ligne. — Les premiers habitants de Tonga. Fratricide, qui rappelle le meurtre d'Abel. Autre version. Les dieux devenus mortels pour avoir mangé du fruit défendu. Castes. Prêtres : le toui-tonga, le véachi, les fahé-guéhé. Idées morales. Immortalité de l'âme. Le bolotou ou paradis. Apparition des morts. Leur mission. Présages et charmes. Malaï, ou temples. Lieux d'asiles. Oracles. Offrandes : le touo-touo et le natchi. Sacrifices : le toutou-nima et le naudgia.

Croyances polynésiennes. Nous venons de voir que les idées religieuses répandues dans les trois premières divisions du monde maritime présentent, à des distances rapprochées et quelquefois sur le même point, d'assez notables dissemblances. Au contraire, celles des habitants de la Polynésie, dont les îles, éparses sur toute la surface de l'océan Pacifique, embrassent un espace de quatre-vingt-dix degrés du sud au nord et de cent degrés de l'ouest à l'est, appartiennent à un système général, faiblement modifié dans ses détails par les circonstances locales et par d'autres causes accidentelles. Cette communauté de traditions ressortira avec évidence de l'aperçu que nous allons donner des religions professées dans chacun des archipels de cette vaste région.

Nouvelle-Zélande. Au degré le plus élevé de leur hiérarchie céleste, les Néo-Zélandais placent une divinité en trois personnes, formée de Dieu le père, de Dieu le fils et de Dieu l'oiseau, ou Dieu l'esprit. La toute-puissance est l'attribut essentiel de Dieu le père, que quelques-uns appellent Noui ou Moui-atoua, le maître du monde; d'autres, Maoui-ranga-rangui, celui qui habite le ciel. Dieu le fils et Dieu l'esprit sont frères et sont doués du pouvoir de créer. On nomme le premier Maoui-moua, et le second Maoui-potiki. Cette trinité suprême demeure actuellement dans un repos presque absolu, et abandonne aux divinités secondaires le soin d'administrer l'univers. En tête des dieux qui occupent le rang inférieur, est Tipoko, qui préside à la colère et à la mort; puis vient Towaki, ou Tauraki, qui soulève les orages et les tempêtes. Heko-toro est le dieu des charmes et des sortiléges. La légende rapporte qu'ayant jadis perdu sa femme, il se livra longtemps à de vaines recherches. Il désespérait de la retrouver jamais, lorsqu'abordant enfin à la Nouvelle-Zélande, elle s'offrit tout éplorée à ses regards. Heureux de cette rencontre imprévue, les deux époux séchèrent leurs larmes, s'embarquèrent dans une pirogue suspendue au firmament par ses deux extrémités, et, à l'aide de ce merveilleux véhicule, regagnèrent leur céleste demeure, où on peut les voir briller sous la forme d'une constellation. Immédiatement à la suite de ce couple, marche le dieu Rona, dont les attributions ne sont pas définies. Tout ce qu'on sait de ce qui le touche, c'est qu'un jour il fit un faux pas et tomba du ciel sur la terre : un puits se trouvait justement au-dessous de lui, et il s'y serait infailliblement noyé, s'il n'avait rencontré sur son passage une branche d'arbre, à laquelle il resta accroché par ses vêtements. Échappé comme par miracle à ce terrible danger, Rona fut ensuite transporté dans l'orbe de la lune, qui resplendit depuis lors de la lumière dont rayonne le corps du dieu. Indépendamment de ces grandes divinités, il y a des dieux qui ne jouissent que d'un pouvoir limité et qui président spécialement à certains lieux, tels que la caverne de Manava-taoui, les deux rochers qui se dressent à l'embouchure du Choukianga, et une foule d'autres. En général, les intelligences supérieures sont désignées sous le nom d'atoua, que les Néo-Zélandais définissent un souffle tout-puissant. Ces insulaires croient que ce souffle revêt quelquefois une forme matérielle et sensible, et qu'il annonce sa présence par un faible susurrement. Si quelqu'un d'entre eux est atteint d'une maladie mortelle, c'est que l'atoua s'est introduit dans son corps et lui ronge les entrailles. Lorsque le fluide électrique vient troubler la tranquillité de l'air, c'est l'atoua qui, métamorphosé en un poisson énorme, s'ébat au milieu des nuages et produit le roulement du tonnerre. Les premiers Européens qui parurent sur les plages de la Nouvelle-Zélande avec leurs vaisseaux et leurs armes à feu furent considérés par les naturels comme autant d'atoua ou de pakeka armés des éclairs et de la foudre.

Dans l'origine des choses, il n'y avait qu'une immense étendue de mer, du sein de laquelle s'élevait seulement la cime d'un rocher. Maoui-moua fabriqua la terre au-dessous des eaux, et Maoui-potiki, debout sur le rocher qui lui servait de point d'appui, l'attira à la surface à l'aide d'une ligne, et lui donna la forme qu'on lui voit aujourd'hui. Il arrive quelquefois que

Maoui-potiki secoue l'oisiveté à laquelle il s'est condamné; alors il occasionne les tremblements de terre. Un des priviléges dont il est singulièrement jaloux est celui de communiquer la vie, que Tipoko seul a le pouvoir de retirer. La création du premier homme est l'œuvre des trois maouï; mais Maoui-ranga-rangui, ou dieu le père, y eut la principale part. C'est lui aussi qui forma la femme d'une des côtes de l'homme, que, préalablement, il avait endormi d'un profond sommeil.

L'espèce humaine est douée d'une âme immortelle, qui a sa source dans l'*hippah* (probablement le sein de Maoui-potiki), et qui, après la dissolution du corps, va habiter un autre monde, où elle est récompensée ou punie, suivant les actions bonnes ou mauvaises qu'elle a inspirées dans cette vie terrestre. Ainsi les esprits des justes et des braves, au moment où ils se séparent de leur enveloppe périssable, plongent dans la mer, vers le cap nord, à l'endroit appelé Reinga, et se rendent par cette voie dans l'Ata-mira, lieu de délices pareil au Valhalla des Scandinaves, où ils se livrent de perpétuels combats et se repaissent des chairs de leurs adversaires vaincus. Les esprits des méchants, au contraire, errent misérablement autour du Pouke-tapou, la montagne sacrée, sans pouvoir jamais espérer leur pardon. Le même sort est réservé aux âmes des lâches ou des guerriers dont les corps ont été dévorés par l'ennemi sur le champ de bataille, et qui ont été privés ainsi de l'oudoupah, c'est-à-dire de la sépulture de leurs pères. Les âmes des bienheureux sont autant de bons génies qui, sous le nom d'éatoua, s'attachent aux vivants, les inspirent, les protégent et remplissent auprès d'eux tous les offices attribués à nos anges gardiens. Celles des damnés constituent des génies malfaisants nommés tii, qui se vouent à une tâche tout opposée, et qui, de même que nos malins esprits, ne songent qu'à nuire aux hommes et à les pousser au mal.

Les insulaires de la Nouvelle-Zélande joignent plusieurs opinions superstitieuses à ces croyances principales. Ils ont foi aux makoutou, c'est-à-dire aux enchantements, et supposent que les malheurs qui leur arrivent, les maladies qui les atteignent, les morts subites dont ils sont témoins, ne sauraient provenir d'une autre cause. Suivant eux, les makoutou s'opèrent à l'aide de certaines formules, de prières spéciales ou de gestes et de grimaces consacrés. Ils croient aussi que ce qu'ils voient en songe les informe d'un danger prochain ou éloigné, leur annonce un bonheur inattendu ou le succès d'une entreprise projetée. Les songes de leurs prêtres surtout renferment des pronostics infaillibles, qu'il ne serait pas prudent de mépriser. D'ailleurs leur piété est intéressée à se conformer à ces avertissements, car ce sont les atoua eux-mêmes qui les leur envoient. M. Dillon rapporte qu'il lui suffit, pour se débarrasser d'un insulaire qui voulait absolument s'embarquer sur son vaisseau, d'assurer à cet homme qu'il avait appris en songe qu'il périrait dans le voyage, s'il ne renonçait pas à le tenter.

Les ministres des dieux se nomment ariki. On leur donne aussi le titre de tahe-tohonga, ou hommes savants. Leurs femmes, qui les assistent dans les fonctions sacerdotales, sont appelées vahiné-ariki ou vahiné-tohonga. Dans l'opinion du peuple, ces prêtres jouissent d'une science surnaturelle : ils lisent dans l'avenir; ils connaissent les volontés des dieux, avec lesquels ils sont en communication directe: ils interprètent les songes et guérissent les maladies. Ces différents emplois ne les occupent pas exclusivement; ils suivent en outre leurs tribus à la guerre, mais ils ne courent personnellement aucun danger, car leur personne est, des deux parts, considérée comme sacrée. Ce sont eux qui excitent les guerriers au combat, et qui, après la lutte, adressent aux atoua les actions de grâces du parti victorieux.

Il existe à la Nouvelle-Zélande, comme dans toutes les autres îles de la mer pacifique où le christianisme n'est pas encore dominant, une coutume religieuse dont les prêtres se sont constitués les régulateurs souverains. Cette coutume, généralement appelée *tabou*, *tambou*, ou *tapou*, porte le nom d'*émo*, à Radack; de *pamalé*, à Ombaï; de *penant* et de *matemat*, aux Carolines. Rienzi dérive l'étymologie de l'appellation principale de l'arabe littéral *taoubou*, ou *taouboun*, qui signifie expiation, pénitence. Quelle que soit cependant l'origine du mot, il est certain que l'institution qu'il désigne remonte à une époque reculée, et qu'elle a des analogues chez tous les peuples anciens, et encore aujourd'hui dans l'Inde et à la Chine. Aussi l'auteur que nous citons conjecture-t-il avec raison qu'elle a été primitivement importée par les Hindous dans les îles de la Sonde, et propagée de là, ensuite, dans toute l'étendue de la Polynésie, par les Bouguis de Bornéo.

Le tabou est une interdiction absolue ou relative, permanente ou temporaire, appliquée à certains êtres vivants, à certains objets inanimés, qu'il est défendu de toucher ou de voir, et jusqu'à certains noms, qu'il n'est pas permis de prononcer. Le tabou s'étend à toute chose. On ne saurait échapper à ce terrible veto, ni dans les temples ni hors des temples, ni dans les villes ni dans les campagnes. Il vous atteint en santé comme en maladie, pendant vos repas, dans votre sommeil, au milieu de vos travaux et de vos jeux, toujours et partout, depuis la naissance jusqu'à la mort, et même dans le sein du tombeau. Quelquefois le tabou est si rigoureux que les habitants ne peuvent ni sortir de leurs maisons, ni faire du feu pour cuire leurs aliments, et sont obligés de museler leurs cochons et de couvrir les yeux de leurs poules pour les empêcher de crier. « Sans nul doute, dit Dumont-d'Urville, le but primitif du tabou fut d'apaiser la colère de la divinité et de se la rendre favorable en s'imposant une privation volontaire proportionnée à la grandeur de l'offense et à la colère présumée de dieu. » Et ce qui rend cette privation plus impérieuse, plus absolue, c'est que l'insulaire qui se l'est imposée ou qu'elle oblige est convaincu que le tabou est agréable à l'atoua, et que tout objet qui en est frappé, surtout par le ministère d'un prêtre, se trouve au pouvoir de la divinité et interdit à tout contact profane. Les prêtres seuls peuvent établir un tabou général; mais chaque individu a le droit d'en attacher un aux choses qui lui appartiennent. Dans le dernier cas, le tabou n'engage que les personnes soumises à l'autorité de celui qui l'a prononcé : il est rare cependant qu'il ne soit pas respecté par tout le monde, tant le préjugé a de puissance sur les esprits. Une parole du prêtre, proférée dans une circonstance particulière, un songe menaçant ou quelque vague pressentiment suffisent le plus souvent pour persuader à un naturel que l'atoua est courroucé, et pour le déterminer à imposer le tabou sur sa cabane, sur son champ, sur sa pirogue, sur sa basse-cour, malgré la gêne et la détresse que la privation qui en résultera doit infailliblement lui causer. Il est vrai que le kava, soit en nature, soit en infusion, n'étant jamais sujet au tabou, le taboué, dans sa misère, a du moins la ressource de s'enivrer.

Il y a un grand nombre d'objets qui sont tabou, ou sacrés, par eux-mêmes : tels sont les dieux, les prêtres, les temples, la personne du chef souverain, son nom, les membres de sa famille, toutes les choses à leur usage, les dépouilles des morts et particulièrement de ceux qui ont occupé un rang élevé. Les femmes ne peuvent se mettre en contact avec les animaux spécialement consacrés aux dieux. Elles doivent s'abstenir de se nourrir de certains aliments, du porc, entre autres, et de ceux qui ont été servis sur la table des hommes. Elles n'ont pas la faculté de faire cuire les aliments qui leur sont permis avec le feu qu'ont employé les personnes de l'autre sexe pour la cuisson des leurs, et il leur est défendu de s'introduire dans la chambre où ces personnes prennent leurs repas. Ni les unes ni les autres ne sont autorisées à faire du feu dans la partie de leurs cabanes où elles placent leurs provisions. Un chef ne saurait, sans crime, se chauffer au foyer d'un individu de condition inférieure, ou alimenter la flamme du sien avec le feu d'un autre naturel, de quelque rang qu'il soit. La tête de l'homme et les cheveux qui la couvrent sont essentiellement tabou. Lorsqu'un Polynésien s'est coupé les cheveux, il a soin de les déposer dans un lieu où ils ne risquent pas d'être foulés aux pieds; il reste taboué un espace de plusieurs jours, pendant lequel il lui est interdit de saisir ses aliments avec les mains. On ne décide qu'avec peine un de ces insulaires à pénétrer dans l'intérieur des navires européens : il craindrait qu'en cet instant quelqu'un ne vînt à passer sur le pont au dessus de lui.

Le tabou atteint accidentellement et pour un temps déterminé certains hommes et certains objets. A peine a-t-on sevré un enfant du sexe masculin, qu'il est séparé de sa mère et que ses aliments sont taboués pour elle. Les femmes près d'accoucher, les malades en danger de mort sont tabou : personne ne peut les approcher, excepté les esclaves, qui partagent leur isolement. Les ustensiles des morts sont enterrés avec eux. Une prêtresse se taboue lorsque sa tribu se prépare à la guerre. Au départ d'une personne aimée, on se soumet au tabou pour obtenir qu'elle arrive à bon port. On taboue la pirogue qui s'apprête à faire un long voyage, afin qu'elle résiste plus sûrement aux assauts des requins, des vagues irritées et des vents orageux. C'est au moyen du tabou qu'on scelle la parole donnée, qu'on rend inviolables les marchés convenus : il n'y a pas de contrat qui vaille le mot de *tabou*, prononcé avec un geste et d'un ton solennels. L'opération du moko, ou tatouage, entraîne, pour celui qui s'y est soumis, un tabou de trois jours. Tout homme qui fabrique une pirogue ou construit une cabane est assujetti au tabou ; mais il lui est interdit seulement de se servir de ses mains pour prendre sa nourriture, et il n'est pas séquestré de la société. On soumet le voleur avéré à un tabou sévère. S'il n'est que soupçonné, on le contraint à se baigner dans la mer, et l'on ne doute plus de sa culpabilité lorsqu'il est mordu ou dévoré par les requins. Ainsi l'institution des épreuves judiciaires a pénétré jusque dans ces parages isolés. On remarquera que celle-ci a une frappante analogie avec l'épreuve des caïmans, en usage parmi les habitants de Madagascar, à une distance de plus de trois mille lieues.

On emploie différentes formalités pour établir et pour constater le tabou. Le plus habituellement on proclame qu'un atoua ou que l'esprit d'un chef repose dans l'objet ou dans l'homme frappé d'interdiction. On reconnaît, à certains signes, nommés *ounou-ounou* dans les îles Tonga, qu'une chose ou une personne est tabouée. Tantôt c'est un drapeau blanc, tantôt un morceau de tapa, ou de natte, taillé en forme de lézard ou de requin. A Haouaï, une tresse passée dans l'oreille d'un porc signifiait que cet animal était soumis au tabou ; un pieu enfoncé au bord de la mer et surmonté d'une touffe de feuilles ou d'un lambeau d'étoffe blanche interdisait la pêche sur cette partie de la côte ; pour indiquer qu'un fruit devait être respecté, on liait autour de l'arbre une feuille de cocotier. Lorsqu'un lieu quelconque était placé sous la sauve-garde du tabou, « un envoyé des prêtres faisait sa tournée, le soir, pour ordonner au peuple d'éteindre les feux et de laisser l'intérieur du pays libre pour les dieux, et le rivage libre pour le roi. » Dans les îles Tonga, on lève le tabou, mis sur un chef, en touchant avec les mains la plante de ses pieds, d'abord avec la paume, ensuite avec le revers. Cette cérémonie s'appelle *moe-moe*. On nomme *faka lahi* celle qui a pour effet de rendre *gnófoua*, c'est-à-dire affranchis du tabou, les plantes et les fruits sur lesquels on l'avait imposé. Les prêtres accomplissent celle-ci à peu près de la même façon que la première.

La violation du tabou est regardée comme un sacrilége. Le coupable, que les Nouka-hiviens appellent *kikino*, provoquerait infailliblement le courroux de l'atoua, qui le ferait périr, et, avec lui, la personne qui aurait établi le tabou. Les kikino tombent toujours des premiers sous les coups de l'ennemi; il est vrai de dire que les prêtres ont eu le soin de les faire marcher à la tête des combattants. Mais, le plus souvent, le peuple indigné n'attend pas que l'atoua venge sa propre offense. Si le coupable est un personnage éminent, on le dépouille de ses biens, de ses dignités, et on le relègue dans les derniers rangs de la société; si, au contraire, c'est un homme sans importance, il est impitoyablement voué à la mort, et il expire bientôt sur les autels des dieux. On n'excepte de l'application de la peine que les seuls étrangers, parce qu'on suppose qu'ils doivent ignorer la loi. La terreur superstitieuse qu'inspire aux indigènes la violation du tabou est si profondément enracinée dans leur esprit qu'un Européen tenterait vainement de la faire évanouir. Souvent les missionnaires leur ont offert de leur prouver qu'on peut braver impunément les suites de cette violation, et chaque fois ils leur répondaient qu'en leur qualité d'ariki, ou de prêtres, et protégés par la puissance supérieure de leur Dieu, ce serait pour eux chose facile; mais que les atoua trouveraient bien le moyen de frapper l'insulaire assez hardi pour leur faire un pareil outrage. Ils n'ont enfin renoncé, sur plusieurs points, à cette croyance que lorsque la démonstration de sa fausseté leur a été fournie par quelqu'un des leurs, ou plus intelligent, ou conduit par des vues politiques. C'est de cette façon, par exemple, que le tabou a été aboli à Haouaï. Rio-Rio, fils et successeur de Taméa-méa, accomplit cette œuvre difficile. Il eut l'habileté de mettre dans son parti le grand prêtre Kekoua-oka-lani, que Taméa-méa avait chargé de la direction du culte. Un jour de fête solennelle, il prit des mets interdits aux femmes, et leur en fit manger à la vue du peuple assemblé. A ce spectacle, la foule horrifiée cria à la profanation, au sacrilége. Informés de ce qui se passait, les prêtres accoururent. « Assurément, dirent-ils, il y a là une violation manifeste du tabou. Mais comment se fait-il que les dieux outragés ne se soient pas vengés encore? C'est qu'apparemment ce sont des dieux impuissants ou de faux dieux. Dans tous les cas, il ne nous appartient pas de poursuivre ce qu'ils laissent impuni. » Et comme cette argumentation paraissait avoir fait impression sur les assistants, « venez, ajouta le grand-prêtre; venez, habitants d'Haouaï! débarrassons-nous d'un culte incommode, absurde et barbare! » Se saisissant alors d'un flambeau, il mit le feu lui-même au temple principal. Cet exemple fut suivi dans les autres îles de l'Archipel, et le tabou eut cessé d'exister sur ces rivages. A Taïti, la conversion de Pomaré au christianisme entraîna cet usage dans la ruine de l'ancienne religion du pays.

Malgré l'abus qu'on put en faire pour servir des passions ou des intérêts privés, il ne faut pas douter que le tabou n'ait été, dans beaucoup de circonstances, un véritable bienfait pour les peuples ignorants qui s'en sont affranchis, avant qu'une organisation politique un peu forte et le frein d'une morale équitable se fussent introduits parmi eux. On peut en juger par ce qui se passe dans les îles où il est encore en vigueur. « A défaut de lois positives pour sceller leur puissance et de moyens directs pour appuyer leurs ordres, les chefs, dit Dumont d'Urville, n'ont d'autre garantie que le tabou. Ainsi, qu'un chef craigne de voir les porcs, les poissons, les coquillages, manquer à sa tribu par une consommation imprévoyante et prématurée, il imposera le tabou sur ces divers objets pour tel espace de temps qu'il jugera convenable. Veut-il écarter de sa maison, de ses champs, des voisins importuns, des déprédateurs, il taboue sa maison et ses champs. » Par malheur, l'usage que les chefs font du tabou n'a pas constamment ce caractère d'utilité publique, de garantie des intérêts légitimes : c'est que partout où l'homme est investi d'un pouvoir supérieur, de quelque nature qu'il soit, il est toujours entraîné à en faire tourner l'exercice à son profit exclusif. « Un chef, continue l'écrivain que nous venons de citer, désire-t-il s'assurer le monopole d'un navire européen mouillé sur son territoire, un tabou partiel écartera tous ceux avec qui il ne veut point partager un commerce aussi lucratif. Est-il mécontent du capitaine, et a-t-il résolu de le priver de toute espèce de rafraîchissements, un tabou absolu interdira l'accès du navire à tous les hommes de sa tribu. Au moyen de cette arme mystique et redoutable, et en en ménageant adroitement l'emploi, un chef pourra amener ses sujets à une obéissance passive. Il est bien entendu que les chefs et les arikis savent toujours se concerter pour assurer aux tabou toute leur inviolabilité. »

Dans chaque pa, ou village, s'élève un *ouaré-atoua*, c'est-à-dire une maison de Dieu, un temple. C'est une cabane de plus grandes dimensions que celles des habitants. L'extérieur en est décoré de statues à formes bizarres, dans lesquelles les insulaires ne voient point les images de la divinité, mais de purs symboles représentant ses divers attributs. Ils n'accordent à ces symboles aucun culte positif, non plus qu'aux mêmes effigies qui sont placées sur les tombeaux de leurs pères, aux portes de leurs maisons, ou qui, sous le nom de *pounamou*, sont suspendus à leurs cous comme parures et ornements. C'est dans les ouaré-atoua que se célèbrent les cérémonies du culte, que l'on fait les *karakia*, ou prières, et qu'on dépose l'*a-o-kaïtou,* la nourriture sacrée, offerte aux dieux. C'est là aussi que, dans les temps de guerre, les tribus viennent accomplir le *karakia-tanga,* prière solennelle qui a pour objet d'interroger l'*oaï-doua,* ou l'esprit-saint.

Les Néo-Zélandais ont un baptême qu'ils appellent *toïnga.* Cinq jours après sa naissance, l'enfant est placé par sa mère sur une natte, que supportent deux monceaux de sable ou de bois. Toutes les femmes invitées à la cérémonie trempent l'une après l'autre une branche d'arbre dans un vase plein d'*ouaï-tapa,* ou d'*ouaï-toï,* d'eau baptismale, et en aspergent au front le nouveau-né. C'est en ce moment qu'on lui impose un nom, qu'il devra porter toute sa vie, à moins qu'il ne se distingue à la guerre par quelque action d'éclat. Dans ce cas, en lui donnant un nom nouveau, on procède à un nouveau baptême. Les paroles prononcées en cette occasion sont habituellement celles-ci : « Que mon enfant, dit la mère, soit baptisé ! Puisse-t-il, comme la baleine, être furieux, être menaçant, pour la vie ! Qu'à cet enfant la nourriture soit fournie par l'atoua de son père, pour la mort ! Puisse-t-il se maintenir en santé et en joie, pour la vie ! Puisse-t-il recevoir sa nourriture, quand ses os seront relevés, pour la mort ! »

Les mariages sont aussi consacrés par des cérémonies particulières. Mais c'est à l'époque des funérailles que le culte des naturels déploie toutes les pompes dont il est susceptible. Il est vrai de dire qu'on ne rend ces grands honneurs qu'à la dépouille mortelle des chefs et des autres personnages considérables. Quant aux hommes du peuple, leur corps est enterré sans aucun appareil, et les restes des esclaves sont abandonnés à la voracité des oiseaux de proie, lorsque, par égard, ils ne sont pas jetés à la mer. Les morts de distinction sont laissés pendant trois jours sur leur couche funèbre, par suite de l'opinion reçue que la séparation de l'âme n'a définitivement lieu qu'à l'expiration de ce terme. Alors le cadavre est frotté d'huile de coco, orné et paré de ses plus beaux habits. Ses membres sont ployés, ramassés en un bloc, et fixés dans cette posture par des liens. Les parents et les amis, introduits bientôt après dans la chambre mortuaire, font retentir l'air de leurs gémissements, et se déchirent cruellement les chairs pour témoigner plus fortement leur douleur. Le défunt est ensuite porté dans un lieu clos de palissades et sévèrement taboué, enfermé dans une tombe (*oudoupah*) que surmontent des pieux, des *croix,* ou des figures fantastiques recouvertes d'une couche d'ocre rouge, et amplement pourvu de vivres pour la nourriture de son *oaï-doua,* c'est-à-dire de son esprit ; car les Néo-Zélandais pensent que, bien qu'immatérielle, l'âme n'en est pas moins susceptible d'éprouver le besoin d'aliments. Lorsque ces formalités sont remplies, toute la tribu se réunit autour d'un festin funéraire, dont le porc, le poisson, les patates et surtout l'enivrant kava font principalement les frais. On ne laisse reposer le corps dans la tombe que juste le temps nécessaire pour que la corruption des chairs soit complète. Ce moment venu, on procède à une cérémonie appelée le relèvement des os. La personne qui y est préposée (c'est ordinairement le plus proche parent du mort) exhume la cadavre, en détache les ossements, les nettoie, les polit et les transporte avec solennité au lieu de la dernière sépulture, où ils sont déposés sur de petites plates-formes élevées de deux à trois pieds au-dessus du sol. Ce relèvement des os est pour les Néo-Zélandais une formalité dont les parents ne sauraient s'affranchir sans une sorte d'impiété ; et l'on en voit fréquemment qui bravent les périls d'un voyage lointain pour aller s'acquitter de ce pieux devoir.

Tous les peuples de la Polynésie accomplissent des sacrifices humains et se repaissent le plus souvent de la chair des victimes. Les Néo-Zélandais trouvent la sanction de ces meurtres et de ces affreux repas dans les légendes de leurs dieux, où l'on voit, en effet, qu'une lutte fratricide s'étant engagée entre Maoui-moua et Maoui-potiki, le dernier fut tué et dévoré par son aîné. Mais peut-être l'anthropophagie a-t-elle eu parmi ces peuples une cause jusqu'à certain point excusable. On connaît l'origine des archipels polynésiens : d'innombrables insectes coralins, s'entassant çà et là, sur le lit de la mer, pendant une longue suite de siècles, ont peu à peu élevé leur masse jusqu'à la superficie des eaux, et donné naissance à ces îles, qui sont comme autant d'oasis épars dans le grand désert de l'océan Pacifique. Cette surface de corail s'est successivement garnie d'une couche de terre que les vents y ont transportée, et qui ne s'est couverte qu'avec lenteur d'une rare végétation, incapable d'assouvir la faim de l'homme. Telles sont encore aujourd'hui la plupart des îles de la mer du Sud. Qu'on suppose maintenant que quelques habitants d'une terre plus favorisée se soient embarqués dans une frêle pirogue, et aient été, comme il n'arrive que trop souvent, poussés au loin par une tempête sur un de ces rochers stériles. Ne comprend-on pas que, ne trouvant autour d'eux, ni sur le sol encore improductif, ni dans la mer qu'infestent et défendent les requins, aucun moyen de pourvoir à leur subsistance, une affreuse nécessité a pu entraîner les plus forts d'entre eux à se défaire et à se nourrir des autres? Cette hypothèse est, au reste, pleinement justifiée par ce que nous voyons se passer sous nos yeux : l'anthropophagie a graduellement disparu de plusieurs îles abondantes en produits alimentaires ; elle s'est conservée intacte partout où se fait sentir la rareté de ces substances. Quoi qu'il en soit, les préjugés superstitieux perpétuent cette horrible coutume dans quelques groupes où rien ne s'opposerait plus à ce qu'elle cessât. Par exemple, les Polynésiens sont généralement persuadés qu'en dévorant le corps d'un ennemi, ils s'assimileront le courage, la force, l'habileté dont il était doué, et, par ce moyen, accroîtront leur propre puissance. On conçoit que l'anthropophagisme ne pourra s'effacer qu'avec cette croyance elle-même, parmi des peuplades essentiellement guerrières comme le sont celles-ci.

A la mort d'un chef, on accomplit des sacrifices humains. Il arrive habituellement que, pour témoigner de la profonde douleur que lui cause la perte qu'elle a faite, la veuve elle-même s'ôte volontairement la vie. L'usage veut aussi qu'on immole plusieurs esclaves, autant pour apaiser le courroux toujours présumé de l'ouaï-doua, en désignant des victimes à ses coups, qu'afin de pourvoir le défunt de serviteurs dans l'autre monde. Les victimes dévouées ne sont pas égorgées sur les autels; elles sont tuées à l'improviste par un des parents du mort. Bien qu'elles doivent être enterrées avec le chef auquel elles ont appartenu, les prêtres et les assistants ne se font aucun scrupule de se nourrir de leur dépouille. En temps de guerre, lorsqu'un chef ennemi est tombé sur le champ de bataille, le parti vainqueur offre le corps en holocauste à l'atoua de la tribu. Les ariki le dépècent, en placent les morceaux sur des charbons ardents et les rôtissent. Par intervalles, ils en prennent quelques-uns, qu'ils mangent avec recueillement, pendant qu'ils consultent le dieu sur le résultat final de la lutte. Annoncent-ils que les offrandes ont été favorablement accueillies, les guerriers se disposent à combattre de nouveau et à poursuivre leurs succès; dans le cas contraire, renonçant aux avantages obtenus, ils déposent les armes et se retirent dans leurs foyers. Durant les cérémonies du sacrifice, « les chefs sont assis en cercle autour des victimes, la tête cachée dans leurs nattes, et gardant un profond silence, pour éviter de troubler ces augustes mystères, ou de jeter sur eux un regard profane. » La solennité achevée, ce qui reste de la chair sacrée est distribué entre les chefs et les principaux guerriers. La part du chef supérieur s'augmente de quelques morceaux qu'il destine à ses amis. Si la longueur de la route à parcourir ne permet pas de supposer que ce mets humain puisse arriver intact à sa destination, le prêtre y applique une baguette appelée *rakau-tabou,* l'y laisse reposer quelques instants, durant lesquels il fait une prière; puis retire cette baguette, l'enveloppe dans une natte et la confie à une personne tabouée, qui en a la garde jusqu'au retour de la tribu. Alors le rakau-tabou est mis en contact avec les aliments des privilégiés à qui étaient destinées les parts du festin qui n'ont pu être transportées; et, lorsque l'ariki les a consacrés par de nouvelles prières, ces aliments contractent les vertus dont eussent été douées les chairs sacrées elles-mêmes.

Archipel de Tonga. Les divinités de Tonga sont divisées en deux classes: les hotoua, c'est-à-dire les dieux bons, et les hotoua-hou, qui sont les dieux mauvais. Les premiers distribuent équitablement le bien et le mal dans le monde, suivant qu'ils croient utile et juste de récompenser et de punir; les seconds, obéissant à leurs méchants instincts, s'appliquent uniquement à faire le mal, mais capricieusement, sans but et sans acception de personnes. C'est à eux qu'on attribue les contrariétés et les déboires de la vie. Ils envoient dans le sommeil les songes effrayants et les cauchemars. Semblables à nos lutins et à nos esprits follets, ils s'ébattent au milieu des ténèbres, égarent à plaisir les voyageurs, sèment les piéges sous leurs pas, les tourmentent, les frappent, se jettent et se cramponnent sur leur dos jusqu'à ce que les premiers rayons du jour les contraignent à lâcher prise, à fuir et à se cacher. Détestés pour tous ces mauvais tours, ils n'ont ni temples, ni prêtres, ni offrandes.

On évalue à trois cents environ les nombre des bonnes divinités; mais on n'en connaît positivement qu'une vingtaine, qui ont pour résidence Bolotou, île située vers le nord-ouest. Ta-li-aï-toubo est le dieu de la guerre, dieu puissant et gigantesque, qui, de la terre, touche aux cieux. Touifoua-bolotou, préfet de la demeure divine, préside principalement aux préséances dans la société. On l'invoque dans les cas d'indispositions et de chagrins domestiques. Le grand-prêtre et sa famille sont placés sous l'égide protectrice d'Higouleo. S'agit-il d'entreprendre une course lointaine ou quelque expédition maritime, on s'adresse à Toubo-toti, dieu tutélaire des voyageurs, qui partage ces importantes attributions avec Toubo-bougou, Togui-oukou et Ala-api-api. Le dieu médecin, Alaï-valou, a la surintendance des maladies, et ce n'est jamais en vain qu'on réclame son secours. A-lo-a-lo a pour domaine la pluie, les vents, les moissons, la végétation en général. C'est lui qui dispense à son gré le bon et le mauvais temps, l'abondance et la disette; aussi compte-t-il de nombreux courtisans. « Le monde, dit Mariner, repose sur Moui, le plus colossal des dieux. Moui n'inspire jamais personne, n'a ni prêtres, ni autels, est constamment couché, et se tient toujours dans la même position. Arrive-t-il un tremblement de terre, on suppose que, trouvant sa posture fatigante, Moui essaie de se mettre à son aise. Alors, le peuple pousse de grands cris et frappe la terre à coups redoublés, pour l'obliger à se tenir tranquille. Sur quoi est-il couché? c'est ce qu'on ignore, et on ne hasarde même aucune supposition à cet égard; car, disent les indigènes, qui pourrait y aller voir? » Le dieu qui paraît tenir le premier rang est celui des arts et des artisans, Tangaloa, dont les prêtres exercent tous le métier de charpentiers.

On manque de données précises sur l'origine de l'univers. Ce qu'il y a de certain, c'est que le ciel, les astres, l'océan, l'île de Bolotou, existaient avant la terre. « Un jour, dit la légende, que Tangaloa pêchait du haut du ciel dans la mer, il sentit un poids extraordinaire au bout de sa ligne. Persuadé qu'il avait pris un immense poisson, il tira de toutes ses forces. Bientôt parurent plusieurs rochers qui augmentaient en nombre et en étendue, sous les efforts que faisait le dieu. Le fond rocheux de l'Océan s'élevait rapidement et eût fini par former un vaste continent. Par malheur, la ligne de Tangaloa se rompit, et les îles Tonga restèrent seules à la surface des eaux. »

Tangaloa couvrit la terre de plantes et d'animaux pareils à ceux de Bolotou, mais chétifs et périssables. Il songea ensuite à la peupler d'êtres intelligents; et, dans ce but, appelant ses deux fils, il leur dit : « Prenez avec vous vos femmes, et allez vous établir à Tonga. Divisez la terre en deux parts, que vous habiterez séparément. » Ils partirent. Le plus jeune, Vaka-ako-ouli, était fort habile. Il faisait des haches, des colliers de verre, des miroirs et des étoffes de papalangui. L'aîné, qui s'appelait Toubo, ne lui ressemblait pas. C'était un paresseux. Il ne faisait que dormir ou se promener et convoiter les ouvrages de son frère. La jalousie lui inspira une méchante pensée. Un jour, il rencontra Vaka-ako-ouli qui se délassait en se promenant. Il se jeta sur lui à l'improviste, et l'assomma. Alors, Tangaloa, enflammé de colère pour un si grand forfait, accourut de Bolotou, et s'adressant au meurtrier : « Pourquoi, lui dit-il, as-tu tué ton frère? Ne pouvais-tu pas travailler comme lui? Fuis, malheureux! que mes yeux ne te voient plus! Va dire à la famille de ton frère qu'elle vienne ici. » La femme et les enfants de Vaka-ako-ouli s'empressèrent d'obéir. « Allez, leur dit Tangaloa ; lancez ces pirogues à la mer, faites route à l'est vers la grande terre, et restez là. Votre peau sera blanche comme votre âme. Vous serez adroits ; vous ferez des haches, et d'autres excellents objets ; vous fabriquerez de grandes pirogues. Je dirai au vent de souffler toujours de votre terre vers Tonga, et ils ne pourront venir vers vous avec leurs mauvaises et fragiles nacelles. » Puis, Tangaloa tint ce discours à Toubo : « Toi et les tiens, vous serez noirs, parce que votre âme est mauvaise, et vous serez dépourvus de toutes choses. Vous n'irez point à la terre des enfants de Vaka-ako-ouli. Comment pourriez-vous y parvenir dans d'aussi frêles embarcations? Mais ils viendront quelquefois dans vos îles pour trafiquer avec vous. »

Suivant une autre tradition, Tonga fut originairement peuplée par des dieux secondaires qui étaient venus de Bolotou, poussés par le désir de voir la terre nouvellement formée. A peine étaient-ils débarqués, que, séduits par la beauté du lieu, et déterminés à y fixer leur séjour, ils détruisirent la grande pirogue qui les y avait transportés. Trois jours après, plusieurs d'entre eux moururent, ce qui frappa de terreur les autres, qui, jusqu'alors, s'étaient crus immortels. Bientôt une inspiration des dieux supérieurs de Bolotou leur apprit qu'un sort pareil leur était réservé, parce qu'ils avaient respiré l'air et goûté des productions de Tonga. Désolés, les imprudents avisèrent à retourner dans leur patrie natale; et, à cet effet, ils construisirent une nouvelle pirogue. Mais, après avoir vainement cherché cette terre désirée, ils se déterminèrent tristement à retourner à Tonga. C'est d'eux que descend la population actuelle de cette île.

Cette population, comme celle de l'Inde, est divisée en plusieurs castes. La première est celle des égui ou nobles, d'où est sorti primitivement le hou, qui exerce le pouvoir souverain d'une manière absolue et par droit de naissance; la seconde se compose des mataboulè, qui remplissent les emplois secondaires du gouvernement. Vient ensuite la classe des moua, qui peut se confondre avec la précédente, puisque les personnes qui en font partie, bien qu'investies de moindres priviléges, sont frères, fils ou descendants de mataboulè. Enfin, les toua se forment d'industriels et de ki fannoua, ou paysans. Les prêtres sont tirés des rangs des deux premières castes, et passent, aux yeux des insulaires, pour être, à raison de leur caractère sacré, doués d'une âme d'une nature supérieure. Le souverain pontife a le titre de toui-tonga et celui de tabou, inviolable. Il paraît avoir été dans l'origine ce qu'est le daïri parmi les Japonais, et, encore aujourd'hui, dans certaines occasions, il est traité avec plus de respect et de déférence que ne l'est le hou lui-même; mais, en général, il ne jouit que d'une faible autorité. A sa mort, sa femme est étranglée et enterrée à ses côtés. Il a pour vicaire un prêtre appelé véachi. Les fahé-guéhé sont les prêtres inférieurs. Comme les deux premiers, ils sont les confidents et les organes des volontés des dieux, et l'avenir n'a pour eux aucun voile. Cependant, ils n'ont droit au respect du peuple que dans le moment où ils sont inspirés, et leur manière de vivre et leurs habitudes n'ont rien qui les distingue des autres naturels.

Les Tongas ont des notions assez saines sur la morale. Ils croient que le mérite et la vertu consistent à respecter les dieux, les nobles et les vieillards; à pratiquer ce qui constitue l'honneur, la justice, l'amitié, la douceur, la modestie, la fidélité conjugale, la piété filiale, le patriotisme; à défendre les droits qu'on tient de ses ancêtres; à remplir les devoirs du culte; à souffrir sans se plaindre les maux dont la vie est semée. Ces maux, suivant eux, leur sont envoyés par les dieux, parce qu'ils ont enfreint quelqu'un des préceptes moraux, ou négligé d'accomplir quelqu'une des cérémonies ou des pratiques religieuses. Mais c'est dans cette vie seulement qu'ils sont récompensés ou punis selon leurs œuvres. Les délices du Bolotou appartiennent de droit aux deux castes supérieures, qui y conservent leurs rangs et leurs distinctions terrestres. Les âmes des égui inspirent après la mort les ministres des autels ; elles reviennent quelquefois ici-bas pour aider les hotoua à répartir le bien et le mal parmi les hommes, et à suggérer les bonnes pensées. Dans ces occasions, elles revêtent la forme de lézards, de serpents d'eau ou de marsouins. Quant aux âmes des moua et des toua, elles meurent avec le corps, dont elles ne sont pas distinctes.

Il faut ajouter à ces croyances principales des Tongas quelques opinions superstitieuses dont ils ne sont pas moins infatués. Ils considèrent les songes comme des avertissements des dieux ; ils croient que les éclairs et le tonnerre annoncent la guerre ou de grandes catastrophes. Un présage non moins funeste réside dans le simple éternûment. La vue de l'oiseau tchikota, sorte de martin-pêcheur, pronostique également quelque évènement malheureux, et fait abandonner les entreprises les plus importantes et les mieux arrêtées. Les Tongas ne doutent pas non plus de la puissance des charmes et des enchantements; mais, dans le nombre, il y en a trois qui, mieux et plus souvent éprouvés que les autres, sont aussi l'objet de leur prédilection particulière. Le premier, qui se nomme tatao, consiste à cacher une pièce du vêtement de la victime dans la chapelle du dieu tutélaire de sa famille : ce charme a pour effet d'envoyer à la personne qui en est le but une mort lente, mais inévitable. Par le second, qu'on appelle kabé, ou ouangui, et qu'on opère à l'aide d'une formule exécratoire, on obtient un résultat non moins fatal, puisque l'ennemi contre lequel il est dirigé est sans cesse agité par les convulsions de la fureur, et violemment excité à commettre tous les crimes. Le ta-niou, c'est-à-dire le troisième charme, est mis en pratique pour découvrir si un malade recouvrera la santé. A cette fin, on fait pirouetter sur elle-même une noix de coco garnie de sa bourre. La guérison est certaine lorsque, après l'opération, la pointe de la noix s'arrête dans la direction d'un des points cardinaux qu'on a déterminé à l'avance.

Indépendamment de leurs malaï, ou temples, en tout semblables à ceux des Néo-Zélandais, les Tongas ont encore des enceintes consacrées, qui, à l'instar des lieux d'asile de l'antiquité païenne, du judaïsme et du catholicisme, servent de refuge à tout homme que poursuit la tyrannie des chefs, la vengeance des particuliers, ou qui a commis une atteinte quelconque aux lois.

Les cérémonies du culte, qui sont assez nombreuses, ne manquent pas d'une certaine solennité. Voici de quelle façon les prêtres rendent leurs oracles : comme préliminaire indispensable, il faut que le consultant, si c'est un noble égui, envoie au fahé-guéhé chargé d'interroger le dieu, un porc, un panier d'yams et deux bottes de plantain. Cela fait, le chef, accompagné de ses mataboulè, se transporte dans le saint lieu, et forme avec sa suite un cercle elliptique, ouvert à l'extrémité qui fait face au point occupé par le prêtre. Dans le centre, est l'assistant qui a pour mission de préparer la liqueur de kava. Lorsque tout est disposé ainsi, le fahé-guéhé commence à recevoir l'inspiration divine. Pendant quelques instants, il demeure immobile, les mains jointes et les yeux baissés. Puis il profère sourdement quelques paroles d'une voix altérée. Peu à peu il s'anime et donne l'essor à toute sa véhémence. Le dieu est passé en lui, et répond par sa bouche en termes énigmatiques, suivant la coutume invariable des dieux rendeurs d'oracles. Tant que dure l'inspiration, les traits du prêtre contractent un aspect farouche. Son œil est enflammé, son corps tremble violemment, la sueur ruisselle sur son front, des larmes coulent de ses yeux, sa poitrine se soulève, ses lèvres se gonflent et ne livrent passage qu'à des mots entre-coupés. Insensiblement, cette agitation se calme, et bientôt, saisissant une massue, le prêtre en frappe la terre de toutes ses forces : c'est en ce moment que le souffle divin se retire de lui. La cérémonie terminée, on fait aux assistants une abondante distribution de kava.

Lorsque les Tongas veulent se concilier la faveur d'A-lo-a-lo, le dieu des saisons, et obtenir de lui un temps propice et de riches récoltes, ils lui font une offrande d'ignames, appelée touo-touo. Une autre solennité du même genre, qu'on nomme natchi, est célébrée tous les ans, dans le but d'appeler sur la nation la protection des dieux. L'une et l'autre sont suivies de danses et de luttes, dans lesquelles toutes les classes se mêlent, et où la victoire, disputée avec acharnement, serait souvent le partage des hommes des derniers rangs, si le hou n'interposait à propos son autorité pour les faire cesser. Parmi les autres pratiques religieuses, il faut citer en outre le toutou-nima, qui consiste à faire l'amputation d'une phalange du petit doigt, dans le but d'obtenir le rétablissement de la santé de quelque grand personnage ; et le naudgia, sacrifice plus barbare encore, auquel on attribue le même résultat. « Quand le naudgia doit avoir lieu, dit Mariner, ce qui est ordinairement annoncé par un homme inspiré des dieux, la malheureuse victime, qui est souvent un propre enfant du malade ou son proche parent, est sacrifiée par un autre parent du malade, ou du moins par son ordre. Son corps est ensuite successivement transporté sur une espèce de litière, devant les chapelles des différents dieux. Une procession solennelle de prêtres, de chefs et de mataboulè, revêtus de leurs nattes et portant au cou des guirlandes de feuilles vertes, l'accompagne, et, à chaque station du prêtre, s'avance et supplie son dieu de conserver la vie du malade. »

CHAPITRE III.

CROYANCES OCÉANIENNES (SUITE). Taïtiens : leur trinité. Leurs autres dieux. Hiro. Comme il sert ses amis. Maouve. Tano. Les requins bleus. Leurs égards pour les prêtres. Taïti était autrefois un de ces poissons. Preuve. Les dieux élémentaires. Les dieux professionnels. Esprits. L'œuf du monde. Origine de la terre. Création de l'homme. Légendes sacrées sur ce sujet. Déluge de Taaroa. Immortalité de l'âme. Les mauvais génies. Les divers paradis. Temples. Leur forme. Pyramides. Asiles. Prêtres. Prophètes. Leurs prédictions. Sorciers. Pourquoi ils ne peuvent rien contre les Européens. Société secrète des aréoïs. Légende relative à sa formation. Ses sept grades. Signes du tatouage par lesquels on les distingue. Langage mystérieux des initiés. Réception d'un néophyte. Accusations dont les adeptes sont l'objet. Considération dont on les entoure cependant. Rang qu'ils occupent dans le rohuto-noanoa, ou paradis. Culte. Victimes humaines. L'impôt du sang. Cérémonies funèbres. Embaumement. Circoncision. — Noukahiviens : hiérarchie de leurs prêtres. Atoua, tahoua, tahouna, ouhou. — Rotoumiens et Tikopiens. Conformité de leurs institutions religieuses avec celles des autres Polynésiens. — Carolins : leurs dieux. Leur trinité. L'aérostat d'Oulifat. Ligobud. Elle couvre la terre de plantes et d'animaux. Mort temporaire des premiers hommes. Morogrog chassé du ciel. Destinée de l'âme. Les tahutop, ou dieux pénates. — Haouaïens : leur panthéon. Les dieux volcaniques. Offrandes qu'on leur fait. Lutte de leur chef, Pelé, contre le géant Tama-pouaa. L'œuf du monde. Déluge d'Oahou. Disparition du soleil. Moyen employé pour prévenir le retour de ce phénomène. Temples. Énormité de leur masse. Asiles. Fêtes. Les étrennes forcées. Cérémonies funèbres. Obsèques de Keo-pouo-lani, veuve de Taméaméa.

Archipel de Taïti. On a vu que les insulaires de ce groupe reconnaissaient une trinité semblable à celle des chrétiens, et composée de Tane, le père, d'Oro, le fils et de Taaroa, l'oiseau, l'esprit, le créateur. Ils avaient aussi d'autres dieux, tous *fanau-po*, c'est-à-dire enfants de la nuit, ou du chaos. Pour communiquer avec les hommes, ces dieux prenaient l'apparence d'un oiseau et entraient sous cette forme dans le *tou*, nom que l'on donnait à l'idole du moraï ou du temple. Dans le nombre de ces divinités, il faut citer principalement Hiro, dieu de l'océan, qui parcourait les mers dans tous les sens, affrontait tous les dangers dont elles sont semées, et livrait des combats incessants aux monstres marins. Il veillait spécialement à la sûreté des insulaires qui s'aventuraient sur les flots. Mais sa protection n'était absolument acquise qu'à ceux des navigateurs qui avaient su mériter son affection par leur piété et par leurs vertus. Rien ne lui coûtait pour voler à leur secours. On raconte que, s'étant endormi un jour dans une des cavernes les plus profondes, l'ouragan, profitant de son sommeil, mit dans un imminent péril un navire où se trouvaient plusieurs amis du dieu. Averti de leur fâcheuse position, Hiro s'empressa de secouer sa torpeur, courut maîtriser le souffle du vent et sauva les voyageurs du naufrage. Deux autres dieux partageaient avec ceux de la trinité et avec Hiro les principaux hommages des Taïtiens : c'étaient Maouve qui présidait aux tremblements de terre, et Tano qui avait pour attribution de régler les destinées humaines.

Les grands requins bleus comptaient aussi au nombre des divinités ; on les nommait atoua-mao. Loin de chercher à détruire les poissons de cette espèce, on s'appliquait à se les rendre propices par des prières et par des offrandes. Ellis rapporte que les Taïtiens leur avaient élevé des temples, où des prêtres officiaient. Les requins bleus ne manquaient jamais, dit-on, de reconnaître ces prêtres en mer, et ils avaient pour eux toute la déférence convenable. Suivant une tradition locale, Taïti était autrefois un immense requin. Matarafaii, à l'est, formait la tête de ce poisson ; un cap situé à l'ouest, près de Taaa, était sa queue ; son ventre et ses ouïes occupaient la place où s'étend aujourd'hui le grand lac Vaïhiria ; la montagne Orohena, la plus haute de l'île, était son aileron, et Mataval composait ses nageoires. A côté de ces dieux de la mer, étaient les dieux de l'air, êtres gracieux, légers, doués de facultés merveilleuses, et d'autres génies divins qui répondaient aux gnomes, aux goules, aux salamandres, objets des croyances superstitieuses de nos pères, durant le moyen âge. Il y avait aussi des dieux pour chasser les mauvais esprits, pour rompre les sortiléges, pour guérir les maladies, pour dissiper les apparitions ; il y en avait pour chaque nature d'artisans ; pour les laboureurs, pour les charpentiers, pour les maçons ; il y en avait même pour les voleurs. Les esprits formaient une classe particulière entre les dieux et les hommes : c'étaient les âmes des pères, des mères, des enfants, des parents, des amis. Ils causaient une terreur extrême ; car ils obéissaient aux sorciers, qui les employaient à une foule de mauvais usages.

Les Taïtiens, dit Ellis, attribuaient la création de leurs îles et de leurs habitants à Taaroa qui, brisant la coquille où il était renfermé, s'en servit pour jeter les bases de la grande terre, ou de l'île de Taïti, et, avec les parcelles qui s'en détachèrent, composa les autres îles de l'archipel. Suivant une de leurs traditions, ce groupe formait primitivement un vaste continent ; mais les dieux irrités le brisèrent et en dispersèrent les fragments sur toute la surface de la mer. D'autres rapportent que Taaroa se donna tant de mal pour créer le monde qu'il en fut inondé de sueur et que les gouttes de cette sueur produisirent l'Océan. Les Taïtiens supposaient que le soleil et la lune, qui sont aussi des dieux, ont engendré une certaine quantité d'étoiles et de planètes, lesquelles se sont ensuite multipliées par elles-mêmes. Plusieurs légendes attribuent à la déesse Hina, femme de Taaroa, une part importante dans la création de l'univers et particulièrement dans celle de l'homme. « Hina, disent-elles, demanda à Taaroa : « Comment obtenir « l'homme? Les dieux Jour et Nuit sont établis, et l'homme ne l'est « point. » Taaroa répondit : « Tiimaa-raataï, ton frère, habite les flots, « va-t'en à la mer, et cherche-le. » Ayant ainsi congédié la déesse, Taaroa songea aux moyens de créer l'homme ; et, pour cela, il prit une substance et une forme ; puis il se rendit à terre. Hina le rencontra sans le reconnaître, et lui dit : « Qui êtes-vous? — Je suis Tiimaa-raataï. — Où étiez-vous ? « Je vous cherchais à la mer, et je ne vous y ai pas trouvé. — J'étais chez « moi ; et, du moment que vous voilà, ma sœur, venez avec moi. — Que cela « soit donc ainsi ; et, puisque vous êtes mon frère, vivons ensemble. » Ils vécurent donc époux ; et le fils qu'Hina mit au monde s'appela Taï. Ce fut le premier homme. Plus tard, Hina eut une fille, nommée Hina-arii-remonaï. Elle devint la femme de Taï, et lui donna un fils qui reçut le nom de Taata. Dans la suite, l'épouse de Taaroa se transforma en une jeune et belle femme, s'unit à son petit-fils, et lui donna un couple, Ourou et Fana, les véritables auteurs de la race humaine. » On a vu précédemment qu'une autre opinion était reçue à Taïti sur la création du premier homme, et que celle-ci offre une analogie frappante avec le mythe mosaïque.

Les annales de ces îles font aussi mention d'un déluge qui, de même que celui de Noé, aurait couvert la surface de la terre. Courroucé contre les hommes, qui se montraient rebelles à ses lois, Taaroa résolut de les submerger. L'exécution de ce dessein ne se fit pas attendre. En un instant, la terre fut couverte par les eaux, à l'exception de quelques *ourou*, ou points saillants, qui demeurèrent au-dessus du niveau de la mer et devinrent les îles actuelles de Taïti. D'après une autre version, le dieu des eaux, Roua-hatou, dormait un jour au fond de la mer, sur son lit de corail, lorsqu'un pêcheur se hasarda sur ce lieu, quoiqu'il fût tabouè. Il jeta ses hameçons, qui s'engagèrent dans la chevelure du dieu ; et, faisant un effort, il l'attira à la surface. Furieux d'avoir été ainsi troublé dans son sommeil, Roua-hatou menaça le téméraire de le faire périr. « Pardon! pardon! » dit le pêcheur effrayé en se jetant à genoux. Désarmé par la douleur du coupable, le dieu lui pardonna ; mais, encore animé par la colère, il éprouvait le besoin de trouver une victime. Il résolut d'anéantir par un déluge les îles de Taïti, et d'épargner néanmoins le pêcheur, cause première de son courroux. Il indiqua donc à cet homme une île de récifs, nommée Toa-marama, et lui dit de s'y rendre avec un ami, un porc, un chien et un couple de poules. A peine le pêcheur avait-il suivi ce conseil, que l'Océan commença à monter. Les populations des îles fuyaient éperdues devant les flots ; mais l'Océan montait toujours ; et bientôt l'acte de destruction fut entièrement accompli. Peu à peu, cependant, les eaux se retirèrent ; et, lorsque les îles furent remises à sec, le pêcheur et ses compagnons, abandonnant leur refuge, vinrent s'y établir et contribuèrent à les repeupler.

Les Taïtiens croyaient que l'âme est immortelle ; et, suivant eux, cette immortalité n'était pas particulière à l'âme humaine ; les âmes des animaux et des plantes en jouissaient également. Lorsque celle d'un homme était près de s'échapper, elle voltigeait autour des lèvres du mourant. De méchants esprits, errants autour de la maison, la guettaient au passage, et tâchaient de s'en saisir. Leur échappait-elle, elle était conduite par de bons génies au séjour de la nuit, où les dieux s'en repaissaient à plusieurs reprises; ensuite elle était déifiée et devenait un esprit impérissable, qui pouvait visiter le monde et inspirer les vivants. Le ciel des bienheureux s'appelait mira. On lui donnait aussi le nom de rohuto-noanoa (littéralement paradis parfumé). Il était situé au nord-ouest de Raïatéa, sur la montagne Temehani-unaiina, qui n'était visible que pour les esprits, où abondaient les parfums les plus suaves, des plantes d'une verdure éternelle, et où l'on goûtait d'ineffables délices qui ne s'épuisaient jamais. Ce paradis n'était pas le seul où les âmes allassent se réunir. Les navigateurs que l'Océan avait engloutis trouvaient, dans les profondeurs de l'abîme, des palais de corail enrichis des productions les plus variées, des régions enchantées, couvertes des dons les plus précieux de la nature. Ici, de même que dans les autres groupes polynésiens, la béatitude finale n'était pas le prix des actions vertueuses; elle revenait de droit à tous les hommes qui avaient pu se soustraire à l'atteinte des mauvais génies, et les divers degrés de jouissances qui leur étaient dévolus étaient réglés d'après les rangs qu'ils avaient occupés dans le monde.

Les édifices où l'on rendait un culte aux dieux étaient ou nationaux ou locaux, ou domestiques. Les premiers couvraient un espace de terrain considérable; ils étaient enclos de murs; leur forme était celle d'un parallélogramme, dont les côtés présentaient un développement de quarante à cinquante pieds. Devant un des côtés, s'élevait une pyramide qui avait rarement moins de quatre-vingt-dix pieds de hauteur, et au sommet de laquelle on plaçait les autels et les images. Ces idoles consistaient en des pièces de bois grossièrement sculptées et recouvertes d'étoffes, en des blocs informes, ornés de guirlandes de coco et de plumes rouges. Il y en avait de gigantesques et de petites dimensions. Les unes représentaient les esprits ou les dieux de la nation; les autres, les esprits ou les dieux de la famille. On supposait que ces êtres divins habitaient leurs images pendant un temps déterminé: alors les idoles étaient toutes-puissantes; elles perdaient leur vertu lorsqu'ils se retiraient. Les habitations des prêtres étaient situées dans le voisinage des temples et tabouées comme eux. Aux environs de ces temples, ou moraï, il y avait aussi des éoualtaï, c'est-à-dire des autels, qui servaient à placer les productions de toute espèce dont on faisait hommage aux dieux.

Les prêtres des temples nationaux formaient une classe distincte. Leur dignité était héréditaire dans les familles, et appartenait de droit aux puînés. Souvent le roi était le chef du sacerdoce; quelquefois aussi il était considéré comme le représentant des dieux. Les prêtres portaient le nom commun de tahoua, qui signifie éclairé. Tous les hommes qui, de près ou de loin, tenaient au service des autels, étaient regardés comme *ra*, ou sacrés. A ce titre, ils pouvaient goûter des aliments que l'on offrait aux dieux. En dehors du clergé proprement dit, il y avait des prophètes, appelés mani, hommes inspirés qui prédisaient l'avenir. Plusieurs de leurs oracles sont célèbres : longtemps avant l'arrivée des Européens, ils avaient annoncé l'apparition future, dans les eaux de leurs îles, de grandes embarcations dont la description concordait parfaitement avec nos navires à voiles et à vapeur. Indépendamment de ces prophètes, les Taïtiens avaient aussi des sorciers qui servaient d'intermédiaires pour satisfaire les vengeances privées, et qui employaient dans ce but des charmes, des enchantements et des conjurations. La foi qu'on avait dans leur pouvoir était pour tous une cause de terreurs perpétuelles, et chacun s'entourait des plus minutieuses précautions pour échapper à l'effet de leurs maléfices. Malgré l'invasion de la civilisation européenne, il existe encore des sorciers à Taïti, où leur crédit n'a que faiblement souffert. Toutefois, ils sont forcés de reconnaître que leurs incantations manquent d'efficacité contre les blancs, que protège la puissance supérieure de leur Dieu.

Il existait à Taïti une société mystérieuse, liée au sacerdoce par l'initiation, et qui étendait ses ramifications dans la plus grande partie des îles de l'Océanie. Les membres qui la composaient étaient appelés aréois. On les nommait aritroïs et oulitaos aux Mariannes. Une légende taïtienne, rapportée par Ellis, explique ainsi qu'il suit l'origine de cette association : « Oro forma le dessein de prendre une épouse parmi les filles de Taata, le premier homme. En conséquence, il dépêcha deux de ses frères, Tufara-païnum et Tufara-païraï, pour chercher une compagne digne de lui. Ils parcoururent tout l'archipel, depuis Taïti jusqu'à Borabora, et ce fut là seulement qu'ils purent accomplir l'objet de leur mission. Au pied du Moua-tahu-huura, la montagne aux flancs rouges, ils aperçurent Vaïriimati, et, à son aspect, ils se dirent : « Voici une femme qui convient à notre frère. » Alors ils remontèrent au ciel en toute hâte et apprirent à Oro l'heureux succès de leur voyage. Oro tendit l'arc-en-ciel sur les nuées de manière qu'une des extrémités s'appuyât sur la montagne aux flancs rouges et formât un chemin du ciel à la terre. Le dieu descendit par cette voie ; il vit Vaïriimati, et il l'épousa. Chaque soir, il quittait le séjour des nuages pour se rendre auprès d'elle, et, le lendemain matin, il regagnait par l'arc-en-ciel les régions éthérées. Cependant ces absences continuelles furent remarquées de ses deux plus jeunes frères, Uru-tetefa et Oro-tetefa. Ils entreprirent de suivre ses traces, et, descendant par la même voie, ils le découvrirent assis près de sa femme. Comme ils étaient honteux de les aborder sans avoir un présent à leur offrir, un d'entre eux se transforma aussitôt en un porc et en une touffe d'uru, ou de plumes rouges, et l'autre donna ce riche cadeau aux deux époux. Le porc et les plumes restèrent ce qu'ils étaient, mais le dieu qui y était caché reprit sa première forme. Une telle marque d'attention toucha vivement Oro ; et, pour récompenser ses frères, il les éleva au rang des dieux et les institua aréoïs. En commémoration de cette métamorphose, les aréoïs, dans chacune de leurs fêtes, sacrifiaient un porc et déposaient sur l'autel une touffe de plumes rouges. Les deux frères qu'Oro avait faits dieux et rois des aréoïs vécurent dans le célibat et n'eurent point de postérité. C'est pourquoi ceux qui se dévouèrent à leur culte purent se marier ; mais il leur fut défendu d'avoir des enfants. » La légende donne ensuite les noms des membres qui, primitivement, composèrent la société, sous la direction d'Oro lui-même. Ces sociétaires reçurent le pouvoir d'en nommer d'autres ; et c'est ainsi que l'institution s'est perpétuée.

Les aréoïs se divisaient en sept classes distinctes, que l'on reconnaissait aux dessins particuliers de leur tatouage (1). La classe la plus élevée était celle des avae-paraï, qui avaient les jambes tatouées; la seconde, celle des oti-ore, dont les deux bras étaient tatoués depuis les doigts jusqu'aux épaules. Venaient ensuite les parotea, tatoués depuis les aisselles jusqu'aux hanches; les houa, qui avaient seulement deux ou trois figures sur chaque épaule ; les atoro, qui portaient une simple marque sur le côté gauche. Les membres de la sixième classe, dont le nom n'est pas connu, avaient un cercle autour de chaque cheville. Enfin, la septième classe, celle des pou, se composait de candidats au tatouage, c'est-à-dire à l'initiation. Ils n'étaient distingués par aucun signe extérieur. Tous avaient un langage mystérieux et allégorique dont eux seuls pouvaient comprendre le sens, et, les jours de grandes fêtes, on les voyait se réunir et marcher processionnellement vers les temples sous une bannière symbolique. Ils se livraient à des chants et à des danses dans lesquels, suivant les mœurs de la Polynésie, ils célébraient les joies et les plaisirs de l'amour. Ordinairement ils s'assemblaient en troupes nombreuses et se transportaient d'une île à l'autre, pour y accomplir leurs cérémonies et s'y livrer à leurs jeux. Les hommes de toutes les conditions pouvaient être admis dans

(1) Le tatouage paraît être un langage hiéroglyphique, entendu des prêtres d'un bout à l'autre de l'Océanie. Chaque individu tatoué porte sur son corps l'histoire des initiations auxquelles il a été admis. A Nouka-hiva, on commence le tatouage chez les hommes de dix-huit à vingt ans, et l'opération n'est jamais achevée avant une quinzaine d'années. Chez les femmes, elle commence au même âge, mais elle dure un temps moins long.

l'association; mais ils devaient payer une rétribution fort élevée, passer par les épreuves d'un long noviciat et franchir successivement les degrés qui séparaient la dernière classe de la première. On supposait qu'en se décidant à entrer dans la société, les aréoïs avaient obéi à une inspiration des dieux. Dès leur admission, ils recevaient un nom particulier qu'ils étaient obligés de porter toute leur vie. A la réception d'un néophyte, on lui enseignait à prononcer, avec les mouvements consacrés, une certaine invocation. Dans cette circonstance, la loi qui défendait aux femmes de se nourrir de la chair du porc était momentanément suspendue; un de ces animaux, recouvert d'une étoffe sacrée, était immolé aux dieux ou mis en liberté, et, dans ce dernier cas, il était sévèrement défendu de lui faire la moindre offense.

Les non initiés attribuaient aux aréoïs une foule de pratiques obscènes et cruelles. Ils prétendaient que dans leurs réunions secrètes régnait la plus révoltante promiscuité, et qu'ils étaient tenus de faire périr les enfants produits de leurs débauches. Cependant, il était certain que la femme d'un aréoï qui trahissait la foi conjugale était le plus souvent mise à mort avec son complice, à la demande de l'époux outragé. Quant à l'infanticide dont on accusait les aréoïs, il n'est pas impossible qu'ils s'en rendissent effectivement coupables. Mais cet acte odieux n'était pas le fait spécial de leur institution. On le trouve en vigueur dans toutes les parties de la Polynésie où le manque d'aliments a fait adopter et maintient encore l'affreuse coutume de l'anthropophagie.

Quelque opinion qu'on eût d'ailleurs de la moralité des initiés, les membres de l'association étaient l'objet de la vénération générale. On les considérait comme des êtres supérieurs et presque comme des dieux, et leur mort était célébrée par des prières et des lamentations publiques, qui se prolongeaient pendant plusieurs jours. Leurs âmes allaient habiter la contrée la plus délicieuse du rohuto-noanoa, où ils trouvaient des tables somptueusement chargées, des fruits appétissants, des jeunes gens et des jeunes filles qui rivalisaient de beauté; en un mot, toutes les jouissances des sens.

Le culte des Taïtiens différait peu de celui des autres insulaires de la Polynésie. Il se composait d'oubou, ou prières, d'offrandes et de sacrifices. Pour prier, les fidèles fléchissaient un genou, ou s'asseyaient les jambes croisées. Les prêtres, pendant ce temps, invoquaient les dieux par des chants monotones. Des oiseaux, des poissons, des quadrupèdes, des végétaux, des étoffes, composaient les offrandes. Les hosties immolées sur les autels des dieux étaient des chiens, des porcs et des hommes. Lorsqu'un des derniers devait être sacrifié, le choix tombait ou sur un prisonnier de guerre ou sur quelque malheureux qui avait excité la colère du roi ou celle des prêtres. Les victimes humaines manquaient-elles? le roi, à la sollicitation des prêtres, faisait parvenir une pierre au chef d'un des districts. Si le chef acceptait cet envoi, il s'engageait par cela même à fournir la victime nécessaire. La famille à laquelle appartenait l'holocauste était considérée comme tabou ou dévouée. C'était elle qui avait le triste privilége de payer, à l'exclusion de toute autre, cet impôt de sang; aussi était-il difficile d'en saisir les membres, qui, dans la prévision du sort qui les attendait, cherchaient un refuge dans les montagnes. Les pratiques usitées à Taïti pour le sacrifice humain ne différaient sous aucun rapport de celles qui sont encore en vigueur à la Nouvelle-Zélande. Il serait donc inutile d'en reproduire ici la description. Des rites religieux accompagnaient à Taïti tous les actes de la vie. Au moment de prendre les repas, lorsqu'on se livrait à la culture du sol, que l'on construisait une cabane, qu'on lançait un canot à la mer, qu'on y jetait les filets, qu'on se préparait à entreprendre un voyage, on priait; on priait lorsqu'un chef était malade; on priait encore à l'expiration de l'année pour que les âmes des morts fussent délivrées du séjour de la nuit et revinssent ici-bas inspirer les vivants.

« Quand un individu mourait, dit Ellis, on commençait par rechercher la cause de son décès. Le prêtre s'embarquait dans le canot du défunt et ramait lentement près du rivage, en face de la maison mortuaire, pour attendre et apercevoir l'âme à son départ. On supposait que cette âme volerait vers lui et se manifesterait sous une forme indiquant la cause de la mort. L'apparition d'une flamme annonçait l'action des dieux; celle d'une plume rouge signifiait qu'un ennemi du défunt, pour le faire mourir, leur avait offert des présents. Après s'être tenu quelque temps en observation, le prêtre revenait dire ce qu'il avait vu et toucher la récompense d'usage. On s'occupait alors à disposer le cadavre. Le corps des chefs et celui des personnes appartenant aux classes aisées étaient soigneusement conservés. Quant aux pauvres gens, on les inhumait sans cérémonie. Pendant le court intervalle qui séparait l'instant de la mort de celui de l'inhumation, le corps était couché dans une sorte de bière que l'on recouvrait d'une étoffe blanche et que l'on décorait de fleurs odoriférantes. Quelquefois on le déposait sur un lit de feuilles. Les parents et les amis se tenaient assis à l'entour, pleurant, se lamentant et se déchirant le visage et la poitrine avec des dents de requins. »

Une circonstance à citer, c'est que l'usage d'embaumer les morts était en vigueur à Taïti, et différait peu de la méthode employée dans le même but par les Égyptiens. Et, ce qui ne surprendra pas moins, on y trouvait également établie la pratique de la circoncision, commune, dans l'antiquité, à beaucoup de peuples asiatiques, et qui s'est perpétuée jusqu'à nos jours parmi les juifs et les mahométans.

Archipels de Nouka-hiva, de Rotouma, de Tikopia, des Carolines. Les habitants de Nouka-hiva reconnaissent les mêmes dieux, professent les mêmes dogmes et suivent les mêmes pratiques religieuses que les insulaires de Taïti. Seulement leurs prêtres ont une hiérarchie plus compliquée, qui, par des anneaux successifs, les relie à la divinité et les confond avec elle. Ils sont divisés en quatre classes distinctes. La plus élevée est celle des atoua, ou dieux incarnés; elle se compose d'hommes privilégiés qui se font remarquer par un courage indomptable ou par quelque autre qualité supérieure, et qui, pour cette raison, ont mérité qu'un être divin descendît se loger dans leur personne et leur communiquât sa propre puissance. Dès le moment où cette union s'est opérée, ce qu'annoncent ordinairement les mugissements de la tempête, le bruissement de feuilles, le bourdonnement des insectes, signes certains de la présence des dieux, ces atoua deviennent l'objet d'une crainte respectueuse. Ils vivent retirés loin du monde, livrés à la méditation que leur impose leur caractère de sainteté. Ils se trouvent alors identifiés avec les divinités elles-mêmes et avec les âmes des chefs, qui vont en grossir le nombre après leur mort. Toutefois cette classe de prêtres est peu commune, et c'est à peine si elle produit un membre dans l'espace d'un siècle. Au-dessous des atoua, viennent immédiatement prendre place les tahoua, qui sont, à proprement parler, les prêtres du premier rang. Ce sont eux qui président aux solennités du culte, qui exercent la médecine, qui conjurent les mauvais esprits et qui interprètent l'avenir. Dans ce dernier cas, ils emploient le procédé usité autrefois par les prêtres de Dodone, la ventriloquie. De la même voix, mais avec des intonations diverses, ils interrogent le dieu et lui font prononcer son oracle. Ils ne jouissent pas dès cette vie de la faculté de s'identifier avec les dieux, mais, après leur mort, ils vont se réunir à eux. Les sacrifices humains sont l'accompagnement obligé de leur apothéose; aussi est-elle l'époque d'hostilités entre les tribus, lorsqu'on n'a pas une victime toute prête. Aux tahoua succèdent les tahouna, qui sont les desservants des moraï ou temples, et répondent, sous quelques rapports, à nos curés, comme les tahoua ont de l'analogie avec nos évêques. Les tahouna célèbrent les sacrifices et les funérailles, chantent les hymnes et font résonner le tamtam sacré. Le dernier degré du sacerdoce se compose des ouhou, sorte de novices qui remplissent les fonctions subalternes du culte. Ce nom de ouhou, qui signifie casse-tête, leur est donné parce qu'avant d'être admis au service des autels, ils ont dû prouver qu'ils avaient tué un ennemi à l'aide de cette arme. Les Nouka-hiviens se distinguent encore des habitants de Taïti par la forme de leurs temples, qui sont de petits édifices de dix pieds de long à peine et d'un pied et demi de hauteur. De chaque côté de ces temples en miniature, sont placés des canots avec leurs rames, renfermant des filets, des harpons et d'autres ustensiles de pêche.

On a recueilli peu de détails sur la religion professée par les insulaires de l'archipel Mélano-Polynésien; mais ce qu'on en sait indique clairement qu'elle est, à de légères différences près, la même que celle que nous avons vue en vigueur à la Nouvelle-Zélande, à Tonga, à Taïti, à Noukahiva. Partout les habitants de cette partie de l'Océanie, ceux de Rotouma et de Tikopia, entre autres, désignent leurs dieux sous le nom d'atoua, ont l'institution du tabou, croient à une vie future qui exclut toute idée de récompenses et de peines, pratiquent les sacrifices humains, le culte des ancêtres, les sortiléges et les enchantements.

En remontant vers l'ouest, les différences sont plus sensibles et plus nombreuses. Dans les Carolines, notamment, les traditions sacrées sont empreintes de quelque poésie. En tête de leur hiérarchie céleste, les habitants de ces îles placent deux divinités : Sabucor et sa femme Halmeleul. De ce couple divin sont issus un fils appelé Elieulep et une fille nommée Ligobud. Elieulep épousa, dans l'île d'Ouléa, Leteuhiul, qui mourut à la fleur de l'âge et alla habiter le firmament; elle avait donné le jour à un fils, Leugueileng, qu'on révère comme le seigneur du ciel, et qui en est l'héritier présomptif. Leugueileng eut deux femmes, l'une, céleste, qui lui donna deux enfants, Carrer et Méliliau; l'autre, terrestre, dont il eut Oulifat. Ce dernier fils, ayant appris sa descendance divine, éprouva un vif désir de se rapprocher de son père. Il prit son vol vers les régions éthérées ; mais, à peine s'était-il élevé dans les airs, qu'il retomba sur la terre, désolé de sa chute et pleurant amèrement sa malheureuse destinée. Cependant il n'abandonna point son dessein, et fit diverses tentatives pour le mettre à exécution. Enfin, il alluma un grand feu, et, à l'aide de la fumée, il fut porté une seconde fois dans l'espace, où il parvint à embrasser son père. Les Carolins font d'Elieulep, de Leugueileng et d'Oulifat une trinité qui reçoit leurs principaux hommages. Ligobud, sœur d'Elieulep, contribua par sa fécondité à augmenter le nombre des dieux. Elle conçut au milieu des airs et descendit sur notre planète pour donner le jour à trois enfants qu'elle portait dans son sein. Surprise de voir la terre nue et infertile, elle la couvrit de verdure et de plantes, et la peupla d'animaux et d'êtres raisonnables. Dans ces commencements, l'homme ne connaissait point la mort, ou du moins ce n'était qu'un court sommeil, qui ne durait que depuis le dernier jour du déclin de la lune jusqu'à celui où l'astre reparaissait à l'horizon. Cet état de choses ne tarda pas à cesser. Outre les élus-mélafir, ou bons génies, qui habitent l'univers, il y a de méchants esprits qu'on nomme élus-mélabu, lesquels ne s'appliquent qu'à mal faire et à rendre l'homme malheureux. Ils paraissent avoir pour auteur Morogrog, qui, ayant été chassé du ciel pour ses façons grossières et inciviles, apporta sur la terre le feu inconnu jusqu'alors. Un de ses pareils, Erigiregers, substitua, à la mort temporaire dont l'homme était affligé, une mort qui ne devait plus avoir de fin. L'homme est doué d'une âme qui lui survit, et qui, selon qu'il a été bon ou méchant, va habiter des lieux de punition ou de récompense. Mais les âmes des bons ne font dans le paradis qu'une résidence passagère ; le quatrième jour, elles reviennent sur la terre, et demeurent invisibles au milieu de leurs parents. On les honore comme autant de génies bienfaisants et on leur donne le nom de tahutup, c'est-à-dire de patrons. Chaque famille a son tahutup, qu'elle invoque dans les cas de maladies, de dangers pressants, et même lorsqu'il s'agit d'entreprendre un voyage, de se livrer à la pêche ou de cultiver la terre. Quant aux cérémonies du culte, elles n'offrent point de dissemblances notables avec celles des autres Polynésiens.

Archipel d'Haouaï, ou de Sandwich. On retrouve aux îles Haouaï, les plus voisins du continent américain, les mêmes idées et les mêmes pratiques religieuses que dans le reste de la partie orientale de la Polynésie ; mais elles s'y sont légèrement modifiées sous l'influence de circonstances locales particulières. Les insulaires d'Haouaï divisent leurs dieux en trois classes distinctes. La première embrasse les dieux proprement dits, attributs personnifiés d'une divinité suprême et représentant tour à tour les phénomènes astronomiques et physiques. Les uns commandent aux saisons ; les autres aux pluies, aux vents, à la mer ; et ils sont tous investis du pouvoir de dispenser le bien et le mal aux hommes, suivant le mérite de chacun. La deuxième classe comprend les âmes des rois, des héros et de certains prêtres. Ces âmes forment une légion de dieux inférieurs, d'une nature bienfaisante, et subordonnés les uns aux autres, d'après le rang qu'ils occupaient sur la terre. On rend aux dieux de ces deux premières classes un culte public d'adoration ; on leur fait des invocations, des offrandes, des sacrifices. La troisième classe se compose d'esprits malfaisants, constamment occupés à nuire. Ceux-ci n'ont point de prêtres et sont, de la part des sorciers, l'objet de conjurations et d'exorcismes. Parmi les dieux de la première classe, il faut citer Rac-apoua et Kané-apoua, qui président à la mer ; Moho-arou, roi des lézards, adoré sous la forme symbolique d'un requin ; Kaono-hiokala et Koua-païro, divinités puissantes dont la fonction consiste à recevoir l'âme des rois à sa sortie du corps et à la conduire aux cieux ; Taïri, dieu de la guerre, et Pelè, déesse des volcans. La dernière de ces divinités était le chef d'une dynastie redoutable, qui, à une époque reculée, s'établit à Haouaï, où elle était venue de Taïti. Cette famille se composait de cinq frères et de neuf sœurs ; tels que Kamo-ho-arii (le roi de la vapeur); Tapoha-i-tahi-ora (l'explosion dans le lieu de la vie); Te-oua-tepo (la pluie de la nuit); Tane-hetiri (le tonnerre mâle); Te-o-ahi-tama-tawa (le fils de la guerre vomissant le feu), etc. La famille avait d'abord fixé sa demeure à Kiro-ea; mais elle faisait de fréquentes excursions dans l'île; et les coups de tonnerre et les tremblements de terre signalaient son apparition sur les hautes montagnes. Rien ne pouvait garantir de l'effet de sa fureur, qui éclatait toujours à l'occasion de l'infraction des lois religieuses, si ce n'est une abondante offrande de porcs, que les prêtres jetaient dans la gueule du cratère ou dans les flots de lave vomis par le volcan. Plusieurs tentatives, dit Rienzi, avaient été faites, en divers temps, pour chasser de l'île ces terribles divinités; mais elles étaient demeurées constamment sans succès. Un jour cependant, Pelè faillit être vaincue par Tama-pouaa, esprit gigantesque, moitié homme et moitié porc. Ce monstre se rendit près de la déesse et lui offrit d'être son amant. Pelè lui répondit avec colère, et, entre autres injures qu'elle lui adressa, elle lui donna l'offensante épithète de fils de pourceau. Irrité de ses refus et de ses outrages, Tama-pouaa se précipita sur elle, et, appelant à son aide les eaux de l'Océan, il parvint à éteindre les flammes volcaniques dont elle brûlait. Mais les frères et les sœurs de Pelè, accourant à son secours, burent les flots débordés, et, rassemblant tous leurs feux, sortirent en bouillonnant du cratère, contraignirent à fuir leur redoutable ennemi, lui lancèrent des quartiers de roc qu'ils détachaient des flancs de la montagne, et le noyèrent dans la mer, où il avait été chercher un refuge.

Il y a plusieurs traditions sur l'origine du monde; mais toutes s'accordent à reconnaître qu'à une époque très reculée, l'Océan remplissait l'immensité de l'espace. Un oiseau gigantesque s'abattit sur les eaux et y pondit un œuf, qui, fécondé par le soleil, produisit les îles Haouaï. Presque aussitôt arrivèrent de Taïti, dans une pirogue, un homme, une femme, un porc, des poules et un chien, qui s'établirent à l'est de l'île principale, sur le bord de la mer. Les dieux leur abandonnèrent les plages, les plaines et les vallées et se retirèrent à la cime des rochers et des montagnes. Il s'est conservé dans le groupe d'Oahou une tradition suivant laquelle ces îles auraient été submergées par un déluge. Un seul piton, demeuré à sec, servit de refuge à quelques habitants, qui devinrent la souche de la population actuelle, lorsque les eaux se furent retirées. Des légendes populaires consacrent le souvenir de relations anciennes entre les insulaires de Haouaï et es habitants des autres îles; et, malgré les fables dont ces légendes sont mêlées, il est aisé de reconnaître qu'elles reposent sur un fond vrai. Ainsi, sous le règne de Kahou-kapou, un kaouna, ou prêtre étranger, nommé Paao, débarqua à Haouaï, y construisit un temple et y fonda son culte.

Près de ce temple, habitait le frère de Kana, géant qui voyageait d'île en île en marchant dans la mer. Un jour, quelques Haouaïens offensèrent le roi de Taïti, et, pour les punir, ce prince les priva de la présence du soleil. Effrayés de la durée inaccoutumée des ténèbres, les habitants supplièrent le frère de Kana de se rendre à Taïti, résidence de Kahoa-arii, maître du soleil. Le géant chaussa ses fortes bottes, alla trouver Kahoa-arii, et obtint de lui que le soleil serait rendu aux Haouaïens; et, pour éviter qu'un pareil malheur se renouvelât désormais, l'astre fut fixé dans le ciel, d'où il n'a pas bougé depuis.

Avant l'adoption du christianisme, le culte des habitants d'Haouaï était entouré de beaucoup de pompe, et les monuments qui y étaient consacrés avaient un caractère de grandeur qui étonne. Ellis donne la description d'un de ces heïau ou temples, une des constructions les plus remarquables de toute la Polynésie. Il est situé sur une éminence dans le district de Touaïhac. Il ressemble à une forteresse démantelée. Sa forme est celle d'un parallélogramme irrégulier, et il a deux cent vingt-quatre pieds de longueur sur cent de large. Les murs, construits en pierre, ont vingt pieds d'élévation sur six d'épaisseur à leur sommet et douze environ à leur base. La terrasse supérieure est pavée de pierres plates et unies. Dans une petite cour de la partie méridionale de l'édifice, se trouvait l'idole principale, au milieu de plusieurs divinités d'un ordre inférieur. Le prêtre, son organe, se plaçait dans un arus, espèce de cage en forme d'obélisque. Extérieurement, à l'entrée de cette cour, on voyait le rore ou autel, sur lequel s'offraient les sacrifices. Vers le milieu de la terrasse s'élevait la maison sacrée du roi, où ce prince se tenait pendant la saison de la stricte observance du tabou. A l'extrémité septentrionale, il y avait des maisons pour les prêtres. On avait pratiqué dans les murs de cette terrasse et dans ceux des terrasses inférieures des niches pour les idoles en bois. Ce temple était consacré à Taïri, dieu de la guerre. Le jour de son inauguration, onze victimes humaines avaient été sacrifiées. Toute l'île d'Haouaï était couverte d'édifices de ce genre, et la plupart d'égales dimensions. Un des plus fameux était le naré-o-keave, qui renfermait l'ossuaire de la famille royale d'Haouaï. Dans le voisinage de celui-ci, se trouvait un pahou-tabou, ou pouho-noua, lieu d'asile, où pouvait se réfugier avec sécurité tout homme qui avait à craindre pour sa vie. Ce pahou-tabou formait un carré long irrégulier de six cent soixante pieds sur trois cent quatre-vingts. Des murs de douze pieds de haut sur quinze d'épaisseur l'entouraient de trois côtés; le quatrième, qui touchait à la mer, n'était défendu que par une légère palissade. L'enceinte renfermait originairement trois heïau, dont un seul est encore debout. Ils avaient été construits avec des blocs de lave d'un poids de cinq à six milliers, et qui

Jeanron del. Geoffroy sc.

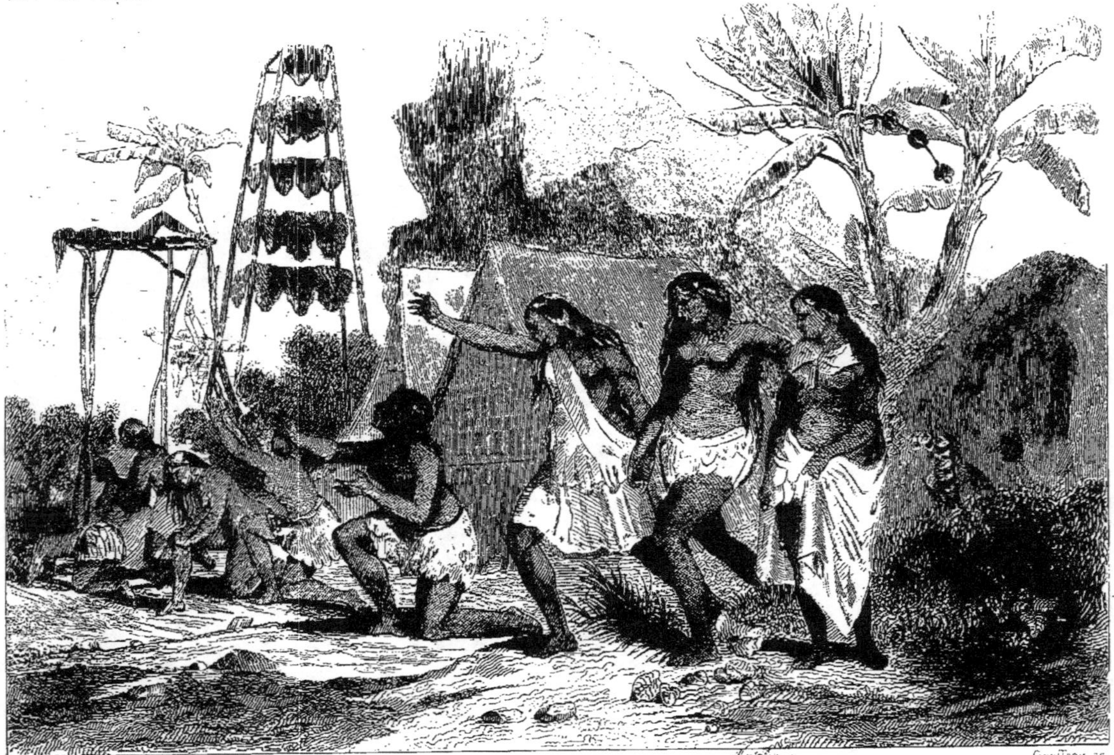

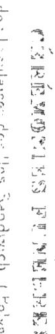

CÉRÉMONIES FUNÈBRES

des Insulaires des Îles Sandwich (Polynésie)

Publié par Pagnerre

n'avaient pu être transportés et posés les uns sur les autres qu'à l'aide de rudes et pénibles travaux. En temps de guerre, on attachait un drapeau blanc à chacune des entrées ; et la mort eût été le prix du téméraire qui eût osé franchir ces limites pour aller saisir un coupable.

Au nombre des fêtes périodiques qui étaient célébrées à Haouaï, il faut citer particulièrement celles qui avaient lieu au renouvellement de l'année. Dans cette occasion, un prêtre faisait le tour de l'île, portant dans sa main droite l'idole du dieu Kekou-aroa, et saisissant de la gauche tout ce qui se trouvait à sa portée. Des fêtes accompagnaient le commencement de chaque phase de la lune ; elles duraient trois jours et deux nuits à la néoménie ; deux jours et une nuit seulement aux autres époques. Pendant ce temps, la pêche, et, en général, tout travail manuel étaient interdits aux hommes ; ils étaient astreints en outre à la continence la plus sévère. Mais les solennités le plus habituellement et le plus dévotement observées, étaient celles qui se rattachaient au culte des morts. Dans aucune autre partie de l'Océanie, les marques de douleur et de deuil ne sont encore aujourd'hui plus bruyantes, plus exagérées. La tristesse publique se manifeste à la mort d'un roi sous des formes dont les Européens auraient peine à se faire une idée. Alors se multiplient les tatouages extraordinaires, les jeûnes, les prières, les sacrifices. Souvent à ces manifestations se joignent des vers chantés en l'honneur du pays. M. Stewart rapporte les circonstances qui signalèrent les obsèques de Keo-pouo-lani, veuve de Tameamea, roi d'Haouaï. Les habitants de l'île, au nombre de plus de cinq mille, se portèrent vers la case de la défunte, hurlant, gémissant, se tordant les bras de désespoir, affectant les poses les plus bizarres et les plus expressives. Les femmes échevelées, les bras tendus vers le ciel, la bouche ouverte et les yeux fermés, semblaient invoquer une catastrophe pour marquer ce jour néfaste. Les hommes croisaient leurs mains derrière la tête et paraissaient abîmés dans la douleur. Ici, on se jetait la face contre terre en se roulant dans le sable ; ailleurs on tombait à genoux ou l'on simulait des convulsions épileptiques. Ceux-ci prenaient leurs cheveux à poignées, comme pour s'épiler la tête. Tous multipliaient leurs gestes et leurs manifestations extravagantes ; puis ils criaient lamentablement : *auoui ! auoui !* en accentuant ce mot d'une manière lente et saccadée, et appuyant sur la dernière syllabe pour la rendre plus expressive et plus douloureuse. Réunis ou séparés, courant ou au repos, avec toutes leurs poses diverses, si effroyables, si caractérisées, ces insulaires en deuil, ce peuple, faisant dans une pantomime générale l'oraison funèbre de sa reine, formait le tableau le plus bizarre que l'on puisse imaginer, mais aussi le plus touchant et le plus poétique.

CHAPITRE IV.

CROYANCES AMÉRICAINES. Identité de race des Américains et des Océaniens, déduite de leur constitution physique, de leurs institutions et de leurs usages. — Traces de communications avec les divers peuples de l'ancien monde : cosmogonie empruntée du bouddhaïsme ; les quatre âges ; déluge ; enfers et paradis ; transmigration des âmes ; l'enfant-soleil ; le lotus ; la croix ; idoles semblables à celles de l'Inde ; temples souterrains ; le fouet d'Osiris ; la calotte d'Horus ; le tau mystique ; hiéroglyphes ; masques ; confession ; pénitences ; pèlerinages ; moines ; caractères phéniciens ; le péché originel ; la tour de Babel et la confusion des langues ; circoncision ; l'arche d'alliance ; communion sous les deux espèces, baptême. — Vestiges d'un peuple éteint. — Monuments antiques : téocallis, fortifications ; les pyramides du soleil et de la lune de saint Jean de Teotihuacan ; temple de Bélus ; mausolée de Callistus ; la pyramide de Papantla ; les ruines de Copan, personnages vêtus à l'espagnole ; les ruines de Palenqué, vases, médailles, syrinx ou flûtes de Pan, bas-reliefs, l'adoration de la croix. — Tezcuco, l'Athènes américaine, état avancé de sa civilisation, son roi Nezahualcojotl. — Destruction de peintures et de manuscrits anciens par l'évêque de Mexico. — Systèmes graphiques : les quippos, procédé arithmétique par l'emploi des cailloux, hiéroglyphes ; exemples d'application de ces systèmes. — Calendrier mexicain. — Nations civilisées de l'Amérique. — Les peuples du Mexique : traditions, histoire. — Panthéon mexicain : Quetzalcoatl, Teotl, Tezcatlipoca, Tlaloc, Huitzilopochtli, Tazi, etc. — Cosmogonie. — Déluge de Coxcox. — La colombe. — Édifice de Vodan, confusion des langues. — Vie future, métempsychose.

Origine des Américains. Nous avons dit que les traditions hindoues se sont propagées, de proche en proche, des îles de la Sonde jusqu'en Amérique, se corrompant davantage à mesure qu'elles s'éloignaient de leur source originelle et se mélangeaient avec celles de tous les peuples de l'ancien monde, qui paraissent avoir sillonné, à diverses époques, les vastes mers de l'Océanie. L'étude que nous allons faire des croyances et des institutions du continent transatlantique donnera à cette assertion l'autorité des preuves positives.

Ainsi qu'Ellis l'a observé, il existe des ressemblances frappantes entre les Polynésiens et les peuplades américaines qui habitent les îles Kouriles et Aléoutes : ce sont les mêmes traits du visage, la même constitution physique, la même langue, ou du moins une langue qui dérive de la même source, les mêmes coutumes, notamment celle du tatouage ; en un mot, les mêmes particularités qui constituent l'individualité d'un peuple. Si maintenant l'on se dirige vers le sud, la communauté d'origine apparaît, s'il se peut, plus évidente encore. Elle résulte, dit Ellis, d'une foule de rapprochements. Des deux parts, les temples et les tombeaux ont la forme pyramidale ; le mot *tew* ou *tev* est employé pour signifier dieu ; on rend au tigre une sorte de culte ; des deux parts aussi, on a l'usage d'exposer les enfants ; on se coiffe de plumes, et l'on a pour habillement le *poncho*, longue pièce d'étoffe percée dans le centre pour y passer la tête, et dont les deux extrémités retombent sur le devant et sur le derrière du corps. On retrouve, chez les uns et chez les autres, des locutions semblables, les mêmes jeux de hasard; et la légende concernant l'origine des Incas offre une grande analogie avec celle de *Tü*, qui, suivant les Taïtiens, descendait du soleil. Les momies découvertes en plusieurs lieux de l'Amérique semblent nous reporter aux îles Sandwich, et jusqu'à celle des Fidji, au milieu de l'Océanie, si l'on considère les tissus qui en forment l'enveloppe et la posture du cadavre, qui est accroupi, les genoux repliés sur la poitrine, les bras croisés, et les mains posées l'une sur l'autre à la hauteur du menton. Il y a encore un autre trait qui indique l'identité de race des insulaires de l'Océanie et des différentes nations de l'Amérique : c'est la coutume des sacrifices humains et l'anthropophagie qui en était la suite. Bien que le contact des Européens ait amené l'abolition de ces horribles pratiques dans toutes les contrées où s'est étendue la conquête, néanmoins elles sont toujours en vigueur parmi quelques tribus du Brésil et de l'Amérique espagnole du sud.

De même que parmi les Océaniens, on aperçoit parmi les peuples de l'Amérique des traces de communications avec les nations de l'ancien monde. Si l'on consulte, en effet, les institutions et les monuments des Mexicains, des Muyscas, des Péruviens et des autres peuples les plus civilisés du continent transatlantique, on remarque qu'ils avaient emprunté des Hindous la plupart de leurs idées et de leurs coutumes religieuses. Ainsi ils admettaient un système de créations et de destructions successives de l'univers, divisées en quatre âges distincts; un premier couple, souche de toute l'espèce humaine; un déluge universel; une vie future, comportant des peines pour les méchants et des récompenses pour les bons, combinées avec une transmigration des âmes, qui motivait l'abstention de la chair des animaux. A l'exemple des Hindous, ils adoraient l'image d'une trinité; celle d'un enfant reposant, comme Crichna, sur des feuilles de lotus; l'emblème de la croix, en mémoire sans doute de l'arbre cruciforme sur lequel expira Crichna, percé de flèches; ils rendaient un culte au feu et au tiazolteuti, qui était une sorte de lingam. Leurs idoles, comme celles de l'Inde, présentaient des formes bizarres et monstreuses, plusieurs têtes, plusieurs bras tenant des armes et d'autres objets symboliques. On trouvait parmi eux des temples excavés dans le roc, pareils aux pagodes de Salcette, d'Élora et d'Éléphanta. Ils avaient la confession des péchés, des pénitences, des expiations, des pèlerinages, des communautés religieuses cloîtrées. Leurs monuments offrent la preuve d'anciens rapports avec l'Égypte. On y voit les images du fouet d'Osiris, de la calotte d'Horus, du T mystique, du scarabée et du serpent sacrés. Leurs hiéroglyphes sont une imitation évidente de ceux de ce peuple africain, et M. Jomard a signalé la ressemblance de l'architecture de quelques-uns de leurs édifices et des sculptures en *relief plat* qui les ornent, avec l'architecture et la sculpture en usage sur les rives du Nil. Enfin, les masques dont les prêtres mexicains se couvraient le visage pendant qu'ils accomplissaient les cérémonies du culte sont, sans aucun doute, une importation des pontifes égyptiens, qui avaient adopté le même déguisement religieux.

Ce n'est pas seulement avec les Hindous et les Égyptiens que les peuples de l'Amérique paraissent avoir été en relations. Ils tenaient certainement des Grecs cette tradition singulière d'un temps où la terre n'avait pas encore la lune pour satellite, et l'institution de ces vierges cloîtrées, qui rappellent les gardiens du prytanée d'Athènes, transformés depuis en vestales par les Romains. Les Phéniciens aussi, dans leurs courses lointaines, abordèrent sur les côtes de l'Amérique : c'est ce que prouve une inscription à demi effacée que l'on peut voir, dans l'État de Massachussets, sur le monument appelé *writing rock,* où l'on distingue six caractères alphabétiques et deux chiffres phéniciens. Il n'y a pas jusqu'aux juifs qui, à une époque reculée, n'aient apporté aux Américains les traditions bibliques du péché originel et d'une sorte de tour de Babel renversée par la colère divine et suivie de la confusion des langues. Aux juifs appartiennent également la pratique de la circoncision et ce coffre mystique dont les guerriers mexicains se faisaient accompagner à la guerre, comme autrefois les Hébreux transportaient avec eux dans le désert l'arche d'alliance. Une circonstance qui ne saurait, non plus que celles que nous venons de rapporter, être l'effet d'un pur hasard indiquerait que les chrétiens ont eu pareillement des communications avec les Mexicains, qui avaient, eux aussi, la communion sous les deux espèces et un baptême analogue à celui du christianisme.

Quelque démontrée que soit à nos yeux l'identité de race des Américains et des Océaniens, elle n'impliquerait pas nécessairement que l'Amérique n'eût point eu une population indigène, qu'une cause quelconque aurait fait disparaître du sol, mais qui n'en aurait pas moins eu des relations incontestables avec les nations de l'ancien monde, et particulièrement avec les peuples d'origine malaise. L'existence de cette population autochthone paraît même rigoureusement établie par les découvertes récentes qui ont été faites sur plusieurs points du continent américain. En ouvrant des tombeaux, on y a trouvé des squelettes dont les crânes se distinguent de ceux de toutes les autres races connues par leur extrême dépression et par l'avancement extraordinaire de leurs mâchoires, et dont les corps paraissent avoir été petits et trapus; différents en cela de ceux des Indiens actuels, qui sont grands, minces et bien faits. Toutefois, quelques squelettes font exception à cette règle commune : ceux-ci ont la taille haute et svelte, de belles proportions, et les traits de leur visage n'ont rien ni d'asiatique, ni d'africain, ni de malais. Ce dernier type se reconnaît dans les sculptures de quelques-uns des monuments dont les ruines sont encore subsistantes dans diverses contrées de l'Amérique; ce qui porterait à croire qu'ils sont l'ouvrage de cette nation inconnue.

Quoi qu'il en soit, on ne saurait nier que les peuples américains n'aient reçu primitivement leur civilisation de l'ancien monde, par la voie des insulaires de l'Océanie. L'état social relativement arriéré de ceux-ci ne serait pas une objection sérieuse à cette hypothèse. Par leur séquestration sur des terres de peu d'étendue, placées à des distances considérables les unes des autres, et comme perdues dans l'immensité des mers, les Polynésiens subissaient forcément l'influence de circonstances défavorables, qui ne leur permettaient que bien difficilement de progresser; tandis que les Américains, habitant le plus vaste des continents, pouvant communiquer entre eux sans obstacle, se trouvaient dans les conditions les plus propres à aider au développement de leur intelligence, de leur savoir et de leurs institutions. Dès lors, on ne doit pas s'étonner de la supériorité comparative qu'ils avaient acquise sous ces divers rapports.

Monuments des Américains. Lorsque les Espagnols débarquèrent sur le nouveau continent, ils en trouvèrent toute la surface couverte de constructions gigantesques de diverses natures, et portant tous les caractères d'une civilisation avancée. La plupart étaient debout, d'autres étaient en ruines; toutes paraissaient remonter à une époque reculée; et il faut bien qu'elles eussent une origine fort ancienne, puisque, dans ces derniers temps, des voyageurs en ont découvert de pareilles jusque sous le sol des forêts vierges du Guatémala et d'autres contrées de l'Amérique. Elles consistaient en fortifications, en pyramides, en murailles parallèles, semblables aux moraï et aux heïau des insulaires de la Polynésie; en murailles souterreines, en statues colossales, en *tumuli* ou monticules de terre de forme conique, tels que ceux que l'on rencontre en France, en Allemagne, et surtout dans la Scandinavie et dans l'empire russe, et formant des masses hautes, souvent, de quatre-vingts à cent pieds et plus, et s'étendant sur un espace de plusieurs arpents.

Au nombre des monuments qui existent encore, il faut citer les deux grandes pyramides de San-Juan de Téotihuacan, dans la vallée de Mexico. Les Indiens les appelaient la maison du soleil (*tonatiuh-ytzaqual*) et la maison de la lune (*meztli-ytzaqual*), parce qu'elles étaient consacrées à ces deux divinités. On monte au sommet de chacune d'elles par un escalier de larges pierres de taille. Sur la plate-forme qui les couronne se dressaient dans l'origine de petits autels avec des coupoles en bois et des statues colossales couvertes de lames d'or. La première, et la plus haute, a cent soixante-dix pieds d'élévation, et une largeur de six cents cinquante pieds à la base. La hauteur du *teocalli*, ou de la pyramide de la lune, est moindre de trente-quatre pieds. Les faces de chacun de ces édifices sont exactement orientées et regardent les quatre points cardinaux, comme les pyramides des Hindous et des Égyptiens. Quatre doubles rangées de pyramides, de vingt-cinq à trente pieds de haut seulement, viennent aboutir, comme autant de rues, aux quatre faces de chacun des grands teocallis, et paraissent simuler autour d'eux une croix à branches égales, dont ils occuperaient le centre. De même que ceux-ci étaient consacrés au soleil et à la lune, les petits étaient dédiés aux étoiles. Ces diverses constructions servaient de lieu de sépulture pour les empereurs du Mexique et pour les seigneurs de leurs cours : c'est ce qui avait fait donner à la plaine où ils sont situés le nom de *Micoatl,* ou chemin des morts. « On voit par ces détails, dit M. de Humboldt, que les teocallis avaient une grande analogie de forme avec le monument antique de Babylone, que Strabon nomme mausolée de Bélus, et qui n'était qu'une pyramide tronquée, dédiée à Jupiter-Bélus, c'est-à-dire au soleil. Ni les teocallis ni l'édifice de Babylone n'étaient des temples dans le sens que nous attachons à ce mot, d'après les idées que les Grecs et les Romains nous ont transmises. Des autels couverts étaient placés au sommet des teocallis, et ces édifices rentrent par là dans la classe des monuments pyramidaux de l'Asie, dont on trouvait anciennement des traces jusqu'en Arcadie ; car le mausolée conique de Callistus, qui était un vrai tumulus couvert d'arbres fruitiers, servait de base à un petit temple consacré à Diane. »

Non loin de ce groupe, dans une épaisse forêt qui s'étend sur le versant oriental de la Cordillière, vers le golfe du Mexique, des chasseurs découvrirent, il y a soixante ans environ, un teocalli isolé auquel on a donné le nom de pyramide de Papantla. La forme de celui-ci, qui avait six et peut-être sept étages, est plus élancée que celle de tous les autres monuments du même genre. Les pierres de taille dont il est construit sont d'une coupe belle et régulière, et toutes chargées de sculptures hiéroglyphiques, parmi lesquelles on reconnaît des serpents et des crocodiles. On y voit de petites niches disposées avec beaucoup de symétrie, et dont le nombre, suivant M. de Humboldt, fait allusion aux trois cent soixante-dix-huit signes simples et composés du calendrier civil des Toltèques, une des principales tribus mexicaines.

La description des autres teocallis qui occupent la surface du sol mexicain nous entraînerait dans de fastidieuses répétitions, puisque tous sont construits à peu près de la même manière et présentent le même aspect. Disons seulement que les plus remarquables, après ceux que nous venons de citer, sont les teocallis de Cholula, de Mitla et de Cuernavaca. Parmi les sculptures qui ornent le dernier, on remarque des hommes assis les jambes croisées à la manière asiatique.

Plusieurs de ces édifices ont été ouverts, et l'on y a trouvé, outre les squelettes dont nous avons fait mention, des haches, des couteaux, des flèches, des pointes de lances en obsidienne, des vases de terre finement travaillés, des ornements en cuivre, en or, en argent et quelques-uns en fer. Dans les tombeaux de Mitla, on a découvert des peintures dont le dessin est égal à celui qu'on admire sur les vases nommés étrusques, et représentant des trophées de guerre et des sacrifices.

Les ruines de quelques cités antiques offrent des objets non moins dignes de remarque. A Copan, qui n'est plus aujourd'hui qu'une misérable bourgade, on voit une place de forme circulaire entourée de pyramides de pierre habilement cannelées. Au pied de ces pyramides, se trouvent des statues d'hommes et de femmes de taille colossale et vêtus à la castillane, quoiqu'il soit démontré que ces sculptures sont de beaucoup antérieures à l'arrivée des Espagnols en Amérique. Au centre de la place, sur une plate-forme à laquelle on parvient par des gradins, est l'autel des sacrifices. Près de là, se dresse un portique sur les colonnes duquel est une figure d'homme costumé aussi à la castillane, avec des hauts de chausse, le cou enveloppé d'une étoffe jaune, l'épée, le bonnet et le manteau court. A peu de distance, s'ouvre la caverne de Tibulca, creusée au ciseau dans le roc, comme plusieurs pagodes indiennes, et ornée de colonnes avec leurs bases, leurs socles, leurs chapiteaux et leurs couronnements, le tout parfaitement conforme aux principes de l'architecture.

Mais les plus célèbres de ces ruines sont celles de Culhuacan, improprement appelé Palenquè, et qu'on a surnommé la Thèbes américaine. C'est en 1787 seulement qu'elles ont été découvertes dans une épaisse forêt, sur les bords du Micol, affluent du fleuve Tulija, qui coule dans la direction de Tabasco. Culhuacan paraît avoir eu de six à sept lieues de tour. On y aperçoit encore des temples, des tombeaux, des pyramides, des fortifications, des ponts, des aquéducs, des habitations particulières; on y a recueilli des vases, des médailles, des instruments de musique, notamment le syrinx ou flûte de Pan, des idoles, des statues colossales, des bas-reliefs accompagnés de figures hiéroglyphiques. Sur un des bas-reliefs, revêtu d'un stuc très fin, les personnages ont de huit à neuf pieds de hauteur.

M. Constancio a donné une description pleine d'intérêt d'un tableau trouvé dans ces ruines, et qu'il appelle l'*Adoration de la croix*. Nous allons présenter une rapide analyse de ce curieux travail. Au centre du tableau, est une grande croix de forme latine avec une seconde croix inscrite dans la première. Les trois bras supérieurs des deux croix ont à leurs extrémités trois croissants réunis, et le pied de la grande croix repose sur un support presque hémielliptique posé sur un cœur, au-dessus duquel est la figure d'un 8 placé en travers. La croix est surmontée d'un coq à double queue, tenant dans son bec un bonnet ou calotte hémisphérique. A gauche de la croix, on voit une femme portant du bras gauche un enfant nouveau-né, et le présentant à un prêtre en habits sacerdotaux, debout, du côté opposé, sur un siége formé de deux spirales placées en sens contraire. L'enfant est couché sur deux branches de lotus et sa tête est ornée d'un croissant renversé, du sommet duquel sort un disque rayonnant. De la partie postérieure de sa tête, se détachent deux feuilles de lotus ; son corps se prolonge par une feuille de la même plante et est séparé de la main de la femme qui le supporte par quatre petites sphères. De chacun des bras latéraux de la grande croix extérieure, part une branche droite terminée en crochet rectangulaire et garnie de rayons divergents, à la pointe desquels se trouvent de petits globes. Ce tableau, qui est d'une vaste étendue, est entouré d'un grand nombre de médaillons et de figures. Le scarabée se reproduit plusieurs fois sur les deux bandes latérales. Dans plusieurs médaillons, on distingue la croix rectangulaire à branches égales. Dans un autre médaillon, on remarque le T égyptien ; au-dessous est une ellipse en renfermant une seconde, qui contient un arc surmonté d'une pyramide. Deux sphères sont placées au-dessus d'une des ellipses et une au-dessous. D'après la place qu'occupent, dans ce tableau, les caractères disposés en bandes devant les personnages, et d'après l'expression de la bouche de ces personnages, qui ont l'air de parler ou de donner des ordres, l'auteur que nous citons pense que ce sont de véritables hiéroglyphes. Il y reconnaît les ressemblances les plus frappantes avec les symboles de l'Egypte et de l'Inde. Le serpent, le lotus, la tiare, le scarabée, la roue, la croix rectangulaire, le T mystique et une foule d'autres emblèmes solaires et luni-solaires, sont communs à Palenquè, à l'Inde et à l'Egypte. Plusieurs poses semblent se rapprocher davantage du type hindou ; mais la croix posée sur un cœur, le crochet ou sceptre mystique, le fouet symbolique, le disque d'où sort un faisceau de rayons, la calotte hémisphérique, qui est celle d'Horus, sont tout à fait égyptiens et se rattachent aux représentations allégoriques exprimant la force et l'énergie solaire et la marche annuelle de l'astre du jour, source de lumière et de vie dans les systèmes de ces deux peuples. M. Constancio estime en conséquence que, dans ce tableau, qui occupait tout le fond d'un temple, dédié sans doute au soleil, on a voulu figurer la naissance de cet astre au solstice d'hiver. L'enfant mystérieux est présenté par la déesse de l'année, ou l'année personnifiée, au grand-prêtre du soleil, qui tire l'horoscope de cet enfant. Les hiéroglyphes disposés des deux côtés de la croix expriment les paroles des deux personnages. A ce propos, M. Constancio rappelle que les Portugais, à leur arrivée dans l'Inde, ont trouvé des croix tout à fait semblables à celle de Palenquè, surmontées, les unes d'une couronne ou cercle, les autres d'une colombe, d'un paon ou d'un coq. Confondant Gautama avec saint Thomas, ils attribuèrent à l'apôtre la sculpture de ces croix symboliques ainsi que des légendes inscrites à l'entour en caractères sanskrit, et relatant la mort de Crichna sur un arbre cruciforme.

Civilisation des Américains. — Ce que nous venons de dire des monuments de l'Amérique permet déjà de reconnaître que certains peuples de ce continent étaient parvenus à un état de civilisation fort avancé. A l'appui de ce fait, nous pourrions ajouter ce que rapportent les mémoires des Espagnols qui prirent part à la conquête du Mexique et du Pérou des magnificences de Cuzco, de Mexico et de tant d'autres cités que renfermaient ces deux vastes empires ; rappeler le haut degré de perfection de leurs arts et de leurs industries ; la sagesse de leurs lois civiles et municipales ; leur système féodal ; leurs ordres de chevalerie, et beaucoup d'autres traits caractéristiques d'une société policée. Mais de pareils détails nous entraîneraient hors du cadre que nous nous sommes tracé, et nous nous bornerons à jeter un rapide coup d'œil sur les institutions dont était dotée l'antique ville d'Acolhuacan, aujourd'hui Tezcuco, à laquelle on a donné le titre d'*Athènes américaine*. Acolhuacan était la ville la plus savante du Mexique. L'histoire, l'éloquence, la poésie et les arts y étaient cultivés avec succès, et elle comptait des hommes célèbres dans tous les genres. A leur tête, il faut placer un des rois de la contrée, le sage Nezahualcojotl, qui se distingua, comme un autre Solon, par la sagesse de ses lois et par son vaste savoir. Il était poète remarquable, et quelques-unes de ses odes se sont conservées. Il était versé aussi dans l'astronomie et dans l'histoire naturelle, et il avait dessiné tous ceux des animaux de son royaume qu'il avait pu se procurer vivants. Ses méditations sur les matières religieuses l'avaient amené à comprendre l'unité de la divinité, et lui avaient inspiré l'horreur de l'idolâtrie et des sacrifices humains. Il avait essayé en conséquence de substituer à la religion en vigueur une croyance et un culte plus dignes d'une nation policée ; mais l'attachement de ses sujets à la foi de leurs pères l'obligèrent à renoncer à cette entreprise. Il obtint d'eux cependant que les prisonniers de guerre seraient seuls désormais sacrifiés sur les autels de leurs dieux. C'est sur la place du marché d'Acolhuacan, qu'emporté par un zèle fanatique et sauvage, Zumarragua, premier évêque de Mexico, rassembla en un monceau les peintures, les manuscrits, les hiéroglyphes relatifs à l'histoire, à la littérature et aux arts du Mexique, et, nouvel Omar, les fit dévorer par les flammes.

Les peuples américains, ceux, en particulier, qui habitaient le centre et le nord du continent, employaient différents modes d'écriture. Ils se servaient d'abord des *quippos*, ou cordelettes graphiques, dont nous avons déjà parlé (1), et qu'on retrouve en usage dans l'Inde, à la Chine, en Malaisie, et parmi les Tartares et les Russes. Au Pérou, par exemple, ces quippos consistaient en de petits cordons de laine de toutes les couleurs, arrangés et contournés en divers sens. A ces couleurs, à ces formes, on attachait la signification des choses les plus essentielles. Ainsi le soleil était désigné par un cercle fait avec un fil de laine jaune; la lune, par un cercle semblable, de laine blanche. L'inca était représenté par un nœud simple, d'où pendait une franche jaune, parce que cette couleur était celle de l'astre dont les incas se disaient les enfants. Une figure du même genre, mais en laine blanche, indiquait la reine, parce que le blanc était le symbole de la lune, que les Péruviens considéraient à la fois comme la sœur et la femme du soleil. La combinaison de ces nœuds et de ces couleurs tenait lieu de livres et de registres. Tout ce qui appartenait à l'histoire, à la législation, aux finances, aux cérémonies publiques, aux transactions particulières, était exactement conservé par ce moyen. Il y avait des fonctionnaires appelés *quippou-camayous*, à qui la garde de ces quippos était confiée. Ils étaient, parmi les Péruviens, ce que sont chez nous les notaires, et l'on n'y avait pas une moindre confiance en leur probité. Quelque ingénieux et compliqué que fût ce système graphique, il était toutefois impuissant à exprimer les abstractions de la pensée et les nuances infinies du sentiment. Lorsqu'il s'agissait de la transmission d'ordres du gouvernement, qui avaient besoin d'être entourés de secret, la valeur des signes était changée, et les quippos devenaient ainsi une sorte d'écriture en chiffres.

Pour opérer des calculs quelque peu complexes, les Péruviens usaient, en général, d'un autre procédé, qu'ils avaient évidemment emprunté des Hindous, lesquels, encore aujourd'hui, l'appliquent à la solution des problèmes astronomiques : ce procédé consistait à former des groupes de cailloux, de coquilles ou de grains de maïs, représentant des quantités déterminées, et dont le mélange et la combinaison conduisaient au résultat désiré.

Enfin, les différents peuples de l'Amérique, les Mexicains, entre autres, employaient un dernier système graphique. A l'exemple des Egyptiens, ils avaient trois sortes de caractères, les uns hiéroglyphiques, qui exprimaient

---

(1) Page 6 de ce volume.

l'objet qu'ils voulaient représenter par son image elle-même ; les autres, hiératiques, qui étaient une abréviation des précédents ; les derniers, démotiques, qui rendaient les sons vocaux, lorsqu'il n'était pas possible de leur découvrir des analogies avec des êtres perceptibles par les sens. Peu de temps après l'introduction de la religion chrétienne, on a trouvé des prières de l'Église, rendues en caractères hiéroglyphiques. Dans le *confiteor*, par exemple, pour exprimer ces mots : « Je me confesse », on avait peint un homme à genoux aux pieds d'un religieux et lui parlant à l'oreille. Pour dire : « à Dieu tout puissant », on avait dessiné trois visages, qui faisaient allusion à la trinité. La figure d'une femme avec la moitié du corps d'un enfant signifiait : « à la bienheureuse Marie toujours vierge. » Deux têtes avec une clef et une épée, rappelaient ces autres mots : « à saint Pierre et à saint Paul. » Et ainsi du reste. Ces caractères étaient tracés, tantôt sur une étoffe de coton préparée, et à l'aide d'un pinceau et de couleurs, tantôt sur une sorte de parchemin enduit de gomme, que l'on pliait en double et dont on formait ensuite des volumes semblables aux nôtres. Quelquefois aussi on les gravait sur la pierre. C'est lorsqu'ils étaient destinés à fournir des indications utiles au public, telles que les lois et ordonnances, les avis relatifs aux travaux de la campagne, etc. Parmi les monuments de ce genre, il faut citer le grand calendrier découvert en 1790 dans les ruines d'un ancien temple de Mexico, et qu'on nomme vulgairement *l'horloge de Montézuma*. Tout le système de l'année civile de ces peuples y est représenté par des cercles et des divisions, et par des figures hiéroglyphiques. On y voit que cette année se composait de trois cent soixante-cinq jours, partagés en dix-huit mois de vingt jours chacun, auxquels on ajoutait cinq jours épagomènes. Le jour commençait au lever du soleil et comprenait huit parties, dont quatre étaient déterminées par le lever, le coucher et les deux passages du soleil au méridien. La semaine se formait de cinq jours, comme celle des anciens Javanais. Les autres périodes du temps se composaient d'indictions de treize années, de demi-siècles de cinquante deux ans, et de siècles ou vieillesses de cent quatre ans.

Nations civilisées de l'Amérique. A l'époque de la conquête, on trouvait dans le Nouveau-Monde trois peuples principaux, remarquables par leur état social avancé, et qui marchaient en tête de tous les autres : c'était les Mexicains, les Muyscas et les Péruviens. Après eux, venaient les Quiches, les Kachiguèles et les Zutugiles. A côté de ceux-ci, quoique moins policés, on distinguait aussi les Chaponèques, les Zapotèques, les Tarasques, établis dans le royaume de Méchoacan ; les habitants des républiques de Tlascala, de Cholula et de Huexocingo ; les peuples de Cibola et de Quisrira ; les Moquis; les nations vêtues de la côte nord-ouest, et enfin les Natchez et les Araucans, dont la civilisation, très différente de celle des Mexicains et des autres peuples de l'Amérique centrale, avait fait néanmoins de notables progrès sous l'influence de circonstances particulières.

Les peuples du Mexique. Les renseignements recueillis par les Espagnols de la bouche des indigènes, lors de leur arrivée au Mexique, n'offrent rien de certain sur l'histoire des premiers peuples de cette contrée. Les Mexicains ne présentaient pas un type commun ; ils paraissaient, au contraire, appartenir à des peuples d'origine différente, et, en effet, chaque province de l'empire avait sa population distincte et de races et de noms. Plusieurs des tribus ainsi divisées se considéraient comme autochthones ; telles étaient les Olmèques, les Xicalanques, les Cores, les Tépanèques, les Tarasques, les Miztèques, les Zapotèques et les Otomies. Suivant leurs traditions, elles étaient déjà parvenues à un degré de civilisation fort avancé, lorsqu'elles furent subjuguées par les Toltèques, nation à demi sauvage, qui avait quitté le pays de Tlalpallan, situé sous les glaces du nord, pour venir chercher une nouvelle patrie dans un climat moins rigoureux. Cet évènement ne remontait pas au delà de l'an 544 de notre ère, et il formait le point de départ de l'histoire positive de l'empire du Mexique. Tout ce qui précédait était enveloppé des plus épaisses ténèbres. Les Toltèques s'approprièrent en peu de temps la civilisation des vaincus, et lui imprimèrent même un nouvel et puissant élan. Leurs descendants leur attribuaient, sans preuves et même contre toute probabilité, les routes, les canaux, les constructions gigantesques qui couvraient la surface du pays et dont la structure et l'apparence manifestent une date en général plus reculée. Du moins est-il constant qu'ils entreprirent également de ces grands travaux et qu'ils étendirent et complétèrent avec beaucoup d'intelligence ce qui avait été fait avant eux. Une terrible épidémie vint, quelques siècles plus tard, anéantir presque entièrement et les Toltèques et les nations qu'il avaient soumises. Ce qui survécut se dispersa en grande partie pour aller habiter les régions où n'avait pas sévi le fléau. D'autres peuples, venus aussi du nord, s'emparèrent dans la suite des contrées abandonnées. Tels sont les Chichimèques, qui parurent en 1170, et qui furent rejoints, bientôt après, par les Xochimilques, les Chalques, les Tlascaltèques et les Aztèques, ou Mexicains proprement dits. Les derniers prétendaient avoir quitté leur patrie suivant les ordres d'un oracle. Peut-être est-ce à cette prétention, admise sans conteste, qu'ils durent l'influence qu'ils exercèrent sur les autres tribus et qui leur permit de les soumettre si facilement à leur joug, malgré leur faiblesse numérique. Quoi qu'il en soit, l'oracle annonçait qu'après avoir campé successivement sur divers points de leur route, ils trouveraient enfin un nopal sortant du creux d'un rocher et sur lequel serait perché un aigle ; que là s'arrêteraient leurs courses vagabondes, et qu'alors ils bâtiraient une ville qui deviendrait le centre d'un vaste empire asservi à leur domination. Ces circonstances s'étant rencontrées, dit-on, dans une des îles qui forment aujourd'hui la cité de Mexico, les Aztèques s'y établirent et le reste de la prophétie s'accomplit de point en point.

Dieux des Mexicains. Tous les peuples de l'Anahuac ou du Mexique reconnaissaient avoir reçu leurs croyances et leur culte d'un personnage mystérieux, Quetzalcoatl, dont le nom signifie serpent recouvert de plumes vertes. Cet homme était barbu et avait la peau blanche. Il portait un manteau parsemé de croix rouges. La suite qui l'accompagnait se composait d'étrangers dont les vêtements noirs étaient taillés en forme de soutane. Avec l'aide de ces étrangers, il fonda en divers lieux de l'Anahuac des monastères et des congrégations religieuses. Lui et les siens s'imposaient de rudes austérités, tourmentaient cruellement leur chair, jeûnaient et priaient, dans la vue d'apaiser le courroux du ciel. Le règne de Quetzalcoatl fut un règne de paix et de bonheur ; « il se bouchait les oreilles lorsqu'il entendait pousser des cris de guerre. » Le culte qu'il prescrivait était simple et touchant ; il consistait uniquement en des offrandes de fleurs et de fruits au Grand-Esprit. Dégagé de toute ambition mondaine, il avait abandonné à Huemac, un de ses compagnons, la direction des affaires humaines, et ne s'était réservé à lui-même qu'un pouvoir purement spirituel. La naissance de Quetzalcoatl remontait à une époque de beaucoup antérieure à la création de l'univers. Environ treize mille ans avant que ce grand évènement se fût accompli, il y avait eu une horrible famine, et, pour faire cesser le fléau, Quetzalcoatl s'était soumis à une austère pénitence. Retiré sur la montagne qui parle (le Catcitepetl), il y passa tout son temps à marcher nu-pieds sur des feuilles d'agave armées de pointes aiguës. Il fit sa première apparition sur la terre à Panuco. De là, il se rendit à Tula, où il remplit le ministère de grand-prêtre. C'est alors que le Grand-Esprit lui remit une liqueur qui donnait l'immortalité et qui inspirait le goût des voyages. Il quitta donc la ville où il s'était établi, se dirigea vers Cholula, où il séjourna vingt ans ; et, après avoir enseigné aux peuples de cette contrée à fondre les métaux, à régler le calendrier, et à rendre aux dieux le culte qui leur est dû, il continua sa route vers les côtes orientales du Mexique, pour retourner au pays d'où ses ancêtres étaient sortis. Lorsqu'il parvint à l'embouchure de la rivière Guazacualco, il considéra sa mission comme terminée pour le moment, et il disparut, promettant aux habitants de Cholula, qui l'avaient accompagné en foule, qu'il reviendrait un jour régner sur eux.

C'est, dit-on, dans cette circonstance qu'il fit la prédiction fameuse annonçant que la ruine du Mexique coïnciderait avec son retour ou celui de ses descendants. Les peuples de l'Anahuac avaient une foi si grande dans la réalisation de cette prophétie, qu'ils ne se défendirent que faiblement contre les entreprises des Espagnols, dans lesquels ils croyaient reconnaître la postérité de leur divin législateur.

Quetzalcoatl avait pris place dans le panthéon mexicain, et on le considérait comme le dieu de l'air. Son principal temple, érigé à Cholula, recevait tous les ans un nombre prodigieux de pèlerins, qui s'y rendaient de toutes les provinces de l'empire. Il y était représenté sous la forme d'un homme, mais avec une tête d'oiseau, dont le bec rouge, armé de plusieurs rangées de dents, et laissant sortir une langue d'une longueur plus qu'ordinaire, était surmontée d'une crête et de verrues. Cette tête était coiffée d'une sorte de mitre qui se terminait en pointe. La main de l'idole était armée d'une faux, et tout son corps paraissait chargé de bijoux précieux, pour exprimer les richesses dont elle était la dispensatrice. Quetzalcoatl comptait une multitude d'adorateurs, et les marchands, particulièrement, le regardaient comme leur divinité tutélaire. Tous se tiraient du sang de la langue et des oreilles pour obtenir sa faveur.

Au degré le plus élevé de leur hiérarchie céleste, les Mexicains plaçaient un être suprême immatériel, invisible, dont le nom, Teotl, semblerait dériver du Théos des Grecs. Teotl était le principe de vie, il était tout par lui-même et possédait tout en lui. On ne lui rendait point de culte; tous les hommages, tous les vœux étaient offerts aux divinités inférieures, à qui il avait remis le gouvernement de l'univers immédiatement après l'avoir créé. Le nombre de ces dieux secondaires était considérable. Il n'y avait pas un phénomène physique, une passion, un rapport social, une éventualité de la vie, qui n'eût sa divinité particulière. Il serait trop long d'énoncer en détail toute cette mythologie, qui présente d'ailleurs quelque confusion et quelque obscurité; nous nous bornerons à rapporter les circonstances qui se rattachent à ceux des dieux dont le culte était le plus suivi et le plus répandu.

Parmi ceux-ci, il y en avait deux, Tezcatlipoca et Tlaloc, que l'on regardait comme frères, et qui paraissaient se confondre avec Teotl pour former une sorte de trinité. Ils étaient, dans tous les cas, les agents matériels de la volonté suprême du dernier. Égaux en pouvoir, mûs par la même volonté, constituant en quelque façon un seul et même être, on les réunissait dans le même culte, on leur adressait les mêmes vœux, les mêmes actions de grâce, et on leur sacrifiait une même victime. Tezcatlipoca présidait spécialement à la pénitence. Il accordait ou refusait, à son gré, le pardon des péchés ; il envoyait ou détournait l'adversité ; il suscitait ou prévenait la peste, la famine et les autres fléaux destinés dans ses décrets à punir les crimes du genre humain. On le représentait habituellement sous les traits d'un homme assis majestueusement sur un trône au faîte d'un autel élevé. Son attitude était cependant menaçante ; ses regards irrités imprimaient la terreur. De son bras gauche, il soutenait un bouclier d'où sortaient quatre dards placés à l'extrémité pointue de quatre pommes de pins disposées en croix. Son bras droit, levé, semblait prêt à lancer un javelot, qu'il tenait dans sa main puissante. Sa tête était couronnée de plumes et tout son corps était peint d'une couche uniforme de couleur noire. Les fidèles n'étaient admis à voir cette image qu'aux jours de grandes solennités. Le reste du temps, les prêtres l'entouraient d'un rideau d'étoffe rouge, sur lequel étaient dessinés des ossements et des cadavres humains. Quelquefois aussi, l'idole était taillée dans un bloc de pierre noire, luisante et polie comme le marbre. Elle portait des pendants d'oreille et une chaîne d'or, à laquelle était suspendue une plaque de même métal, qui lui descendait sur la poitrine. Un tuyau de cristal, long d'un demi pied, lui perçait la lèvre inférieure, et l'on y introduisait tantôt une plume verte, tantôt une plume bleue. De ses cheveux tressés avec un cordon d'or, pendait une oreille souillée par la fumée. Cette fumée représentait, disait-on, les prières des pécheurs et des affligés, et l'oreille donnait à entendre aux uns et aux autres qu'ils devaient avoir recours à la miséricorde divine, toujours disposée à écouter leurs vœux. Dans sa main droite, l'image du dieu portait quatre flèches, pour rappeler que la vengeance céleste menace sans cesse la tête des méchants. Sa main gauche tenait un miroir d'or poli, où se retraçaient fidèlement tous les objets environnants ; ce qui signifiait que le dieu embrassait d'un seul coup d'œil tout ce qui se passait dans l'univers. Tlaloc, était particulièrement le dieu de l'eau. On s'adressait à lui pour obtenir une heureuse moisson ; on lui présentait des coupes pleines d'une liqueur nommée *attole*, que l'on obtenait à l'aide de grains fermentés et de copal. Du reste il était représenté sous les mêmes traits que Tezcatlipoca, avec lequel on le confondait habituellement. On lui donnait pour épouse Matlalcuia, qui, ainsi que lui, présidait à l'eau, et dont les idoles étaient revêtues d'une tunique de couleur bleu céleste.

Quoiqu'il occupât dans la hiérarchie divine un rang inférieur à celui des dieux que nous venons de citer, Huitzilopochtli n'en était pas moins une des divinités les plus révérées. La guerre était plus particulièrement dans ses attributions. A ce titre, on le considérait comme le protecteur de l'empire. On n'était pas d'accord sur la nature de son essence : ceux-ci le croyaient un pur esprit ; ceux-là lui donnaient une vierge pour mère. C'était lui qui avait conduit les Aztèques dans leur marche sur Mexico, qui avait découvert les signes mystérieux indiqués par la prophétie, et qui constamment les avait fait triompher des tribus qui avaient entrepris de les combattre. Son idole figurait un homme assis dans un trône supporté par un globe d'azur, qu'on appelait le ciel. Ce globe était traversé par deux bâtons dont les extrémités simulaient des têtes de serpents, la gueule béante. La statue du dieu, faite d'un bois rare, avait le front azuré; une bande de même couleur, tracée sur son visage, au-dessous des yeux, s'étendait d'une de ses oreilles à l'autre. Sa tête était couverte d'un casque de plumes disposées de manière à former un oiseau. Sa main droite s'appuyait sur une couleuvre ondoyante qui lui servait de canne; la gauche portait quatre flèches et soutenait un large bouclier, orné de cinq plumes blanches qui figuraient une croix. L'ensemble de cette image offrait le plus horrible aspect. On la renfermait dans un coffre de roseaux, que les prêtres transportaient avec eux, principalement en temps de guerre. Lorsque l'armée s'arrêtait, le coffre était placé au milieu du camp sur une espèce d'autel.

A la suite de ce dieu, venait la déesse Tazi, dont le nom signifie la grande mère. Cette divinité était née mortelle. Huitzilopochtli, voulant la placer dans le ciel, ordonna aux Atzèques de la demander pour reine à son père, qui était roi de Colhuacan. Quelque temps après, ce dieu barbare leur commanda de la tuer, de l'écorcher et de couvrir de sa peau un jeune homme. C'est ainsi qu'elle fut dépouillée de l'humanité pour être élevée au rang des dieux. De l'époque de cette affreuse apothéose datait parmi les peuples du Mexique la cruelle coutume des sacrifices humains.

Les Mexicains comptaient encore au nombre de leurs divinités Ométochtli, le dieu du vin; Xipe, le dieu de l'or, des richesses et des orfèvres; Teoyaotimiqui, déesse sanguinaire dont les attributions et les images rappellent la Kâli des Hindous; et enfin trois-cents-soixante intelligences inférieures, à chacune desquelles un jour de l'année était consacré.

Système de l'univers. La cosmogonie des Mexicains offre les plus frappants rapports avec celle du bouddhaïsme. D'après ce système, avant le soleil qui éclairait le monde au seizième siècle, il y en avait eu déjà quatre autres qui s'étaient successivement éteints. Dans ces quatre âges écoulés, l'espèce humaine avait tour à tour péri par l'effet des inondations, des tremblements de terre, d'un embrasement général et de la fureur des vents déchaînés. M. de Humboldt a retrouvé toute cette théorie des destructions et des régénérations de l'univers dans un dessin d'origine mexicaine, et il en a donné une savante explication dont voici la substance. Le premier âge, dans lequel se sont livrés de terribles combats contre les géants, a été d'une durée de cinq mille deux cent six années. La génération de cette période a été anéantie par la disette des aliments. Ce fléau est représenté dans la peinture par un mauvais génie qui descend sur la terre pour arracher l'herbe et les fleurs. L'âge du feu, qui est venu ensuite, a duré quatre mille huit cent quatre ans. Comme les oiseaux seuls pouvaient échapper aux ravages de l'incendie, tous les hommes ont été transformés en oiseaux, hormis un seul couple, qui a trouvé un refuge dans une caverne. La durée du troisième âge, celui des vents, a été de quatre mille dix années. Ce terme arrivé, les ouragans ont détruit l'espèce humaine. Cependant un petit nombre d'individus ont échappé au désastre et ont été métamorphosés en singes. Dans le quatrième âge, où l'âge de l'eau, qui comprend sept mille six cent huit années, une immense inondation a couvert la surface de notre planète; tous les hommes ont été convertis en poissons, à l'exception d'un d'entre eux, nommé Coxcox, et de sa femme Xochiquetzal, qui parvinrent à se sauver dans un tronc d'arbre. La peinture montre le Noé mexicain assis sur le tronc d'arbre couvert de feuilles, flottant à la surface des eaux. La tradition commune variait sur ce point. Suivant elle, Coxcox et sa femme s'étaient réfugiés dans une barque immense et avaient sauvé avec eux leurs enfants, un couple de chaque espèce d'animaux et des échantillons de toutes les semences. L'esquif s'était arrêté sur le pic de Colhuacan, et une colombe blanche, d'autres disent un colibri, avait reçu la mission de s'assurer que les eaux s'étaient écoulées. Après la destruction du quatrième soleil, les ténèbres ont couvert le monde pendant vingt-cinq ans. C'est au milieu de cette nuit profonde, dix ans avant l'apparition du cinquième soleil, que le genre humain a été régénéré. Alors, pour la cinquième fois, les dieux ont créé un homme et une femme. Les Mexicains plaçaient l'avènement de cette dernière génération vers l'an 701 de notre ère. Ils n'étaient pas fixés sur l'époque à laquelle s'opèrerait une nouvelle révolution de l'univers; ils pensaient seulement qu'elle se manifesterait à l'expiration d'un de leurs cycles de cinquante deux années. Chaque fois donc qu'arrivait le terme d'une de ces périodes, ils passaient la journée en proie aux plus vives inquiétudes. Toutes les villes retentissaient de cris et de gémissements; les habitants couraient çà et là comme des insensés, dans l'attente de la catastrophe; ils éteignaient leurs feux, brisaient leurs meubles et leurs ustensiles. Beaucoup s'agenouillaient sur le toit de leurs maisons, le visage tourné du côté de l'orient, pour voir si le soleil recommencerait son cours ou si le monde subirait une subversion totale. Le jour suivant, dès qu'ils apercevaient le soleil s'élever à l'horizon et leur donner, par sa présence, la garantie d'une prolongation du grand ordre de l'univers pour une nouvelle période, ils saluaient l'astre par mille cris de joie. On ne voyait partout, dès ce moment, que danses, festins et réjouissances. Chacun réparait de son mieux le désordre de son ménage ; les prêtres allumaient du feu nouveau dans les temples et en faisaient ensuite la distribution au peuple.

Suivant une tradition mexicaine, le petit-fils de Coxcox, qu'on appelait Vodan, coopéra à la construction d'un grand édifice que les hommes entreprirent pour s'élever jusqu'aux cieux, sans doute dans la prévision d'un nouveau déluge ; mais les dieux irrités interrompirent bientôt l'exécution de ce projet téméraire et impie, en dispersant les ouvriers, après avoir jeté parmi eux la confusion des langues.

Vie future. Selon les croyances de ces peuples, l'âme survivait au corps qui lui servait d'enveloppe. Mais l'homme ne jouissait pas seul du bienfait de cette immortalité ; il le partageait avec les animaux. Dans le monde à venir, des lieux distincts étaient assignés aux âmes des morts, d'après certaines catégories. Celles des guerriers qui avaient péri sur les champs de bataille ou qui étaient tombés vivants entre les mains des ennemis, et celles des femmes qui avaient succombé dans le travail de l'enfantement, allaient habiter le palais du soleil. Elles y jouissaient des premiers rayons de la lumière, s'y livraient au chant et à la danse, et y goûtaient tous les autres plaisirs qui les avaient séduites ici-bas. Les âmes des guerriers escortaient l'astre du jour depuis son lever jusqu'à sa plus grande exaltation ; les âmes des femmes l'accompagnaient ensuite jusqu'à son coucher. Ces délices et cette gloire n'étaient cependant pas éternelles ; elles n'avaient qu'une courte durée de quatre ans. Alors toutes les âmes subissaient des transformations diverses : les unes devenaient des nuages diaprés de mille couleurs, les autres des oiseaux au plumage brillant, celles-ci allaient animer des lions, celles-là les corps des tigres et des jaguars. Les âmes des enfants sacrifiés sur les autels des dieux avaient aussi leur place marquée dans le ciel, et, de là, elles venaient assister, invisibles, aux cérémonies religieuses que l'on célébrait à certains jours de l'année. Les âmes des méchants, des voleurs, des adultères, des parricides, celles des hommes qui mouraient de vieillesse, de maladies, ou par accident, avaient des demeures spéciales dans les diverses parties d'un lieu sombre situé dans les entrailles de la terre et dont l'idée répondait à celle que nous nous faisons du purgatoire et de l'enfer.

CHAPITRE V.

Croyances américaines (suite). Édifices sacrés. — Temple de Huitzilopochtli. — Prêtres, sacrificateurs. Leurs fonctions, leurs opérations magiques. — Vestales. — Lévites. — Ordres monastiques. — Service des autels. — Pratiques religieuses. — Sacrifices humains ; coutume singulière. — Pèlerinages. — Fêtes. — Confession. — Expiation. — Idole de pâte ; communion. — Fin du monde. — Ordres de chevalerie ; initiation. — Naissances. — Circoncision ; baptême. — Mariages. — Funérailles.

Temples mexicains. Les édifices consacrés au culte étaient nombreux et magnifiques à Mexico. Tous se ressemblaient par leur aspect extérieur ; mais la distribution intérieure variait habituellement. Cependant ces différences n'étaient pas essentielles, et, sous beaucoup de rapports, l'on pourrait avancer qu'ils étaient construits sur le même modèle. La description d'un de ces temples donnera donc une idée à peu près exacte de tous les autres.

Le plus vaste et le plus riche à la fois était celui de Huitzilopochtli. On y entrait par une vaste place, enceinte de murailles de huit pieds de haut, composées de têtes et d'ossements humains, surmontées de créneaux en forme de niches, et revêtues de reliefs en pierre représentant des serpents entrelacés, qui lui donnaient l'apparence d'une ville de guerre soigneusement fortifiée. Les quatre portes par lesquelles on avait accès dans cette place correspondaient aux quatre points cardinaux. En dehors et à peu de distance de la porte principale, se dressait une espèce de chapelle figurant une pyramide tronquée. Au faîte régnait une terrasse où l'on avait planté, de distance en distance, de grands pieux réunis par des traverses qui soutenaient des crânes humains. Le portail de chacune des entrées était décoré de quatre statues de pierre, qui semblaient appeler les fidèles, et qui tenaient le rang de dieux liminaires. On était obligé de s'incliner devant elles en passant. Cet usage était évidemment emprunté du bouddhaïsme, dont les temples sont également précédés de boudous ou portiers. Les logements des ministres et des sacrificateurs et plusieurs couvents d'hommes et de femmes étaient adossés à la partie intérieure de ce mur d'enceinte. Le reste du pourtour était occupé par des boutiques de marchands. L'étendue de la place était si considérable qu'aux jours de fêtes solennelles huit mille personnes pouvaient s'y livrer à l'aise à des danses religieuses. Dans le centre, s'élevait un grand téocalli ou pyramide tronquée, qui constituait proprement le temple. Trois des côtés en étaient taillés en glacis ; le quatrième formait un escalier de cent vingt marches. La plate-forme qui le couronnait était pavée de carreaux de jaspe de diverses couleurs et bordée d'une balustrade dont les pilliers, tournés en coquilles de limaçon, étaient incrustés d'une sorte de mosaïque de pierre noire semblable au jais. Cette balustrade s'ouvrait au haut de l'escalier, et, là, elle se terminait, de chaque côté, par une statue de marbre supportant deux énormes chandeliers. Au milieu de la terrasse, était la pierre des sacrifices, bloc de cinq pieds de haut et taillé en dos d'âne à la partie supérieure. En avant de cette pierre, on trouvait une chapelle basse surmontée d'un toit de bois précieux, et qui renfermait l'idole de Huitzilopochtli, habituellement entourée de rideaux. Toutes ces constructions étaient chargées de pierreries et de joyaux d'or et d'argent, posés sur un fonds de plumes nuancées. Ajoutons que, non loin de la chapelle de Huitzilopochtli, se dressait celle de Tezcatlipoca, garnie également de l'image de ce dieu, et que le grand téocalli, qui avait aussi pour destination de renfermer les dépouilles des rois, était environné de trente-neuf petites chapelles consacrées à autant de divinités.

Toute la face du pays était couverte de temples, d'autels, d'idoles et d'images ; on en trouvait partout, dans les rues, dans les chemins, dans les champs, et jusque dans l'épaisseur des forêts. Le premier évêque de Mexico, Zumarragua, que nous avons déjà vu, à Tezcuco, livrer aux flammes tant de précieux documents des arts et de la littérature du Mexique, se vante d'avoir contribué avec les franciscains, dans le court espace de huit années, à la destruction de vingt-deux mille édifices de ce genre. Torquémada porte à plus de quarante mille les temples mexicains : on en comptait deux mille dans la capitale seulement.

Sacerdoce. Tous les temples et tous les monastères du Mexique étaient riches en propriétés foncières et en esclaves ou serfs, qu'ils devaient à la libéralité des souverains. Ils en tiraient des revenus considérables, auxquels venaient encore s'ajouter les offrandes de toute nature que leur apportait incessamment la piété de ce peuple superstitieux. Aussi l'état ecclésiastique était-il ambitionné comme un moyen de fortune et de pouvoir politique ; et il était rare que les grands de l'empire n'y consacrassent point le plus grand nombre de leurs enfants. Clavigero évalue à un million les prêtres qui desservaient les divers temples de l'Anahuac. Le grand temple de Mexico en employait à lui seul plus de cinq mille. Les vœux qui attachaient à la prêtrise n'étaient pas irrévocables ; ce n'était souvent qu'un acte temporaire de dévotion. On quittait quelquefois le service des autels pour embrasser une autre carrière. Deux grands dignitaires étaient à la tête de la hiérarchie ecclésiastique. L'un portait le titre de seigneur spirituel, c'était le pontife suprême ; l'autre celui de grand-prêtre, c'était le vicaire du premier, et en quelque sorte son *alter ego*. Tous les deux étaient élevés aux postes qu'ils occupaient au moyen d'une élection, à laquelle prenaient part tout à tour, dans des circonstances données, les membres du clergé ou les délégués du roi. Dans tous les cas, ils devaient être choisis dans les rangs de la haute noblesse. Le caractère dont ils étaient revêtus les faisait jouir d'une influence sans bornes. On les consultait dans toutes les affaires de l'État, principalement lorsqu'il s'agissait de la guerre. En matière de religion, leur opinion était considérée comme infaillible. A la suite de ces pontifes, venaient six grands sacrificateurs, dont la succession était héréditaire. Un d'entre eux commandait aux cinq autres; on le désignait sous le nom de topilzin. Celui-ci était reconnaissable à une couronne de plumes de différentes couleurs dont sa tête était parée. Il portait aux oreilles des pendants d'or enrichis d'émeraudes, et un tube de couleur bleue lui traversait la lèvre inférieure à l'exemple de la statue Tezcatlipoca. Il était ordinairement revêtu d'une mante écarlate; mais cet ornement variait suivant les fêtes et les cérémonies dans lesquelles il figurait. Nous n'entrerons pas dans le détail des ministres inférieurs des deux sexes qui secondaient ces principaux pontifes dans l'exercice de leurs fonctions. Ceux-ci étaient multipliés à tel point, qu'il n'y avait pas un temple, une chapelle, et même une idole isolée, qui n'eût à son service une légion de prêtres particuliers. Les uns étaient chargés du soin matériel de l'intérieur des édifices religieux, les autres administraient les biens de la communauté et en percevaient les revenus; ceux-ci faisaient au peuple, à chaque solennité, des instructions et des exhortations qui roulaient sur les devoirs de la vie civile, mais surtout sur l'obligation de présenter des offrandes aux divinités protectrices du pays; ceux-là encensaient les idoles et vaquaient aux cérémonies du culte proprement dit : le plus grand nombre accomplissait les sacrifices humains qui se liaient à toutes les solennités de la religion, à toutes les fêtes publiques. Tous se livraient à des opérations magiques dans lesquelles entrait essentiellement la composition et l'emploi d'une sorte d'onguent formé, dit-on, du venin de quelques reptiles mêlé à de la résine, à du noir de fumée et aux sucs de certaines plantes vénéneuses. Ils donnaient à cette mixtion le nom de nourriture des dieux, et ils lui attribuaient la vertu de guérir toutes les maladies, d'apprivoiser les animaux féroces, de mettre en communication avec les divinités et d'opérer d'autres prodiges encore. Ils étaient consacrés au service des autels par une onction qu'on leur faisait sur toutes les parties du corps, et, tant qu'ils exerçaient le ministère sacré, il leur était interdit d'attenter à la longueur de leurs cheveux. Ils étaient soumis à un régime de vie très austère. Il n'y avait aucune fête solennelle à laquelle ils ne se préparassent plusieurs jours à l'avance par des jeûnes rigoureux qu'ils prolongeaient une grande partie des nuits, par l'abstention absolue des liqueurs fortes et par la plus exacte continence. Plusieurs poussaient le zèle de la chasteté jusqu'à se mutiler eux-mêmes.

Indépendamment des prêtres proprement dits, il y avait, dans le clergé mexicain, des jeunes garçons et des jeunes filles qui répondaient exactement aux vestales romaines et aux gardiens du prytanée parmi les Athéniens. Ils formaient deux communautés distinctes et séparées, et habitaient l'intérieur des temples. Les filles, vêtues de blanc, devaient avoir la tête rasée. Elles étaient chargées de veiller à la conservation du feu sacré. Leur emploi consistait aussi à préparer les viandes que l'on présentait aux idoles et à tisser la toile et les autres étoffes qui servaient à l'habillement des ministres et aux ornements dont on décorait les autels et les statues des dieux. Elles passaient une partie des nuits à prier et à se tirer du sang dont elles se frottaient les joues, mais qu'elles lavaient aussitôt avec une eau consacrée. La chasteté la plus rigoureuse était au nombre de leurs devoirs, et celles qui s'en écartaient, ne fût-ce que par la pensée, étaient impitoyablement punies de mort. « S'il arrivait, dit un historien, qu'une souris fît quelque dégât dans le temple, ce signe était regardé comme un indice de la colère du ciel, et l'on en inférait que les religieuses s'étaient abandonnées à quelque désordre. Dès ce moment, on exerçait sur elles la plus active surveillance, et, si l'on parvenait à découvrir des coupables, rien ne pouvait les garantir du terrible châtiment qu'elles avaient encouru. » Ces jeunes filles, qui appartenaient pour la plupart aux grandes familles de l'empire, ne vivaient ordinairement qu'une année dans leur retraite; on les en retirait ensuite pour les marier.

Les jeunes garçons, aussi vêtus de blanc, portaient leurs cheveux taillés en forme de couronne et ne les laissaient retomber que jusqu'à la moitié de l'oreille. Pendant la durée de leur séjour dans le cloître, qui n'excédait que rarement une année, ils étaient, comme les filles, assujettis aux lois de la plus sévère chasteté, de la pauvreté et de l'obéissance. On les employait à nettoyer le temple, à alimenter le feu qui brûlait devant les idoles et à servir les prêtres dans les cérémonies sacrées. Quelques-uns sortaient chaque matin pour aller quêter dans la ville ; et si les aumônes qu'ils recevaient leur paraissaient parcimonieuses, ils jouissaient du droit incontesté de se saisir de tout ce qu'ils trouvaient à leur convenance. On n'a pas oublié que tel était aussi le privilége du clergé dans plusieurs archipels de la Polynésie. A certains jours solennels, les jeunes lévites mexicains s'assemblaient avec les prêtres dans une salle dont le pourtour était garni de siéges. Là, armés de cailloux aigus et tranchants, ils se tiraient du sang de toutes les parties du corps en l'honneur des idoles; puis ils piquaient ces instruments dans des pelottes de paille attachées aux créneaux du

SACRIFICES HUMAINS DES MEXICAINS

temple, pour édifier le peuple par la vue de ces témoignages de l'ardeur de leur dévotion.

Il existait aussi au Mexique des ordres religieux des deux sexes, qui vivaient réunis dans des monastères, où ils se soumettaient à l'observation des règles les plus rigides. Dans quelques-uns de ces couvents, on recevait les sujets dès leur enfance ; dans d'autres, on n'admettait que des personnes veuves, âgées de soixante ans. En général, le nombre des reclus était peu élevé ; mais l'influence qu'ils exerçaient sur le peuple était immense : de toute part on venait les consulter, et leurs réponses étaient considérées comme des oracles infaillibles.

Culte. L'encensement des idoles, les offrandes, les sacrifices humains, les processions, les chants, les danses, les jeux, les prières, le jeûne et les macérations composaient le culte mexicain. Le prêtre encensait les images des dieux, à l'exemple des sangas du bouddhaïsme, au lever du soleil, à midi, au soleil couchant et à minuit. Revêtu d'une robe blanche, il se mettait en marche au son lugubre des instruments. Parvenu devant l'autel, son encensoir à la main et entouré de ses assistants, il prenait du feu dans un brasier qui brûlait perpétuellement devant l'idole, y répandait quelques grains d'encens et en lançait la fumée vers l'image du dieu. Ensuite, saisissant un linge qu'on lui présentait, il en essuyait l'autel et les rideaux qui cachaient la statue, et il se retirait, suivi de tout son clergé, dans un asile secret, où chacun, par dévotion, se meurtrissait la chair et se tirait du sang de quelque partie du corps.

Il n'y avait pas une cérémonie publique, pas une fête religieuse de quelqu'importance qui ne fût accompagnée de sacrifices sanglants. Quelqu'acharnés que fussent les combats qu'ils livraient à leurs ennemis, les Aztèques mettaient tous leurs soins à faire des prisonniers, non par un sentiment d'humanité, mais pour fournir des hosties aux autels de leurs dieux. S'il faut en croire Cortès, Montézuma lui avoua qu'il lui eût été facile de réunir à son empire la république de Tlascala, mais qu'il s'était refusé cette gloire, dans la crainte de manquer d'ennemis, et par conséquent de victimes.

Le moment du sacrifice arrivé, le malheureux qu'on devait immoler, paré comme le dieu auquel on le dévouait, assistait, entouré de ses bourreaux, à la fête, aux jeux, aux danses, aux divertissements du jour, et était conduit ensuite au temple sous l'escorte d'une garde nombreuse. Alors paraissait sur le seuil du sanctuaire un prêtre vêtu d'une robe blanche bordée de franges de même couleur et portant dans ses bras une figure du dieu pétrie de farine de maïs et de miel, dont les yeux étaient formés de pierres vertes et les dents de grains de maïs. Ce prêtre descendait précipitamment les degrés du temple, et, se plaçant sur un point élevé, il montrait au prisonnier l'effigie sacrée, en lui disant : « Ceci est votre dieu. » Puis, dépouillé de ses vêtements et les mains libres, le captif était traîné sur la plate-forme du temple par les six sacrificateurs. Ces prêtres l'étendaient sur la pierre fatale ; quatre lui contenaient les pieds et les mains, le cinquième lui passait au cou un cercle de bois figurant un serpent replié sur lui-même et le topilzin lui ouvrait la poitrine, en arrachait le cœur, le présentait au soleil, le jetait aux pieds de l'idole, et, le reprenant aussitôt, l'introduisait dans la bouche de la statue ou lui en frottait les lèvres, le brûlait enfin et en conservait précieusement les cendres. Après cette terrible exécution, le corps de la victime, repoussé du pied par les prêtres, allait rouler jusqu'au bas du téocalli.

Dans quelques-unes de leurs fêtes, les Aztèques permettaient qu'une des victimes désignées disputât sa vie contre un des sacrificateurs ; mais il fallait que le captif qui jouissait de ce privilége fût un des chefs ennemis revêtu d'un haut grade et distingué par sa valeur. Dans ce cas, on l'attachait par un pied à une grande roue de pierre ; on l'armait d'une épée et d'un bouclier ; et son adversaire se présentait à lui avec les mêmes armes, mais libre de tous ses mouvements. Demeurait-il vainqueur dans cette lutte inégale, non-seulement il échappait au supplice qui lui était réservé, mais encore il obtenait les honneurs que les lois conféraient aux guerriers nationaux les plus illustres, et le prêtre vaincu expirait à sa place.

La plupart des temples de l'empire nourrissaient chaque année un prisonnier de distinction qui en représentait la principale divinité et dont le règne éphémère se terminait sur la pierre des sacrifices. Ces exécutions sacrées n'étaient point isolées ; les dieux mexicains, avides de victimes, voyaient chaque fois leurs autels ensanglantés par l'immolation d'un grand nombre de captifs. Les historiens attestent qu'une seule de ces cruelles offrandes coûtait quelquefois la vie à plus de vingt mille infortunés. Dans le nombre, il arrivait souvent que plusieurs étaient littéralement écorchés. Des ministres subalternes, couverts de leurs peaux sanglantes se répandaient dans la ville en dansant et en chantant, sollicitant des présents de tous les habitants qu'ils rencontraient sur leur passage, et se vengeant des refus qu'ils éprouvaient en frappant au visage avec cette horrible dépouille ceux qui les leur avaient faits.

L'Anahuac comptait plusieurs lieux de pèlerinages. Le plus célèbre était celui de Cholula. Cette ville était la Jérusalem, la Rome, la Mekke de cette partie de l'Amérique. Les fidèles y affluaient de toute part pour adorer les lieux saints, pour visiter les temples, qui répondaient par leur nombre aux jours qui composent l'année. « Les dieux et les prêtres, dit M. Beltrami, y faisaient plus de miracles qu'ailleurs et y dictaient les plus pures doctrines de la foi. De même que beaucoup d'autres villes saintes de l'ancien continent, elle regorgeait de pauvres, tandis que l'on n'en trouvait pas dans les autres villes du Mexique. »

Fêtes. Les solennités religieuses, très multipliées parmi les Mexicains, y étaient entourées de beaucoup de pompe et d'éclat. Dans toutes, la cérémonie principale consistait dans des sacrifices humains, qui ne différaient entre eux que par quelques circonstances particulières. Le plus souvent une des victimes désignées représentait la divinité à laquelle elle allait être immolée, et, par une cruelle dérision, recevait jusqu'au moment fatal les hommages et les adorations de la foule. Telle était la fête de Quetzalcoatl. Le signal de celle de Tezcatlipoca était donné par un prêtre qui parcourait la ville en jouant de la flûte. A partir de ce moment, les fidèles se préparaient par la pénitence à recevoir dignement le pardon de leurs péchés. La veille du grand jour de la solennité, le plus éminent des prêtres attachés au culte du dieu revêtait de nouveaux habits que lui avaient envoyés les personnes riches de la ville. En ce moment, les pécheurs repentants assiégeaient toutes les avenues des temples. Un des ministres de la terrible divinité faisait retentir le cor en se tournant successivement vers les quatre points cardinaux, comme s'il eût voulu appeler tous les hommes à la grande expiation qui se préparait. Puis, déposant sur sa langue quelques atômes de poussière, il tournait les yeux et les mains vers le ciel. Tous les assistants imitaient son exemple et frappaient l'air de leurs cris et de leurs gémissements. Chacun, dans la posture la plus humble, confessait hautement ses péchés et en sollicitait la rémission. Ces manifestations se renouvelaient pendant huit jours. Le neuvième, on portait solennellement en procession l'image du dieu posée sur une litière et cachée par des rideaux aux regards de la foule. Quatre prêtres, le visage souillé de noir, les cheveux gras et tressés avec des cordelettes blanches, marchaient chargés du saint simulacre; deux autres prêtres lui offraient de l'encens, pendant que le peuple se frappait les épaules avec une discipline. Au retour, la procession trouvait le temple jonché de fleurs; et tous les assistants, après avoir fait à l'idole une offrande proportionnée à leur fortune, retournaient dans leurs demeures se reposer quelques instants des fatigues et des émotions de la journée. Le soir, avait lieu le sacrifice solennel des victimes; et les fidèles se livraient à des chants, à des danses et à des jeux.

Une fête analogue avait lieu à peu près vers le même temps en l'honneur de Tlaloc, le dieu qui présidait à l'eau. Dans celle-ci, on sacrifiait « de pauvres enfants tenus en cage comme de petits oiseaux », et les prêtres se répandaient dans les campagnes, dépouillant les passants et n'épargnant pas même les objets renfermés dans les magasins royaux et les métaux que contenaient les caisses publiques.

Une des fêtes les plus solennelles était celle de Huitzilopochtli. Deux jours avant qu'elle arrivât, les vestales fabriquaient une statue composée de toutes les semences des plantes qui servent à la nourriture de l'homme, mêlées et pétries avec le sang des jeunes enfants, des vierges et des veuves qui avaient été sacrifiées sur les autels du dieu. Lorsque cette statue, convenablement sèche, avait été parée de magnifiques ornements, on la déposait sur un trône de couleur azurée. Le jour de la fête, aux premiers rayons du soleil, toutes les vestales, vêtues de robes blanches, couronnées de maïs rôti, le poignet orné de bracelets de la même graine, le reste du bras couvert de plumes rouges, et les joues peintes de vermillon, se dirigeaient processionnellement vers le temple. Parvenues dans l'enceinte, elles posaient sur un brancart l'image de Huitzilopochtli, dont les jeunes lévites s'emparaient, et qu'ils allaient porter au pied des degrés du téocalli, qui se dressait, suivant l'usage, au centre de la cour. Elle stationnait là pendant quelques instants, et la foule du peuple accourait l'adorer en se répandant de la poussière sur la tête. Bientôt après, les prêtres venaient en faire la consécration avec des cérémonies bizarres, que suivaient des chants, des danses et des divertissements de toute espèce. Pendant ce temps, la statue restait découverte, et les plus dévots se disputaient la faveur de la toucher avec la main et de mettre en contact avec elle divers objets qui lui empruntaient la vertu de préserver de tous les maux. Puis, lorsqu'elle avait été renfermée dans le sanctuaire du temple, dont l'entrée était sévèrement interdite à tous les séculiers, le pontife suprême bénissait de l'eau contenue dans un vase, qu'il plaçait pareillement dans le sanctuaire et dont on se servait, à l'occasion, pour l'inauguration des empereurs et pour la consécration des généraux d'armée, qui recevaient une sorte de baptême. Toutes ces cérémonies terminées, les prêtres, les grands et le peuple se rendaient processionnellement sur une montagne voisine, où des victimes étaient sacrifiées. Au retour, la procession s'arrêtait encore à deux reprises; à chaque station, avaient lieu des sacrifices d'oiseaux, de cailles principalement. Le cortége rentrait à la fin du jour, et les prêtres passaient la nuit en prières. Le lendemain, en présence d'un petit nombre d'élus, parmi lesquels se trouvait l'empereur, la statue de pâte était apportée dans le lieu de l'assemblée; un des prêtres lui tirait une flèche au cœur, et s'écriait au même instant : « Le dieu est mort! » Ensuite la statue était divisée en deux parties égales, l'une pour les habitants de la capitale, l'autre pour ceux de la ville de Tlatelolco. On la subdivisait enfin en des milliers de parcelles, que l'on distribuait au peuple dans chaque quartier, de manière que chacun pût prendre part à cette grande communion. L'analogie de cette cérémonie avec la communion du christianisme n'avait pas échappé aux moines espagnols qui vinrent au Mexique à l'époque de la conquête. Le père Acosta, rapportant cette circonstance, « découvre une preuve de la sainteté même de nos institutions dans la malice du démon à les contrefaire. Par cela seul, ajoute-t-il, on voit clairement vérifié que Satan s'efforce, autant qu'il peut, d'usurper pour lui-même l'honneur et les hommages qui sont dus à Dieu seul, quoiqu'il y mêle toujours ses cruautés et ses ordures. »

Après ces fêtes principales, venaient celle de la mère des dieux, dans laquelle une vierge était sacrifiée ; celles de Centeotl et de la déesse de la terre, également souillées du sang des victimes humaines ; celle du dieu de la chasse, dont l'idole était placée sur un autel au sommet d'une montagne et environnée de grands feux, dans lesquels les chasseurs, répandus aux alentours et resserrant graduellement leur cercle, contraignaient les animaux sauvages à venir expirer ; celle du dieu du feu, où la victime désignée devait passer par les flammes d'un bûcher avant de tomber sous le couteau des sacrificateurs ; celle enfin qu'on appelait l'anniversaire de la venue des dieux, et qui était célébrée à l'expiration de l'année aztèque. Cette dernière solennité était entourée d'un éclat extraordinaire. Toutes les rues étaient jonchées de verdure et de fleurs ; des branches d'arbres tapissaient la façade des maisons. Les prêtres étendaient une natte devant l'autel de Tezcatlipoca. Un d'entre eux veillait à côté toute la nuit ; et, lorsqu'au matin, des traces de pas humains semblaient imprimés sur la natte, il s'écriait : « Le dieu est arrivé ! peuples, adorez-le ! » A sa voix, la foule se prosternait, la face tournée vers l'orient. Les sacrifices humains s'accomplissaient ensuite ; et, pendant plusieurs jours, les mêmes cérémonies se renouvelaient.

Telles étaient les fêtes annuelles des peuples du Mexique. Ils avaient en outre une sorte de jubilé à la fin de chacun de leurs demi-siècles de cinquante-deux ans. A cette grande époque, dit un historien, tout était tristesse dans le vieux Mexique ; on redoutait la dissolution de l'univers annoncée par les oracles. Dans les temples, on éteignait le feu sacré ; dans les couvents, on se mettait en prières. Nul n'osait allumer de feu dans les maisons. On se détachait de toutes les choses de la terre. Les femmes enceintes devenaient un objet d'épouvante ; on leur cachait le visage sous un masque de papier d'agave ; on les enfermait dans des magasins de maïs, dans la persuasion qu'au moment de la grande catastrophe, elles se changeraient en tigres pour se venger de l'injustice des hommes. La fête commençait dans la soirée du dernier jour complémentaire. Les prêtres se couvraient des vêtements de leurs dieux ; et, suivis de la foule du peuple, ils se rendaient en procession sur une montagne du voisinage. Arrivés au sommet, ils attendaient en silence l'instant où les pléiades occupent le milieu du ciel. Un pauvre prisonnier de guerre attendait aussi ; et, lorsque les étoiles passaient par le méridien, l'infortuné expirait sous le couteau du grand-prêtre. On allumait un énorme bûcher et l'on y jetait le cadavre de la victime. Un immense cri de joie se faisait alors entendre, qui, répété de proche en proche, allait retentir jusqu'au cœur de la ville, dans les rangs du peuple réuni sur les terrasses qui couronnaient les habitations. Des messagers détachés du pieux cortége, tenant à la main des torches de bois résineux, portaient le feu nouveau de village en village et le déposaient dans les temples, d'où il était distribué aux habitants. Au moment où le soleil se montrait à l'horizon, l'allégresse redoublait ; la procession reprenait le chemin de la ville ; les dieux rentraient dans le sanctuaire ; les femmes sortaient de leurs prisons ; chacun revêtait de nouveaux habits, et, après avoir soigneusement nettoyé les temples et badigeonné les murs des maisons, reprenait enfin le cours de ses occupations habituelles.

Initiation. Comme les prêtres de toutes les religions, les pontifes du Mexique enseignaient une double doctrine. La doctrine mystérieuse n'était communiquée qu'aux membres du clergé et à un petit nombre d'hommes d'élite. L'empereur avait droit d'en être instruit dès le moment de son accession au trône et lorsqu'il avait reçu l'onction sacrée et prêté serment d'obéissance aux lois du pays entre les mains du grand-prêtre. Plusieurs ordres de chevalerie, qui semblaient modelés sur ceux de l'Europe moderne, dépendaient directement de la couronne, et les braves appelés à en faire partie étaient également admis à la faveur de l'initiation. Ils étaient, dans l'origine, partagés en trois classes ou degrés hiérarchiques, comprenant les chevaliers de l'aigle, ceux du tigre et ceux du lion. Chacune de ces classes portait, comme insigne distinctif, la figure ou d'un aigle, ou d'un tigre, ou d'un lion suspendue sur la poitrine ou peinte sur les vêtements. Montézuma institua un quatrième ordre, auquel il donna la prééminence sur les trois autres, et qui n'était conféré qu'à la première noblesse. Pour le relever plus encore, il s'en déclara le grand-maître et voulut que les guerriers qui en seraient investis eussent le pas dans les cérémonies publiques. Les chevaliers portaient à la tête un ruban rouge d'où se détachaient des cordons de la même couleur plus ou moins multipliés, suivant le mérite et les hauts faits du sujet. Le cérémonial qui accompagnait la réception à ce quatrième ordre nous a été transmis par les vieux écrivains espagnols, et, c'est d'après eux que nous en donnons la description.

Trois ans avant l'initiation, le candidat sollicitait les suffrages des chevaliers. On mettait ce temps à profit pour recueillir des informations sur son caractère, sur ses opinions et sur sa vie. Si les renseignements obtenus lui étaient favorables, et s'il ne se manifestait aucun signe de mauvais augure, il était admis à subir les dernières épreuves. Ce moment venu, il était introduit dans le temple au milieu d'une nombreuse assemblée d'initiés. On le conduisait à l'autel, et là un prêtre lui perçait le nez à l'aide d'un os pointu, et remplissait avec de l'ambre l'ouverture qu'avait pratiquée l'instrument sacré. Le récipiendaire était obligé de supporter l'opération sans se plaindre et sans qu'aucune contraction de son visage trahît la douleur qu'il devait éprouver. Le prêtre lui adressait alors un discours plein de sarcasmes et d'épigrammes, et l'accablait de mille outrages. Il était dépouillé de ses vêtements et déposé dans un état de complète nudité dans une salle solitaire, d'où il pouvait entendre les éclats de la joie des initiants assis à une table somptueusement servie, tandis que lui passait le reste du jour dans le silence, dans le jeûne et dans la prière. Le soir, l'assemblée se dispersait, et chacun des initiés qui la composait traversait, en se retirant, la pièce où l'on avait placé le récipiendaire, sans daigner lui accorder un salut et même un simple regard; on lui jetait seulement un manteau pour se couvrir, de la paille pour s'en former un lit, une bûche pour reposer sa tête, de la teinture pour se frotter le corps, des poinçons pour se percer les oreilles, et de la résine de copal pour la brûler en l'honneur des dieux. Il ne restait près de lui que trois vieux guerriers destinés en apparence à lui tenir compagnie, mais qui avaient en réalité pour mission de l'empêcher de se livrer au sommeil. Si, vaincu par la fatigue, il paraissait s'assoupir, ses compagnons s'empressaient de lui piquer les chairs pour le tenir éveillé. Ce supplice se prolongeait quatre jours entiers, pendant lesquels le récipiendaire n'avait pour toute nourriture que quatre épis de maïs et qu'un peu d'eau pour étancher sa soif. Il passait le reste de l'année dans l'isolement le plus complet, dans les austérités les plus rigides, et ce n'est qu'ensuite qu'on lui permettait de reparaître dans le monde; mais à ce moment même il y avait encore d'autres formalités à observer; il fallait, pour qu'il sortît de sa retraite, que les auspices consultés se montrassent favorables. Ce jour heureux arrivait-il, il en informait ses amis qui s'empressaient d'accourir auprès de lui. Ils le dépouillaient de son habit et de ses instruments de mortification, lui lavaient soigneusement le corps, lui présentaient de nouveaux vêtements et le paraient des plus belles plumes. Amené alors dans la salle d'assemblée, les prêtres le félicitaient sur son courage et sur sa constance, lui passaient au cou les insignes de ses divers grades, et lui déclaraient qu'aussi longtemps qu'il porterait au nez la glorieuse trace de l'incision qui lui avait été faite, il ne manquerait point de faire éclater la noblesse de l'aigle, l'intrépidité du tigre et la bravoure du lion. Puis on lui donnait un nouveau nom, et il recevait la bénédiction du pontife. Par le fait de sa réception, il était associé au sacerdoce, et bientôt les mystères sacrés n'avaient plus de voiles pour lui.

Naissances, mariages, funérailles. Les enfants nouveau-nés étaient présentés au temple le jour même où ils venaient au monde. Le prêtre leur adressait une exhortation pour qu'ils se conduisissent dans la vie suivant les préceptes de la morale et les règles de la religion. S'ils étaient issus de parents nobles, on les armait d'une épée et d'un bouclier; s'ils appartenaient à une famille d'artisans, on plaçait dans leurs mains quelque outil de la profession de leur père. Ces premières formalités accomplies, le pontife plaçait la tête des enfants sur l'autel de l'idole, et, à l'aide d'une épine, il leur tirait du sang des oreilles et pratiquait sur eux une sorte de circoncision. Quatre jours après ces cérémonies, les enfants étaient ramenés au temple. On les plongeait dans une cuve d'eau, et trois jeunes garçons, âgés de trois ans à peine, faisant office de parrains, proclamaient à haute voix les noms qu'ils devaient porter.

Le sacerdoce intervenait aussi dans la consécration du mariage. Avant que les cérémonies en fussent accomplies, les futurs époux devaient passer un contrat qui réglât leurs conventions civiles. Par une des clauses principales, le mari s'obligeait, en cas de divorce, à restituer à sa femme la dot qu'elle lui apportait. Lorsque le contrat avait été revêtu de toutes les formalités légales, la matronne qui, suivant l'usage, avait négocié les accords, venait prendre la fiancée dans la maison qu'elle habitait avec sa famille pour la conduire au domicile conjugal. Pendant le trajet, la jeune fille était accompagnée de parents, d'amis et de joueurs d'instruments. En tête du cortége, marchaient quatre femmes, portant à la main des torches de bois de pin allumées. Arrivée au terme de sa course, la mariée trouvait réunis sur le seuil de la porte le futur époux et les membres de sa famille qui étaient venus l'y attendre. Ils s'avançaient à sa rencontre, lui adressaient leurs compliments, et brûlaient en son honneur de la gomme de copal. Ils l'introduisaient ensuite dans une salle où se trouvait déjà le prêtre qui devait présider au mariage avec le reste des invités. Une natte était déployée sur le sol. Les mariés prenaient place au milieu, assis sur des siéges; puis le ministre nouait un des pans de la robe de la fille avec un coin du manteau du jeune homme, exactement comme on le pratique parmi quelques tribus de l'Hindoustân. C'est en cela que consistait la partie sacramentelle du mariage. Bientôt après, deux vieillards et deux vénérables matronnes, prenant tour à tour la parole, adressaient aux époux des instructions relatives aux nouveaux devoirs qu'ils venaient de contracter. L'encens brûlait sur l'autel du dieu domestique; puis l'assemblée s'asseyait à un festin où l'on pouvait, sans péché, violer les lois de la tempérance. On se rendait au temple quatre jours après la noce, et l'on offrait aux dieux la natte sur laquelle les époux avaient passé la première nuit.

Le mariage n'était pas indissoluble; rien n'était même plus facile que de le rompre : il suffisait du consentement des deux époux. Le mari se chargeait des garçons, la femme emmenait les filles avec elle; mais, une fois séparés, il leur était interdit, sous peine de la vie, de se réunir de nouveau : unique et bien faible moyen que le législateur avait imaginé pour mettre un frein à l'inconstance naturelle des Aztèques. D'un autre côté, l'adultère était considéré comme un crime, et le coupable était impitoyablement lapidé.

L'intervention du prêtre, presque nulle lorsqu'il s'agissait du mariage, était beaucoup plus complète dans les cérémonies qui avaient lieu lors du décès d'un Mexicain. A peine la mort était-elle certaine, que deux ministres de l'ordre inférieur étaient appelés par la famille. Ils s'emparaient du cadavre, lui lavaient avec soin la tête, l'entouraient de bandelettes de papier d'aloès, et, après l'avoir habillé comme l'idole du dieu protecteur de sa maison ou des vêtements propres au métier qu'il professait, ils l'asseyaient dans un fauteuil, plaçaient près de lui un vase rempli d'eau et lui faisaient tenir à la main des feuilles de papier chargées de caractères hiéroglyphiques, sorte d'amulettes ou de passe-ports destinés à garantir le défunt de tous les dangers qui pourraient le menacer pendant la route qu'il allait entreprendre. Cette précaution n'était point vaine; car, avant de parvenir à la demeure qui lui était assignée dans l'autre monde, le mort devait passer entre « les deux montagnes qui se heurtent sans cesse, près du grand serpent, sur les terres du crocodile, au milieu des huit déserts, et franchir les huit montagnes noires où l'on risque d'être enlevé par le vent impétueux de la terre des morts, aussi pesant, sur la tête du voyageur, que la cascade qui tombe de la cime d'un haut rocher, aussi tranchant que la lame du couteau du grand-prêtre. » Le cadavre ainsi préparé, ses parents et ses amis venaient le visiter une dernière fois et lui apporter leurs derniers présents. Aussitôt on le plaçait sur un bûcher où l'on brûlait avec lui ses armes, ses habits et les instruments de sa profession. On tuait et l'on brûlait également dans le même brasier un chien de l'espèce particulière au Mexique, pour qu'il accompagnât le mort et lui fît bonne garde pendant le voyage. Un prêtre entretenait la flamme du bûcher; d'autres chantaient des hymnes funéraires; et, lorsque tout était consumé, on recueillait les cendres dans un vase de terre que l'on déposait dans une fosse. Quatre-vingts jours après, on se rendait en cérémonie sur le lieu de la sépulture, et l'on y répandait des graines de maïs et quelques fioles d'une liqueur fermentée.

Là se bornaient les formalités qui signalaient les funérailles des simples citoyens. Mais, s'il s'agissait de quelque personnage de distinction, le cérémonial était entouré de plus de pompe et d'éclat. Un nombreux cortége se dirigeait vers le temple, précédant et suivant la dépouille mortelle. Les prêtres venaient à sa rencontre, leurs encensoirs à la main, et entonnaient des chants lugubres accompagnés par le son des flûtes et d'autres instruments. Les principaux officiers du défunt et le prêtre domestique lui-même étaient mis à mort pour que leur maître ne fût point privé de leurs services dans le monde qu'il allait habiter. Mais c'est surtout à la mort des empereurs que les Mexicains déployaient le plus grand luxe de cérémonies, de pompe et de sacrifices. Un historien moderne a résumé ainsi qu'il suit ce qui se passait dans ces occasions solennelles. Aussitôt que l'empereur était en danger de mort, les statues des idoles étaient voilées ou couvertes d'un masque. A peine avait-il rendu le dernier soupir, qu'un deuil général était proclamé; des courriers partaient pour tous les points de l'empire, avec ordre d'inviter les feudataires et la principale noblesse aux funérailles. En présence de ces grands personnages, le corps était lavé et parfumé de manière à le garantir de toute corruption, et placé sur une natte; on le veillait pendant plusieurs nuits, et, durant cette longue veille, les marques d'une douleur profonde, les pleurs, les sanglots, les gémissements, étaient de rigoureuse étiquette. On coupait une poignée de ses cheveux pour être soigneusement conservés; on mettait dans sa bouche une grosse émeraude; on étendait sur ses genoux dix-sept couvertures fort riches, dont chacune avait sans doute une destination symbolique, et, par-dessus tout cela, on attachait l'image de l'idole objet de la vénération particulière du monarque pendant sa vie; puis on lui cachait le visage sous un masque enrichi de perles et de pierres précieuses. Le corps, placé au milieu d'un nombreux cortége de nobles, de prêtres, de peuple, était porté dans la cour intérieure du grand temple, et posé avec ses ornements sur un immense bûcher. Chaque assistant y jetait, comme offrande, ses armes et des objets de prix. Une grande quantité d'esclaves et de femmes étaient immolés pour le servir dans l'autre monde, ainsi que plusieurs officiers de sa domesticité, parmi lesquels figurait celui qui avait soin d'entretenir les lampes du palais, afin que le monarque vît clair dans sa route. Son chapelain particulier n'était pas épargné, et même le petit chien dont nous avons déjà parlé figurait aussi dans ce hideux holocauste. Les cendres du bûcher, soigneusement recueillies et renfermées dans une urne, étaient déposées dans une des tours du temple.

Phases religieuses. La religion de l'Anahuac n'avait pas toujours été telle que les Espagnols la trouvèrent établie lors de la conquête. Elle avait subi des modifications successives, que l'on peut réduire à deux principales. De quelque obscurité qu'en soit environnée l'histoire, surtout dans les premiers temps, on voit néanmoins qu'avant l'invasion des Toltèques, les peuples du plateau mexicain professaient une sorte de sabéisme, et que les offrandes qu'ils faisaient au soleil et aux astres consistaient uniquement dans les prémices des fleurs et des fruits. Tous les monuments de cette époque, notamment les pyramides de Teotihuacan, qui étaient consacrées au soleil et à la lune, confirment sur ce point la tradition. Les sacrifices humains furent une importation des barbares du nord, qui s'emparèrent du pays, et il ne fallut rien moins que la terreur qu'ils inspiraient aux vaincus pour que ceux-ci se résignassent à se prêter à ce culte sanguinaire. Dans le principe, les malheureux qui devaient être immolés sur les autels étaient choisis dans les rangs inférieurs de la population elle-même ; mais les résistances qu'éprouvèrent dans la suite les sacrificateurs à faire respecter leurs choix les détermina graduellement à porter leur fureur sacrée sur les seuls prisonniers de guerre. Lorsque les Espagnols eurent assuré leur domination, leur premier soin fut d'abolir ces horribles pratiques ; ils n'y furent pas décidés simplement par les inspirations de leur zèle religieux ou par des sentiments de commisération et d'humanité ; ils obéirent plus particulièrement à des considérations politiques. Ils comprenaient que leur autorité ne pourrait s'affermir qu'à la condition de faire adopter par les Aztèques les croyances et le culte chrétien, les institutions et les mœurs de l'Europe. Dès ce moment, devaient disparaître les obstacles essentiels qui s'opposaient à ce que leur joug fût accepté. Ils entreprirent donc avec une ardeur extrême l'accomplissement de la tâche que leur avait dictée leur intérêt. De là les conversions des indigènes, opérées par la violence ; de là la destruction de tous les édifices religieux, de toutes les images et de tous les documents qui auraient pu rappeler la religion proscrite. En peu de temps, il n'en resta plus de traces dans les villes ; et les quelques Mexicains qui restèrent fidèles aux dieux de leurs ancêtres allèrent leur dresser des autels dans les solitudes des forêts et jusqu'aux cimes les plus élevées des montagnes.

CHAPITRE VI.

CROYANCES AMÉRICAINES (SUITE). Muyscas : Vestiges de leur civilisation ; le panecillo , la maison de l'inca ; calendrier ; traditions religieuses ; premiers peuples du plateau de Bogota ; Bochica et Huythaca, sa femme ; déluge provoqué par celle-ci ; punition que Bochica lui impose ; écoulement des eaux ; la cascade de Tequendama, les xèques, prêtres muyscas ; pèlerinage d'Iraca ; lacs sacrés ; temples de Sogamoso ; sacrifice du guesca ; prêtres masqués ; trinité ; pompe astronomique pareille à celle d'Isis. — Tribus sauvages de la Colombie : Cachimana et Jolokiamo, le bon et le mauvais principes ; le Botuto ou la trompette sacrée ; les piaches, prêtres des Guagivos ; leur initiation ; les dieux crapauds ; singulière façon d'obtenir leur faveur ; mariages et funérailles. — Tribus caraïbes : leurs idées mythologiques ; les chémens et les maboyas, bons et mauvais esprits ; vie future ; boïés, prêtres caraïbes ; leurs opérations magiques ; leurs fêtes ; leurs gâteaux sacrés ; leur communion. — Péruviens : leurs constructions gigantesques ; leurs routes et leurs canaux ; leur industrie ; état primitif des tribus péruviennes ; Choun ; fétichisme ; sacrifices humains ; avènement de Pachacamac ; il crée une génération nouvelle ; Manco-Capac et Mama-Huaco ; prodiges qu'ils opèrent ; leur mort ; Vira-Cocha ; prophétie célèbre ; culte du soleil ; honneurs rendus à la lune, aux étoiles, à l'arc-en-ciel ; vie future ; dogmes de la résurrection des corps ; sacerdoce péruvien ; les vierges du soleil ; peines terribles portées contre celles d'entre elles qui auraient violé la chasteté à laquelle elles étaient obligées ; moines et religieuses ; les philosophes appelés amantas ; leur doctrine sur l'immortalité de l'âme ; le temple du soleil à Cuzco ; temples de l'îlot de Téticaca, de Pachacamac et de Tiahuanacu ; les huacas ; culte ; flagellation ; procédé pour découvrir si la confession était sincère ; fêtes du soleil, de l'initiation des jeunes incas, des semailles et de la purification ; feu sacré ; pain de la communion ; baptême des enfants ; mariages ; cérémonies funéraires.

Muyscas. Dans les contrées comprises entre le Mexique et l'équateur, se trouvaient, à l'époque de la découverte de l'Amérique, deux sociétés d'hommes fort distinctes. La première était celle des Muyscas ou Mozcas, qui vivaient dans un état de civilisation non moins avancé que celui des Mexicains. La seconde se composait de tribus sauvages, féroces, anthropophages, répandues dans les vastes plaines de Caracas, de Cumana et dans les vallées arrosées par l'Apuré et par l'Orénoque. Ces tribus n'avaient point de demeures fixes, point de cabanes, point de tentes ; elles passaient le jour à la pêche et à la chasse, dont le produit, joint aux fruits que la terre rapportait d'elle-même, formait, sans aucun apprêt, toute leur nourriture. La nuit, pour se garantir de la fureur des animaux de proie, elles se réfugiaient dans le feuillage des arbres. Chacune avait ses croyances, ses mœurs, sa langue particulières, et voyait des ennemies dans toutes les autres. La plus nombreuse et la moins abrutie était celle des Caribes ou Caraïbes, qui occupait différents points du continent, et avait envoyé des colonies dans la plupart des îles Antilles.

Le grand plateau de Bogota était le centre de la puissance des Muyscas, et leurs villes principales étaient situées dans la province de Cundinamarca. Là, on retrouve encore des traces multipliées de leur existence : ce sont des rochers de granit, couverts d'hiéroglyphes et de sculptures qui rappellent la manière des Égyptiens et représentent, tantôt les images du soleil et de la lune, tantôt des figures de serpents, de scarabées, de tigres, de crocodiles, tantôt des ustensiles de ménage ; ce sont aussi des chaussées d'une immense étendue et de la construction la plus solide et la plus hardie, des fortifications et d'autres édifices, tels que le grand tumulus appelé le *panecillo* et la curieuse *maison de l'inca*, dont la distribution avait un évident rapport à l'astronomie. Les Muyscas paraissent avoir cultivé cette science avec un soin tout spécial. Ils avaient trois calendriers différents servant à régler leurs trois sortes d'années, l'une, rurale, de douze à treize lunes ; l'autre, civile, qui en comptait vingt ; la dernière, ecclésiastique, qui en comprenait trente-sept, subdivisées en semaines de trois jours.

Leurs traditions religieuses offrent des analogies étroites avec celles des Mexicains. Il y avait déjà longtemps que les Muyscas existaient comme peuple, et ils étaient encore plongés dans la plus affreuse barbarie. Les arts les plus simples leur étaient étrangers : ils ne savaient ni couvrir leur nudité, ni solliciter par la culture la fertilité du sol ; ils ne se nourrissaient que de viandes crues et de fruits sauvages. La nature elle-même semblait être dans son enfance. Le soleil les éclairait pendant le jour ; mais, comme cet astre « n'avait pas encore la lune pour compagne » rien ne venait dissiper la profonde obscurité de leurs nuits. Tout à coup apparut au milieu d'eux un vieillard à longue barbe, qui arrivait des plaines situées à l'orient de la Cordillère de Chingosa. Des trois noms que portait cet homme, les Muyscas n'avaient retenu que celui de Bochica. Il leur apprit à cultiver la terre, à se vêtir suivant l'exigence des saisons, à bâtir des maisons et des villes ; il les réunit en société et leur fit comprendre qu'il était de leur intérêt bien entendu de s'aider et de se secourir mutuellement. Reconnaissants de tout ce qu'il avait fait pour eux, les Muyscas l'entouraient de soins, d'amour et de vénération ; et Bochica eût joui d'un bonheur sans mélange, s'il n'avait eu pour épouse Chia ou Huythaca, horrible créature qui s'étudiait sans cesse à faire du mal. Un jour, cette femme se livra à d'abominables sortiléges destinés à faire déborder la rivière Funzha. L'effet de ses conjurations ne se fit pas attendre : les eaux se répandirent hors de leur lit et inondèrent en un instant la plaine entière de Bogota, entraînant et détruisant tout sur leur passage. Hommes et animaux périrent dans cet effroyable désastre, à l'exception d'un petit nombre d'entre eux, qui parvinrent à gagner le sommet des hautes montagnes. Justement indigné d'une méchanceté si noire, Bochica chassa loin de lui son indigne compagne et la métamorphosa en la lune. Depuis lors, Huythaca, sous cette nouvelle forme, expie le crime qu'elle a commis, en faisant une perpétuelle révolution autour de la terre, l'ancien théâtre de ses fureurs, sans qu'il lui soit permis d'en détacher son regard, si ce n'est pendant quelques courts instants de sommeil. Après lui avoir infligé cette terrible punition, Bochica brisa les rochers qui fermaient la vallée vers Canoas et Tequendama, dans le but de faciliter l'écoulement des eaux; et c'est depuis ce moment qu'existe la fameuse cascade de Tequendama, où le Rio-Bogota se précipite d'une hauteur de plus de cent quatre-vingts pieds. Lorsque l'inondation eut entièrement cessé, Bochica rassembla les hommes dispersés, établit parmi eux le culte du soleil, et termina enfin sa longue et glorieuse vie.

Les prêtres des Muyscas portaient le nom général de xèques. Ils avaient pour chef un pontife suprême, qui, de même que le dalaï-lama du bouddhaïsme et le daïri des Sintos, recevait les honneurs divins et partageait le souverain pouvoir avec un prince séculier. Il résidait à Iraca, qui était devenu par suite un lieu de pèlerinage fameux, où les dévots accouraient en foule lui offrir des présents. C'est le plus souvent sur les bords des lacs que ces prêtres édifiaient leurs temples. Les fidèles en garnissaient les parois des plus riches offrandes; ils jetaient aussi dans les eaux des lacs sacrés des pierreries, des chaînes d'or et les produits les plus précieux de leur industrie : les Espagnols et les Anglais ont fouillé depuis les profondeurs de ces lacs, notamment de celui de Guatavita, et en ont retiré des objets d'un grand prix.

La ville de Sogamoso renfermait un temple célèbre consacré au soleil. On y faisait tous les quinze ans un sacrifice humain, qui marquait l'ouverture d'une nouvelle indiction ou cycle de quinze années. M. de Humboldt nous a conservé le détail de cette curieuse cérémonie. La victime était appelée *guesca*, c'est-à-dire errant, sans demeure. C'était un enfant qu'on arrachait à la maison paternelle, dans un village qui avait le privilége exclusif de fournir cet impôt de sang. Le guesca était élevé avec beaucoup de soin dans le temple du soleil jusqu'à l'âge de dix ans. Lorsqu'il avait atteint cet âge, on le promenait par les chemins que Bochica avait parcourus pour instruire les peuples, et qu'il avait rendus témoins de ses miracles. A quinze ans révolus, la victime faisait une nouvelle promenade solennelle. On la conduisait vers une colonne qui paraît avoir servi à mesurer les ombres solsticiales ou équinoxiales, et les passages du soleil par le zénith. Les prêtres suivaient le guesca, masqués comme les anciens pontifes de l'Égypte. Les uns représentaient Bochica, qui est l'Osiris ou le Mitra de Bogota, auquel on attribuait trois têtes, parce que, semblable à la trimourti des Hindous, il renfermait trois personnes qui ne formaient qu'une seule divinité; d'autres figuraient Huythaca, Isis ou la lune. Ceux-ci étaient couverts de masques à face de grenouilles, par allusion au premier signe de l'année muysca;

ceux-là offraient la ressemblance de Fomagata, le génie du mal, qui avait un seul œil, quatre oreilles et une longue queue. Dès que la procession, qui rappelle, ajoute M. de Humboldt, les pompes astrologiques des Chinois et la fête d'Isis des anciens Égyptiens, était arrivée au terme de sa course, on liait le guesca à la colonne, qui s'élevait dans une place circulaire, et il était percé d'une nuée de flèches. On lui arrachait immédiatement le cœur, qu'on offrait au roi-soleil, à Bochica. Son sang était recueilli dans des vases sacrés, et, la cérémonie ainsi terminée, toute la pieuse assemblée se dispersait. On se souvient que les Mexicains célébraient une solennité à peu près pareille, à l'expiration de leurs cycles de cinquante-deux ans. A ce petit nombre de faits, se borne ce que les historiens nous ont transmis sur les institutions religieuses des Muyscas.

Tribus sauvages de la Colombie. Ils ne sont guère plus explicites en ce qui concerne les croyances et le culte des populations sauvages qui habitaient la même région. Les principales de ces tribus qui errent encore sur les rives de l'Orénoque, les Ottomaques et les Guagivos, professent une sorte de dualisme. Cachimana, le bon principe, règle le cours des saisons et fertilise la terre. C'est lui qui procure les chasses et les pêches abondantes, et qui fait ployer les arbres sous le poids des fruits dont ils sont chargés. Le mauvais principe, au contraire, qu'on appelle ou Yrocan, ou Ouatipa, ou Jolokiamo, s'étudie à nuire aux hommes, à rendre les bois déserts et la terre stérile. Il est le père des maladies, des tempêtes et du froid. Ces deux génies sont sans cesse en guerre l'un contre l'autre. Plus faible, mais plus rusé que son adversaire, Jolokiamo, constamment battu, sait constamment aussi ressaisir ses avantages. On ne rend d'hommages ni au bon ni au mauvais esprit; on ne leur construit point de temples; on ne leur dresse ni statues ni simulacres. En revanche, on adore le botuto, ou la trompette sacrée. Les ministres de ce culte, véritables jongleurs, qui joignent les opérations magiques aux fonctions du sacerdoce, sont désignés sous le titre de piaches. Nul n'est admis à l'honneur de prendre place dans leurs rangs, si ses mœurs ne sont pures et s'il n'est célibataire. Après avoir été longuement éprouvé, le novice est instruit des premiers éléments de la médecine et de la magie. On lui fait subir ensuite une réclusion de deux années dans une caverne située dans la partie la plus reculée et la plus solitaire d'une forêt. Pendant ce temps de retraite, il ne peut se nourrir de la chair d'aucun animal; personne ne peut s'approcher de lui, pas même ses parents. Les plus âgés d'entre les piaches vont l'instruire chaque nuit, et lorsqu'ils le jugent assez savant et assez mortifié, ils lui confèrent solennellement le droit de guérir, d'évoquer les esprits des ténèbres, et de prédire l'avenir, et celui, non moins précieux, de jouir des faveurs des jeunes veuves qui se remarient. Le nombre des trompettes sacrées est fort restreint. La plus anciennement célèbre est celle d'une colline placée au confluent du Tomo et du Rio Négro. Les femmes sont exclues de toute participation aux cérémonies du culte ; il ne leur est pas permis de jeter un regard profane sur le botuto, et celle d'entre elles qui aurait le malheur de le voir, ne fût-ce que par hasard, serait au même instant mise à mort. Parmi ces tribus des bords de l'Orénoque, il y en a qui rendent des honneurs divins aux crapauds. Ils les conservent avec soin sous des vases, et les invoquent le plus habituellement pour obtenir d'eux du beau temps ou de la pluie. Tardent-ils cependant à exaucer les prières qu'on leur adresse, on ne manque jamais de les fustiger impitoyablement.

Chez ces peuples, l'acte du mariage est accompagné de formalités tour à tour bizarres et sensées, qui peignent bien l'état de dépendance abjecte dans lequel y est tenue la femme. Pendant plusieurs semaines, la jeune fille est assujétie à un jeûne rigoureux, afin qu'elle soit remise plus pure aux mains de son époux. Dans la nuit qui précède la cérémonie, on lui peint tout le corps et on le lui couvre de plumes. Dès que le jour paraît, des musiciens et des danseurs font à diverses reprises le tour de la cabane ; chacun d'eux reçoit un plat rempli de viandes, qu'il va jeter en courant dans le bois le plus voisin, afin de détourner, par cette offrande, la colère du méchant esprit ; puis il revient couronné de fleurs, d'une main tenant un bouquet, et de l'autre agitant des clochettes. Alors se montre la fiancée, pâle, affaiblie par sa longue abstinence. A ses côtés, marchent deux vieilles femmes qui pleurent et rient alternativement. L'une rappelle à la jeune fille les joies que va lui procurer l'union qu'elle contracte ; l'autre lui en retrace d'avance toutes les douleurs. Celle-ci s'efforce de la séduire en lui peignant sous les plus riantes couleurs les baisers de l'époux qu'elle se donne, les caresses des enfants qui bientôt se joueront autour d'elle et l'enlaceront de leurs bras délicats ; celle-là tente de l'effrayer par le sombre tableau des travaux pénibles auxquels elle sera soumise, des mauvais traitements par lesquels seront payés ses fatigues, sa tendresse et ses soins. Pendant ce temps, les instruments se font entendre plus bruyants ; les danseurs s'animent davantage ; les amis et les curieux confondent leurs voix avec les sons de la musique. C'est ainsi que la mariée, embarrassée, tremblante, étourdie par tout ce bruit et tout ce mouvement, parvient au lieu où le festin nuptial est dressé. Là, chacun prend place, se repaît, et s'enivre à l'envi. Le jour arrive enfin, et la jeune épouse commence dès lors la vie qui lui a été prédite, dont les chagrins forment l'état normal, et dont les plaisirs ne sont que les accidents.

Ce sont là en général les cérémonies qui se rattachent aux mariages, parmi les tribus de cette partie de la Colombie. Il y a moins d'uniformité dans les usages qui tiennent aux funérailles. Les Indiens Salivas placent la dépouille du mort au milieu même de sa demeure. Sa veuve, s'il était marié, s'assied à ses côtés, silencieuse et baignée de larmes. En approchant de la maison mortuaire, les parents et les amis que l'on a invités aux obsèques frappent l'air de leurs cris et de leurs gémissements, et, de l'intérieur, on leur répond de la même façon. Lorsque tous sont réunis, ils se livrent à des chants et à des danses appropriés à cette triste occasion ; puis vient le festin funèbre, qui, d'ordinaire, se termine par l'ivresse de tous les assistants. Ces formalités se répètent trois jours de suite ; ensuite les parents chargent le défunt sur leurs épaules, et, accompagnés du reste du cortége, ils vont jeter le corps dans l'Orénoque, avec tous les objets qui lui ont appartenu. Les Troacas enterrent leurs morts avec leurs armes dans une fosse qu'ils ont eu soin de garnir de tous côtés d'une couche épaisse de feuilles de bananier, car, selon leur doctrine, le cadavre ne saurait, sans danger pour les survivants, être mis en contact avec la terre. Ils s'appliquent également à le garantir de l'atteinte des fourmis, et, à cet effet, ils s'occupent chaque jour à fermer les fissures que la sècheresse pourrait avoir occasionées dans la terre qui le recouvre. Au contraire, les Betoyes et quelques autres peuplades pensent que leurs morts ne sauraient être assez tôt dévorés par ces insectes. Les Guaranos jettent aussi les corps dans l'Orénoque, mais ils les retiennent à peu de distance du rivage à l'aide d'une corde dont une des extrémités est enroulée autour d'un arbre voisin. Le lendemain, ils ne retirent qu'un squelette, car les poissons en ont fait disparaître les chairs. Les ossements sont alors déposés dans une corbeille et supendus au faîte de l'habitation de la famille.

Tribus caraïbes. Fort nombreux autrefois dans les Antilles, les Caraïbes y sont aujourd'hui complètement éteints. Quelques-unes de leurs tribus habitent seules, sur le continent, plusieurs districts de la Colombie et de la Guiane, où elles errent misérables et clair-semées. Leurs croyances et leurs pratiques religieuses se sont conservées à peu près les mêmes qu'au temps de la conquête. Suivant les anciens voyageurs, les Caraïbes admettaient une divinité suprême, éternelle comme le ciel, qu'elle habitait, et qui, par un acte de sa toute-puissance, avait, à une époque reculée, tiré la terre et la mer du néant. Absorbée dans la jouissance de son bonheur ineffable, cette divinité était indifférente à la destinée de son œuvre, et ne songeait pas même à punir les offenses dont elle pouvait être l'objet de la part des mortels. Elle avait abandonné le gouvernement de l'univers à des dieux secondaires ou génies, d'instincts opposés, qui se livraient des combats perpétuels. Les uns, appelés chémens, étaient essentiellement bons. Ils pourvoyaient à tous les besoins des hommes et les protégeaient contre les attaques que leurs adversaires dirigeaient sans cesse contre eux. Les autres, nommés maboyas, ou zèmes, se plaisaient, au contraire, à répandre tous les maux dans le monde, à soulever les tempêtes, à lancer la foudre, à enfanter les épidémies, la disette et mille autres fléaux. Les étoiles; le soleil, leur chef; les chauves-souris, qui, dans l'opinion de ces peuples, veillaient à la sûreté des hommes dans le temps où le sommeil les met hors d'état de se défendre; les Caraïbes eux-mêmes qui s'étaient distingués, pendant cette vie, par leurs vertus et par leurs exploits, étaient autant de chémens ou d'anges protecteurs, Les maboyas résidaient dans tout ce qui est mauvais et nuisible; ils revêtaient le plus souvent des formes hideuses et fantastiques. Pour détourner la colère de ceux-ci, les Caraïbes portaient sur eux de petites figures sculptées, offrant l'apparence des maboyas qui les avaient déjà visités, ou bien ils se soumettaient à des jeûnes rigoureux ou se faisaient de profondes incisions dans les chairs. Pour se rendre ceux-là favorables, ils dressaient en leur honneur, dans le milieu de leurs cabanes, des espèces d'autels, où ils déposaient des fleurs, des fruits, de la cassave, et où fumait la vapeur du tabac.

La croyance en l'immortalité de l'âme se liait à ce système. Les maboyas étaient comme autant d'âmes répandues dans le corps de l'homme. Leur nombre égalait celui des battements des artères. La principale avait son siége dans le cœur. A la mort, celle-ci se rendait dans le ciel sous la conduite du chémen qui lui avait servi de guide pendant la vie, et elle y goûtait à tout jamais une félicité sans bornes. Les autres âmes demeuraient ici-bas; une partie d'entre elles se dispersait dans les airs, et, de là, répandait tous les maux sur la terre; le reste se plongeait dans le sein de la mer, soulevait les flots, attaquait les embarcations et les faisait naufrager.

La constitution et les pratiques des boïés, prêtres caraïbes, étaient à peu près semblables à celles des piaches, parmi les Indiens des bords de l'Orénoque. A la fois médecins et sorciers, les boïés devaient leur pouvoir surnaturel à l'influence qu'à l'aide de leurs conjurations ils exerçaient sur les maboyas. Ils évoquaient ces esprits, au milieu de l'obscurité la plus profonde, en dispersant dans l'air des parcelles de tabac. Le maboya, vaincu par ce charme, se manifestait aussitôt, s'enquérait de la volonté du prêtre, et s'empressait de l'exécuter. Les cérémonies du culte se composaient communément d'offrandes, de danses et de chants dans lesquels les Caraïbes célébraient leurs propres exploits et ceux de leurs ancêtres. Ils avaient cependant plusieurs fêtes solennelles dans lesquelles ils déployaient une certaine pompe. Dès le matin, des hérauts y appelaient au son du tambour tous les membres de la tribu. Bientôt le chef, appelé cacique, ou curaca, se mettait à la tête de la procession, dont des filles toutes nues n'étaient pas le moindre ornement. Le cortége se dirigeait vers une case, où un autel avait été dressé pour invoquer le maboya. Là, on offrait à l'esprit, dans des corbeilles ornées de fleurs, des gâteaux sacrés, qui, à l'instar de ce qui se pratiquait chez les Aztèques, étaient divisés en fragments, et distribués à tous les assistants. Chacun conservait avec un soin religieux la part qui lui était échue, et la considérait comme un préservatif assuré contre les maux dont il pouvait être menacé.

Ces croyances et ce culte étaient communs, à de légères différences près, aux tribus indiennes répandues sur toute la côte et assez avant dans les terres, depuis l'isthme de Panama jusqu'à l'extrémité de la Guiane. Partout, dans cet espace, on admettait deux principes ennemis, l'un source du bien, l'autre instrument du mal, se partageant l'empire du monde, et s'appliquant par-dessus tout à nuire aux hommes, ou à les servir et à les protéger. Partout les cérémonies religieuses offraient un bizarre mélange des pratiques de la magie, de danses, de chants, de prières, d'offrandes, et de sacrifices humains, qui toutefois devenaient plus rares, à mesure qu'on avançait vers les contrées méridionales. On nous saura donc gré, nous l'espérons du moins, de passer sous silence les particularités qui se rattachent aux religions de cette zône, et d'éviter ainsi de tomber dans de fastidieuses répétitions.

Péruviens. Lors de l'arrivée des Espagnols, les Péruviens formaient le peuple le plus policé de l'Amérique méridionale. Leurs croyances et leur culte étaient plus épurés, leurs institutions politiques mieux entendues, que ceux d'aucune autre nation du continent. Leur pays était couvert de constructions vastes et somptueuses, de temples d'une magnificence extrême, sillonné de canaux d'irrigation et de routes superbes, quelques-unes d'une longueur de quatre à cinq cents lieues, et qui passaient sur les crêtes même des Cordillères. L'état de leur industrie répondait aux progrès qu'ils avaient faits en toutes choses : leurs armes, leurs ornements, leurs costumes et leurs autres produits d'un usage journalier étaient travaillés avec beaucoup d'art et d'habileté.

Mais cette civilisation, qu'ils paraissaient avoir empruntée des peuples du Mexique, ne remontait pas à une époque très reculée. Dans l'origine, dit la tradition, un homme vint au Pérou des contrées septentrionales du monde. Cet homme s'appelait Choun. « Il avait un corps sans os et sans muscles ; il abaissait les montagnes, comblait les vallées et se frayait un chemin à travers les lieux inaccessibles. » Il créa les premiers habitants, et leur apprit à se nourrir des herbes des champs et des fruits sauvages. Quelques-uns l'ayant offensé, il convertit en sables arides une partie de la terre; mais, bientôt, ému de compassion des terribles effets qu'avait eus sa vengeance, « il ouvrit les fontaines et fit couler les rivières. » La religion de ce peuple primitif embrassait une multitude de divinités. « Chaque canton, chaque tribu, chaque rue, chaque maison même, avait son dieu particulier : » c'étaient le lion, le tigre, la couleuvre, les arbres et les plantes, les montagnes, les cavernes, les métaux, les pierres précieuses, en un mot tous les objets sensibles. Les offrandes consistaient dans les prémices des récoltes, dans les sacrifices des animaux, des prisonniers de guerre, des enfants des Péruviens eux-mêmes. On ouvrait les entrailles des victimes, on leur arrachait le cœur et on en faisait hommage aux dieux. Cet état de choses se perpétua pendant une longue suite de siècles. Enfin un autre personnage divin, Pachacamac, arriva des régions du sud. A son approche, Choun disparut, et Pachacamac transforma en bêtes fauves les hommes que le premier avait créés et leur substitua une génération nouvelle.

On ignore la durée du règne de ce rénovateur de l'espèce humaine ; mais il eut pour successeur, à une période assez récente, Manco-Capac, ou Manco-Inca, fils du soleil, qui avait Mama-Huaco pour épouse et pour sœur. Celui-ci se présenta dans l'équipage le plus brillant et le plus magnifique. Les Péruviens furent ravis de la sagesse et de la douceur de sa parole et le suivirent en foule. Il leur montra une verge d'or, présent du soleil, son père, laquelle lui avait servi à écarter tous les dangers qui lui avaient fait obstacle dans sa marche vers leur pays. A son arrivée dans la vallée de Cuzco, cette verge s'était enfoncée d'elle-même dans la terre, pour indiquer que c'était en cet endroit que le soleil voulait que son fils et sa fille établissent le siége de leur empire. Tous ces prodiges entraînèrent les Péruviens ; et Manco-Capac n'eut pas de peine à obtenir leur soumission. Il leur enseigna l'art de cultiver la terre, de se vêtir, de construire des habitations ; leur donna un gouvernement et des lois dont la principale leur prescrivait de s'aimer les uns les autres. Il établit le culte du soleil, fit ériger des temples à cette divinité, et lui assigna sa postérité pour ministres. Il ordonna que les offrandes consistassent uniquement en fruits, en liqueurs, en animaux, et proscrivit sévèrement le sacrifice des victimes humaines. Après avoir vu se réaliser tous les plans qu'il avait formés pour le bonheur de ses peuples, l'inca, sentant sa mort approcher, appela autour de lui ses enfants, les grands de la cour, les curacas, ou gouverneurs des provinces, et leur dit : « Mes forces diminuent ; l'âge a glacé mes sens : le soleil me retire du milieu de vous. Observez religieusement ses lois, qu'il entend devoir être immuables. » En achevant ces mots, sa paupière s'appesantit, et la vie l'abandonna. Pleuré comme un bienfaiteur et comme un père, il reçut, après sa mort, des hommages divins, et l'on institua des sacrifices en son honneur.

Ses fils lui succédèrent dans la royauté et dans le sacerdoce, et s'étudièrent à suivre ses traces. Un évènement merveilleux marqua la vie d'un de ses descendants. Huacac, père de celui-ci, voulant le punir de l'orgueil qu'il avait manifesté dans plusieurs circonstances, l'avait envoyé garder les troupeaux du soleil, c'est-à-dire des temples. « Pendant son exil, rapporte la légende, le jeune prince vit en songe un homme barbu, vêtu d'un costume étranger, qui lui dit : « Je suis fils du soleil, et frère de Manco-Capac. « Je m'appelle Vira-Cocha, et je viens t'avertir que plusieurs provinces sont « en pleine révolte. Informes-en le roi, ton père; mais, en même temps, « rassure-le sur les suites de cet évènement : je serai là pour lui porter se- « cours. » Le jeune prince s'empressa de transmettre cet avis à son père, qui apprit effectivement peu de temps après que les rebelles s'avançaient vers la capitale. Effrayé de leur nombre, le monarque allait abandonner Cuzco, qu'il se voyait hors d'état de défendre, lorsque le jeune prince, à qui le nom de Vira-Cocha était resté, se mit à la tête de quelques braves, se porta à la rencontre des insurgés, leur livra bataille et les vainquit. Parvenu au trône, Vira-Cocha se distingua par d'éminentes qualités. Il était doué particulièrement du don de prophétie. Il prédit que, dans la suite des siècles, une nation inconnue envahirait l'empire et apporterait une religion nouvelle. Ce grand évènement devait arriver sous le règne du douzième inca. Il est difficile de décider si cette prédiction a été imaginée après coup, ou si elle renfermait un sens astronomique et avait trait à la révolution annuelle du soleil; toujours est-il que la venue des Espagnols et la chute du trône du Pérou coïncidèrent avec le moment indiqué. Quoi qu'il en soit, les incas réunissaient dans leurs mains l'autorité spirituelle et le pouvoir civil. Ils étaient, comme enfants du soleil, l'objet d'un véritable culte. Tout ce qui leur appartenait, tout ce qui était destiné à leur usage était considéré comme sacré. La superstition, dit Garcilasso de la Véga, avait divinisé jusqu'à leurs plaisirs : leurs harems étaient des maisons religieuses, et leurs maîtresses portaient le titre de filles du soleil.

Quoique les Péruviens accordassent leurs principaux hommages au soleil, ils mettaient néanmoins au-dessus de cette divinité ce Pachacamac dont nous avons déjà parlé. Le premier était leur dieu sensible et présent; l'autre, leur dieu invisible et inconnu. Ils faisaient de celui-ci un être immatériel, auteur du bien, principe de la vie, âme de l'univers. Ils lui opposaient Cupaï, esprit méchant, auteur du mal, dont ils ne prononçaient jamais le nom qu'avec tous les signes d'un profond mépris. Le nom de Pachacamac, au contraire, leur inspirait une si grande vénération qu'ils n'osaient le proférer que dans des cas de nécessité pressante et avec les marques du respect et de la soumission les plus humbles. Ils pensaient que le soleil, en quittant l'horizon, se précipitait dans la mer, qu'il y perdait sa lumière et sa chaleur, et qu'il ne reprenait l'une et l'autre qu'après avoir passé sous la terre, qu'ils plaçaient sur la surface des eaux, et qui, à une époque reculée, en avait été entièrement couverte. L'arc-en-ciel (cuichu) était le messager de paix du soleil ; les éclairs, le tonnerre et la foudre, appelés illapas, étaient les instruments de sa justice. Tout ce qu'atteignait le feu du ciel était considéré comme maudit et devenait l'objet d'une horreur universelle.

La lune tenait le second rang dans les respects des Péruviens. Ils la nommaient Mama-Quilla, mère lune, parce qu'elle était la souche de leurs incas. Ils ne lui élevaient cependant ni temples ni autels, et la vénération qu'ils avaient pour elle ne s'étendait pas jusqu'à l'adoration. Dès qu'elle cessait de se montrer, ils la supposaient malade, et ils étaient saisis de crainte, persuadés que, si elle venait à mourir, elle tomberait sur la terre et occasionnerait, par sa chute, une conflagration générale. On a vu ailleurs quelle émotion produisaient aussi parmi eux les éclipses de cet astre. Ils comprenaient plusieurs autres planètes dans le culte de dulie qu'ils offraient à celle-ci : telle était particulièrement Vénus, qu'ils considéraient comme le page du soleil, et à qui ils donnaient le nom de Chasca, à cause des cheveux longs et crépus qu'ils lui attribuaient. Ils honoraient également les Pléiades et d'autres étoiles fixes, qu'ils appelaient les suivantes de la lune.

Tels étaient les objets du culte des Péruviens, qui formait, comme on le voit, un véritable sabéisme. Ils n'avaient de l'immortalité de l'âme qu'une idée vague et confuse. A leurs yeux, la vie à venir était exempte de récompenses et de châtiments, à raison des actions bonnes ou mauvaises qu'ils pouvaient commettre dans ce monde. C'était un état d'insensibilité transitoire, qui devait être suivi de la résurrection des corps. Ils ne se préoccupaient que de cette existence future, et, pour être alors reconstruits au complet, ils mettaient tous leurs soins à recueillir les rognures de leurs ongles et de leurs cheveux, et ils les conservaient précieusement. C'est pour le même motif qu'ils s'indignaient, lors de la conquête, de voir les Espagnols profaner et bouleverser les tombeaux pour y chercher de l'or. « Si vous dispersez, leur disaient-ils, les ossements de nos pères, comment voulez-vous qu'ils puissent les rassembler au grand jour de la résurrection? »

Là ne se bornaient pas leurs opinions superstitieuses. L'apparition des comètes leur présageait les plus terribles malheurs, et ils n'avaient pas une foi moins entière dans les avertissements qu'ils tiraient des songes dont ils étaient travaillés pendant leur sommeil. Ils n'entreprenaient aucune affaire, aucune guerre surtout, qu'ils n'eussent auparavant interrogé l'avenir dans les entrailles palpitantes des victimes. C'étaient ordinairement des moutons ou des agneaux ; on leur ouvrait le côté gauche et ou en retirait le cœur et les poumons. L'auspice était favorable, si ces organes, arrachés du corps de l'animal, étaient agités d'un léger frémissement ; l'auspice était funeste, si la victime se relevait sous l'atteinte du couteau sacré, et tentait d'échapper aux mains qui l'étreignaient,

Le sacerdoce péruvien était divisé en deux classes. Les membres de la première devaient être issus de la souche impériale, et pour cette raison on les appelait incas ; le villouna, ou pontife suprême, était presque toujours un frère ou un oncle du monarque régnant. Les membres de la seconde classe étaient recrutés dans les divers rangs de la société. Les uns et les autres, à l'exemple des prêtres des Mexicains, et, ce qui est digne de remarque, des prêtres des Hindous, des Éthiopiens et des chrétiens d'Orient, recevaient l'épithète honorifique de *papa*. L'institution des vierges du soleil, gardiennes du feu sacré, était commune aux Mexicains et aux Péruviens. Parmi les derniers, ces jeunes filles n'habitaient pas les bâtiments des temples ; elles avaient une demeure séparée. A Cuzco, leur nombre s'élevait à quinze cents, et l'on ne comptait dans ce chiffre que des filles appartenant à la race royale. Admises à l'âge de huit ans, alors qu'on ne pouvait douter de leur virginité, elles ne sortaient de leur retraite que pour aller partager la couche du souverain. Jusqu'à ce moment, la chasteté était pour elles une règle absolue, inviolable. Toute communication avec le dehors leur était rigoureusement interdite ; et si malheureusement elles parvenaient à tromper la surveillance dont elles étaient constamment entourées, et qu'elles arrivassent à faillir, elles étaient enterrées toutes vives ; leur complice périssait par strangulation ; sa femme, s'il était marié, ses enfants, ses parents, ses serviteurs, et jusqu'aux habitants de la ville où il avait sa résidence, étaient immolés avec lui. Là ne s'arrêtait pas encore la punition d'un si grand sacrilége ; la cité elle-même qui avait recélé dans son sein le malheureux qui s'en était rendu coupable était renversée de fond en comble, on y semait de la pierre, et chacun était tenu de s'éloigner avec horreur de la place qu'elle avait occupée, comme d'un lieu impur et maudit : telle était du moins la loi, mais il n'y avait pas d'exemple qu'elle eût jamais été appliquée. Dans les provinces il y avait aussi des vierges du soleil ; seulement, il n'était pas absolument nécessaire qu'elles fussent de sang royal. Souvent on recevait parmi elles des filles de grands seigneurs qui avaient mérité, par leurs services, d'obtenir cette faveur signalée. Il s'était en outre établi parmi les Péruviens une corporation religieuse qui a beaucoup de rapport avec les oupayis du bouddhaïsme et avec les béguines de la Belgique. Cette corporation se composait de femmes qui se consacraient volontairement à la pénitence et à la retraite, et s'obligeaient, par un vœu exprès, à garder la continence. Elles vivaient séparément dans leurs maisons, comme de véritables recluses; et, quoiqu'il ne leur fût pas interdit d'en sortir, elles usaient fort rarement de cette liberté. Elles ne s'y déterminaient habituellement que pour aller rendre visite à leurs plus proches parentes, pour les soigner dans leurs maladies, pour les assister dans le travail de l'enfantement, pour couper les cheveux de leurs aînés ou pour leur imposer un nom. La vénération générale était le prix des bonnes œuvres qu'elles pratiquaient ; et, comme marque éclatante de l'estime qu'on faisait d'elles, on leur avait donné le titre d'Oello, qui était le surnom de la mère de Huaïna-Capac, inca fameux par ses vertus. Bien que le vœu de chasteté qu'elles avaient formé fût purement volontaire, il ne leur était pas permis pour cela de l'enfreindre ; et il y allait de la vie pour celles d'entre elles qui ne l'observaient pas avec une fidélité qui allât jusqu'au scrupule.

En dehors et à côté du sacerdoce, il y avait une secte de philosophes, nommés amantas, qui enseignaient le peuple, et que l'on peut comparer aux anciens gymnosophistes de l'Inde. Ils professaient, sur les matières religieuses, des opinions qui leur étaient particulières. L'âme, suivant eux, douée d'intelligence et de toutes les facultés de l'entendement, était une substance distincte et différente de celle du corps, qu'ils appelaient terre animée, et dont l'unique rôle était de végéter et de sentir. Ils considéraient l'âme comme immortelle, et lui assignaient dans une autre vie des demeures séparées, où celles qui avaient inspiré de bonnes actions allaient recevoir des récompenses, et où celles qui avaient excité à faire le mal étaient punies et châtiées. La première de ces demeures était le hanan-pacha, c'est-à-dire le haut monde ; la seconde, le veu-pacha, ou le monde inférieur. Ils désignaient le monde moyen, celui que nous habitons, sous le nom de hurin-pacha, le monde corrompu.

Nous avons parlé de la magnificence des temples péruviens : la description que fait de celui de Cuzco Garcilasso de la Véga permettra d'apprécier jusqu'à quel point notre assertion est exacte. Ce temple se composait de plusieurs édifices séparés, renfermés dans une vaste enceinte équilatérale, dont chaque face répondait à un des points cardinaux. L'édifice principal, dédié au soleil, avait aussi la forme d'un parallélogramme. Ses parois intérieures étaient entièrement couvertes de lames d'or. Sur l'autel, placé à l'orient, resplendissait un soleil d'or bruni, formé d'une seule plaque ciselée, d'une épaisseur et d'une surface considérables. « Aux deux côtés de l'image du soleil reposaient les corps des incas décédés, rangés par ordre d'ancienneté, et embaumés avec un art si parfait qu'il semblait que la vie ne les avait pas abandonnés. Ils étaient assis sur des trônes d'or élevés sur des socles de même métal, et ils avaient le visage tourné vers la porte d'entrée, qui s'ouvrait à l'occident. Un des corps, celui de Huaïna-Capac, le plus cher des enfants du soleil, faisait face à la figure de cet astre. L'or brillait aussi de toutes parts à l'extérieur; il en couvrait les portes, il en ornait le pourtour sous forme de couronnes, de guirlandes, d'écussons. Dans le voisinage de cette somptueuse demeure, s'élevait un cloître quadrangulaire, dont les murs étaient décorés, dans tout le développement de leur partie supérieure, d'une large et riche guirlande d'or. Cinq pavillons carrés, surmontés d'un toit de forme pyramidale, se dressaient autour et à peu de distance du cloître. Le plus rapproché était consacré à la lune. On y voyait, au-dessus d'un autel, le disque de cette planète en relief sur une plaque d'argent. Les portes, les murs en étaient littéralement cachés sous une profusion d'ornements de la même matière. Les corps embaumés des épouses des incas étaient rangés à droite et à gauche de l'image, de la même façon que ceux des incas dans la chapelle du soleil. Mama-Oello, mère de Huaïna-Capac, avait seule la face tournée du côté de la lune. Les pavillons suivants étaient celui de Vénus, des pléiades et des autres étoiles figurées à la voûte, sur un fond bleu-azuré comme le ciel; celui des éclairs, du tonnerre et de la foudre, qui n'y étaient représentés sous aucune forme ou emblème; celui de l'arc-en-ciel, peint au naturel avec les couleurs qui lui sont propres; celui enfin du grand-sacrificateur et des autres prêtres attachés au service du temple. Toutes ces constructions étaient enrichies de métaux précieux et brillaient d'un éclat éblouissant. « Les divinités des nations subjuguées par les incas avaient, dit un vieil écrivain, des autels dans le temple de Cuzco. Il était permis de leur rendre des hommages, mais à la condition qu'on adorerait auparavant le soleil; moyen sage que les incas avaient imaginé pour détruire insensiblement et sans violence les religions étrangères. » Il y avait dans l'îlot de Téticaca, où Manco-Capac prétendait avoir reçu sa mission divine, un temple qui ne le cédait en rien à celui de la capitale de l'empire, et qui était tout couvert de lames d'or. C'était, pour les Péruviens, un lieu de pèlerinage fameux, où ils affluaient de toutes parts pour y apporter des offrandes en or, en argent et en pierreries. A l'arrivée des Espagnols, les habitants jetèrent dans le lac les immenses richesses qu'on y avait accumulées depuis des siècles. La ville de Pachacamac recélait dans ses murs un temple non moins magnifique, érigé à la divinité du même nom par Pachacutec, dixième inca. En 1533, les soldats de Pizarre violèrent les vierges qui y étaient attachées, en renversèrent les autels et en détruisirent les bâtiments. Citons encore un monument religieux dont la construction différait de celle des autres: celui-ci s'élevait à Tiahuanacu, village situé sur les bords du lac de Téticaca. C'était une sorte de montagne édifiée de mains d'hommes et d'une hauteur prodigieuse. A quelque distance, se dressaient deux statues de géants, vêtues de robes traînantes, la tête coiffée d'un bonnet de forme particulière, « le tout, dit Pédro de Ciéça de Léon, usé par le temps et sentant son antiquité. »

Les Péruviens appelaient huacas leurs idoles, leurs emblèmes sacrés, les offrandes qu'ils faisaient au soleil, les génies et les héros immortalisés, les figures d'hommes, d'animaux, les arbres, les rochers, les cavernes, les tombeaux et les temples que la divinité sanctifiait par sa présence ou par lesquels elle rendait ses oracles. On offrait au soleil certains animaux, de l'herbe appelée coca, des métaux précieux et un breuvage composé d'eau et de farine de maïs. Chaque fois qu'ils étanchaient leur soif, les fidèles faisaient hommage à la divinité de quelques gouttes de la liqueur, et, lorsqu'ils entraient dans les temples, ils feignaient de s'arracher plusieurs poils des sourcils et de les disperser dans l'air par leur souffle. Persuadés que les crimes des hommes excitaient la colère céleste, ils s'appliquaient à expier ceux qu'ils avaient commis, par la pénitence et par des sacrifices; mais, auparavant, ils allaient les confesser à des ministres qui avaient pour mission spéciale d'écouter ces aveux et qui proportionnaient la peine à la faute déclarée. Quelquefois cette fonction religieuse était exercée par des femmes. Les pénitences infligées consistaient en offrandes, en jeûnes, en flagellations, en retraites dans les déserts. Le prêtre ne s'en rapportait pas toujours à la sincérité du pécheur; il arrivait souvent qu'il avait recours à des procédés magiques pour découvrir la vérité. Malheur alors au pénitent qui avait dissimulé quelque faute : il était soumis aux plus cruelles mortifications. La population tout entière était obligée de se confesser lorsque l'inca était atteint d'une maladie dangereuse. Le monarque se confessait directement au soleil; ensuite il allait se plonger dans le fleuve et lui disait : « Reçois les péchés que j'ai déclarés à mon père, et va les porter dans la mer. »

Les fêtes des Péruviens étaient nombreuses; on les célébrait aux grandes périodes astronomiques, aux équinoxes, aux solstices, aux différentes phases de la lune. Les plus solennelles étaient celles du soleil, celle de l'initiation des jeunes incas, celle des semailles, celle enfin de la purification. La première avait lieu au solstice d'été. On offrait alors au soleil, père de la lumière, une multitude de victimes. Il fallait, suivant Garcilasso de la Véga, que le feu dont on se servait dans ces sacrifices émanât directement du soleil. On prenait un chipana, ou bracelet, qui portait pour ornement un vase concave, du diamètre d'une orange, luisant et poli à l'intérieur. On dirigeait ce vase du côté du soleil; les rayons de l'astre venaient se réunir dans le centre, et de là se réfléchissaient sur une mèche de coton, qu'ils enflammaient en un instant. « On brûlait les victimes avec ce feu ainsi allumé ; on s'en servait pour faire rôtir toute la chair qui se consommait ce jour-là ; on en portait au temple du soleil et à la maison des vestales, où l'on avait grand soin de le conserver toute l'année. » Dès que le feu sacré avait été obtenu, une brillante procession sortait du palais de l'inca. Elle se composait du souverain, des grands offciers de sa cour, des curacas ou gouverneurs des provinces, des ambassadeurs étrangers, de toute la noblesse du pays, des divers ordres des prêtres et d'une foule de peuple accouru des points les plus éloignés de l'empire pour prendre part à la pieuse solennité. Tous les assistants se faisaient remarquer par des costumes somptueux ou bizarres. L'inca avait le front ceint du bandeau appelé *auta*, large d'environ un pouce. Il portait une sorte de tunique nommée *uncu*, qui descendait jusqu'aux genoux, par dessus, une seconde tunique, plus courte que la première, et qu'on désignait sous le nom d'*yacola*. Il avait en outre pour ornement le *chuspa*, sorte de bourse suspendue au bas d'un baudrier et qui renfermait de l'herbe coca, que les Péruviens avaient coutume de mâcher comme les Hindous mâchent le bétel. Parmi les seigneurs de la suite, les uns avaient des robes brodées de lames d'or et d'argent et des bonnets ornés de guirlandes des mêmes métaux ; les autres étaient vêtus de peaux de jaguars ; quelques-uns s'attachaient de longues ailes aux épaules. Les prêtres, à l'exemple des pontifes égyptiens, avaient le visage couvert de masques étranges, représentant pour la plupart des faces d'animaux. Dans le reste du cortége, on voyait des guerriers décorés d'ornements peints qui rappelaient leurs exploits ou ceux de leurs ancêtres. Chacun était armé d'arcs et de flèches, ou de lances, de javelots, de haches montées sur des manches de différentes longueurs. De distance en distance, des joueurs de trompettes, de flûtes, d'atabales, sorte de tambour, se faisaient entendre sans relâche pendant la marche de la procession. Parvenu dans l'enceinte du temple, le cortége faisait des offrandes au soleil et rendait les hommages voulus à la lune et aux autres astres à qui des chapelles étaient consacrées. Ensuite on dressait les tables d'un immense festin auquel tous les assistants étaient appelés à prendre part, et sur lesquelles étaient servies les viandes des victimes immolées en l'honneur du soleil. Les prêtres distribuaient aux convives de petits pains sphériques faits d'une pâte appelée *cancu*, que, pendant la nuit précédente, les vierges du soleil avaient pétrie de leurs propres mains. C'est ainsi que se terminait la solennité.

On a peu de détails sur la fête des jeunes incas et sur celle des semailles. Tout ce qu'on sait de la première, c'est que les néophytes étaient admis à la faveur de l'initiation, après avoir subi certaines épreuves et après avoir remporté des prix dans des exercices gymnastiques, tels que la course, la lutte, le saut, etc. La seconde consistait dans le sacrifice d'animaux, dont le cœur et les entrailles étaient dévorés par le feu. La fête de la purification, qu'on nommait *citua*, était célébrée aux approches de l'équinoxe d'automne. Les Péruviens s'y préparaient par un jeûne rigoureux qui durait vingt-quatre heures et par une abstention non moins rigide de l'acte du mariage. Dans la nuit qui suivait le jeûne, ils se purifiaient par le bain et se frottaient toutes les parties du corps avec de la pâte cancu arrosée du sang de quelques enfants, obtenu au moyen d'une incision qu'ils leur avaient pratiquée aux narines et au point de jonction des deux sourcils.

« Le lendemain, au lever du soleil, un prince du sang, dit Garcilasso de la Véga, paraissait dans la place publique, armé d'une lance qui était ornée d'anneaux d'or et de plumes de diverses couleurs. Quatre autres princes, tenant aussi une lance, s'avançaient à sa rencontre. L'inca touchait leurs armes avec la sienne et leur communiquait la vertu d'écarter tous les maux. Munis de ces précieux talismans, les quatre princes se dispersaient dans tous les quartiers de la ville. Les habitants, sortant de leurs maisons, venaient secouer au dehors leurs habits et leurs membres, s'imaginant qu'à l'aide de ces mouvements ils feraient tomber leurs maux comme de la poussière. Les princes donnaient la chasse à tous ces maux, et les poursuivaient à une grande distance de la ville. C'était ainsi que les maux du jour étaient dissipés. Pour éloigner ceux de la nuit, on recourait à une autre méthode. Au lieu de lances, les princes tenaient à la main des flambeaux de paille, et, après avoir opéré la purification, ils se dirigeaient vers le bord de quelque rivière, dans les eaux de laquelle ils précipitaient, avec les maux dont ils avaient purgé la ville, les flambeaux de paille qui avaient servi à les en expulser. »

Les Péruviens célébraient de grandes réjouissances lorsqu'il leur naissait un enfant du sexe masculin. A l'âge de deux ans, cet enfant était sevré; et alors avait lieu une sorte de baptême en présence et avec le concours de toute la famille. Chacun des parents, en commençant par celui qui faisait l'office de parrain, enlevait à l'enfant une mèche de cheveux, à l'aide d'un rasoir d'obsidienne, et l'opération continuait jusqu'à ce que la tête fût entièrement rasée. Tous ensuite lui imposaient un nom et lui offraient quelque présent. Le grand-prêtre du soleil était le parrain obligé du prince héréditaire de l'Empire.

Outre leurs maîtresses, les incas avaient une épouse légitime, qui était ordinairement leur propre sœur; à défaut, ils épousaient leur plus proche parente : ils ne voulaient pas souiller le sang du soleil qui coulait dans leurs veines en le mêlant avec un sang étranger. Chaque année, le monarque réunissait à sa cour tous les princes de sa race qui n'étaient pas encore pourvus d'épouses. Il y appelait également les princesses du sang dont la main était libre. Il en formait tour à tour des couples qu'il unissait solennellement. Le lendemain de cette cérémonie, des officiers du palais se répandaient dans la ville, et mariaient de la même façon, au nom de l'inca, tous les jeunes gens qui avaient atteint l'âge déterminé par la loi.

Les funérailles des incas étaient célébrées avec beaucoup de pompe. On a déjà vu que les corps de ces souverains étaient embaumés et déposés dans le temple du soleil, où ils partageaient les honneurs qu'on rendait à cet astre. Pendant le mois qui suivait leur décès, toute la population de l'Empire manifestait sa douleur par des sanglots et des larmes. Les principaux habitants de Cuzco se réunissaient chaque jour, parcouraient processionnellement la ville, portant les bannières, les armes, les vêtements du défunt, et rappelant, dans des chants funèbres, les belles actions qui avaient illustré sa vie. Ce deuil et ces cérémonies se reproduisaient ensuite deux fois par mois, jusqu'à l'expiration de l'année. Les membres de la noblesse étaient, comme l'inca, embaumés après leur mort. Assis dans une sorte de trône, on les plaçait sur un brancart que l'on portait au lieu de la sépulture. Le cortége se formait de leurs parents, de leurs amis, de leurs esclaves et de ceux de leurs domestiques et de leurs femmes qui devaient être enterrés avec eux. Pendant la marche, on leur introduisait dans la bouche, à l'aide d'une sarbacane, des aliments dont quelques esclaves avaient eu soin de se munir. Parvenue enfin au terme de sa course, l'assemblée formait un cercle autour de la tombe, y déposait le mort, et, avec lui, les victimes désignées, ses ornements, ses joyaux, et les objets précieux que chacun des assistants se croyait obligé d'offrir à sa dépouille. En général, lorsque la tombe était fermée, on était dans l'usage d'ériger au-dessus une statue de bois à l'effigie de celui qu'elle renfermait. A l'époque de la conquête, les Espagnols ont fouillé la plupart de ces tombeaux, pour en extraire les richesses qu'on y avait enfouies.

CHAPITRE VII.

CROYANCES AMÉRICAINES (SUITE). Tapuyas : leur Dieu Houcha. Leurs idées sur une vie future. Leurs prêtres. Le maraca. Fêtes. Anthropophagie. — Tupinambas : Incarnation de Tupa, leur Dieu suprême. Traces de ses pieds sur un rocher. Le mauvais principe Anhanga. Les bons et les mauvais génies. Déluge de Témendaré. Immortalité de l'âme. Les pagès ou prêtres. Funérailles. Sacrifices humains. — Natchez : les deux principes mâle et femelle. Temples. Culte du soleil. Feu sacré. Le Calumet. Description, usages. Danse du Calumet. Prêtres. Leurs conjurations. Obsèques des chefs, immolation de leurs officiers et de leurs femmes sur leur tombe. — Floridiens : Dieu suprême. Toia, le mauvais principe. Le dieu soleil. Déluge. Paradis et Enfer. Les jouanas, ou prêtres, Temple du soleil. Pyrée. Oiseaux sacrés. Oracles de Toia. Cérémonies mortuaires. — Virginiens : Cosmogonie. Théogonie. Création de l'homme. Destinée de l'âme. Prêtres. Initiation. Édifices religieux. Paworances, ou autels votifs. Culte. Pratiques pieuses. — Hurons : Tharonia-Ouagon et Ataentzic. Dieux subalternes. Songes. Les manitous. De quelle façon ils se manifestent. Le sac où on les enferme. Création du monde et du genre humain. Péché originel. Chute d'Ataentzic. Fratricide. Déluge de Messou. Vie à venir. Serpent tentateur. Jongleurs ou prêtres. Initiation. Vierges du soleil. Culte. Sacrifice des prisonniers. Fête des morts, ou festin des âmes. — Esquimaux : Formation du genre humain. Déluge. Régénération future du monde. Torngarsuk, dieu protecteur des hommes. Formes sous lesquelles il se révèle. Lieu où il réside. Sa femme. Génies inférieurs. Géants et nains. Les trois demeures des morts. Occupation des âmes dans l'autre vie. Triplicité de l'âme. Les angekok, ou prêtres. Leur initiation.

Tapuyas. A l'époque où les Portugais envahirent le Brésil, ils trouvèrent ce pays occupé par deux races principales, d'origine étrangère, qui s'y étaient successivement établies, et à qui l'on donnait les épithètes de Tapuyas et de Tupis. On ignorait leurs véritables noms. Celui de Tapuya signifiait ennemi; il avait été imposé à ceux qui le portaient par les tribus qu'ils avaient supplantées, et avec lesquelles ils n'avaient pas cessé d'être en guerre.

On a recueilli peu de notions sur les croyances des Tapuyas. On sait qu'ils adoraient un génie malfaisant appelé Houcha, qui commandait à d'autres génies de même nature, et qui voulait être imploré avec mystère. Toutefois, il semblait se jouer des prières et des vœux qui lui étaient adressés, et le caprice seul était le mobile des faveurs et des grâces qu'il accordait. Les Tapuyas admettaient l'immortalité de l'âme, avec des peines pour les méchants et des récompenses pour les bons. Néanmoins, le privilége de cette vie future était refusé à quiconque périssait par accident, parce que l'on supposait que la catastrophe qui l'avait atteint était un effet de la colère céleste, qu'il avait provoquée par quelque crime secret. Hors ce cas-là, l'âme, à sa séparation du corps, se dirigeait vers l'occident, et parvenait à l'entrée d'une plaine couverte de tristes marécages. Là, les juges des morts lui faisaient subir un interrogatoire, et prononçaient ensuite leur arrêt. Si la sentence lui était favorable, un démon la transportait au delà des lacs et lui ouvrait l'accès des lieux de béatitude, où elle avait en abondance du miel, des fruits et du gibier. Si, au contraire, le jugement emportait condamnation, l'âme errait misérablement sur ces bords désolés, sans qu'il lui fût permis de concevoir jamais l'espérance d'un meilleur sort.

Les prêtres d'Houcha étaient les confidents et les exécuteurs de ses volontés suprêmes. C'était au milieu d'horribles convulsions qu'ils se mettaient en communication avec lui, et qu'ils transmettaient ses ordres au peuple. Bien que les Tapuyas eussent des chefs politiques qui exerçaient un pouvoir héréditaire et qui étaient aveuglément obéis, les prêtres n'en étaient pas moins les arbitres souverains de tous les actes de la nation. C'étaient eux qui décidaient de la paix et de la guerre, qui formulaient les traités ou traçaient les plans de campagne, qui fixaient les époques des fêtes religieuses et des solennités civiles, qui présidaient à toutes les transactions privées, à toutes les pratiques du culte. Ils s'occupaient aussi de divination et de médecine, et leur méthode curative était d'autant plus certaine, qu'ils la devaient aux inspirations mystérieuses d'Houcha. Le principal instrument de leurs conjurations consistait en une gourde creuse, appelée maraca, qu'ils portaient constamment avec eux. Dans le vide de cette gourde, ils introduisaient quelques cailloux, et le mouvement qu'ils lui imprimaient produisait un bruit sourd qui était comme la voix de la divinité. Étaient-ils appelés dans une cabane pour faire parler l'oracle, ils plaçaient le maraca sous une couverture de coton, y soufflaient des bouffées de tabac par l'orifice supérieur, l'agitaient violemment, et démêlaient la volonté d'Houcha dans les sons confus résultant du choc des cailloux contre les parois du magique appareil. Le plus souvent, avant de se livrer à leurs opérations, ils attachaient le maraca à l'extrémité d'une perche qu'ils plantaient dans le sol de la cabane; ils l'ornaient de belles plumes et ordonnaient aux consultants de lui offrir des aliments et des liqueurs, afin de le disposer mieux à répondre aux questions qui lui seraient adressées. Cette espèce de tabernacle était en grande vénération chez tous les peuples qui habitaient le Brésil; seulement, il paraissait avoir un caractère moins sacré parmi les tribus des Tupis.

Les fêtes des Tapuyas étaient multipliées; mais le cérémonial en était toujours à peu près le même. Habituellement, ils s'assemblaient dans de grandes huttes qui leur servaient de temples. Là, un prêtre entonnait un chant monotone, pendant qu'autour de lui les assistants se livraient à des danses religieuses en agitant fortement des maracas et en se frappant la poitrine à coups redoublés. Puis les chants et les danses cessaient, et il se faisait quelques instants de silence. Bientôt les chants reprenaient sur un ton moins élevé ; les danses recommençaient avec un mouvement plus lent. Les danseurs se divisaient et formaient trois cercles, dans le centre desquels un prêtre se laissait enfermer et demeurait immobile, soufflant tour à tour sur chacun des danseurs de la fumée de tabac, à l'aide d'un long tube de roseau, et répétant chaque fois cette formule consacrée : « Recevez l'esprit de force et de courage par lequel vous pourrez vaincre vos ennemis. »

L'anthropophagie était en vigueur parmi toutes les tribus de cette race. « Les chefs dévoraient les chefs, les guerriers leurs ennemis du même rang ; les enfants étaient dévorés par les mères ; les pères s'offraient en holocautes aux mânes de leurs fils, après les avoir immolés. »

Tupinambas. Les Tapuyas avaient été vaincus en dernier lieu par une nation venue du sud, que l'on désignait sous le nom générique de Tupis, et dont faisaient partie les tribus des Tupiaès et des Tupinambas. Immédiatement après la victoire, la divison se mit parmi les Tupis, à l'occasion de l'enlèvement d'une jeune fille. De longues et sanglantes guerres suivirent, dans lesquelles les Tupinambas eurent l'avantage. Presque entièrement exterminées, les autres tribus cherchèrent un refuge dans les parties les plus reculées du pays.

Les Tupinambas croyaient en un être suprême, qu'ils nommaient tour à tour Tupa et Maire-Monan. Ce dieu n'avait ni commencement ni fin ; il était le créateur du ciel et de la terre. Une fois, il s'était incarné, sous le nom de Sumé, dans le corps d'un enfant, pour soulager la misère de son peuple ; et c'est à cette époque qu'il avait enseigné aux hommes la culture du manioc. Peu de temps avant sa disparition, il avait imprimé, sur un rocher, la trace de ses pieds, comme autrefois Bouddha sur le Samanhéla, dans l'île de Ceylan. Les Tupinambas personnifiaient le tonnerre, qu'ils considéraient comme la voix de Tupa ; et l'éclair, qu'ils regardaient comme une manifestation divine. Ils appelaient Tupacanunga le premier, et le second, Tupabéraba. Quelque puissant que fût Tupa, il avait pourtant un rival qui l'égalait presque en pouvoir, et qui appliquait tous ses soins à détruire ce qu'il faisait de bon et d'utile. Ce mauvais principe portait le nom d'Anhanga. Immédiatement au-dessous de ces deux divinités, venaient deux ordres de génies, les uns bons et les autres malfaisants. Les bons génies, apoïauéués, dépendaient directement de Tupa ; ils étaient les exécuteurs de ses décrets souverains, les instruments de sa bienfaisance ; c'étaient eux qui, suivant les besoins de la terre, dissipaient les nuages qui interceptaient les rayons vivifiants du soleil, ou faisaient tomber les rosées et les pluies fécondantes. Les ouiaoupias, ou mauvais génies, avaient pour chef immédiat Géropari. Ils répandaient la stérilité sur les campagnes, faisaient naître les maladies et tous les autres fléaux qui affligent l'humanité. Un déluge avait jadis submergé la terre; le genre humain avait péri, à l'exception d'un vieillard nommé Témendaré, qui s'était réfugié, avec sa sœur, sur la cime d'un palmier. C'est de ce couple qu'étaient issues les générations existantes. Les Tupinambas croyaient en une vie future. Suivant leur système, l'âme des braves survivait à leur corps : elle se transformait en esprit et allait goûter toutes sortes de délices dans les riches campagnes du pays des ancêtres, situé derrière les hautes montagnes qui bornaient l'horizon.

Des prêtres appelés pagès, qui étaient en même temps médecins et sorciers, desservaient les autels de Tupa et des génies secondaires. Ils interprétaient les songes et soufflaient l'esprit de courage aux guerriers en les inondant de fumée de tabac. Ils erraient de village en village; à chaque station, ils fichaient dans la terre la perche à laquelle était suspendu le maraca, et vivaient du produit des offrandes que les fidèles venaient déposer au pied de l'instrument sacré.

Les cérémonies religieuses de ce peuple différaient peu de celles qui étaient en vigueur parmi les Tapuyas. Les Tupinambas avaient de plus des pratiques expiatoires, comprenant les jeûnes et les scarifications, dont il était fait usage, sur les garçons, à l'époque de leur naissance; sur les filles, à l'âge de la puberté, et sur les prêtres, au moment de leur admission au sacerdoce.

Un guerrier périssait-il sur le champ de bataille, on le parait de ses ornements et on l'exposait, enduit de miel et peint de noir et de rouge, dans le hamac qui devait lui servir de linceul. « Alors, dit un historien, sa femme, ses enfants et ses amis l'entouraient en se livrant à toutes les démonstrations de la plus vive douleur ; on faisait son oraison funèbre ; les exclamations et les interrogations se succédaient avec rapidité. Les pagès entonnaient un hymne exprimant la félicité que l'on goûte au delà des montagnes. Puis le plus proche parent creusait une fosse profonde, au milieu de laquelle on suspendait le corps ployé en deux et soigneusement enveloppé. Le maraca qu'il portait aux fêtes solennelles, son arc, ses flèches et ses autres armes, étaient déposés à ses côtés; on entretenait un feu près de lui pour éloigner Anbanga, le génie du mal. Pendant plusieurs jours, on apportait des provisions, qu'on ne cessait de renouveler que lorsqu'on supposait que l'âme était parvenue dans les régions bienheureuses. On terminait les funérailles en formant avec des poutres, au-dessus de la fosse, un plafond que l'on recouvrait d'une couche de terre. »

La coutume de l'anthropophagie était aussi en vigueur parmi les Tupinambas, mais les prisonniers de guerre en étaient seuls victimes. Le captif, entouré de liens, était promené à travers les villages. On le nourrissait, on le parait de plumes et d'ornements précieux jusqu'au jour de la fête la plus prochaine; on lui donnait même des femmes, et les enfants nés de ces unions étaient destinés à être dévorés avec lui. Le moment de la cérémonie venu, les vainqueurs se livraient à des danses, à des chants, à des jeux auxquels il lui était permis de s'associer. Tout à coup on s'emparait de lui et on le conduisait près d'un monceau de pierres, où il puisait des projectiles pour les lancer aux assistants. Ceux-ci demeuraient calmes en face de cette agression et supportaient patiemment aussi les injures dont ils étaient l'objet de la part du captif. Mais enfin un coup de massue leur faisait raison de ces outrages; la victime expirait. A peine était-elle tombée que les femmes s'approchaient du cadavre, le lavaient avec soin, le dépeçaient et en rôtissaient les chairs, qui faisaient les frais d'un festin auquel prenait part toute la tribu parée de ses plus belles plumes. La tête était conservée; on fabriquait des flûtes avec les os principaux; les dents arrachées et enfilées servaient à former des colliers qui décoraient la poitrine du guerrier à qui appartenait la capture.

Natchez. Les croyances et les pratiques religieuses des peuplades qui habitaient le Chili, le Paraguay et les autres contrées du sud de l'Amérique avaient d'étroits rapports avec celles que nous venons de décrire; il serait donc sans intérêt de s'en occuper. Il n'en est pas de même de celles des tribus des régions septentrionales, qui diffèrent sur beaucoup de points, et dont la singularité mérite qu'on s'y arrête. Dans le nombre de ces tribus, les Natchez se faisaient remarquer par l'état avancé de leur civilisation, par la complication de leurs institutions politiques. Ils reconnaissaient deux principes supérieurs préposés au gouvernement du monde; l'un mâle, source du bien; l'autre femelle, origine du mal. Ils ne rendaient cependant de culte ni à l'un ni à l'autre. L'objet principal de leurs hommages était le disque radieux du soleil, dont leur chef, qui se disait le frère de cet astre, portait l'image sur sa poitrine. Indépendamment de cette divinité visible, qu'ils figuraient sous l'aspect qui lui est propre, ils en adoraient beaucoup d'autres encore, qu'ils représentaient sous des traits et avec des attributs symboliques.

Un ancien voyageur nous a transmis la description d'un des temples où les Natchez accomplissaient leurs cérémonies religieuses. La forme de ce temple avait de l'analogie avec celle d'un four, et comptait près de cent pieds de circonférence. On y entrait par une porte très basse et très étroite donnant seule accès à la lumière qui éclairait le lieu saint. Aux extrémités supérieures de l'édifice, pivotaient deux girouettes qui offraient l'apparence de deux aigles; en avant de la porte, se dressait une sorte d'appentis, où le gardien avait son logement; et tout autour régnait une enceinte de palissades surmontées de toutes les têtes d'ennemis que les guerriers rapportaient des combats. Dans l'intérieur du temple, plusieurs rangs de tablettes superposées supportaient des paniers dans lesquels on avait renfermé les ossements des anciens chefs et ceux de leurs officiers et serviteurs qui s'étaient volontairement immolés sur leurs dépouilles mortelles. D'autres corbeilles, placées sur une tablette séparée, contenaient les idoles les plus vénérées, sculptées en pierre ou en argile, ou des peaux de serpents, de poissons et d'animaux de toute espèce, qui rappelaient emblématiquement les attributs ou les bienfaits des divinités tutélaires. Au milieu de l'enceinte brûlait un feu continuel, que des ministres spéciaux étaient chargés d'entretenir. Si, par malheur, ce feu venait à s'éteindre, la nation tirait de là le plus funeste augure et les prêtres étaient punis de mort. C'est autour de ce pyrée, que les fidèles venaient faire leurs dévotions, au lever du soleil, à son passage au méridien, et à son coucher.

Toutes les tribus américaines considéraient le tabac comme sacré. On a vu l'usage qu'en faisaient les Tapuyas et les Tupinambas. Les peuplades du nord étendaient leur vénération pour cette plante à l'appareil même dans lequel elles la brûlaient. Cet appareil se nommait calumet. Il avait la forme d'une chibouque turque, c'est-à-dire celle d'une pipe à large foyer, emmanchée sur un long tuyau orné de plumes de diverses couleurs et de tresses de cheveux de femmes. Quelquefois on l'ornait encore de deux ailes d'oiseaux, qui le rendaient à peu près semblable au caducée de Mercure. La fumée que l'on tirait du calumet, soufflée dans la direction du soleil ou vers la face de quelque idole, imprimait un sceau religieux à toutes les promesses, à toutes les transactions civiles ou politiques. Quiconque s'avançait en pays ennemi le calumet à la main, était entouré d'inviolabilité. Il y avait deux sortes de calumets, celui de guerre, qui était mêlé de blanc et de gris; et celui de paix, qui était rouge. Lorsqu'une tribu se disposait à entrer en campagne, un des principaux guerriers invitait toute l'armée à une cérémonie sacrée, qu'on nommait la danse du calumet. Dans ce but, il faisait choix d'un vaste emplacement ombragé par de grands arbres. Au centre, il déroulait sur le sol une natte de jonc, bigarrée de diverses couleurs, sur laquelle il exposait l'image de la divinité objet de sa dévotion particulière, et, à côté, le calumet, entouré d'une sorte de trophée d'armes. Avant qu'il donnât le signal de la danse, tous les guerriers s'avançaient vers l'idole et lui rendaient hommage en brûlant devant elle quelques feuilles de tabac; puis un des assistants exécutait plusieurs pas, tenant un calumet entre ses deux mains et le présentant alternativement au soleil et à chacun des membres de l'assemblée. Bientôt il s'arrêtait et portait un défi au plus brave. A cet appel, le champion désigné se plaçait devant lui et engageait le combat, qui s'accomplissait aussitôt en cadence. Protégé par le calumet, le provocateur ne manquait jamais de triompher de son adversaire. Alors il célébrait la victoire qu'il venait d'obtenir, interrompant par intervalle ce panégyrique pour frapper de coups violents de sa massue un pieu planté, à cet effet, sur un de côtés de l'enceinte. Les autres guerriers prenaient tour à tour le calumet et répétaient la même cérémonie.

Le culte que les Natchez rendaient au soleil avait, dit un historien, quelque chose d'auguste. Le roi devançait le lever de cet astre et marchait d'un pas grave à la tête du peuple, tenant un calumet qui ne servait que dans cette occasion. Il se tournait vers l'orient, poussait une triple acclamation en se prosternant jusqu'à terre et offrait au soleil les trois premières gorgées de fumée qu'il tirait de son calumet; puis, se retournant de l'est à l'ouest, il lui enseignait la route qu'il devait suivre dans sa course. En même temps, il s'élevait un cri général de la foule, qui contemplait le disque radieux, les bras levés vers la voûte céleste.

Comme les prêtres de tous les peuples américains, ceux des Natchez cumulaient, avec les devoirs du sacerdoce, les fonctions de médecins et de sorciers. Ils prétendaient commander aux éléments et faire naître à leur gré le beau temps ou la pluie. Étaient-ils sollicités de dissiper la sécheresse, ils se remplissaient d'eau la bouche; et, à l'aide d'un chalumeau dont l'extrémité était percée de plusieurs trous, ils lançaient cette eau du côté des nuages, qu'ils invitaient à grands cris à fondre sur les campagnes desséchées. Les pluies, au contraire, étaient-elles trop abondantes et leur demandait-on de les faire cesser, ils ordonnaient aux nuages de passer outre. Si le succès couronnait leurs conjurations, ils se livraient, pleins de joie, à des danses et à des chants, avalaient de la fumée de tabac, et offraient au ciel leur calumet; mais, s'ils échouaient dans leurs tentatives, ils se hâtaient de se soustraire par la fuite au ressentiment des consultants trompés dans leur attente.

La coutume barbare d'enfermer dans le même tombeau le chef qui mourait et les officiers de sa maison s'était introduite parmi les tribus des Natchez, et, là, elle constituait un véritable massacre. Le jour de la naissance d'un de ces chefs, chaque famille lui faisait hommage de ses enfants nouveaux-nés. Dans le nombre, beaucoup étaient choisis pour le servir, et, dès qu'ils avaient atteint l'âge voulu, ils étaient pourvus de quelque emploi domestique approprié à leurs aptitudes spéciales. Façonnés à une obéissance aveugle, aucun d'eux n'eût osé refuser sa tête, si son maître la lui avait demandée. Ils étaient tenus d'honorer ses funérailles en mourant avec lui pour aller le servir dans l'autre vie. Le jour où ils avaient à remplir ce suprême devoir, ils se revêtaient de leurs plus belles parures et se rendaient au temple, où le peuple les attendait. Là, ils exécutaient des danses et des chants, puis ils passaient à leur cou une corde terminée par un nœud coulant, qui servait aux prêtres à consommer le funèbre sacrifice. Toutes les femmes du défunt se vouaient également à la mort et étaient enterrées avec lui.

Floridiens. Les tribus qui habitaient la presqu'île de la Floride admettaient un Dieu suprême, souverainement bon, qui, du ciel où il résidait, répandait sur la terre ses bénignes influences. Elles croyaient aussi à l'existence d'un mauvais génie appelé Toia, qui contrariait sans cesse les desseins bienfaisants de la divinité. Mais elles adressaient plus particulièrement leurs hommages au soleil, à qui elles attribuaient la création de l'univers et qu'elles considéraient comme la source de la vie de tous les êtres. Suivant leurs traditions, cet astre ayant, à une époque reculée, cessé de paraître pendant un intervalle de vingt-quatre heures, son absence avait occasioné un effroyable déluge; les eaux du lac Théomi étaient débordées, avaient couvert la surface de la terre et les montagnes les plus élevées elles-mêmes. Une seule de ces montagnes, celle d'Olaimi, avait échappé à l'inondation générale et dérobé à la mort un petit nombre d'hommes qui étaient parvenus à en gagner le sommet. Lorsqu'ensuite le soleil avait reparu, l'ardeur de ses rayons n'avait pas tardé à tarir les eaux et à remettre la terre dans son état primitif. C'est depuis ce grand évènement que les Floridiens rendaient un culte au soleil et qu'ils entouraient d'une vénération particulière la montagne d'Olaimi, qui avait servi de refuge à leurs ancêtres. Ils avaient foi dans l'immortalité de l'âme, et supposaient que les hommes vertueux étaient transportés au ciel, où ils jouissaient, au milieu des étoiles, d'une béatitude sans bornes et sans fin. Quant aux méchants, une demeure spéciale leur était assignée dans les précipices des montagnes qui régnaient vers le nord; ils y enduraient toutes les rigueurs du froid et y avaient sans cesse à se défendre contre la fureur des ours et des autres animaux de proie.

Le ministère sacré était exercé par des prêtres nommés jouanas, qui étaient aussi médecins et sorciers. Ils jouissaient d'une haute prépondérance, et les paraoustis ou chefs ne se dirigeaient que d'après leurs conseils. Avant d'entreprendre une expédition militaire, on consultait la science des jouanas, qui, à l'aide de cérémonies magiques, se mettaient en communication avec Toia, apprenaient de lui et faisaient connaître au peuple les résultats infaillibles de la guerre. Une de leurs principales fonctions consistait à maudire l'ennemi. A cet effet, ils réunissaient tous les guerriers dans une sorte de charnier, où la tribu avait coutume de suspendre à des arbres les membres sanglants des vaincus. Ils s'avançaient alors, une idole à la main, au milieu de l'assemblée, et prononçaient leurs imprécations, pendant que trois des assistants étaient agenouillés à leurs pieds. Bientôt un de ces hommes se relevait, se saisissait d'une massue et en frappait de coups violents un quartier de roc qu'on avait amené là pour cet objet. Les deux autres, pendant ce temps, exécutaient une danse et des chants sacrés, en agitant des maracas dont ils s'étaient pourvus. Les jouanas n'étaient admis au sacerdoce qu'après avoir subi des épreuves et reçu une initiation. Leur noviciat durait trois ans, et, durant cet intervalle, ils devaient pratiquer les exercices les plus rigoureux de la pénitence.

Les Floridiens adoraient le soleil tous les jours à son lever; ils célébraient en outre, chaque année, en son honneur, quatre fêtes solennelles sur la montagne d'Olaimi. Dans la nuit qui précédait, les prêtres avaient soin d'allumer de grands feux sur cette montagne. Au point du jour, le peuple venait en foule offrir ses hommages à la divinité, à l'entrée d'une vaste grotte qui lui servait de temple et qui avait été creusée au ciseau dans le roc. La forme de cette grotte était ovale; elle avait deux cents pieds dans sa plus grande dimension; elle recevait le jour par une ouverture pratiquée au milieu de la voûte, qui s'élevait à vingt-six pieds du sol. L'accès du lieu saint était interdit aux profanes; les offrandes des dévots étaient remises aux prêtres, qui les suspendaient à l'entrée de la grotte; elles consistaient principalement en fleurs et en fruits; on s'abstenait de sacrifices sanglants. A quelques pas en avant de la porte, se dressait un autel de pierre sur lequel brûlait le feu sacré; plus bas, était une auge de même matière, destinée à recevoir des offrandes de miel. Les fidèles s'assemblaient à l'entour, chantaient les louanges du dieu, répandaient dans le feu des gommes odorantes et semaient sur le sol environnant des grains de maïs pour servir de nourriture aux ionatzulis, oiseaux consacrés au soleil. Lorsqu'à midi les rayons de cet astre tombaient du zénith sur l'autel, l'encens fumait de nouveau, et les prêtres, ouvrant des cages où ils avaient renfermé quelques-uns des oiseaux sacrés, les en tiraient aussitôt et leur rendaient la liberté.

Tous les ans aussi, les Floridiens célébraient une fête en l'honneur de Toia; les fidèles se réunissaient sur la lisière d'un bois et formaient un vaste cercle. Dans le centre se plaçaient les jouanas, qui, après avoir exécuté des danses religieuses et poussé de grands cris, s'enfonçaient dans le taillis pour aller évoquer le sombre génie à qui la fête était dédiée. En attendant leur retour, les dévots, et particulièrement les femmes, simulant l'inquiétude et la terreur, ne cessaient de faire entendre des gémissements et des plaintes, et déchiraient avec des écailles le corps de leurs enfants, dont ils vouaient le sang à Toia en invoquant son nom à trois reprises. Ces cruelles cérémonies se renouvelaient deux jours de suite. Au commencement du troisième, les jouanas sortaient de leurs retraites mystérieuses et venaient proclamer l'oracle du dieu. Alors, prêtres et peuple se livraient à de nouvelles danses, et un festin en commun terminait la solennité.

A la mort des paraoustis, leurs corps étaient embaumés avec soin et renfermés dans des cercueils de bois de senteur, qui restaient exposés pendant trois ans aux respects de la tribu. Ce terme expiré, la dépouille mortelle était portée sur la montagne d'Olaimi, et déposée dans une grotte creusée sur le flanc de cette montagne. On suspendait aux arbres voisins les armes dont le défunt s'était servi pendant sa vie. Le cadavre des prêtres était brûlé avec tous les objets qui leur avaient appartenu. Leurs os étaient pulvérisés, et cette poussière sacrée, délayée dans une liqueur, était offerte en breuvage à leurs plus proches parents. Parmi quelques-unes des tribus floridiennes, les femmes et les esclaves des chefs étaient enterrés tout vivants pour honorer leurs funérailles.

Virginiens. Le secret dont les tribus de la Virginie entouraient leurs croyances n'a permis ni aux voyageurs ni aux missionnaires de recueillir sur ce sujet que des notions insuffisantes et souvent contradictoires; voici en résumé ce qu'ils ont appris de plus certain. Le dogme du dualisme était admis par ces tribus, comme par toutes celles des autres contrées de l'Amérique. Le bon principe résidait dans les cieux; il était éternel, parfait, souverainement heureux, mais aussi complètement indifférent à ce qui se passait sur la terre, où il répandait ses dons sans choix, sans distinction, aveuglément. Le mauvais génie, au contraire, se préoccupait essentiellement des choses de ce monde; il se plaisait à enfanter tous les maux, à bouleverser l'ordre de la nature. De là résultait que les Virginiens se contentaient de bénir les bienfaits du premier, tandis que le second recevait tous leurs hommages. Celui-ci était appelé Okée, Quioccos, ou Kiwasa. On le représentait sous la forme d'un homme portant une pipe à la bouche. Kiwasa se manifestait par des oracles ou par des visions, lorsqu'il était solennellement consulté. Le soleil partageait les adorations qu'on adressait au mauvais principe. Au-dessous de ces trois divinités, il y en avait beaucoup d'autres encore qui occupaient une place dans la vénération des Virginiens, et qui recevaient leur part d'hommages et d'offrandes. Parmi celles-ci, les unes présidaient aux météores, les autres aux vents, aux montagnes, aux rivières. Sur un rocher voisin des cascades de la rivière James, les naturels montraient la trace des pieds d'un de leurs dieux qui s'y était arrêté autrefois. Nous avons déjà vu la même tradition bouddhaïque admise parmi les tribus des Natchez.

Les Virginiens rapportaient que le Dieu éternel, ayant résolu de créer le monde, produisit d'abord le soleil, la lune et les étoiles; qu'ensuite il forma une classe de dieux subalternes qu'il chargea du soin de compléter son œuvre, et à qui il remit le gouvernement de l'univers. Lorsqu'il fut rentré dans le repos qui est l'essence de sa divinité souveraine, les dieux secondaires fabriquèrent les eaux et en tirèrent les êtres visibles et invisibles. La femme naquit avant l'homme, et celui-ci fut le fruit du commerce qu'elle avait eu avec un des dieux créateurs. Suivant le système virginien, l'âme humaine ne périssait pas avec le corps. Elle était punie ou récompensée dans une autre vie, selon le bien ou le mal qu'elle avait fait dans celle-ci. Toutefois, le privilége de l'immortalité n'appartenait qu'aux prêtres et aux wérowances ou nobles virginiens; le menu peuple en était formellement exclu. Le lieu de béatitude était situé au soleil couchant, au delà des montagnes. Les bienheureux, la tête couronnée de plumes, le visage bariolé de traits de diverses couleurs, y goûtaient d'inexprimables délices, dont la principale consistait à savourer la fumée d'un excellent tabac. Dans le popoguno, ou l'enfer, les réprouvés étaient plongés dans une fosse ardente, et renaissaient sans cesse pour être de nouveau dévorés par les flammes, ou bien ils restaient suspendus dans les airs, s'attendant à chaque instant à être précipités dans le brasier. Les Virginiens assuraient que des morts étaient souvent revenus dans le monde pour instruire leurs parents et leurs amis de ce qui se passait dans ces lieux de souffrances.

Rien ne distinguait essentiellement les prêtres des Virginiens de ceux des autres nations américaines; ils cumulaient, avec les fonctions du sacerdoce, les pratiques de la médecine et de la magie. On nommait huséanawer l'initiation qui leur était conférée et l'espèce de noviciat auquel ils soumettaient les aspirants. Ils admettaient aussi à cette cérémonie des jeunes gens étrangers à l'ordre sacerdotal. Les récipiendaires avaient le corps enduit d'une couleur blanche; on les conduisait devant l'assemblée des prêtres, qui tenaient à la main des maracas et des rameaux. On exécutait autour d'eux des danses sacrées, et l'on entonnait des chants funèbres. Cinq jeunes gens étaient désignés pour saisir et porter tour à tour chacun des aspirants au pied d'un arbre, à travers une double haie de ministres armés de cannes flexibles. Ces jeunes gens devaient couvrir de leurs corps le précieux fardeau dont ils étaient chargés, et recevoir les coups qui lui étaient destinés. Pendant ce temps, les mères apprêtaient en pleurant des nattes, des peaux, de la mousse et du bois sec pour servir aux funérailles de leurs enfants, qu'elles considéraient déjà comme morts. Après cette cérémonie, l'arbre était abattu; on en coupait les branches, dont on formait des couronnes pour parer le front des récipiendaires. On les enfermait ensuite pendant plusieurs mois, et on leur faisait prendre un breuvage enivrant, appelé visoccan, qui troublait leur raison. De jour en jour on diminuait la dose, et, quand les épreuves étaient terminées, les néophytes recevaient la communication de la doctrine sacrée. On les montrait alors au peuple, qui les accueillait avec respect. Ils feignaient de ne reconnaître personne, comme s'ils entraient dans un monde nouveau. Les Virginiens prétendaient que cette initiation délivrait les jeunes gens des mauvaises impressions de l'enfance et de tous les préjugés qu'ils avaient contractés avant que leur raison pût agir. Ils disaient que, remis en pleine liberté de suivre les lois de la nature, ils ne risquaient plus d'être les dupes de la coutume, et qu'ils étaient mieux en état d'administrer équitablement la justice, sans égard à l'amitié ou aux liens du sang.

Dans un village appelé Ultamussak, siége métropolitain des prêtres de la Virginie, était le principal temple du pays, environné de trois vastes édifices où l'on conservait embaumées les dépouilles mortelles des chefs de tribus. L'accès du temple et des cryptes était interdit à tout autre qu'aux prêtres et aux chefs. L'autel, qui se dressait au milieu du temple, était formé d'un bloc de cristal d'un volume si considérable, que, pour le soustraire à la vue des Anglais, à l'époque de la conquête, les prêtres furent obligés de l'enfouir dans la terre, sur le lieu même, impuissants qu'ils étaient à le transporter plus loin. Tel est du moins le récit des naturels. Partout où il leur arrivait quelque évènement remarquable, les Virginiens étaient dans l'usage d'ériger des paworances, ou autels, et des ministres étaient désignés pour y accomplir les cérémonies religieuses. Cet endroit devenait dès lors une terre sacrée, dont les prêtres avaient seuls le privilége d'approcher.

Les pratiques du culte consistaient particulièrement en jeûnes, en austérités de toute espèce, en offrandes, en danses et en chants sacrés, en conjurations magiques. Les prêtres se mettaient en communication avec Kiwasa en prononçant certaines paroles mystérieuses. Ils prétendaient qu'à leur voix le dieu paraissait au milieu de l'air, et qu'il revêtait une figure humaine. Une longue touffe de cheveux lui couvrait le côté gauche de la tête et lui descendait jusqu'aux pieds. D'abord, il faisait plusieurs tours dans le temple, avec tous les signes d'une vive agitation; il se calmait ensuite, et, réunissant tous les prêtres autour de lui, il prononçait les oracles qui lui avaient été demandés. A peine avait-il cessé de parler, qu'il prenait congé de ses ministres et s'élevait rapidement dans l'espace, où il disparaissait en un instant. Lorsqu'ils présentaient leurs hommages au soleil, les Virginiens préludaient à la cérémonie par un jeûne rigoureux et par une ablution dans une eau courante. Ils demeuraient dans le bain jusqu'au moment où le jour paraissait, et, prosternés et en silence, ils suivaient du regard l'astre brillant jusqu'au moment où il avait atteint le tiers de sa course. Alors, saisissant le calumet sacré, ils en aspiraient la fumée, qu'ils dirigeaient, à différentes reprises, vers le ciel. Traversaient-ils une rivière, ils avaient soin d'y jeter du tabac, pour se concilier la faveur du dieu qui en habitait les eaux. Au retour de la guerre, de la chasse, ou d'une expédition importante, ils offraient aux divinités une partie des dépouilles de l'ennemi, les meilleures pièces du gibier qu'ils avaient tué, des fourrures, ou quelque autre objet précieux. Quand le succès avait couronné leurs entreprises, ils allumaient un grand feu devant leurs idoles, et dansaient à l'entour en agitant des clochettes et des maracas qu'ils tenaient à la main. En commençant leurs repas, ils offraient au feu une première portion de leurs aliments, et, avant de se livrer au sommeil, ils ne manquaient jamais d'exécuter autour d'un brasier des danses accompagnées de chants.

Hurons. Les Yendats, auxquels les Français ont donné le sobriquet de *Hurons*, à cause de l'étrangeté de leur visage, qui leur paraissait offrir de l'analogie avec la tête du porc, professaient le dualisme, ainsi que les autres peuples de l'Amérique. Le bon principe était mâle; il s'appelait Tharonia-Ouagon, et avait pour épouse Ataentzic, qui était le génie du mal. Selon la doctrine des Hurons, qui était commune à toutes les tribus du Canada, le grand Esprit contenait tout, paraissait et agissait en tout, et donnait la vie et le mouvement à toute chose. Il n'y avait aucun objet qui frappât les yeux ou que l'esprit pût concevoir qui ne fût cette divinité elle-même. C'est d'après cette idée que les Canadiens adoraient le grand Esprit dans tous les êtres vivants ou inanimés qui tombaient sous leur sens. Indépendamment de ce premier principe, ils reconnaissaient des divinités subalternes, douées de corps semblables aux nôtres, mais exemptes des incommodités auxquelles nous sommes sujets. Ministres des volontés du grand Esprit, c'était par leur entremise que cet être suprême répandait ses dons sur les hommes, et qu'il était informé de leurs vœux et de leurs besoins. Les songes étaient le moyen le plus ordinaire que les dieux employaient pour faire connaître leurs souverains décrets; aussi les Canadiens se croyaient-ils obligés d'exécuter les ordres qu'ils recevaient d'eux de cette manière pendant leur sommeil. Ils pensaient que tout homme avait un génie tutélaire qui, à l'exemple de nos anges gardiens, l'avertissait de ce qu'il devait faire et de ce qu'il lui fallait éviter. Ces génies étaient appelés okki par les Hurons, manitou par les Algonquins et par la plupart des autres peuples de cette région. Chaque guerrier adoptait un symbole qui représentait à ses yeux ce manitou protecteur. Il s'adressait à lui dans les entreprises périlleuses, ou lorsqu'il ambitionnait quelque faveur particulière. Les Hurons n'étaient pas, comme nous, d'opinion que ce génie favorable s'attachât à eux dès le moment de leur naissance; ils pensaient qu'ils devaient mériter son appui par quelque action d'éclat et au moyen d'une cérémonie initiatoire. C'étaient les prêtres qui présidaient aux formalités de cette initiation. L'aspirant s'y disposait par des jeûnes, des macérations et d'autres pratiques pieuses. Son cerveau, échauffé par l'abstinence, enfantait des rêves bizarres, au milieu desquels le manitou se manifestait sous une forme quelconque, dans laquelle le caprice du néophyte ne manquait pas de le reconnaître. Tantôt c'était le pied d'un animal, tantôt un instrument de guerre, un arbre, une pierre, ou quelque autre chose analogue. Sous quelque figure que l'esprit se montrât, l'initié conservait avec soin l'objet dont ce dieu avait pris l'apparence, le gravait sur son corps, sur ses armes, le traçait ou sur ses vêtements ou sur la bannière qu'il portait dans les combats. « La conservation de ces symboles, dit l'abbé Delaporte, est le principal soin qui occupait ces Indiens. On les mettait dans un sac de jonc peint de différentes couleurs, et on les faisait marcher devant la troupe, sous la garde des plus anciens et des plus braves de chaque famille. On attachait une très haute distinction à porter ce sac; il donnait droit de survivance pour le commandement, si le chef et son lieutenant mouraient pendant la guerre. L'usage était de le déposer dans un retranchement entouré de palissades, et de l'invoquer soir et matin. Cet acte de religion dissipait toutes les craintes, et l'armée marchait et dormait tranquillement sous la protection de ses manitou. »

Suivant les traditions de ces peuples, avant que la terre fût formée, les dieux créèrent six hommes qui erraient dans l'espace au gré du vent. Comme ils n'avaient point de femmes, ils comprirent enfin que leur race devrait un jour s'éteindre. Un d'entre eux se dirigea donc vers le ciel, pour aller y chercher une épouse. Des oiseaux lui en facilitèrent l'accès en déployant leurs ailes et en lui en formant une sorte de char. Arrivé au terme de sa course, il s'était reposé au pied d'un arbre, lorsque, non loin de lui, une femme vint puiser de l'eau à une fontaine. Épris des charmes dont brillait sa personne, il lia conversation avec elle, la séduisit par des présents et la rendit mère. Cette femme était Ataentzic, l'épouse de Tharonia-Ouagon. Indigné de son crime, le maître du ciel la précipita du haut de son empire, et elle alla tomber dans une île que les poissons avaient formée sur le dos d'une tortue. C'est là qu'Ataentzic mit au jour deux enfants, qui furent de grands chasseurs et vécurent dans une haine irréconciliable. L'un des deux, à la suite d'une querelle, expira sous les coups de son frère et s'envola vers le ciel. L'île où le fratricide avait été accompli s'accrut peu à peu et s'étendit dans la forme où nous voyons la terre. Dans la suite des temps, un terrible déluge couvrit toute la surface du globe. A ce désastre, il n'échappa qu'un seul homme appelé Messou, qui repeupla le monde, en s'unissant à une femelle de la race du rat musqué.

Les Hurons admettaient l'immortalité de l'âme, sans la considérer néanmoins comme immatérielle. Ce n'était, suivant eux, qu'une ombre, qu'une image animée de leur corps, qui, après sa séparation, conservait toujours les mêmes inclinations qu'elle avait eues pendant la vie. Elle allait alors habiter des lieux de délices ou de souffrances, selon qu'elle avait inspiré de bonnes ou de méchantes actions. La première de ces demeures était gouvernée par Tharonia-Ouagon ; la seconde par Ataentzic, qui s'efforçait de faire manger de la chair de serpent aux âmes qui abandonnaient ce monde, dans le but de les attirer sous sa domination.

On appelait jongleurs les prêtres des Hurons et des autres tribus septentrionales ; ils présidaient aux cérémonies du culte et s'occupaient de médecine et de magie. Ils étaient admis dans l'ordre sacerdotal à la faveur d'une initiation, à laquelle ils se préparaient par les plus dures austérités. Leur consécration avait lieu dans une espèce de bacchanale, avec des formalités bizarres accompagnées de tant de fureurs qu'on eût dit que le démon s'emparait de leur personne. Les Canadiens avaient aussi leurs vierges du soleil, qui vivaient solitaires, et à qui les anciens envoyaient des aliments par de jeunes garçons, qui étaient remplacés au moment où leur âge pouvait rendre suspects leurs services.

Les dieux étaient honorés par des offrandes et par des sacrifices. On jetait, dans le feu, pour le soleil, dans les rivières, pour les divinités des eaux, du tabac, des oiseaux égorgés, des peaux d'animaux, des colliers de coquillages, des fruits, des grains, etc. Les chiens étaient les victimes les plus ordinaires qu'on immolât ; quelquefois on les suspendait tout vivants à un arbre par les pattes de derrière, et on les y laissait mourir dans les convulsions de la rage. Les offrandes étaient toujours accompagnées de quelque prière et d'une courte harangue. Les Indiens conjuraient le soleil d'éclairer leurs pas, de les conduire, de leur donner la victoire, de féconder leurs campagnes, de leur procurer une pêche abondante et une heureuse chasse. Dans les circonstances difficiles, en présence d'un péril imminent, ils faisaient vœu d'offrir à leurs divinités tutélaires la dépouille du premier animal ou du premier ennemi qui tomberait sous leurs coups. Les danses et les chants sacrés formaient une partie essentielle de leur culte.

Lorsque les guerriers avaient fait quelques captifs, ils les livraient aux femmes de leur tribu qui avaient perdu ou leurs pères, ou leurs maris, ou leurs frères dans les combats, pour qu'elles exerçassent leur vengeance sur ces malheureux. « Il faut, leur disaient-elles, que vous alliez dans l'autre monde servir d'esclaves à nos pères, à nos frères, à nos maris; il faut que votre mort apaise l'âme de ceux que vous avez tués. » Le jour marqué pour le sacrifice, la victime, attachée à un poteau, entonnait le chant de mort, qui renfermait des imprécations contre les vainqueurs. Pendant qu'elle exhalait ainsi sa rage, les femmes lui brûlaient toutes les parties du corps à l'aide de fers rougis au feu; elles lui enlevaient sa chevelure avec la peau à laquelle elle adhérait, et lui couvraient ensuite le crâne avec un vase qui contenait du sable brûlant. Au milieu de ces tortures et de toutes celles qu'on lui faisait subir, le prisonnier s'efforçait de conserver un front calme, affectait une gaîté ironique, raillait l'inexpérience de ses bourreaux, et protestait que, s'ils étaient à sa place, il saurait bien leur faire endurer des supplices plus cruels. Il expirait enfin; et, à peine avait-il quitté la vie, que toute la tribu, armée de massues, frappait avec fureur ses restes inanimés, s'imaginant chasser son âme, et se soustraire ainsi à la vengeance dont elle avait été menacée par la victime. Quelquefois, cependant, il se trouvait des femmes qui, conservant encore quelques sentiments d'humanité, ne vouaient pas à la mort le prisonnier qui leur était échu, et le choisissaient, au contraire, pour remplacer l'époux qu'elles pleuraient.

De toutes les fêtes que célébraient les Hurons, la plus solennelle et la plus singulière était la fête des morts, qu'ils appelaient le festin des âmes. Elle avait lieu tous les ans aux approches de l'hiver. Quelque temps auparavant, un ancien était désigné pour en disposer les apprêts. Ce personnage avait principalement pour fonction de régler le cérémonial et d'adresser des invitations à toutes les tribus amies. Le grand jour arrivé, les assistants, accouplés deux par deux, formaient une procession qui se dirigeait vers le cimetière. Là, on enlevait la terre qui couvrait la dépouille des morts, et l'on contemplait pendant quelques instants ces funèbres vestiges. Puis, on exhumait les ossements, on en détachait les chairs, on les lavait avec soin, on les enveloppait dans des peaux de castors, on jetait au feu les matières putréfiées, et les squelettes, placés sur des brancarts, étaient rapportés au village avec tous les signes d'une vive douleur; et chacun déposait dans sa cabane les tristes restes de ses parents. Ce devoir accompli, toute la tribu et tous les invités se réunissaient dans un emplacement désigné et se livraient à des danses, à des jeux, à des combats simulés, que terminait un festin en commun. Le lendemain, les ossements, retirés des cabanes, étaient reportés processionnellement au champ de repos, où, après avoir été exposés de nouveau aux regards des parents qui demandaient la consolation de les contempler une dernière fois, ils étaient enfin rendus à la sépulture.

Esquimaux. On confond sous ce nom toutes les tribus qui habitent le Groënland et la Nouvelle-Bretagne. Les Esquimaux, suivant le rapport de Krantz, croient que le premier homme est issu de la terre et que la femme est sortie de son pouce. Le genre humain, les animaux qui errent sur le sol, qui volent dans l'air, qui vivent sous les eaux, les arbres, les plantes; en un mot tous les êtres animés ou inanimés qui existent, sont le produit de ce couple primitif. La mort est l'œuvre de la femme. Après une longue suite d'années, un déluge couvrit la surface du globe et détruisit tous les hommes, à l'exception d'un seul, qui, frappant la terre d'un bâton, en fit sortir une femme nouvelle, à l'aide de laquelle il repeupla le monde. Cette catastrophe n'est pas la dernière qui doive désoler notre planète. Un temps viendra où un autre cataclysme fera disparaître tous les vivants. La terre, ébranlée, sera réduite en poussière; puis, séchée par un vent violent, elle se réunira de nouveau en une masse d'une forme plus belle que celle qui la distingue aujourd'hui; les plantes conserveront perpétuellement leur verdure, il règnera un printemps continuel; et « l'Être d'en haut » soufflant sur la cendre putréfiée des morts, les rappellera à la vie pour les faire jouir de toutes les délices de leur demeure régénérée.

« L'Être d'en haut est et sera toujours inconnu des hommes, qui ne savent ni son nom, ni sa forme; mais il y a un dieu immortel qui aime les hommes et les protége. Celui-là a la forme d'un ours et quelquefois celle d'un homme à un seul bras. C'est lui qui révèle aux angekok, ou prêtres, les choses futures et leur donne leur pouvoir. » Quelques Esquimaux désignent cette divinité sous le nom de Torngarsuk; d'autres l'appellent Occoo-Ma. Son empire est situé dans les entrailles de la terre. Une méchante femme, sans cesse en lutte avec lui, et qui se plaît à faire du mal aux hommes, réside au fond de la mer dans un vaste palais.

D'autres esprits d'un ordre subalterne, divisés en plusieurs classes, environnent la terre. « Les uns voltigent dans l'air; ils sont noirs et ténébreux et se nourrissent des entrailles des âmes qu'ils peuvent saisir au passage; d'autres vivent dans l'eau et dévorent le renard quand il s'approche pour prendre le poisson. Il y en a dans le feu même; ce sont des flammes voltigeantes, esprits qui habitaient sur la terre avant le déluge. Les montagnes sont habitées par des nains très industrieux et par des géants de deux toises de haut. Il y a un dieu de la guerre, qui a sous sa dépendance tous les esprits ennemis des hommes, et un Dieu du vent, du beau temps et des glaces, qui a été un homme autrefois. »

Lorsqu'elles abandonnent les corps, les âmes vont habiter trois demeures diverses. La première est au-dessus des nuages, dans la région de la lune. Abritées sous des tentes, les âmes entourent un grand lac, dont les bords abondent en gibier de toute espèce et les eaux en excellent poisson. Là elles se livrent à la chasse, à la pêche; elles dansent et elles jouent aux boules. Lorsqu'il déborde, ce lac occasionne les pluies; s'il rompait ses digues, il inonderait la terre d'un déluge général. Le second paradis, résidence particulière de Torngarsuk, est placé sous les rochers qui forment la limite de la terre. Le soleil y brille de tout son éclat et n'est jamais voilé par des nuages. Les chasseurs y trouvent en abondance des animaux de toute sorte; les pêcheurs des poissons variés et principalement des phoques, dont les têtes repoussent quand on les a coupées. On n'admet dans ce lieu de béatitude que les âmes des morts qui ont affronté avec courage les plus terribles dangers et celles des femmes qui ont succombé pendant le travail de l'enfantement. La troisième demeure est l'asile des expiations, des tourments et des supplices. C'est le palais de la méchante femme, du génie malfaisant, éternel adversaire de Torngarsuk. Cette femme y vit seule avec son fils Ouitikka, qui n'est pas moins méchant qu'elle. L'accès de ce palais est défendu par des monstres marins, par des phoques, et par des chiens féroces qui sont retenus par des chaînes, comme le Cerbère tricéphale qui, suivant les païens, gardait les portes des enfers. Une seule lampe, alimentée par une cuve dans laquelle nagent des oiseaux aquatiques, éclaire ces lieux de désolation, où parviennent quelquefois à pénétrer les angekok, à l'aide de leurs conjurations magiques, pour arracher au démom qui y préside le secret de ses enchantements et de ses maléfices. L'homme est doué de trois âmes distinctes, la première est une image subtile du corps, dont elle a la faculté de se séparer pendant le sommeil et les maladies. C'est celle-ci qui, après la mort, va, dans un autre monde, recevoir les récompenses ou subir les peines qu'elle a méritées. Les deux autres âmes sont le souffle et l'ombre. Les enfants ont une âme d'une nature spéciale, qui, lorsqu'ils expirent, passe immédiatement dans le sein d'un nouveau-né, et lui communique la vie qui les quitte.

L'initiation que reçoivent les angekok leur vient de Torngarsuk lui-même, qui leur envoie un esprit familier. Au moment où la grâce opère, le prêtre est plongé dans un profond sommeil. Cet état dure pendant trois jours, et ensuite l'esprit réveille le néophyte, lui donne la science et lui enseigne la route des trois demeures des âmes. Si plus tard l'angekok veut se transporter dans ces régions funèbres, il se prépare à ce voyage mystérieux en frappant sur son tambour magique et en s'agitant avec violence. Bientôt il tombe épuisé de fatigue; on lui lie les mains sur le dos, on lui place la tête entre les jambes et on le dépose ainsi roulé sur lui-même dans une pièce inaccessible au jour. Là, son âme se sépare de lui et s'envole vers l'esprit, qui lui sert de guide et répond à toutes les questions qu'il lui adresse. L'automne est le moment le plus propice pour entreprendre ce genre de pérégrination, parce que, dit Krantz, le ciel est, à cette époque de l'année, plus voisin de la terre, et que les arcs-en-ciel, fréquents dans cette saison, offrent à l'âme une route commode.

LIVRE QUATRIÈME. — PAGANISME.

CHAPITRE Ier.

MAGISME. Nature et tendances. — Ancienneté. — Origine hindoue. — Traditions de la Perse et de l'Inde à l'appui de cette origine. — Le prophète Mâh-Abad. — Les quatre dynasties antiques. — Commencements du magisme. — Kayoumors, Houscheng, Tahmouras, Djemschid. — Le vase Dscham. — Djemschid, séduit par Ahrimane, veut se faire adorer comme un dieu. — Sa chute. — Dhohac, l'instrument de la vengeance divine. — Son règne, sa tyrannie. — Il est vaincu par Féridoun. — Le prophète Hom. — Institution des mages. — Zoroastre. — Doutes sur la date et sur le lieu de sa naissance. — Il commence à prophétiser. — Dans quelles circonstances. — Il convertit Darius-Hystaspe. — Il constitue le nouveau culte. — Sa mort tragique. — Légendes merveilleuses débitées sur son compte. — Songe de Doghdo, sa mère. — Intrigues des magiciens. — Massacre des femmes enceintes. — Bûcher transformé en un lit de roses. — Autres prodiges. — Zoroastre est transporté au ciel. — Ses entretiens avec Ormuzd. — Il reçoit le Zendavesta des mains de ce dieu. — De retour sur la terre, il triomphe des mauvais génies et des magiciens. — De quelle manière il s'introduit dans le conseil du roi. — Miracles qu'il opère pour convertir ce prince. — Perfidie des faux prophètes. — Zoroastre est jeté en prison. — Comment il confond ses ennemis. — Livres sacrés du magisme. — Dogmes. — Zeruané-Akeréné, Zeruané, la lumière primitive, Ormuzd, Honover ou le verbe, Ahrimane. — Création des amschaspands, des izeds, des gahs, et des férouers. — Attributions de ces génies. — Formation de l'univers. — Gorotmane, la montagne Alborz, la terre, le pont Tchinevad, l'abîme Douzakh, les planètes et les fixes. — L'armée céleste. — Positions qu'elle occupe. — Créations d'Ahrimane. — Les archi-devs et les devs. — Lutte entre les bons et les mauvais anges. — Victoire temporaire des derniers. — Mort du taureau céleste. — Êtres qui naissent de sa substance. — L'arbre de vie. — Meschia, le premier homme ; Meschiane, la première femme. — Leur innocence. — Ils sont séduits par Ahrimane, et deviennent sujets à la mort. — Destinée des âmes. — Jugement. — Paradis et enfer. — Efficacité des prières. — Corruption de la race humaine. — Avénement du prophète Sosiosh. — Destruction de l'univers. — Résurrection des corps. — Purification finale. — Régénération de la nature. — Disparition des ténèbres. — Règne éternel de la lumière et du bien. — Le dieu Mitra. — Bérécécingh, le feu primitif. — Sandès. — Sémendoun. — Les six Gahambars. — La sainte liqueur Zour. — L'oiseau Houfraedmodad. — Préceptes religieux et moraux. — Superstitions. — Sacerdoce. — Ses attributions et ses priviléges. — Sa hiérarchie. — Initiation. — Temples du feu. — Symboles sculptés sur ces monuments. — Culte. — Fêtes. — Naissances, mariages et funérailles. — Histoire.

Caractère du magisme. On trouverait difficilement dans toute l'antiquité, excepté peut-être parmi les juifs, rien qui fût comparable à la simplicité à la fois sévère et sublime de la religion fondée par les mages de la Perse. « Le sabéisme, dit Creuzer, y est tellement idéalisé, le culte des éléments si épuré, tous les objets de l'adoration publique et privée si rigoureusement subordonnés à la notion d'un être bon, auteur, protecteur et sauveur du monde, qu'on ne saurait sans injustice taxer d'idolâtrie les sectateurs d'une telle doctrine. » Le magisme en effet avait essentiellement pour but de rendre l'homme semblable à la lumière, de chasser de lui les ténèbres, de l'affranchir de la domination et des souillures du mal, et de le faire coopérer en tout et partout au triomphe du principe du bien.

Origine. Cette croyance paraît remonter à l'époque la plus reculée. C'était le sentiment général des anciens; et Aristote, entre autres, au rapport de Diogène Laërce, affirmait que les mages étaient de beaucoup antérieurs aux prêtres égyptiens. Tout démontre que c'est de l'Inde que les premières données du magisme avaient été apportées dans la Perse. Les traditions des deux pays s'accordent sur ce point. Les Perses parlent de quatre antiques dynasties qui successivement régnèrent sur leurs ancêtres. L'une de ces dynasties, celle des Syaniens, ou purs, s'était maintenue au pouvoir pendant un *aspar* tout entier, c'est-à-dire pendant mille millions d'années. Le seul individu qui eût survécu à ce grand cycle, le prophète Mâh-Abad, ou Mâha-Bali, devint la souche de la race actuelle des hommes, qu'il divisa en quatre castes, en mémoire du don précieux de quatre livres qu'il avait reçu de la main de Dieu lui-même. L'âge d'or de la Perse comprend le règne de Mâh-Abad et ceux de ses treize successeurs. D'un autre côté, on lit dans les écrits des brâhmanes que la Perse fut jadis conquise par un râdja indien, qui laissa dans la contrée un roi de sa famille, nommé Mâh-Abad ou Mâha-Bali, et que les descendants de celui-ci dotèrent les Perses des éléments de la civilisation et du germe des idées religieuses. D'autres rapprochements encore que nous établirons plus loin concourent à imprimer une sanction historique à la source hindoue du magisme.

Pendant le cours des quatre dynasties, ajoutent les légendes des Perses, les hommes, étroitement unis à Dieu, ne reconnaissaient qu'une seule divinité, ne suivaient qu'une seule loi. Mais cette religion simple et pure embrassa bientôt l'adoration des corps célestes; et des hommages publics, assujétis à des cérémonies et à des rites multipliés, furent adressés aux génies planétaires. Les saines notions s'effacèrent peu à peu; la méchanceté des créatures terrestres et aériennes s'accrut en proportion. Enfin parut la dynastie des Pischdadiens, ou des « premiers distributeurs de la justice. » Kayoumors, le chef de cette race royale, entreprit de mettre un terme au désordre. Il tira de l'oubli les règles de l'équité, et voulut qu'elles fussent observées. Beaucoup d'hommes et de génies pervers s'insurgèrent contre lui, et tuèrent Siamck, son fils, qu'il avait envoyé pour les soumettre. Ce crime, cependant, ne demeura pas impuni; Kayoumors leva une nouvelle armée, qui se grossit en chemin de lions, de tigres, de panthères et d'autres animaux féroces, et il se porta de sa personne à la rencontre des rebelles. La victoire, longtemps disputée, se déclara en faveur du monarque, et les génies et les hommes méchants furent déchirés en lambeaux. Houscheng, petit-fils du roi, s'assit sur le trône à la mort de celui-ci. Il pratiqua la justice, et institua le culte du feu. Après lui, régna Tahmouras. Ce prince, non moins vertueux que son père, s'attacha particulièrement à faire la guerre aux devs, ou esprits malfaisants. Il les chassa du milieu des hommes et les relégua dans les flots de la mer et dans les solitudes des montagnes. C'est ce qui lui fit donner le surnom de *Devbend*, ou de vainqueur des devs. Un de ces monstres, tombé en son pouvoir, racheta sa vie en lui dévoilant les secrets de la lecture et l'art de tracer des caractères. Toutefois le courage et l'habileté qu'il déploya dans ses entreprises n'eussent point suffi à en assurer le succès, s'il n'avait été puissamment aidé par les enchantements et les pratiques magiques de son ministre Schirasp. En mourant, il laissa le sceptre à son fils Djemschid, fameux par ses aventures fabuleuses.

Djemschid fonda Estakhar, ou Persépolis, ville creusée dans des rochers, et qu'on surnomma le trône de Djemschid. Pendant qu'il s'occupait de cette œuvre gigantesque, il découvrit le vase appelé *Dscham*, plein du breuvage le plus précieux, et qui est à la fois « le miroir du monde, le miroir magique et la coupe de salut. » Il contraignit les devs à lui construire des bains et à lui aller pêcher des perles dans les profondeurs de la mer. Il scruta les propriétés des plantes et les mystères de la chimie. Tant qu'il suivit la vraie religion, il eut le pouvoir de triompher de ses ennemis et de commander à la nature. Mais enfin sa gloire s'éclipsa. « Au commencement de chaque mois, dit M. Dubeux, Djemschid rendait la justice à ses sujets; et sept cents ans se passèrent ainsi, sans que ce prince eût eu à supporter la moindre maladie et le moindre sujet d'affliction. Un jour, qu'il était seul dans son palais, Ahrimane, l'esprit des ténèbres, entra par la fenêtre et lui dit : « Je « suis un génie venu du ciel pour te donner des conseils. Sache donc « que tu te trompes, lorsque tu t'imagines n'être qu'un homme. Les « hommes tombent malades; ils éprouvent des chagrins et des traverses, « et sont soumis à la mort. Tu es exempt de tous ces maux, parce que tu « es dieu. Apprends que tu étais d'abord dans le ciel, et que le soleil, la lune « et les étoiles étaient sous ton obéissance. Tu descendis sur la terre pour « rendre la justice aux hommes et remonter ensuite au ciel, ta première « demeure. Mais tu as oublié ce que tu es. Moi, qui suis un génie qu'aucun « homme ne pourrait voir face à face sans mourir, je viens te rappeler ton « essence. Fais-toi donc connaître aux hommes. Ordonne-leur de t'ado- « rer, et que tous ceux qui refuseront de se prosterner devant toi soient « précipités dans les flammes. » Djemschid suivit le conseil d'Ahrimane, et fit périr un grand nombre de personnes qui refusaient de reconnaître sa divinité. Il envoya ensuite cinq lieutenants, qui parcoururent tout l'univers avec d'innombrables armées. Chacun de ces lieutenants avait une image de Djemschid devant laquelle les hommes étaient tenus de se prosterner; et il disait : « Cette image est votre dieu ; adorez-la; autrement, vous « périrez par le feu. » Beaucoup d'hommes commirent le mal et se livrèrent à l'idolâtrie, par la crainte de la mort. Ces actes impies éloignèrent de Djemschid le cœur de tous ses sujets. Un prince arabe appelé Dhohac, profitant du mécontentement général, attaqua la Perse. Djemschid fut obligé de fuir devant son rival, que l'on regardait comme l'instrument de la vengeance divine. Il parcourut successivement en fugitif toutes les provinces de la Perse, l'Inde et la Chine. Mais à la fin, Dhohac, ayant appris qu'il s'était retiré à Damavend, s'empara de sa personne et le fit scier en deux parties, depuis la tête jusqu'aux pieds. Djemschid fut d'abord condamné pour ses crimes aux peines de l'enfer ; mais Ormuzd, l'esprit de lumière, lui pardonna ensuite, à la prière de Zoroastre. »

Dhohac, ou Zohak, était un prince sanguinaire, qui employait à faire le mal les connaissances qu'il avait acquises dans les sciences occultes. Il fit périr les rois, introduisit dans le monde les mœurs corrompues, et appela le genre humain à l'idolâtrie. Son règne, qui dura mille ans, fut signalé par l'injustice, par le meurtre et par toutes sortes d'excès et de crimes. Chaque jour il lui fallait de nombreuses victimes pour assouvir la faim de deux horribles serpents qui sifflaient sur ses épaules, où ses lèvres impures les avaient produits. Les maux qu'il répandait sur la Perse, la dépopulation dont il désolait ce pays, devaient cependant avoir un terme. Un des descendants de Djemschid, Féridoun ou Afridoun, parut enfin. Il appela à la révolte les Perses fatigués de l'affreuse tyrannie de Dhohac. Ils accoururent se ranger autour de lui, sous le tablier d'un forgeron, Caveh, qu'il avait pris pour étendard. A leur tête, Féridoun, « le héros de la justice, » se porta contre Dhohac, qui tomba vivant entre ses mains, et qu'il fit charger de chaînes et enfermer dans une caverne ouverte sur les flancs du mont Damavend.

C'est sous le règne de Djemschid qu'Ormuzd, le bon principe, envoya parmi les Perses le grand prophète Hom, « l'arbre de la connaissance de la vie, la source de toute bénédiction », pareil à l'Hermès de l'Égypte, au Bouddha de l'Inde, et dont le nom rappelle le trigramme sacré des brâhmanes, *Aum*. Ce prophète, disent les traditions des Perses, est le fondateur originaire du magisme. On l'avait surnommé Zâéré, couleur d'or, et cette épithète l'a fait confondre avec le véritable Zoroastre, de beaucoup postérieur, et qui s'appelle en zend, ou ancien persan, Zéréthoschtro. « Hom, dit un historien, élève des brâhmanes, peut-être Indien lui-même, apporta en Perse les lumières qu'il avait puisées sur les rives du Gange. »

A partir de ce moment, la Perse eut des docteurs, des moghs ou mages, conservateurs et maîtres de la loi révélée par Hom, et qu'Hérodote nous présente comme une tribu particulière, semblable aux lévites d'Israël et aux chaldéens d'Assyrie. Dans le nouveau culte, on n'érigeait aux dieux ni statues, ni temples, ni autels; on offrait les sacrifices à ciel découvert, presque toujours au sommet des montagnes; et l'on voit en effet Khosrou, ou Cyrus, s'acquitter de ce devoir en rase campagne. C'est vraisemblement sur l'avis et à la sollicitation des mages que Bahman, ou Xercès, brûla tous les temples de la Grèce, regardant comme chose injurieuse à la divinité de la renfermer dans des murailles, « elle à qui tout est ouvert, et dont l'univers entier doit être considéré comme la maison et le sanctuaire. »

Zoroastre. Les historiens ne sont d'accord ni sur l'époque ni sur le lieu de la naissance du réformateur religieux qui, plus tard, apparut sous le nom de Zoroastre. Quelques-uns le font contemporain de Lohrasp (Cambyses); d'autres lui assignent une date antérieure; le plus grand nombre fixe sa venue sous le règne de Gouschtasp, ou Darius Hystaspe, et, ce qui donnerait quelque fondement à la dernière assertion, c'est que Gouschtasp reçut le surnom d'*Hirboud*, adorateur du feu, probablement parce qu'il avait prêté les mains à la restauration du culte de cet élément. Tantôt on fait naître Zoroastre en Chine, tantôt on affirme qu'il reçut le jour ou dans la Judée, ou dans la Médie, ou à Urumeah, dans l'Adesbidjan, ou enfin à Balkh, capitale de la Bactriane. Quoi qu'il en soit, il parut dans les circonstances les plus favorables au succès de sa réforme. Depuis longtemps déjà, les mages, divisés en sectes nombreuses et hostiles entre elles, ne s'unissaient que pour des desseins ambitieux. Ils prétendaient à gouverner l'État, et leurs intrigues n'avaient d'autre résultat que d'y jeter la confusion et le trouble. Livrés à des prêtres sans conviction, les peuples, sans foi véritable, étaient le jouet des plus absurdes superstitions. Cambyses, meurtrier de Smerdis, son frère, était mort à son tour. Un mage, qui ressemblait à Smerdis, prit le nom de ce prince et s'assit sur le trône qui lui était destiné. Mais son imposture fut découverte par suite de l'excès même des précautions dont il s'entourait pour la cacher. Sept seigneurs perses conspirèrent sa perte, et le renversèrent du pouvoir six mois à peine après son usurpation. Darius Hystaspe, un des conjurés, lui succéda, et fit périr un grand nombre de mages. Ceux de ces prêtres qui survécurent tombèrent dès lors dans un profond mépris. C'est à la suite de ces évènements que Zoroastre, profitant habilement du besoin d'une croyance qui se faisait généralement sentir, commença l'accomplissement de sa tâche de réformateur. Il s'annonça comme un prophète envoyé par Ormuzd pour corriger les mœurs et rétablir la foi. Il ne manqua pas de rattacher sa mission, ses enseignements, tout son caractère, à des noms autrefois révérés par les peuples de la Perse, et de se présenter comme l'interprète et le continuateur de Houscheng, de Djemschid et de Hom. Des débris épars de l'ancienne loi, il forma un corps de doctrine qui devint bientôt le code religieux des Perses, des Assyriens, des Parthes, des Bactriens, des Mèdes, des Corasmiens et des Saïques, et qui pénétra ensuite dans la Judée, dans la Grèce et dans tout l'empire romain. Il fit aussi élever des temples, pour y adorer et pour y conserver, avec le soin le plus attentif, le feu sacré qu'il prétendait avoir rapporté du ciel avec le Zendavesta, livre divin dont l'éternel l'avait chargé de répandre la connaissance. Après avoir fait beaucoup de prosélytes dans les classes inférieures du peuple, puis parmi les hauts dignitaires de l'État, il fit adopter sa réforme par Gouschtasp lui-même, qui ne tarda pas à l'imposer à la plus grande partie de ses sujets. Satisfait d'avoir ainsi conduit son œuvre à bonne fin, il établit à Balkh sa résidence, prit le titre de mobed des mobeds, c'est-à-dire de pontife suprême, et appliqua tous ses efforts à propager l'exercice de son culte. C'est sans doute d'après ses suggestions que Gouschtasp entreprit d'attirer à la nouvelle croyance Ardjasp, roi de Touran, d'abord par la persuasion, ensuite par la violence. Indigné qu'on prétendît contraindre sa conscience, Ardjasp entra, les armes à la main, dans la Bactriane, battit les troupes envoyées pour le repousser, fit passer au fil de l'épée Zoroastre, et, avec lui, quatre-vingt mille de ses prêtres, et détruisit tous les temples du feu qu'on avait érigés dans la contrée. Mais tant d'excès et de crimes ne tardèrent pas à être vengés. Ardjasp fut vaincu à son tour et obligé à une honteuse retraite. A la suite de cette victoire, le magisme se releva plus brillant que jamais, et assit son influence et son pouvoir sur des bases inébranlables. Les mages furent placés sur la même ligne que le gymnosophistes et les druïdes; leur haute réputation conduisit près d'eux, des pays les plus éloignés, les hommes qui désiraient se perfectionner dans la connaissance de la philosophie et de la religion; et l'on sait que c'est de ces prêtres, aussi bien que des brâhmanes et des pontifes égyptiens, que Pythagore avait emprunté les principes de cette doctrine qui lui attira les respects et la vénération de l'antiquité.

Zoroastre a été le sujet d'une foule de légendes merveilleuses dont la réunion formerait un volume considérable, et qui se sont perpétuées jusqu'à nos jours parmi les descendants des anciens adorateurs du feu. Nous n'en rapporterons que les principales :

Pourouschasp, père de Zoroastre, et un des fidèles sectateurs de la vieille religion de la Perse, avait évité de s'abandonner à la pente du siècle, qui poussait les hommes au culte des idoles et à la pratique des procédés abominables de la magie ; aussi la divinité avait-elle jeté sur lui et sur tout ce qui le touchait un regard de satisfaction et d'amour. Doghdo, sa femme, pendant qu'elle était enceinte du prophète, vit en songe des bêtes féroces qui arrachaient de ses flancs l'enfant qu'elle portait, et qui se disposaient à le mettre en pièces. Saisie d'une horrible frayeur, mais aussi exaltée par la tendresse maternelle, elle allait disputer à ces animaux redoutables l'innocente et chère proie qu'ils voulaient lui ravir, lorsqu'elle fut rassurée par la voix de son fils, qui lui disait qu'aucun être vivant n'avait le pouvoir de lui faire du mal. Et, comme le prophète avait cessé de parler, un personnage, à l'aspect noble et majestueux, le dégagea de l'étreinte des animaux et le replaça dans le sein de sa mère. Les magiciens, adorateurs des devs, n'ignoraient pas le rôle que Zoroastre était appelé à jouer par la suite, et avec quelle rigueur et quel succès il leur ferait la guerre. Ils songèrent donc à parer le coup dont ils étaient menacés. Ils persuadèrent au roi qu'un des enfants qui allaient naître était destiné à lui arracher la couronne; mais, comme ils ne pouvaient lui indiquer avec certitude qu'elle était la famille où ce rival recevrait le jour, ils l'engagèrent à ordonner, sans exception, la mort de toutes les femmes enceintes. Une seule (ce fut Doghdo), échappa à cet horrible massacre. Bientôt après, Zoroastre naquit, le sourire sur les lèvres, sans causer de douleur ni à sa mère ni à aucun être animé ou inanimé de la création, et son corps répandit une éclatante lumière autour de lui. Informés de l'avènement de leur ennemi, les magiciens mirent tout en œuvre pour le faire périr. A leur sollicitation, le roi commanda qu'on jetât le nouveau-né au milieu d'un feu ardent; et, cette fois encore, il échappa miraculeusement au danger : le bûcher se convertit en un lit de roses.

Jusqu'à l'âge de quinze ans, Zoroastre passa les jours et les nuits en prière ou à pratiquer de bonnes œuvres. En butte à de nouvelles persécutions qui le détournaient de l'accomplissement de ses pieux devoirs, il résolut de s'éloigner de la Perse. Plusieurs miracles signalèrent sa fuite : lorsque, par exemple, quelque rivière s'opposait à son passage, il la faisait glacer sur-le-champ, et la traversait ainsi à pied sec. Retiré dans un lieu solitaire, il employa tout son temps à la contemplation. Il gémissait sur les vices et sur les désordres des hommes, et conjurait Ormuzd de lui apprendre par quel art il pourrait ramener la vertu sur la terre. Un jour, qu'il était absorbé dans ses méditations, un ange parut tout à coup devant lui, et s'informa du sujet de ses réflexions. « Je rêve, répondit Zoroastre, aux moyens de réformer les hommes, et je pense qu'Ormuzd seul est capable de me les enseigner. Mais qui pourra me conduire vers son trône? — Moi-même, repartit l'ange : Purifie ton corps mortel à l'aide de ce breuvage, ferme les yeux, et suis-moi. » Zoroastre obéit, et, en un instant, il se trouva dans les cieux, en présence d'Ormuzd, qu'il aperçut au milieu d'un tourbillon de flammes. Le dieu ne dédaigna pas de s'entretenir avec lui, de lui révéler les plus importants secrets de la religion, et de remettre en ses mains le saint Avesta, où ces secrets se trouvent consignés. Quand Zoroastre fut de retour sur la terre, les mauvais génies et les magiciens unirent leurs efforts pour le séduire et pour l'engager à renoncer à la *parole vivante*, à l'Avesta. Indigné de leur audace et de leur impiété, il poussa un grand cri, qui mit en fuite ces démons tentateurs. Les génies malfaisants se cachèrent sous terre; les magiciens, saisis d'effroi, moururent presque tous; ceux qui survécurent se soumirent à Zoroastre.

Après cette victoire, dit M. Dubeux, le nouveau réformateur se rendit à Balkh, entr'ouvrit, par un miracle, le plancher de la salle dans laquelle Gouschtasp et son conseil étaient assemblés, et s'y introduisit par cette issue. Un semblable prodige effraya ceux qui en furent témoins. Gouschtasp demanda à quelques sages qui étaient restés autour de lui s'ils connaissaient l'homme qui venait de pénétrer dans la salle d'une façon si extraordinaire. Ils répondirent négativement; puis ils adressèrent à Zoroastre une série de questions, qu'il résolut avec une sagesse qui les frappa d'étonnement. Le prophète eut ainsi plusieurs conférences avec les sages de Gouschtasp dont il confondit l'orgueil. Ensuite, il alla vers le roi et lui dit : « Je suis envoyé par le Dieu qui a fabriqué les sept cieux, la terre et les astres, le Dieu qui donne la vie et la nourriture et qui prend soin de son serviteur; qui t'a donné la couronne et te protége; qui a tiré ton corps du néant. » Après avoir parlé ainsi, il présenta l'Avesta à Gouschtasp, en lui disant : « Dieu m'a envoyé aux hommes pour leur annoncer cette parole. Si tu l'exécutes, tu seras couvert de gloire dans ce monde et dans l'autre. Si tu ne l'exécutes pas, Dieu brisera ta gloire et tu iras dans l'enfer. N'obéis plus aux devs. » — Gouschtasp invita Zoroastre à faire un miracle qui confirmât la vérité de sa mission. « L'Avesta, dit le réformateur, est le plus grand des miracles. Quand tu l'auras lu, tu n'en demanderas point d'autres. » Gouschtasp ordonna à Zoroastre de lui lire une section de ce livre divin; mais il n'en fut pas touché. La grandeur de l'Avesta passait son intelligence. Cependant, comme le roi et les sages de sa cour insistaient toujours pour avoir des miracles, Zoroastre en fit plusieurs qui déterminèrent Gouschtasp à embrasser la nouvelle religion. Envieux des succès de l'envoyé d'Ormuzd, les sages portèrent alors dans sa maison une tête de chat, du sang, des ossements de morts, des parties de cadavre, et plusieurs autres débris immondes que les magiciens employaient dans leurs enchantements; puis ils annoncèrent à Gouschtasp que Zoroastre se livrait à la magie, et lui dirent qu'il pourrait en avoir la preuve en se faisant apporter ce qu'on trouverait chez lui. Zoroastre protesta de son innocence; mais, malgré ses serments, il fut jeté dans une prison.

Le monarque avait un cheval de bataille appelé le cheval noir. Un matin, le grand écuyer ayant été, suivant sa coutume, visiter les écuries royales, s'aperçut que les jambes de ce cheval étaient rentrées dans son corps. Gouschtasp, informé de cet évènement extraordinaire, consulta les médecins et les sages, qui ne purent indiquer aucun moyen de guérir le cheval. Zoroastre déclara que cette guérison était loin d'être impossible; et, s'étant fait conduire à l'écurie, il dit au roi : « Croyez fermement que je suis le prophète de Dieu, et vos souhaits seront accomplis; autrement, n'attendez rien de moi. » Gouschtasp s'étant engagé à conformer ses actions aux préceptes de l'Avesta et à faire tous ses efforts pour la propagation de la nouvelle loi, ayant de plus obligé les ennemis de Zoroastre à reconnaître qu'ils avaient faussement accusé ce prophète, les quatre jambes du cheval noir furent successivement rétablies dans leur état naturel. L'envoyé d'Ormuzd expliqua ensuite à Gouschtasp la loi contenue dans les livres zends, et ce prince envoya des missionnaires qui portèrent jusque dans les Indes la connaissance de la nouvelle réforme. Enfin, lorsqu'il eût accompli sa mission tout entière, le prophète se retira sur la sainte montagne Alborz, où il se consacra exclusivement à la méditation et à la piété.

Livres sacrés. L'Avesta, ou vulgairement le Zendavesta, dont il a été fait mention ci-dessus, est le recueil des documents originaux de l'antique religion des mages. On l'attribue à Zoroastre. Cette précieuse collection forme deux parties distinctes, l'une écrite en zend, l'autre en pehlvi, dialecte de la première langue, et qui paraît lui être postérieur. Les livres zends, tous canoniques, comprennent le Vendidad, l'Izeschné et le Vispéred. Ces trois ouvrages ont chacun leurs subdivisions, et composent le Vendidad-sadé, l'Ieschts-sadé et le Sirouzé. Ils traitent de la source primitive des choses, des êtres, de la création et de l'histoire de l'homme. On y trouve également des préceptes relatifs aux devoirs à observer envers Dieu, envers le prochain et envers la patrie, et des notions d'astronomie et d'histoire naturelle. Le Boundehesch, écrit en pehlvi, et attribué pareillement à Zoroastre, tient le premier rang après l'Avesta. Il renferme tout à la fois une cosmogonie et une sorte d'encyclopédie religieuse, liturgique, politique, scientifique et agricole. Beaucoup de textes de l'Avesta, dont on ne saurait contester la date reculée, offrent les plus étroits et les plus frappants rapports avec des passages des védas; les objets d'adoration, le ton, le caractère général, y sont à peu près identiques. A ces autorités du magisme, il faut encore ajouter le Dabistan et un autre ouvrage, le Desatir, auquel le premier se réfère. Le Dabistan a été rédigé, dans le xviie siècle, sur des manuscrits pehlvis, par un mahométan de Kachemire, Scheik Mohammed-Mohsen, surnommé Fani, ou le périssable. Dans la supposition, fort controversée, du reste, où les sources du dernier seraient authentiques, on y puiserait des notions neuves et importantes sur une période de la religion des Perses, antérieure à l'époque de Zoroastre et à celle de Hom lui-même.

Dogmes. Suivant ces livres inspirés, le premier de tous les êtres est Zeruané-Akeréné, le temps sans bornes, à qui l'on donne ce nom, parce qu'on ne saurait lui assigner aucune origine. Il est tellement enveloppé dans sa gloire, sa nature et ses attributs sont si peu accessibles à l'intelligence humaine, qu'il faut se borner à lui payer le tribut d'une silencieuse vénération. De cette divinité suprême était primitivement émané Zeruané, le temps, la longue période, ou année du monde, équivalant à douze mille révolutions complètes du soleil. C'est dans le sein de ce second être que repose l'ensemble de l'univers. De l'éternel était également émanée la lumière pure, et, de celle-ci, le roi de lumière, Ormuzd, qui était aussi Honover, le verbe, la volonté divine. Cette parole mystérieuse est le fondement de toute existence, la source de tout bien. La loi de Zoroastre en est comme le corps, et c'est pour cette raison qu'on la nomme Zendavesta, la parole vivante. Quoiqu'il n'occupât que le quatrième rang dans la hiérarchie divine, Ormuzd était appelé le premier-né des êtres. On l'appelait encore Ehoré-Mezdao, c'est-à-dire le grand roi. Il était le principe des principes, la substance des substances, le dispensateur du savoir ; il vivifiait et nourrissait toutes choses.

Par opposition nécessaire, indispensable à la lumière, à Ormuzd, naquirent les ténèbres ou Ahrimane, le second né de l'éternel, le mauvais principe, la source de toute impureté, de tout vice, de tout mal. Émané comme Ormuzd de la lumière primitive, et non moins pur que lui, mais ambitieux et plein d'orgueil, Ahrimane était devenu jaloux du premier-né. Sa haine et son orgueil l'avaient fait condamner par l'être suprême à habiter pendant une période de douze mille ans les espaces que n'éclaire aucun rayon de lumière, le noir empire des ténèbres.

Au moyen de la parole (Honover), Ormuzd fabriqua l'univers. D'abord il créa à son image six génies, nommés Amschaspands, qui entourent son trône, qui sont ses organes auprès des esprits inférieurs, auprès des hommes, qui lui en transmettent les prières, obtiennent pour eux sa faveur et leur servent eux-mêmes de modèles de pureté et de perfection. Ces amschaspands sont des deux sexes ; Ormuzd est leur chef ; Bahman, le roi de lumière, vient ensuite ; puis, Ardibehevet, l'esprit qui répand le feu et la vie ; Schariver, roi des métaux ; Sapandomad, fille d'Ormuzd et mère du genre humain ; Khordad, roi des saisons, des mois, des années et des jours, qui donne aux purs l'eau de pureté ; et enfin, Amerdad, créateur et protecteur des arbres, des moissons, et des troupeaux. Ormuzd créa ensuite des génies des deux sexes, nommés izeds, au nombre de vingt-huit, qui, de concert avec lui et avec les amschaspands, veillent au bonheur, à la pureté, à la conservation du monde, dont ils sont les gouverneurs. Ils servent pareillement de modèles aux hommes, et se rendent les interprètes de leurs vœux et de leurs prières. Ils ont pour chefs Mitra et Korschid ; Korschid, la planète du soleil ; Mitra, qui en est la lumière. Après ceux-ci, les izeds les plus vénérés sont : Serosch, qui préside à la terre et à la pluie, et habite les cimes élevées d'Alborz, d'où il veille sur le monde, purifie l'air et protége les hommes contre les atteintes du mal ; Behram, qui préside à la paix et à la foudre, est le plus puissant et le plus actif des izeds et marche à la tête de tous les êtres ; Dahman, le béatificateur du peuple céleste et des justes, dont il reçoit les âmes des mains de Serosch ; Farfardin, qui commande aux férouers ; Mah, l'ized de la lune ; Anahid, le génie du feu des étoiles ; Asman, le génie tutélaire du ciel, ou le ciel lui-même ; Nériocengh, le gardien de la semence de Kayoumors, et le même qu'Ormuzd, dépêcha près de Zoroastre pour lui ordonner d'annoncer sa loi au genre humain. Les mois, les jours, les divisions du jour, les éléments, sont placés sous la protection et sous la garde des amschaspands et des izeds. Chacun des amschaspands a son cortége d'izeds, qui sont ses hamkars ou ses auxiliaires, et qui lui obéissent et le servent, comme, de leur côté, les amschaspands sont les hamkars d'Ormuzd, le servent et lui obéissent. A cette classe d'êtres appartiennent les gâhs, izeds surnuméraires, au nombre de dix, dont cinq, du sexe féminin, président aux cinq jours épagomènes de l'année, et cinq, du sexe masculin, commandent aux cinq parties du jour. Les premiers se nomment Honouet, Oschtouet, Sépendomad, Fohou-Kheschétré et Feheschtoeschtoesch ; les derniers, Havan, Rapitan, Ociren, Efesrouthrem et Oschen. Ormuzd créa en outre un troisième ordre d'esprits purs, infiniment plus nombreux que les premiers : ce sont les férouers, prototypes, modèles de tous les êtres, idées que le premier-né du temps sans bornes consulte toujours avant de procéder à la formation des choses. Par eux, tout vit dans la nature. Ils sont placés au ciel comme des sentinelles vigilantes contre Ahrimane, et ils portent à Ormuzd les prières des hommes pieux, qu'ils protégent, qu'ils purifient de toute souillure et affranchissent de tout mal.

Ormuzd, continuant son œuvre, édifia la voûte de cieux, et la terre sur laquelle elle repose. Il fit la haute montagne Alborz, qui a sa base sur notre globe, et dont le sommet, traversant toutes les sphères célestes, s'élève jusqu'à la lumière primitive. C'est sur cette montagne qu'il a fixé sa demeure. Le pont Tchinevad conduit du faîte d'Alborz à Gorotmane, la voûte céleste, résidence des férouers et des bienheureux, et passe au-dessus du monstrueux abîme Douzakh, royaume primitif d'Ahrimane et l'asile des réprouvés. Au-dessous de son trône, Ormuzd créa le soleil, qui, se levant d'Alborz pour répandre sa lumière sur le monde, fait le tour de la terre dans la région la plus sublime de l'espace, et revient chaque soir au point d'où il était parti; la lune, qui a sa lumière propre et la porte à la terre par une révolution semblable, mais dans une région inférieure; enfin les cinq moindres planètes, et, avec elles, la multitude des étoiles fixes, qui occupent la région la moins élevée du ciel.

Tous ces orbes étincelants, soldats postés sous le firmament pour surveiller les mouvements d'Ahrimane, furent divisés, d'une part, en douze phalanges, groupées dans les douze constellations du zodiaque, et, d'autre part, en vingt-huit légions, établies dans les vingt-huit khordbeds, ou constellations extrà-zodiacales. L'armée céleste est garantie de toute surprise de la part d'Ahrimane par des védettes avancées. Il y en a aux quatre coins du ciel : ce sont Taschter, qui garde l'est et a pour poste la planète Tir, ou Mercure; Satévis, qui surveille l'ouest, et réside dans Anahid, ou Vénus; Vénant, qui observe le sud, et est placé dans Anhouma, ou Jupiter; Halftorang, qui veille sur le nord, et occupe l'orbe de Behram ou de Mars. Au centre du ciel est, en outre, le génie Mesch, qui, de Kévan, ou Saturne, où il est établi, est spécialement chargé de porter secours au midi, s'i en est besoin. Chaque constellation zodiacale a de même son surveillant. Ainsi, Hamel protége le bélier; Iosch, le taureau; Iosa, les gémeaux; Sartan, le cancer; Azaël, le lion; enfin la vierge, le sagittaire, le capricorne, le verseau, les poissons, ont pour défenseurs Sumbalah, Caüs, Iodes, Dalou et d'autres. Du milieu des étoiles fixes, le chien Soura veille sur les hommes et sur les animaux, et pourvoit à ce que rien ne s'oppose à leur propagation.

Pendant que, de cette façon, Ormuzd créait et disposait les choses pures, Ahrimane ne demeurait pas oisif. De son côté, il donnait l'existence à une multitude d'êtres malfaisants comme lui. Aux sept amschaspands, il opposait sept archi-devs, destinés à paralyser leurs efforts pour le bien et à mettre le mal à sa place. C'était d'abord Eschem, le lieutenant d'Ahrimane; puis Aschmogh, qui a l'intelligence de la parole vivante sortant des lèvres sacrées d'Ormuzd, mais qui se refuse à faire connaître ce qu'il sent et ce qu'il éprouve, et s'attache particulièrement à rendre la terre stérile et à la couvrir de désastres et de deuil; ensuite Sapodiguer, Savel,

Tarik, Zaretsch et Tosius, qui s'appliquent à traverser les desseins d'Ardibehevet, de Schahriver, de Khordad et d'Amerdad, comme Eschem et Aschmogh ceux de Serosch et de Bahman. Pour résister aux izeds et aux férouers, Ahrimane produisait l'immense cohorte des devs, qu'il chargeait de répandre dans le monde les douleurs physiques et morales, la fausseté, la calomnie, l'ivresse, les maladies, la pauvreté. On comptait parmi eux Déroudj, Epéosché; le premier, ennemi déclaré des izeds agricoles; le second, acharné contre Taschter, qui préside spécialement à l'eau. Il y avait, en outre, des génies d'un ordre inférieur, auxquels les archi-devs et les devs commandaient, et qui exécutaient aveuglément leurs ordres.

Les deux créations, céleste et infernale, étaient achevées; mais Ormuzd régnait encore seul sur la terre. Il s'était écoulé jusque-là deux périodes de trois mille ans chacune. Au commencement du troisième âge, c'est-à-dire dans le cours du septième des douze millénaires, Ahrimane, à la tête de tous ses devs, fit invasion dans l'empire d'Ormuzd et parvint jusque dans les cieux. L'entreprise était si téméraire que, dès les premiers pas, l'armée des devs s'arrêta, et qu'Ahrimane lui-même ne put se défendre d'un frémissement de crainte. Néanmoins, sous la forme d'un serpent, il s'élança du ciel sur la terre, pénétra jusqu'au centre de notre planète, s'insinua dans tout ce qu'elle contenait; dans le taureau primordial, où étaient déposés les germes de toute vie organique, qu'il altéra; dans le feu, ce symbole visible d'Ormuzd, qu'il souilla par le contact de la fumée de la terre. Après ce premier succès, Ahrimane et les siens, sentant grandir leur courage, s'élancèrent de nouveau vers le ciel, répandant de tous côtés l'impureté avec les ténèbres. Mais ce triomphe du mal fut de courte durée. Revenu bientôt de la surprise où l'avait jeté cette agression soudaine, le premier-né du temps sans bornes réunit autour de lui les amschaspands, les izeds, les férouers, les hommes justes, et, avec l'aide de cette innombrable armée, il refoula l'ennemi dans les profondeurs de Douzakh, après un combat de quatre-vingt-dix jours et d'un nombre égal de nuits. Cependant, sa victoire ne fut pas complète : Ahrimane, faisant un dernier et suprême effort, parvint à sortir de sa sombre demeure, se fraya un chemin à travers la terre, remonta vers les cieux, et resta maître de la moitié de l'empire d'Ormuzd.

Le taureau qu'Ahrimane avait frappé ne survécut pas à ses blessures; mais, au moment où il expirait, Kayoumors, le premier homme, naquit de son épaule droite, et de la gauche sortit son âme, Goschoroun, qui devint le génie tutélaire de toute la vie animale. De sa semence furent formés deux autres taureaux, souche de toutes les espèces d'animaux qui occupent la terre, et, de son corps, fut produit le règne entier des plantes pures. A la vue de ces nouvelles créations d'Ormuzd, Ahrimane entra dans un violent accès de rage, et, à chaque être pur qu'il avait sous les yeux, il opposa un être impur analogue. Restait Kayoumors, le premier homme. Ahrimane, ne trouvant rien à lui opposer, résolut de le tuer. Kayoumors réunissait les deux sexes, et il avait trente ans accomplis lorsqu'il tomba sous les coups de l'esprit des ténèbres. Sa semence se répandit sur la terre; le soleil la purifia, et Sapandomad la couva de son œil divin. Quarante années après, il en sortit un arbre qui mit dix ans à croître. Cet arbre ressemblait à un homme et à une femme unis l'un à l'autre; et, au lieu de fruits, il portait dix couples humains. Dans le nombre, se trouvait Meschia et Meschiane, les ancêtres de la race actuelle des hommes. Leurs premières années s'écoulèrent dans l'innocence; car ils avaient été créés pour le ciel; mais ils se laissèrent séduire par Ahrimane, et Meschiane fut la première qui céda aux suggestions du tentateur. D'abord, ils acceptèrent de sa main une coupe pleine du lait d'une chèvre; et, à peine eurent-ils goûté de ce breuvage, qu'ils sentirent les atteintes du mal, qui leur avait été inconnu jusque-là. Encouragé par ce premier succès, Ahrimane leur présenta des fruits. Ils les portèrent à leur bouche : cette faute les rendit sujets à la mort et leur fit perdre la béatitude à laquelle ils étaient destinés. Cinquante ans après leur chute, dont ils porteront la peine dans les lieux infernaux jusqu'à la résurrection, ils mirent au monde deux enfants, Siamek et Veschak, et moururent enfin à l'âge de cent ans.

Dès la création des choses, les âmes des hommes ont été produites par Ormuzd et placées dans Gorotmane, l'empire de la lumière. De là, il faut que, mêlées et confondues avec leur férouer, elles descendent sur la terre pour s'y unir à des corps et pour y accomplir le pèlerinage de cette vie. Au moment où une âme se sépare du corps qui lui servait d'enveloppe, elle trouve sur son passage les izeds et les devs, qui s'en disputent la possession. Avant d'être abandonnée aux mains des uns ou des autres, elle doit subir un sévère examen. Escortée donc par les génies bons et mauvais, elle se présente à l'entrée du pont Tchinevad, qui conduit de ce monde périssable à Behestht, le monde qui ne finit point. Là, siégent Ormuzd et Bahman, son assesseur, qui l'interrogent et prononcent sur son sort. Si la sentence lui est favorable, elle traverse le pont et est accueillie à l'extrémité opposée par les transports de joie des amschaspands, qui lui ouvrent tous les trésors de la béatitude céleste. Si, au contraire, le divin tribunal juge à propos de lui infliger une peine, elle est précipitée dans l'abîme, où les devs lui font endurer les plus affreux tourments. Cependant, Ormuzd proportionne la rigueur et la durée du châtiment à la grandeur des fautes. Les prières et les bonnes œuvres des parents et des hommes saints ont le pouvoir d'en rapprocher le terme ; mais la plupart des réprouvés demeureront à Douzakh jusqu'à la consommation des siècles.

Dans le cours du quatrième âge, lorsque les hommes, livrés à Ahrimane, seront devenus la proie de tous les maux et que le monde approchera de sa fin, Ormuzd suscitera un sauveur, le prophète Sosiosh, pour préparer le genre humain à la résurrection générale. Bientôt une comète, l'astre malfaisant Gourzscher, trompant la surveillance de la lune, s'élancera furieux sur la terre. Alors les bons et les méchants sortiront à la fois de leurs demeures, reprendront leurs corps, et tout sera rétabli comme au premier jour de la création. Ahrimane sera précipité dans l'abîme des ténèbres et dévoré par l'airain fondu. La terre « chancellera comme un homme malade ; » les montagnes se dissoudront et s'écouleront en torrents de feu avec les métaux qu'elles renfermaient dans leur sein ; les âmes passeront à travers ces flots brûlants pour effacer leurs dernières souillures par cette dernière et terrible purification et pour se rendre dignes de la félicité sans fin qui les attend. La nature entière sera régénérée. Une terre nouvelle, Eerienne-Veedjo, plus belle, plus féconde, plus délicieuse que la première, deviendra l'asile de toutes les générations rendues à la vie. Les ténèbres disparaîtront. Il n'y aura plus d'enfer, plus de tourments. Le royaume d'Ahrimane aura passé, et désormais Ormuzd règnera seul. Ce premier-né de l'Éternel, à la tête des amschaspands, des izeds, des férouers ; Ahrimane, entouré des innombrables légions des devs, offriront en commun à l'Être suprême un sacrifice qui ne finira jamais.

Indépendamment des dieux et des génies que nous venons d'énumérer, d'autres encore appelaient la vénération et les hommages des Perses. Tel était Bérécécingh, le feu primitif renfermé dans tout ce qui existe. De ce feu primordial, étaient émanés Gouschap, ou le feu des étoiles ; Mihr, ou le feu du soleil, et Bersin, ou le feu de la foudre. Behramon, le feu des métaux ; Khordad, le feu des plantes ; Niérocingh, celui des animaux, procédaient également de Bérécécingh. Tels étaient aussi Sandès, qui offrait de l'analogie avec l'Hercule des Grecs ; Sémendoun, qui ressemblait à leur Briarée, et les six Gahambars, qui, dans l'origine, n'étaient que des fêtes instituées pour conserver le souvenir de la lutte du bon et du mauvais principe, et qui, plus tard, furent personnifiés sous les noms de Médiotsérem, Médioschem, Péteschem, Eiathren, Mediareh et Hamespetmédem. Les légendes sacrées parlent en outre de Zour, eau d'une ineffable vertu, qu'Ormuzd avait donnée à Zoroastre pour purifier les pécheurs, et d'Houfraedmodad, oiseau à trois corps, au bec long et affilé comme une lance, qui avait le don de prophétie, veillait à la sécurité du monde, et défendait les hommes contre les agressions des devs.

Tel est le système général du magisme, et celui qui, suivant toute apparence, était enseigné publiquement. La gloire et les vertus de Mitra faisaient le sujet des mystères secrets. On se rappelle que Mitra, le premier des izeds, figurait la lumière du soleil. Ce personnage mythologique, ainsi que la théogonie et la cosmogonie que nous venons d'analyser, est emprunté de la religion des brâhmanes; son nom, qui est sanskrit, signifie *ami*. Les védas en ont fait une épithète de Soûrya, le soleil. On a prétendu que l'institution des mitriaques date des derniers siècles du paganisme; c'est une erreur : elle remonte aux temps les plus reculés; et Dupuis, examinant les monuments qui se rattachent à ces mystères, a victorieusement démontré que leurs types primordiaux ont été imaginés lorsque l'équinoxe du printemps arrivait dans le signe du taureau, c'est-à-dire de l'an 4500 à l'an 2500 avant notre ère.

Suivant la doctrine secrète, Mitra était le fils d'Alborz, la montagne sacrée : c'était le rayon de feu jaillissant du rocher, pénétrant et embrasant le sein de la terre. On le figurait emblématiquement sous la forme d'une pierre. Il avait, disait-on, fécondé le mont Diorphus, qui se dresse non loin de l'Araxe, et en avait eu un fils qui portait le même nom, le jeune Diorphus. On attribuait à Mitra la création de l'univers, et on lui donnait le titre de grand ouvrier, d'architecte, parce qu'il était Zeruané-Akeréné lui-même, se produisant sous une forme sensible. On désignait Mitra comme le génie du soleil, comme le soleil matériel, et on l'appelait pour cette raison l'œil d'Ormuzd, le héros éblouissant, le dispensateur de la lumière. C'est lui qui dirigeait la marche harmonieuse des astres avec les sons de sa lyre, dont les cordes étaient formées par les rayons du soleil. Il fécondait la nature, combattait les fléaux qui la désolent, répandait sur la terre les bénédictions du ciel; proclamait la parole divine, et résidait dans les prophètes qui en étaient les échos. On l'appelait encore l'amour, le roi des vivants et des morts, le protecteur et le chef des croyants, le pur, le saint, le savant par excellence. On disait qu'il était doué d'une triple énergie, qu'il était triple et un, parce que son essence éclaire, échauffe et féconde à la fois. Habitant tour à tour les deux royaumes de la lumière et des ténèbres, d'Ormuzd et d'Ahrimane, il participait de la nature de l'un et de l'autre, et se plaçait entre eux comme une puissance médiatrice. Il était, de plus, médiateur incarné. « Il ramenait les âmes à Dieu en suivant la carrière du soleil à travers le zodiaque; il avait son siége de prédilection entre les signes supérieurs et les signes inférieurs, c'est-à-dire, dans l'ancien langage, usité encore aujourd'hui parmi les francs-maçons, *au milieu*, vers le point qui fait la transition de la lumière aux ténèbres, et des ténèbres à la lumière. C'est de là qu'il partait, soit pour conduire les âmes à la vie, soit pour les en ramener. » Il présidait aux initiations et à toutes les pratiques qui pouvaient assurer le salut. Suivant l'Avesta, il portait sur sa tête le soleil de vérité et de justice ; dans sa main, la massue d'or, éternelle, vivante, intelligente, victorieuse ; il était monté sur le taureau fécondant et générateur, qu'il immolait pour dégager l'âme impérissable du monde de ce vase périssable où elle est emprisonnée. Ce taureau unique, d'où proviennent tous les corps, et qui doit mourir pour que le principe de vie vienne les animer, est une victime propitiatoire de la création, pareille à cette autre victime, également unique, également divine, que nous avons vue dans les vêdas immolée par le Créateur dans le premier de tous les sacrifices.

Préceptes. Les points essentiels de la doctrine des mages se réduisaient à ceci : « Confesser Ormuzd, le roi du monde, dans la pureté de son cœur ; célébrer les œuvres de ce dieu suprême ; reconnaître Zoroastre comme prophète ; détruire le royaume d'Ahrimane. » De là, découlaient les préceptes religieux et moraux. En commençant sa journée, le fidèle devait tourner ses pensées vers Ormuzd ; il devait l'aimer, lui rendre hommage et le servir. Il était tenu d'être probe, charitable ; de mépriser les voluptés corporelles ; d'éviter le faste et l'orgueil, le vice sous toutes ses formes, et surtout le mensonge, un des plus grands péchés dont l'homme puisse se rendre coupable. Il lui était prescrit d'oublier les injures et de ne s'en pas venger ; d'honorer la mémoire des auteurs de ses jours et de ses autres parents. Le soir, avant de céder au sommeil, il fallait qu'il se livrât à un rigoureux examen de conscience, et qu'il se repentît des fautes qu'il avait eu la faiblesse ou le malheur de commettre Il lui était commandé de voir dans le prêtre le représentant d'Ormuzd sur la terre, de suivre ses conseils, d'obéir à ses décisions, et de lui payer fidèlement la dîme de ses revenus. Il était obligé de prier soit pour obtenir la force de persévérer dans le bien, soit pour se faire absoudre de ses égarements. Il avait pour devoir de laver ses souillures par des ablutions, et de se confesser, ou devant le mage, ou près de quelque laïque renommé pour sa vertu, ou, à défaut de l'un et de l'autre, en présence du soleil. Le jeûne et les macérations lui étaient interdits ; il devait, au contraire, se nourrir convenablement, et entretenir, par ce moyen, la vigueur de son corps : cette précaution rendait son âme assez forte pour résister aux suggestions des génies de ténèbres. « D'ailleurs, l'homme qui n'éprouve aucun besoin lit la parole divine avec plus d'attention et a plus de courage pour faire les bonnes œuvres. » C'est par une raison analogue qu'il était ordonné au Perse de détruire les insectes, les reptiles et les bêtes venimeuses et malfaisantes. Le mariage n'était pas une obligation moins impérieuse pour lui. « Celui qui n'est pas marié, dit la loi, est au-dessous de tout. » L'union la plus méritoire est celle qui avait lieu entre parents. C'était un crime d'empêcher une fille de se marier. Celle qui, par sa faute, était encore vierge à l'âge de dix-huit ans, et qui mourait dans cet état de péché, était vouée aux tourments de l'enfer jusqu'à la résurrection.

Superstitions. Par suite de la vénération que leur inspirait le feu, les sectateurs d'Ormuzd en étaient venus à concevoir, en ce qui touchait l'usage de cet élément, les scrupules les plus gênants et les plus puérils. Jamais il ne leur arrivait d'éteindre une lampe ou un foyer qu'ils avaient allumés. S'il éclatait un incendie, ils se bornaient, pour en arrêter le cours, à détruire les édifices environnants ou à étouffer les flammes sous des monceaux de terre. Ils n'avaient garde, dans cette occasion, d'employer l'eau pour atteindre au même but. Cet autre élément était également sacré à leurs yeux. Ils évitaient avec le plus grand soin d'y rien laisser tomber qui pût le souiller ; et, lorsqu'ils plaçaient un vase sur un réchaud, ils avaient l'attention de ne pas le remplir entièrement, afin que l'eau qu'il contenait ne risquât pas, en débordant, ou d'éteindre le feu ou d'altérer sa propre pureté en se mêlant avec les cendres. La terre n'était pas entourée d'un moindre respect, et jamais les Perses n'y posaient leurs pieds nus, dans la crainte de la profaner. De ces préjugés venait que les cadavres des morts n'étaient ni brûlés, ni abandonnés aux cours des fleuves, ni renfermés dans le sein de la terre, ainsi que cela se pratiquait parmi les sectateurs des autres religions. L'éternuement était pour les Perses un signe fâcheux ; ils pensaient que, pendant qu'il avait lieu, l'homme était, plus qu'à tout autre moment, exposé aux attaques des méchants génies ; aussi, lorsqu'un d'eux éternuait, les autres s'empressaient-ils de réciter des prières consacrées qui avaient pour effet d'éloigner ces démons tentateurs. La vue d'un chat leur inspirait autant d'horreur que de crainte. En revanche, ils avaient pour les chiens une affection toute particulière, et ils comblaient de caresses ceux de ces animaux qu'ils rencontraient sur leur chemin. Ils voyaient dans le coq un emblème du soleil, et, à ce titre, ils le respectaient et s'abstenaient de s'en nourrir. Les bœufs propres au labourage, les béliers, les brebis et les chevaux, partageaient le même privilége.

Sacerdoce. Les mages formaient la première caste de l'État. Leur influence ne s'étendait pas seulement aux relations privées des sujets, elle s'exerçait encore sur les affaires publiques, et avait une part importante dans la direction de la politique du gouvernement. Ils siégeaient dans le conseil du roi, et étaient chargés de l'éducation de ses enfants. Investis du domaine exclusif de la science, ils réservaient, pour eux et pour leurs familles, pour la cour, dont ils faisaient partie, et pour les castes supérieures, leurs lumières et leurs connaissances, leurs traditions religieuses et politiques, et ils ne pouvaient les communiquer à aucun étranger sans la permission du roi. Cette faveur n'était que rarement accordée, et Thémistocle ne la dut, selon Plutarque, qu'à l'affection particulière que le prince avait conçue pour lui. Les mages interprétaient les livres sacrés, observaient le cours des astres, et y lisaient l'avenir. Ils excellaient aussi dans tous les autres genres de divination, et ils étaient renommés pour la supériorité avec laquelle ils expliquaient les songes. La chimie et la magie elle-même, dans laquelle ils étaient secondés par les bons génies, ne leur étaient pas moins familières. Le sacerdoce était héréditaire dans leurs familles. Ils possédaient de grandes propriétés territoriales, et ils avaient le droit de choisir ce qui leur convenait dans le butin qui se faisait à la guerre. C'est ainsi, notamment, qu'ils eurent leur part des trésors de Crésus, après que Cyrus s'en fut emparé. Leur revenu s'augmentait encore de rétributions de toute espèce, que l'on peut comparer au casuel du clergé catholique. Par exemple, lorsqu'au printemps les fidèles éteignaient le feu qu'ils avaient entretenu pendant toute l'année, les prêtres leur faisaient payer le feu nouveau qu'ils leur donnaient.

Les mages étaient divisés en trois classes. La première était celle des herbeds, ou disciples; la seconde, celle des mobeds, ou maîtres; la troisième, celle des destour-mobeds, ou maîtres-parfaits. Le grand-pontife portait le titre de mobed des mobeds. Chez les Perses modernes, ce dignitaire s'est longtemps appelé cazi; on le nomme aujourd'hui le grand mollâh. Pour passer d'une classe à l'autre, il fallait subir des épreuves et recevoir une initiation. Chaque degré avait ses attributions spéciales, qui consistaient principalement à lire et à interpréter les textes sacrés; à les expliquer au peuple, dans la limite voulue; à faire des instructions morales; à entendre la confession des pécheurs; à procéder aux cérémonies religieuses, et particulièrement au culte du feu; enfin à assister les fidèles à leur naissance, à leur mariage et à leurs funérailles. Ils devaient s'abstenir de toucher aux choses impures; s'éloigner de l'hérésie et de la débauche, et travailler de leurs mains à la fabrication des objets nécessaires à leur entretien. Les ministres des ordres inférieurs avaient, en outre, pour devoir de bannir de leur âme la curiosité. Tous portaient la barbe longue et les joues rasées; leurs cheveux, qu'ils ne coupaient jamais, à moins qu'ils ne fussent en deuil, descendaient jusque sur leurs épaules. Ils étaient coiffés d'un bonnet terminé en pointe, qui leur cachait entièrement les oreilles. Une pièce d'étoffe, fixée par des rubans, leur couvrait la bouche lorsqu'ils s'approchaient du feu sacré. Le reste de leurs vêtements se composait d'une robe ample et à larges manches, qu'on appelait sudra, et qui était serrée à la ceinture par une corde de laine ou de poil de chameau, qui leur faisait deux fois le tour du corps et se nouait par derrière. Cette corde, qui ressemblait au dsandem, ou djagnia-pavitra des brâhmanes, et que tous les fidèles étaient obligés de porter, était divisée dans sa longueur par quatre nœuds qui présentaient une signification symbolique. Le premier disait qu'il fallait croire à un seul dieu tout-puissant; le second, qu'il n'y avait de vraie que la religion des mages; le troisième, que Zoroastre était un prophète, organe de la divinité, et le dernier, qu'on devait s'appliquer à se maintenir dans le droit sentier. Tout Perse était investi de ce cordon, lorsqu'il atteignait sa quinzième année, et celui-là qui négligeait ou refusait de le recevoir était excommunié, et, avec lui, celui qui lui eût offert du pain pour assouvir sa faim ou de l'eau pour se désaltérer. La perte du cordon sacré était considérée comme le plus grand malheur qui pût affliger un Perse. Jusqu'à ce qu'il s'en fût procuré un autre, il était condamné à l'immobilité la plus complète, au silence le plus absolu; car la privation d'un si précieux talisman le livrait sans défense à la discrétion des suppôts d'Ahrimane.

Initiation. Les mages associaient des profanes au sacerdoce au moyen d'une initiation. En Perse, ces mystères étaient célébrés au solstice d'hiver, époque de la naissance de Mitra. Lorsqu'ils furent introduits à Rome, on en reporta la célébration à l'équinoxe du printemps, d'où partait, chez les Romains, le commencement de l'année. L'initiation était divisée en plusieurs degrés, qu'on ne pouvait franchir qu'en subissant de rigoureuses épreuves, dont quelques-unes portent le nombre à quatre-vingts. Il fallait que le récipiendaire passât à la nage une grande étendue d'eau; qu'il se jetât dans le feu; qu'il s'imposât un long jeûne, qu'il fût fustigé; qu'il éprouvât enfin des tourments de tout genre, et qui, allant toujours en croissant, mettaient souvent sa vie en danger. Ces épreuves terminées, on l'introduisait dans un antre qui représentait le monde, ainsi que le constate Eubulus, cité par Porphyre. Là, on avait tracé toutes les divisions du ciel, et l'image des corps lumineux qui circulent dans l'espace. Le récipiendaire était purifié par une sorte de baptême; on imprimait une marque sur son front; il offrait du pain et un vase d'eau en prononçant des paroles mystérieuses; on lui présentait à la pointe d'une épée une couronne qu'on plaçait ensuite sur sa tête et qu'il rejetait en disant : » C'est Mitra qui est ma couronne. » Alors on le déclarait soldat, et il appelait les assistants ses compagnons d'armes. Le second grade était celui de lion pour les hommes, et d'hyène pour les femmes. Le néophyte s'enveloppait d'un manteau sur lequel étaient tracées des figures d'animaux, qui faisaient allusion aux constellations du zodiaque; on frottait de miel ses mains et sa langue pour le purifier. Puis il se passait une sorte de spectacle, de drame pantomime, ce qui fit dire par Archelaüs à Manès : « Tu vas, barbare Persan, en imposer au peuple, et, comme un habile comédien, célébrer les mystères de ta divinité. » On plaçait le récipiendaire derrière un rideau qu'on tirait tout à coup ; et des figures de griffons paraissaient aux yeux des spectateurs. Après le grade de lion, venait celui de prêtre ou de corbeau ; puis le degré de Perse ; où l'initié revêtait le costume de cette nation ; ensuite les grades de Bromius, épithète de Bacchus ; d'Hélios ou de soleil, et enfin de père. Les initiés de ce dernier grade étaient appelés éperviers, animaux consacrés au soleil parmi les Égyptiens, et sous l'emblème desquels les Perses représentaient Ormuzd. Ils avaient à leur tête le *pater patrum*, ou l'hiérophante. Ces grades, au nombre de sept, avaient rapport aux planètes. On n'a que des détails incomplets sur les cérémonies qui accompagnaient la réception. Ici on mettait un serpent d'or dans le sein du récipiendaire. Ce reptile, qui change de peau tous les ans, et reprend alors une nouvelle vigueur, était pour les anciens une image du soleil, dont la chaleur se renouvelle au printemps. Dans un autre grade, on feignait d'immoler le récipiendaire ; on annonçait ensuite sa résurrection, et les assistants faisaient éclater leur joie. Du témoignage de tous les auteurs, il résulte qu'on donnait aux néophytes une interprétation astronomique des symboles exposés à leurs yeux et des formalités qui accompagnaient l'initiation. Dans une de ces cérémonies, où figurait, suivant Celse, cité par Origène, le double mouvement des étoiles fixes et des planètes. Ces pratiques mystérieuses faisaient aussi allusion à la purification succesive des âmes par leur passage à travers les astres. A cet effet, le récipiendaire gravissait une sorte d'échelle le long de laquelle il y avait sept portes, et, tout au haut, une huitième. La première porte était de plomb; on l'attribuait à Saturne. La seconde, d'étain, était affectée à Vénus ; la troisième, d'airain, à Jupiter ; la quatrième, de fer, à Mercure ; la cinquième, d'un métal mélangé, à Mars ; la sixième, d'argent, à la lune, et la septième, d'or, au soleil. La huitième porte était celle du ciel des fixes, séjour de la lumière incréée et but final où devaient tendre les âmes.

Temples. Pendant de longues années, les Perses rendirent leurs hommages à la divinité sous la voûte du ciel, au sommet des montagnes : alors le feu sacré brûlait sur la terre nue ; plus tard, ce fut sur un autel, que l'on nomma *dadgâh*. C'est, assure-t-on, Zoroastre qui, le premier, éleva des ateschgâhs, ou temples proprement dits. Les dômes de ces pyrées, tout en préservant le symbole révéré des injures des saisons, devaient représenter le firmament. Ils reposaient sur de simples colonnes qui permettaient à l'air de circuler librement et de répandre au loin les influences de la flamme divine. On trouve encore près de Bakou, dans le Caucase, un de ces sanctuaires les plus anciens et les plus célèbres. C'est un emplacement assez considérable, entouré de murs crénelés. Dans le centre, se dresse un autel, auquel on monte par plusieurs marches. A chacun des quatre angles de la plateforme où il est situé s'élève une cheminée quadrangulaire, haute d'environ vingt-cinq pieds et ouverte seulement par le faîte. Ce sont, avec l'autel, autant de foyers où brûle perpétuellement une flamme alimentée par des vapeurs de naphte, qui s'échappent des entrailles du sol à la faveur d'issues qu'on leur a ménagées. Une vingtaine de cellules sont adossées aux murs de cette enceinte sacrée, et servent d'habitations à des mobeds.

Bien que les Perses n'admissent point le culte des images, leurs temples et leurs autres monuments n'en étaient pas moins couverts de sculptures représentant des êtres humains et des figures symboliques, qui rappelaient ou des évènements mémorables relatifs à la religion ou quelque épisode des légendes sacrées. Les génies terrestres et célestes étaient personnifiés dans ces sculptures sous des formes d'animaux réels ou imaginaires. « En effet, dit Creuzer, le monde des animaux réfléchissait le monde des esprits. » Les animaux étaient partagés en deux classes, les purs et les impurs : les premiers étaient utiles ; les seconds, malfaisants ; ceux-ci appartenaient à Ahrimane ; les autres, à Ormuzd. Les oiseaux, qu'on regardait comme les interprètes du ciel, parce qu'on supposait que leur vol les rapprochait des dieux, offraient en général l'emblème des amschaspands et des izeds. L'oiseau Eoroch était le type symbolique de Zeruané-Akeréné ; l'épervier, celui d'Ormuzd. Honover, ou le verbe divin, était figuré tantôt sous l'apparence d'un arbre nommé hom, qu'on employait dans tous les sacrifices ; tantôt sous celle d'un homme venant annoncer le règne du bien. Behram, le plus vif de tous les izeds, avait la forme, ou d'un bœuf, ou d'un cheval, ou d'un agneau. Le férouer du roi était une figure humaine, d'un noble maintien, dont les parties inférieures se perdaient dans un plumage épais. Un serpent ailé rappelait Ahrimane, comme les griffons faisaient allusion aux devs. Dans les chevaux, surtout dans les blancs, et dans les obélisques, on voyait un emblème du soleil, auquel les uns et les autres étaient consacrés. La représentation la plus ordinaire de Mitra le montre sous les traits d'un jeune homme coiffé d'un bonnet phrygien, vêtu d'une tunique et d'un manteau, et le genou appuyé sur un taureau abattu, qu'il frappe avec la lame d'un poignard. Cette allégorie se rapporte à la force du soleil parvenu au signe du taureau, qui ouvrait autrefois l'année au printemps. Mitra est habituellement accompagné de divers animaux qui ont rapport aux autres signes du zodiaque. Enfin, le monde organisé était symbolisé par le Dscham, ou

CULTE DU FEU

chez les Anciens Perses

coupe de Djemschid; le règne entier des animaux purs par la licorne, l'âne sauvage, ou un animal composé de parties du cheval, de l'âne et du bœuf; le règne impur, par l'être fantastique appelé Martichoras ou le meurtrier des hommes, et dont le corps offrait le mélange de membres du lion, du scorpion et de l'homme.

Culte. Les rites religieux établis par Zoroastre étaient d'une extrême simplicité. Tout le culte se réduisait à l'adoration du feu, non du feu matériel, mais de son principe, le feu immatériel, intellectuel, primitif, qui n'était autre chose qu'Ormuzd lui-même dans son énergie divine. Les amschaspands et les izeds n'étaient point adorés, dans l'acception propre de ce mot : ils étaient seulement l'objet d'une vénération pareille à celle dont nous honorons les saints. Si ce qu'on nommait les dieux visibles, c'est-à-dire le soleil et les étoiles, recevait des honneurs, ce n'était qu'à titre d'images et de symboles de la divinité. Avant la réforme zoroastrienne, et quelque temps après qu'elle eut été adoptée, les Perses offraient aux dieux des sacrifices sanglants et des libations, à l'exemple des Hindous et des autres peuples de l'Orient.

On a peu de notions sur le cérémonial qui accompagnait, à cette époque, l'adoration du feu sacré; mais il est probable que ce cérémonial était le même que celui qui est encore aujourd'hui en usage parmi les Perses du Kermân et de l'Inde. On sait, en effet, que ces sectaires ont conservé presque sans altération les traditions et le culte originaires du magisme. Avant de se présenter devant l'autel, le pontife se purifie par le bain, se parfume et se revêt d'une robe blanche. Il lui est interdit d'attiser le feu sacré avec le souffle de sa bouche. Il faut qu'il l'alimente au moyen de fragments d'un bois sain et sans écorce, et qu'il se serve, pour cela, de ses mains seulement, et non d'un instrument quelconque, ce qui serait une profanation. Un ministre veille constamment près de ce divin foyer, pour prévenir qu'il ne s'éteigne. Si un tel malheur arrivait, des maux sans nombre ne manqueraient pas d'accabler le peuple. Pour rallumer le feu, il faudrait recourir au frottement de deux éclats de silex ou de deux morceaux de bois, ou à la réfraction de la lumière par le secours d'un miroir ardent. Avant de commencer le sacrifice, le ministre s'agenouille, la face tournée du côté de l'orient, confesse mentalement ses péchés à Dieu, se relève, lit à voix basse quelques prières, et tire d'un étui des baguettes qu'il conserve dans ses mains, pendant que les assistants versent sur le feu des parfums et des huiles odoriférantes. Les baguettes dont nous parlons sont inséparables du culte du feu. On les coupe avec cérémonie de l'arbre nommé hom, à l'aide d'un couteau qui, préalablement, a été sanctifié. On remarquera que cette particularité offre une frappante analogie avec la coutume druidique de la coupe du gui sacré (1). Lorsqu'ils se rendent à l'ateschgâh, les fidèles doivent porter avec eux des aliments qu'ils consacrent à Dieu, et dont ils font ensuite un repas en commun. Ce n'est pas seulement dans les temples que les parsis entretiennent le feu sacré; ils en ont aussi dans leurs demeures, et ils ne le gardent pas avec un soin moins religieux. Les autres pratiques consistent, comme nous l'avons dit, en ablutions et en prières qui se font trois fois par jour, au lever, au coucher du soleil, et au passage de cet astre au méridien.

Fêtes. Le magisme n'admettait qu'un petit nombre de solennités. Les principales étaient celle du Nauruz, dont nous avons donné la description (2), et celle du Meherdjan, ou fête de Mitra. Dans celle-ci, à laquelle prenaient part plus particulièrement les initiés, les mages portaient pendant la nuit le simulacre du dieu à un tombeau qu'on lui avait préparé, et l'y étendaient sur une litière. Cette pompe, dit Dupuis, comme celle du vendredi-saint, était accompagnée de chants funèbres et de gémissements. On donnait quelque temps aux expressions d'une douleur simulée; on allumait le flambeau sacré; on oignait l'image divine de crème ou de parfums; puis un des prêtres, s'adressant aux assistants, leur tenait ce discours: « Rassurez-vous, troupe sacrée; votre dieu est ressuscité; ses peines et ses souffrances vont faire votre salut. » On célébrait en outre la fête des laboureurs, vers la fin de l'année, et enfin, pendant les cinq jours complémentaires, la fête des âmes, auxquelles on rendait hommage par des prières et de nombreuses cérémonies qui se terminaient par des festins.

Naissances, mariages, funérailles. Les nouveaux-nés étaient portés à l'ateschgâh, après avoir été scrupuleusement lavés, dans le but de purifier leur âme. Le mage prenait l'enfant et le passait au-dessus de la flamme de l'autel, pour achever de le sanctifier. A sept ans, cet enfant se rendait au temple. Le mobed lui enseignait quelques prières, lui faisait boire de l'eau et mâcher de l'écorce de grenade; ensuite il le plongeait dans une cuve pour effacer les dernières traces de sa souillure originelle. A quinze ans, il lui passait le cordon sacré. Les mariages se célébraient dans la chambre nuptiale, où le prêtre apportait le feu sacré. Les deux époux étaient assis sur un lit, l'un près de l'autre; le prêtre posait l'index de sa main droite sur le front de la jeune fille, et lui disait: Voulez-vous que cet homme soit votre époux? Sur sa réponse affirmative, il s'adressait de la même façon au fiancé; et, lorsqu'il avait reçu le consentement de celui-ci, il unissait

---

(1) Voir tome 1er, page 215.
(2) Id., page 213.

les mains des deux conjoints, répandait sur eux des grains de riz, récitait les prières consacrées, et terminait la cérémonie en donnant sa bénédiction aux assistants.

Dans l'attente de la résurrection, les Perses rassemblaient pendant leur vie les rognures de leurs cheveux, de leur barbe et de leurs ongles, afin qu'à leur mort on les déposât, avec eux, dans le cimetière. Nous avons vu le même usage en vigueur parmi quelques peuplades américaines. Aussitôt qu'un d'entre eux sentait approcher sa fin, il réclamait le ministère d'un mobed. Ce prêtre s'approchait de son oreille, récitait des prières, recommandait à Dieu le moribond, et approchait de sa bouche la gueule d'un chien, pour que cet animal reçût son âme au passage et la remît ensuite aux mains d'un ized. Lorsqu'il avait expiré, on déposait son cadavre dans une sorte de tour découverte, où l'on n'avait accès que par le faîte et dont l'intérieur était disposé en amphithéâtre de trois rangs de gradins. Le plus élevé de ces gradins recevait le corps des hommes; le second, celui des femmes; le dernier était affecté à la dépouille des enfants. Les morts avaient la face tournée vers le ciel, et les vautours pouvaient en faire impunément leur proie. C'était ordinairement aux yeux que s'attaquaient d'abord ces oiseaux carnassiers. Les parents surveillaient avec soin la manière dont les vautours commençaient leurs attaques. Si c'était par l'œil droit, il devenait évident que le défunt jouissait déjà de la béatitude céleste; si, au contraire, c'était par l'œil gauche, il était clair que l'âme du mort était livrée aux supplices de Douzakh. Par exception, les corps des rois et des princes n'étaient pas abandonnés aux oiseaux de proie : on les déposait dans des tombeaux pratiqués dans le roc.

Histoire. Les schismes qui, dès avant Zoroastre, s'étaient élevés dans le sein du magisme, ne cessèrent pas depuis l'avènement de ce réformateur. Il surgit, notamment, des hérétiques, qui sont connus sous le nom de mages de Cappadoce. Ceux-ci ne se bornaient pas au culte du feu, sous la forme propre à cet élément; ils en avaient fait des images symboliques, des idoles, qu'ils portaient en procession, et auxquelles ils offraient des sacrifices sanglants. Ils assommaient les victimes à l'aide d'un maillet de bois, se couvraient la tête d'une mitre pareille à celle de nos évêques, portaient des verges à la main et enterraient les morts. Il paraît que chacune de ces sectes interprétait à sa façon les livres de Zoroastre, et que le sens de ces livres avait fini par n'être plus compris. On voit, en effet, qu'Artaxercès appela près de lui le mage Erdaviraph, célèbre en ce temps-là par son vaste savoir, pour qu'il lui donnât la véritable explication de l'Avesta.

Nous avons dit que le magisme s'était propagé, à une époque reculée, de la Perse, où il avait pris naissance, dans l'Arménie, la Cappadoce, le Pont, la Cilicie, l'Assyrie, la Palestine et les pays voisins. Suivant Plutarque, c'est aux pirates détruits par Pompée sur les côtes de l'Asie mineure, soixante-sept ans avant notre ère, que les Romains en durent la première connaissance. Ce n'est cependant que sous Trajan qu'il commença à fleurir dans l'empire. Une cérémonie qui s'accomplissait dans le secret des mitriaques, ayant transpiré au dehors, fit supposer que les initiés accomplissaient des sacrifices humains, alors que tout se bornait à un simple simulacre. Hadrien, qui partageait sur ce point la croyance commune, ordonna la suppression de ces sacrifices prétendus, et proscrivit du même coup les assemblées mystérieuses des sectateurs de Mitra. Non-seulement l'empereur Commode rapporta le décret d'Hadrien, mais encore il se fit initier, prit part de sa personne aux pratiques voilées du magisme, et figura dans ses processions extérieures. Ce culte déclina sous les successeurs immédiats de Commode. Au temps de Manès, le nombre de ses sectateurs avait considérablement diminué. Julien lui rendit tout son éclat; et un des premiers actes de son règne fut l'établissement des mitriaques à Constantinople. Les médailles de cette époque font foi qu'il ne jouissait pas d'une moindre faveur près des Césars de l'Occident. C'est de ce moment que date sa plus grande extension. Il se répandit dans toutes les cités, dans toutes les provinces romaines, particulièrement dans l'île de Bretagne. Quelques historiens prétendent qu'antérieurement les Phéniciens l'avaient introduit en Irlande; et c'est de là, disent-ils, que les Irlandais avaient donné le nom de *mithre* au soleil. Le magisme pénétra jusque dans les solitudes de la Germanie, où le portèrent les légions romaines. De nombreux monuments constatent ce fait; mais déjà le magisme s'était mélangé de pratiques et d'allégories appartenant à d'autres cultes païens. C'est ainsi qu'un bas-relief trouvé à Ladembourg, sur le Necker, montre les types de Mitra accompagnés de symboles particuliers au Bacchus-Sabasius adoré en Phrygie. Les mystères mitriaques se conservèrent longtemps encore dans tout l'empire. Ce n'est qu'en l'an 378 qu'ils furent proscrits par le sénat, et que l'antre sacré où on les célébrait à Rome fut ouvert et détruit par les ordres de Gracchus, préfet du prétoire.

Pendant que le magisme succombait ainsi dans l'Occident, il brillait de tout son éclat dans les lieux qui l'avaient vu naître. Les mobeds n'ignoraient pas que les persécutions qu'il avait essuyées en Europe, et par suite dans toutes les possessions romaines, avaient leur source dans le zèle intolérant des prêtres chrétiens. Le ressentiment qu'ils en éprouvaient se manifesta à diverses reprises; et, en 421, ils contraignirent les sectateurs de la nouvelle croyance à émigrer en masse de la Perse. Un siècle plus tard, en 504, Mazdak, le mobed des mobeds, touché de la misère et de l'abjection du peuple, détermina Kobad, qui régnait alors, à établir une réforme sociale qu'on a essayé de renouveler de nos jours. Le roi publia une espèce de loi agraire qui appelait le peuple à partager les biens de la noblesse, à choisir dans ses gynécées les femmes qui lui conviendraient : c'était le régime de la communauté dans ce qu'il a de plus absolu. Les deux chefs de cette réforme s'y soumirent des premiers. « Mazdak, dit Mirkhoud, demanda à Kobad la possession de son épouse favorite, que le roi se disposa à lui accorder, en preuve de sa sincérité dans la foi nouvelle ; mais les prières et les larmes du jeune Nourchiwan, fils de cette épouse, épargnèrent un si cruel affront à sa mère. » Les castes supérieures, c'est-à-dire toutes celles qui avaient des propriétés, s'insurgèrent bientôt contre le pontife et contre le monarque. Ils s'emparèrent de la personne de Kobad, qu'ils jetèrent en prison, et donnèrent la couronne à son frère Iamasp. Mazdak échappa seul à leur vengeance, grâce à l'appui qu'il trouva dans le peuple et dans une partie des nobles, qui avaient été convertis aux innovations. « Il demeura libre, et continua de prêcher, faisant d'inutiles efforts pour discipliner le désordre, que de nouvelles conquêtes tendaient chaque jour à grossir. » Cependant Kobad, délivré de sa captivité par l'adresse d'une de ses femmes, parvint à ressaisir le pouvoir et à consolider les institutions nouvelles. Mais il mourut peu de temps après; et Nourchiwan, qui lui succéda, attira les chefs des novateurs dans un piége, et les fit mettre à mort. Mazdak fut du nombre des victimes. Nouchizad, qui prit le sceptre au décès de Nourchiwan, embrassa la foi chrétienne, et fit tous ses efforts pour abolir le magisme, qui devait bientôt succomber sous de plus terribles atteintes.

Héraclius, empereur d'Orient, envahit la Perse en 623, à la tête d'une armée nombreuse. Il se rendit d'abord maître de Ganzac, capitale de l'Atropatène. Là, se trouvait un ateschgâh très révéré par les Perses. Outre le dadgâh, ou autel du feu, on y voyait une statue colossale du roi régnant, Khosrou ou Kosroès, érigée sous un dôme qui figurait le ciel, entourée du soleil, de la lune, des autres astres, et de génies qui tenaient des sceptres à la main. A l'aide d'un mécanisme caché, le colosse versait de l'eau sous forme de pluie, et faisait entendre un bruit qui simulait le tonnerre. Le temple, et la ville avec lui, furent livrés aux flammes. Une autre cité, Thébarmès, qui renfermait un ateschgâh non moins célèbre que le premier, subit, peu de temps après, le même sort. Partout, sur leur passage, les Romains éteignirent le feu sacré et massacrèrent les mages. A la nouvelle de tant et de si horribles sacriléges, la Perse fut plongée dans le deuil, et les pontifes qui purent se soustraire à la mort prophétisèrent la ruine prochaine de la patrie. Leurs sombres prévisions ne tardèrent pas à se réaliser.

A peine formé, le mahométisme s'était déjà rendu redoutable. Une de ses armées attaqua la Perse en 640, sous la conduite de Sâad, un des lieutenants d'Omar. Rappelé bientôt après par le khalife, Sâad fut remplacé par Noman, qui n'accomplit qu'avec trop de ponctualité l'ordre que lui avait donné son maître de détruire à tout prix « la religion impie des adorateurs du feu. » Plusieurs provinces embrassèrent l'islamisme pour échapper aux persécutions du vainqueur; mais un grand nombre de sectateurs de Zoroastre se réfugièrent dans le Kouhistân, où ils se défendirent avec un courage qui ne les sauva pas d'une entière défaite. Alors ils descendirent le long de la côte du golfe Persique, et allèrent chercher un asile à Ormouz, où ils se maintinrent pendant quinze ans. Forcés d'abandonner cette ville, ils s'embarquèrent pour Diu; et, comme l'île ne pouvait suffire à les nourrir tous, ils se résignèrent, après dix-neuf ans de séjour, à émigrer dans le Guzurate. Le râdja les accueillit avec bonté, et leur permit l'exercice de leur culte, qui offrait d'ailleurs tant de ressemblances avec celui qu'il professait lui-même. Leurs descendants ont reçu dans le pays le nom *parses* ou de *parsis*. Cependant d'autres ignicoles, en petit nombre, avaient gagné les montagnes de l'Hyrcanie et du Ghilan, et les solitudes de la Caramanie, à l'est du Fârsistân, ou Perse proprement dite, et n'avaient pu en être expulsés. Avec le temps, ils parvinrent à obtenir une sorte de tolérance. Leurs successeurs y vivent en paix aujourd'hui, à l'ombre du mépris des musulmans, qui leur ont donné l'épithète de *guèbres*, ou d'infâmes. On trouve aussi quelques débris des anciens Perses dans les steppes de la Tartarie. Partout ils ont conservé leurs antiques croyances, leur culte traditionnel, leurs mœurs et leur langue sacrée, le zend, qui est saint à leurs yeux comme le sanskrit à ceux des peuples de l'Inde. « Ce sont, dit un voyageur, les plus charitables et les plus honnêtes gens de la Perse, et les musulmans eux-mêmes, malgré le dédain qu'ils affectent pour eux, ne peuvent s'empêcher de leur rendre cette justice. »

CHAPITRE II.

DRUIDISME. Défaut de notions sur les premiers temps du druidisme. — Formation probable de cette religion. — La race indo-germanique. — Ses rapports constants avec le Caucase. — Odin. — S'il a réellement existé. — Hypothèses de Mallet, de M. Lebas et autres. — Livres sacrés du druidisme. — Les runes. — Traditions. — Extension de l'odinisme. — Sa théogonie. — Sa cosmogonie. — Topographie céleste. — Vie future. — Le Valhalla et le Niflheim. — Le loup Fenris. — Loke. — Opinions populaires : Métempsychose. Apparition des spectres. Procédés pour se mettre à l'abri de leurs attaques. Prêts à restituer dans l'autre monde. Correspondance avec les morts. — Mythe de Balder-le-bon. — Préceptes moraux. — Druides. Leurs diverses classes : ovates, eubages, causidices, bardes. Subdivision des derniers : beidhs, minstrels, datgeiniads. — Organisation sacerdotale. — Initiation. — Divination. — Superstitions. — Collèges des druides. — Lénas ou druidesses. — Némets ou bois sacrés. — Fleuves et lacs sacrés. — Temples. — Feu sacré. — Folmens, menhirs, peulvans, tumuli, pierres branlantes, cromlechs. — Vénération pour les arbres. — Sacrifices d'animaux. Sacrifices humains. — Chute du druidisme. — Influence de cette religion sur nos mœurs et sur nos institutions.

Sources du druidisme. Nous n'avons que des notions très récentes sur l'histoire et les croyances des peuples qui, dans le principe, habitaient le septentrion et l'occident de l'Europe. Les Romains sont les seuls parmi les anciens qui aient écrit sur ces matières ; et ce qu'ils nous en ont transmis se réduit à peu de chose, soit que les luttes incessantes de la guerre qu'ils faisaient aux Gaulois et aux Germains ne leur aient pas laissé le loisir d'étudier sérieusement les traditions et les institutions de ces peuples, soit qu'ils n'aient pu parvenir à pénétrer le mystère dont les prêtres, seuls dépositaires de l'instruction, s'attachaient à entourer leurs connaissances. En ce qui touche particulièrement les Scandinaves, les renseignements fournis par les auteurs latins sont plus incomplets et plus vagues encore, probablement aussi parce qu'ils n'avaient pu s'en procurer de plus étendus. On peut, en effet, inférer de quelques passages de Pline-l'Ancien et de Scylax que les relations existant primitivement entre la Suède et la Germanie avaient entièrement cessé par suite de l'occupation de la dernière contrée par les légions romaines. Quoi qu'il en fût, ce n'est qu'après les conquêtes de Charlemagne dans le Nord que la Scandinavie fut retrouvée, grâce au zèle que déployaient les missionnaires chrétiens pour la conversion des idolâtres.

Il y a, entre les croyances et les pratiques religieuses des Scandinaves et celles que nous avons vues établies dans toute la haute Asie, des rapports si nombreux et si frappants qu'il devient évident qu'elles avaient une source commune. Effectivement, selon M. Klaproth, la race qui occupait les vastes contrées situées au nord et à l'occident de l'Europe, et qu'il appelle indo-germanique, avait fait invasion dans les régions hyperboréennes environ trois mille ans avant notre ère. Cette race était descendue, sur deux points très éloignés, des hauteurs de l'Himalâya et du Caucase, qui étaient sa patrie primitive. La première branche avait peuplé la Perse et s'était étendue encore au delà, vers l'occident; la seconde s'était divisée en deux rameaux, l'un desquels s'était fondu entièrement dans l'Inde avec les indigènes de couleur foncée, leur avait donné sa langue et avait pris leur teint; et l'autre, se portant au nord et au nord-ouest, vers les contrées septentrionales de l'Europe, y avait formé la grande nation des Goths. « Il est très vraisemblable, dit d'un autre côté M. Lebas, que les relations entre le Caucase et la Scandinavie n'ont jamais été interrompues. Les grands fleuves de la Russie sont des routes naturelles qui conduisent des contrées boréales à la mer Noire; et il ne paraît pas que les peuplades sarmatiques aient jamais opposé une résistance sérieuse aux tribus guerrières qui traversaient le pays pour se diriger vers le sud. De plus, des découvertes récentes et les historiens arabes prouvent que, de tout temps, des marchands asiatiques se sont aventurés à remonter le Wolga et le Dniéper, pour venir, chez les peuples du nord, chercher de l'ambre et des pelleteries. C'est ainsi que la religion scandinave a été continuellement enrichie et modifiée par les dogmes et les mythes de l'Asie. »

On donne pour fondateur à cette religion un personnage appelé Odin. Il serait trop long de rapporter toutes les opinions contradictoires émises sur ce novateur, dont quelques écrivains graves se sont attachés à démontrer l'existence historique. M. Lebas, entre autres, le présente comme un chaman, chef d'une colonie de prêtres, qui vint du Caucase et se fit passer pour une incarnation de l'ancien dieu-soleil. Dans cette hypothèse, le nom d'Odin n'eût été qu'une corruption de celui de Bouddha. Selon le même historien, ce chaman avait pour but d'expulser les vieilles divinités et de fonder une théocratie nouvelle; mais les peuples se montrant attachés à leur ancien culte, un système mixte fut formé, et Odin obtint une place parmi les dieux indigènes. Mallet fait de ce réformateur un guerrier conquérant. Il dit que, vers l'an 70 avant notre ère, Odin, ou Voden, s'empara des pays qui formaient la Scythie, et changea la religion, les lois et les mœurs des habitants. Il croit que le véritable nom du vainqueur était Sigge, fils de Fridulphe, et qu'il prit celui d'Odin, dieu suprême des Scythes, pour se rendre plus respectable aux yeux de ces peuples. Il croit aussi que Sigge s'était institué grand-pontife de la nouvelle religion, et qu'il abandonna la Scythie à l'époque où Mithridate, roi de Pont, succombait sous les armes de Pompée. Mallet ajoute qu'Odin soumit tous les peuples de la Russie; se rendit maître de la Saxe, de la Westphalie, de la Franconie;

qu'ensuite il marcha vers la Scandinavie, par la Cimbrie et le pays de Holstein; que, dans l'île de Fionie, il bâtit la ville d'Odensée; que, de là, il étendit ses conquêtes dans tout le nord; que, sentant sa fin approcher, il réunit autour de lui les compagnons de ses exploits, se fit sous leurs yeux neuf grandes blessures avec le fer d'une lance, pour leur apprendre comment il fallait mourir, et leur annonça qu'il allait en Scythie prendre place avec les dieux à un festin éternel, où il recevrait honorablement les guerriers qui périraient les armes à la main. On voit que toute cette histoire, comme celle du chaman, est dénuée de preuves positives et ne repose que sur de simples conjectures. L'enfance de la religion des Scandinaves, ainsi que celle de toutes les autres religions, est entourée de fables auxquelles on ne saurait prêter une foi, même implicite. Ce qui paraît démontré, c'est que celle-là date d'une époque de beaucoup antérieure aux diverses origines qu'on lui attribue. Elle offre le mélange de croyances brahmaïques, chamaniques et zoroastriennes, jointes à quelques traditions empruntées du paganisme des Grecs : là est toute l'histoire de sa naissance et de ses développements.

Livres sacrés. A défaut des lumières sur cette religion que l'on cherche vainement dans les historiens latins, on en trouve abondamment dans les poésies qu'ont laissées les bardes islandais. De ces poésies, il a été formé deux recueils connus sous les noms d'ancienne et de nouvelle *Edda*, mot qui signifie aïeule. L'ancienne Edda fut composée, ou plutôt compilée, sur des poèmes d'une date très reculée, par Sœmund Sigfusson, surnommé Frode, ou le savant, qui était né en Islande vers l'an 1057. Ce qui reste de cette Edda comprend quatre parties : la *Voluspa*, ou l'oracle de la sibylle Vola, fille de Heimdall, le portier des dieux ; le *Vaftrudnis-maal*, discours du géant Vaftrudnis ; le *Havamaal*, discours sublime d'Odin ; enfin le *Runa kapitule*, ou chapitre runique. Le tout se divise en trente-sept chants, fables ou sagas. Treize traitent de la théogonie et de la cosmogonie scandinaves; vingt et un, des exploits attribués aux héros mythiques ; les trois autres, de dogmatique et de morale. Mais, comme le livre de Sœmund était volumineux, obscur et peu propre à faciliter l'étude de la littérature nationale, Snorro Sturleson le réduisit, cent vingt ans après, en un traité de mythologie poétique, plus méthodique et plus intelligible. C'est ce traité que l'on nomme la nouvelle Edda.

Dans le principe, les poètes scandinaves transmettaient leurs compositions par la voie orale ; telle est du moins la commune opinion. Ils employèrent dans la suite des signes alphabétiques appelés *runes*, dont l'origine paraît remonter à une très haute antiquité, si l'on en juge par les inscriptions que l'on trouve gravées sur des rochers et sur des ruines situés dans des lieux inhabités, suivant toute apparence, depuis un grand nombre de siècles. L'ancienneté de ces caractères résulte encore d'une particularité s'il se peut plus concluante : on en connaît deux alphabets ; le premier, composé de seize lettres, a de frappants rapports avec celui des Phéniciens, qui est la base du nôtre ; le second, qui ne compte que quatorze lettres, offre une analogie au moins extérieure avec l'alphabet cunéiforme des Perses et des Babyloniens. Un des plus anciens monuments connus de ce genre d'écriture se voit dans une traduction de la Bible en langue gothique, faite par l'évêque Ulphilas, sous le règne de l'empereur Valens ; mais toutes les chroniques du nord s'accordent à attribuer aux runes une existence bien antérieure ; seulement, la connaissance en était exclusivement réservée aux initiés aux mystères. Suivant la tradition, Odin en serait l'auteur ; et, pour cette raison, on lui aurait donné, entre autres épithètes, celle d'inventeur des runes. Aux yeux des peuples septentrionaux, ces caractères avaient quelque chose de mystérieux et de surnaturel. On les employait, soit pour se mettre à couvert d'un danger, soit pour assouvir sa vengeance contre quelque ennemi. De là, leur distinction en *runes médicinales*, pour guérir des maladies ; en *runes secourables*, pour détourner des accidents ; en *runes victorieuses*, pour procurer la victoire ; en *runes amères*, pour nuire à autrui. Mais il fallait, pour que l'usage des runes fût pleinement efficace, que les mots cabalistiques qu'elles formaient fussent correctement orthographiés ; autrement elles avaient un effet tout contraire à celui qu'on en attendait, et se tournaient contre ceux-là mêmes qui y avaient eu recours. Le *Runa kapitule* renferme le récit des enchantements opérés par Odin à l'aide de ces figures magiques.

On trouve dans les sagas une version particulière sur l'établissement de la religion scandinave, qui s'accorde en quelques points avec celles que nous avons rapportées. On y voit qu'Odin et les Ases, ou guerriers asiatiques, auxquels ils commandait, partirent des frontières de l'Asie, c'est-à-dire du pays d'Asaheim, au delà du Tanaïs, où Odin vivait, en chef victorieux, dans le bourg d'Asgard, entouré de douze sacrificateurs. « Ils s'avancèrent à travers le royaume de Garda (ancien nom d'une partie de la Russie), à travers la Saxe, le Danemark et la Suède. Odin s'arrêta sur les bords du lac Meler, pour élever un temple et fonder le culte des Ases. Quand il était assis au milieu de ses fidèles amis, il charmait tous les cœurs par la beauté de son visage ; mais son regard jetait l'épouvante parmi ses ennemis. Sa parole était éloquente et poétique ; il suffisait de l'entendre pour être persuadé. Le premier, il enseigna les mystères des runes et constitua la science prophétique. » Il paraît résulter des mêmes documents qu'à l'introduction du nouveau culte, les peuples indigènes se réfugièrent dans les montagnes, emportant avec eux les images de leurs trolls, c'est-à-dire de leurs dieux.

L'odinisme ne resta pas confiné dans la Scandinavie, berceau et centre de sa puissance; il se répandit, avec de très légères modifications, dans les pays situés entre le pôle et les colonnes d'Hercule, et devint ainsi la croyance commune des Scandinaves, des Germains et des Gaulois. Voici, d'après les Edda, en quoi consistait cette croyance, qui échappa, en très grande partie, aux investigations des Romains, ou qu'ils ont défigurée en assimilant, suivant leur usage, les divinités des vaincus à celles qu'ils adoraient eux-mêmes.

Théogonie. Le dieu suprême, que l'Edda appelle Alfader (père de tout), et qui répond au Teutat des Gaulois, était éternel; il avait fabriqué le ciel, la terre et l'air, et les hommes, à qui il avait donné une âme immortelle. Immédiatement au-dessous d'Alfader, les Scandinaves plaçaient Odin, l'Hésus des Gaulois et le Dan des Germains. C'était le dieu terrible et sévère, le père du carnage, le dépopulateur, l'incendiaire, l'agile, le bruyant, celui qui donnait la victoire, qui ranimait le courage dans le combat, qui nommait ceux qui devaient être tués. Il présidait spécialement à la guerre. Avant d'entreprendre une expédition militaire, les guerriers faisaient vœu de lui envoyer un certain nombre d'âmes. Les deux partis l'invoquaient également, et l'on croyait qu'il se jetait souvent dans la mêlée pour animer la fureur des combattants, pour frapper ceux qu'il destinait à la mort, et qu'il emportait leurs âmes dans sa demeure céleste. On le confondait presque toujours avec Alfader. Odin avait pour épouse Frigga ou Fréa (femme). Fréa était la déesse de l'amour; on s'adressait à elle pour obtenir des mariages et des accouchements heureux; elle dispensait les plaisirs, le repos et les voluptés de toute espèce. Elle accompagnait Odin à la guerre, et partageait avec lui les âmes des guerriers qu'elle avait tués. Thor, le Tarann des Gaulois, était fils d'Odin et de Fréa; il présidait aux vents et au tonnerre; il était le défenseur et le vengeur des dieux. On le représentait monté sur un char que traînaient des boucs, armé d'un marteau à manche très court ou d'une massue, symbole de la foudre, qu'il tenait avec un gantelet de fer. Cette arme revenait d'elle-même dans sa main après qu'il l'avait lancée. Il portait en outre une ceinture douée de la vertu de renouveler ses forces quand il en avait besoin. Le taureau, emblème de la puissance, lui était consacré. Odin, Fréa et Thor, composaient le conseil suprême des dieux et formaient la trinité scandinave.

Il y avait encore douze dieux et douze déesses d'un ordre inférieur, qui étaient revêtus d'attributions spéciales, mais qui ne les exerçaient que sous l'autorité souveraine d'Odin. Niord, l'Ogmios des Gaulois, présidait à la mer. Sa femme, Skada, l'aidait dans le gouvernement de son empire. La crainte avait la principale part dans le culte qu'on leur rendait. Balder, que les Gaulois appelaient Bélen, était, comme Niord, fils d'Odin. Il était sage, éloquent, et doué d'une si grande majesté, que ses regards resplendissaient à l'égal du soleil, dont il était la personnification. Tyr, dieu guerrier et prudent, protégeait les braves et les athlètes; il n'aimait pas voir les hommes vivre en paix. Bragé présidait à l'éloquence et à la poésie. Iduna, sa femme, avait la garde de certaines pommes dont les dieux mangeaient quand ils se sentaient vieillir, et qui avaient la vertu de leur rendre la jeunesse. Heimdall était fils de neuf vierges qui étaient sœurs. Ses dents étaient d'or; il était le portier des dieux, et gardait le pont qui communiquait de la terre au ciel. Il était difficile de le surprendre, car son sommeil était plus léger que celui d'un oiseau; sa vue était si perçante qu'il apercevait, le jour et la nuit, tous les objets à une distance de plus de cent lieues, et son ouïe était si fine qu'il entendait croître les herbes des prés et la laine des brebis. Il portait, d'une main, une épée, et, de l'autre, une trompette dont le bruit retentissait dans tous les mondes. Frey, fils de Niord et de Skada, avait pour sœur Freya. Frey était le plus doux de tous les dieux; il gouvernait la pluie et le beau temps et toutes les productions de la terre. Freya était la plus favorable des déesses; elle allait à cheval partout où il y avait des combats; quand elle sortait de son palais, elle était assise sur un char traîné par deux chats. Hoder était un dieu aveugle, d'une force prodigieuse; il était l'époux de Freya, qu'il avait quittée pour voyager dans des contrées lointaines. Depuis ce temps, Freya ne cessait de pleurer, et ses larmes étaient d'or pur. Vidar était un dieu taciturne; il portait des souliers fort épais, et si merveilleux qu'avec leur secours il pouvait marcher dans les airs et sur les eaux; c'était le messager des dieux. Vali ou Vile, fils d'Odin et de Binda, se distinguait par son audace à la guerre et par son habileté comme archer. Uller, fils de Sifia et gendre de Thor, était doué d'un beau visage et de toutes les qualités d'un héros; il tirait des flèches avec tant de promptitude et courait si vite en patins, que personne ne pouvait combattre avec lui. Enfin Forsète, le douzième des dieux, avait Balder pour père; il réconciliait les plaideurs qui le prenaient pour juge dans leurs procès.

Outre les déesses dont les noms précèdent, il y avait Saga, dont les attributions ne se trouvent pas clairement définies; Eyra, qui soignait les dieux dans leurs maladies; Géfione, vierge, qui prenait à son service toutes les filles chastes après leur mort; Fylla, vierge aussi, qui portait ses beaux cheveux flottants sur ses blanches épaules, qui ornait son front d'un ruban d'or, et qui était chargée de la toilette et de la chaussure de Fréa, et recevait les confidences de cette déesse; Nossa, fille d'Hoder et de Freya, et douée d'une si grande beauté qu'on appelait de son nom tout ce qui était beau et précieux; Siona, qui s'appliquait à inspirer les pensées d'amour et domptait les cœurs rebelles; Lôvna, qui réconciliait les amants désunis; Synia, qui était la portière du palais des dieux, et qui présidait aux procès où il s'agissait de nier quelque chose par serment; Vara, que les hommes et surtout les amants prenaient à témoin de leurs promesses, et qui punissait les parjures; Vora, qui était habile, prudente et si curieuse que rien ne pouvait lui être caché; Lyna, qui avait la garde des hommes que Fréa voulait soustraire à quelque péril. A ces déesses, il faut encore ajouter les Nornes et les Valkyries, dont nous parlerons plus loin.

Indépendamment de tous ces dieux, les Scandinaves en admettaient plusieurs autres dont les penchants étaient mauvais. Au premier rang, il faut placer Loke, le calomniateur des dieux, le grand artisan des tromperies, l'opprobre des dieux et des hommes. Loke avait un beau visage, mais ses inclinations étaient inconstantes et son esprit méchant. Souvent il exposa les dieux aux plus grands périls, et, chaque fois, il les en garantit par ses artifices. Il avait pour femme Signie, qui était aussi cruelle que lui. De cette union, naquirent Nare et plusieurs autres fils. Loke eut aussi, de la géante Angerbode, trois redoutables enfants : Le loup Fenris; le grand serpent de Midgard (la demeure du milieu) et Héla (la mort). Cette famille de mauvais esprits se complétait par les géants et les nains, qui formaient une race intermédiaire entre les dieux et les hommes. Les géants avaient la force aveugle et brutale; les nains, non moins forts, étaient de plus rusés et adroits. Tous avaient le secret de se transformer et de se rendre invisibles. On en a fait plus tard les enchanteurs. Les dieux bons aussi, à l'exemple de ceux de l'Inde, avaient la faculté de s'incarner dans des corps mortels.

On ne saurait douter que les divinités scandinaves ne figurassent également dans le panthéon des Germains et des Gaulois, puisque, chez les uns et chez les autres, la constitution du sacerdoce, les cérémonies extérieures du culte et les superstitions populaires, n'offraient que de légères différences. Toutefois, les relations qu'eurent les Germains et les Gaulois avec les Romains, dès les premiers temps de la république, durent apporter quelques modifications dans leurs croyances. C'est ce que nous voyons, en effet, dans Tacite, dans César et dans plusieurs autres historiens latins. Ainsi, les Germains, par exemple, adoraient spécialement une divinité appelée Herta, qui n'était probablement que la Cybèle des Romains, c'est-à-dire la terre. Sa statue, placée sur un char couvert, était déposée dans une forêt sacrée nommée *Castum Nemus*. Quelquefois on attelait à son char deux génisses blanches, et on la promenait processionnellement à travers les campagnes. C'était pour le peuple autant d'occasions de réjouissances et de festins. Un autre dieu, Proao, présidait à la justice; on le représentait tenant d'une main une lance ornée d'une banderolle, de l'autre un bouclier; ce qui le faisait ressembler à Pallas ou Minerve. Crodo, dieu à la longue chevelure, ayant une roue dans ses mains, et posant le pied sur un poisson, avait une relation sensible avec Phœbus ou Apollon. Mayre paraissait être le même que Lucine. Quant à la fameuse idole des Saxons, Irminsul, ce n'était qu'une sorte d'*ex voto* dédié au soleil. Ce qui le prouve, c'est que cette idole informe, ou plutôt cette pierre, portait, gravée sur une de ses faces, la figure du soleil avec ses rayons, et que le nom qu'on lui donnait dérivait de trois mots celtiques : *hirr*, *mein*, *sul*, longue-pierre-soleil. Des innovations semblables avaient été adoptées par les Gaulois. Cybèle était adorée parmi eux sous le nom de Tuis; Pluton, sous celui de Tuiston; Lucine, sous celui de Post-Vesta; Diane, sous celui de Kernunnos. Uranie, la Vénus céleste, avait reçu le nom d'Onuava. Ogmios, ou le Niord des Scandinaves, outre ses attributions de dieu de la mer, avait aussi quelques-unes de celles de l'Hercule des Romains. Il n'était pas seulement doué de la force musculaire; il avait aussi cette force de l'éloquence dont le pouvoir est plus grand encore. On le représentait sous les traits d'un vieillard armé d'une massue et entouré d'une multitude d'hommes qu'il tenait attachés par l'oreille aux anneaux d'une immense chaîne d'or et d'ambre, qui lui sortait de la bouche. Il paraît que les Gaulois donnaient, comme les Perses, le nom de Mitra au soleil. C'est du moins ce que l'on peut inférer de l'inscription suivante, gravée sur le tombeau d'un grand-pontife des druides, que l'on découvrit près de Dijon, en 1598 : « Dans le bocage de Mitra, ce tombeau couvre le corps de Chyndonax, chef des prêtres. Impie, éloigne-toi; les dieux libérateurs veillent près de ma cendre. »

Cosmogonie. L'Edda décrit ainsi la formation de l'Univers : « Dans l'aurore des siècles, il n'y avait ni mer, ni rivages, ni zéphyrs rafraîchissants; on ne voyait point de terre en bas, point de ciel en haut. Tout n'était qu'un vaste abîme sans herbes et sans semences. Le soleil n'avait point de palais; les étoiles ne connaissaient pas leurs demeures, la lune ignorait son pouvoir. Alors il y avait un monde lumineux, brûlant, enflammé, du côté du midi; et de ce monde s'écoulaient sans cesse dans l'abîme, qui était au septentrion, des torrents de feu étincelant, qui, s'éloignant de leurs sources, se congelaient en tombant dans l'abîme et le remplissaient de scories et de glaces : ainsi l'abîme se combla peu à peu; mais il restait au dedans un air léger et immobile et des vapeurs glacées qui s'en exhalaient sans cesse, jusqu'à ce qu'un souffle de chaleur étant venu du midi, fondit ces vapeurs et en forma des gouttes vivantes, d'où naquit le géant Ymer. On raconte que, pendant qu'il dormait, il se forma de sa sueur un mâle et une femelle, desquels est descendue la race des géants; race mauvaise et corrompue, aussi bien qu'Ymer, son auteur. Il en naquit une meilleure qui s'allia avec celle du géant Ymer. On appelait celle-ci la famille de Bor, du nom du premier de cette famille, qui était père d'Odin. Les fils de Bor tuèrent le grand géant Ymer, et le sang coula de ses blessures avec une si grande abondance qu'il causa une inondation générale où périrent tous les géants, à la réserve d'un seul, qui, s'étant sauvé sur une barque, échappa avec toute sa famille. Alors un nouveau monde se forma. Les fils de Bor, ou les dieux, traînèrent le corps du géant dans l'abîme, et en fabriquèrent la terre. De son sang, ils formèrent la mer et les fleuves; la terre, de sa chair; les grandes montagnes, de ses os; les rochers, de ses dents et des fragments de ses os brisés. Ils firent de son crâne la voûte du ciel, qui est soutenue par quatre nains, nommés Sud, Nord, Est et Ouest. Ils y placèrent des flambeaux pour l'éclairer, et fixèrent à d'autres feux les espaces qu'ils devaient parcourir, les uns dans le ciel, les autres sous le ciel; les jours furent distingués et les années eurent leur nombre. Ils firent la terre ronde et la ceignirent du profond Océan, sur les rivages duquel ils placèrent les géants. Un jour que les fils de Bor s'y promenaient, ils trouvèrent deux morceaux de bois flottants, qu'ils prirent et dont ils formèrent l'homme et la femme. L'aîné des fils leur donna l'âme et la vie; le second, le mouvement et la science; le troisième leur fit présent de la parole, de l'ouïe et de la vue, à quoi il ajouta la beauté et les habillements. C'est de cet homme et de cette femme, nommés *Aske* (frêne) et *Embla* (aulne), qu'est descendue la race des hommes, qui a eu la permission d'habiter la terre. »

Le monde devait périr; l'Edda prédit les circonstances de cet évènement: « Il viendra un temps, un âge barbare, un âge d'épée, où le crime infestera la terre, où les frères se souilleront du sang de leurs frères, où les fils seront les assassins de leurs pères, et les pères de leurs fils; où l'inceste et l'adultère seront communs; où personne n'épargnera son ami. Bientôt un hiver désolant surviendra; la neige tombera des quatre coins du monde; les vents souffleront avec furie; la gelée durcira la terre. Trois hivers semblables passeront sans qu'aucun été les tempère. Alors il arrivera des prodiges étonnants; alors les monstres rompront leurs chaînes et s'échapperont; le grand dragon se roulera dans l'Océan, et, par ses mouvements, la terre sera inondée; elle sera ébranlée et les arbres déracinés; les rochers se heurteront; le loup Fenris, déchaîné, ouvrira sa gueule énorme, qui touche à la terre et au ciel; le feu sortira de ses yeux et de ses naseaux, il dévorera le soleil, et le grand dragon qui le suit vomira sur les eaux et dans les mers des torrents de venin. Dans cette confusion, les étoiles s'enfuiront; le ciel sera fendu, et l'armée des mauvais génies et des géants, conduite par leur prince, entrera pour attaquer les dieux; mais Heimdall, l'huissier des dieux, se lèvera et fera résonner sa trompette bruyante ; les dieux se réveilleront et s'assembleront ; le grand frêne agitera ses branches ; le ciel et la terre seront pleins d'effroi ; les dieux s'armeront ; les héros se rangeront en bataille ; Odin paraîtra revêtu de son casque d'or et de sa cuirasse resplendissante ; son large cimeterre sera dans ses mains ; il attaquera le loup Fenris, il en sera dévoré, et Fenris périra au même instant ; Thor sera étouffé dans les flots de venin que le dragon exhalera en mourant. Le feu consumera tout, et la flamme s'élèvera jusqu'au ciel. Mais bientôt une nouvelle terre sortira du sein des flots, ornée de vertes prairies ; les champs y produiront sans culture ; les calamités y seront inconnues ; un palais y sera élevé plus brillant que le soleil, et couvert d'or : c'est là que les justes habiteront et se réjouiront pendant les siècles. Alors le puissant, le vaillant, celui qui gouverne tout, sortira des demeures d'en haut pour rendre la justice divine ; il prononcera ses arrêts ; il établira les sacrés destins qui dureront toujours. »

Topographie céleste. Un pont, ouvrage des dieux, et que l'on nommait Bifrost (arc-en-ciel), allait de la terre aux cieux. Au milieu d'Asgard, la grande ville sacrée, se trouvait la vallée Ida. Là s'élevait un palais d'or, appelé Gladheim (séjour de la joie), dans lequel étaient placés, outre le trône d'Odin, douze sièges pour les juges chargés de prononcer dans les différends qui surgissaient parmi les hommes. Il y avait dans la même ville un second palais nommé Vingolf (séjour d'amitié) ; c'était une demeure très agréable et très belle, à l'usage des déesses. Asgard n'était pas la seule ville du ciel ; on y voyait aussi Alfheim, où les géants lumineux faisaient leur résidence (les géants noirs habitaient sous la terre) ; Breidablik, non moins brillante qu'Alfheim ; Glitner, dont les murs, les colonnes, l'intérieur étaient d'or, et le toit d'argent ; Himinborg (montagne du ciel), située sur la frontière, à l'endroit où le pont Bifrost touche les cieux ; Valaskialf, toute bâtie en argent pur, où l'on admirait le trône d'Odin, appelé Lidskialf (porte tremblante) ; et, enfin, Gimle, la plus belle de toutes les villes, plus brillante que le soleil, qui devait subsister même après la destruction du monde, et servir d'habitation éternelle aux hommes bons et intègres.

La capitale des cieux, Asgard, était située sous le frêne Ydrasil, le meilleur et le plus grand de tous les arbres. Les branches de ce frêne s'étendaient sur tout l'univers, s'élevaient au-dessus des cieux. Il avait trois racines : l'une était chez les dieux ; l'autre chez les géants, là où se trouvait autrefois l'abîme ; la troisième couvrait le Niflheim (les enfers) ; et c'est sous cette racine que coulait la fontaine Vergelmer. Le monstre appelé Nydhogger rongeait la dernière racine. Sous celle qui allait chez les géants, il y avait une autre fontaine, dans laquelle étaient cachées la sagesse et la prudence. Mimis, qui en était possesseur, était lui-même plein de prudence et de sagesse, parce qu'il y buvait tous les matins. Une troisième fontaine, celle du temps passé, était située sous la racine du frêne qui allait dans le ciel. Près de là s'élevait une ville extrêmement belle, où demeuraient les trois vierges Urda (le passé), Vérandi (le présent) et Skulda (l'avenir). Ce sont ces vierges qui dispensaient les âges des hommes. On les nommait nornes (fées ou parques). Un aigle était perché sur les branches du frêne; il avait entre les yeux un épervier. Un écureuil montait et descendait le long du frêne, semant de faux rapports entre l'aigle et Nydhogger (le serpent caché sous la racine). Quatre cerfs couraient à travers les branches de l'arbre, et en dévoraient l'écorce. Les nornes, qui se tenaient près de la fontaine du passé, y puisaient de l'eau, dont elles arrosaient le frêne, de peur que ses branches ne vinssent à pourrir ou à se dessécher. Cette eau était si sainte que tout ce qu'elle touchait devenait aussi blanc que la peau qui tapisse l'intérieur d'un œuf. De cette eau venait la rosée qui tombe dans les vallées. Les hommes appelaient cette rosée *rosée de miel*. C'était la nourriture des abeilles. Il y avait aussi deux cygnes dans la fontaine du passé, qui avaient produit tous les oiseaux de cette espèce.

Vie future. C'est dans le palais d'Odin, appelé Valhalla, que devaient aller demeurer, jusqu'à la fin du premier monde, les âmes des bienheureux, des hommes qui avaient versé leur sang à la guerre. Là, ces héros prenaient plaisir à se revêtir d'armures, à se ranger en ordre de bataille et à se livrer des combats. Cependant, quand venait l'heure du repas, ils se rendaient à cheval, sans se ressentir de leurs blessures, dans la salle d'Odin, où ils se mettaient à table. Leur nombre était infini, et pourtant il leur suffisait, pour assouvir leur faim, de la chair d'un sanglier, qui redevenait entier chaque jour. Ils buvaient de la bière et de l'hydromel dans des vases formés des crânes des ennemis qu'ils avaient tués. Une chèvre, dont le lait était de l'excellent hydromel, en fournissait suffisamment pour enivrer tous les héros. Odin seul, assis à une table séparée, buvait du vin pour se désaltérer et pour se nourrir tout à la fois. Une foule de vierges appelées Valkyries servaient les héros et remplissaient leurs coupes lorsqu'ils les avaient vidées.

Les hommes lâches et criminels allaient, après leur mort, dans le sombre Niflheim (séjour des scélérats). Au centre, était la fontaine Vergelmer, d'où coulaient neuf fleuves : l'Angoisse, l'Ennemi de la joie, le Séjour de la mort, la Perdition, le Gouffre, la Tempête, le Tourbillon, le Rugissement et le Hurlement. Un dixième fleuve, le Bruyant, coulait près des grilles du séjour de la mort. Le Niflheim était la demeure de Héla. Odin lui avait donné le gouvernement de neuf mondes, afin qu'elle y distribuât des logements aux hommes qui mouraient de maladie ou de vieillesse. Héla habitait plusieurs appartements défendus par de fortes grilles. Sa grande salle était la Douleur; sa table, la Famine; son couteau, la Faim; son valet, le Renard; sa servante, la Lenteur; sa porte, le Précipice; son vestibule, la Langueur; son lit, la Maigreur et la maladie; sa tente, la Malédiction. C'est aussi dans le Niflheim qu'habitait le loup Fenris. Il avait été élevé parmi les dieux, et Tyr était le seul qui osât lui donner à manger. Cependant, comme il croissait prodigieusement et que les oracles prédisaient qu'il serait un jour funeste aux dieux, les dieux résolurent de l'enchaîner. Mais il rompit deux fois les chaînes énormes qu'ils avaient fabriquées de leurs propres mains, et dont ils lui avaient persuadé de se laisser lier. Alors Odin envoya Skyrner, le messager du dieu Frey, dans le pays des génies noirs, auprès d'un nain, pour obtenir de lui un lien plus solide que le premier. Celui-ci était uni et souple comme un simple cordon. Les dieux prièrent le loup d'essayer de le rompre; mais il craignit de n'en pouvoir venir à bout, et ne consentit à s'en laisser attacher qu'à condition qu'un d'entre eux placerait sa main dans sa gueule pour gage de sa délivrance, s'il ne parvenait pas à briser le lien. Tyr lui confia sa main droite. Le loup ne put se dégager. Les dieux, le voyant pour jamais arrêté, prirent un bout du lien et le firent passer par le milieu d'un énorme rocher, qu'ils enfoncèrent profondément dans la terre. Pendant qu'il faisait des efforts pour les mordre, ils lui plongèrent une épée dans la gorge. Depuis ce temps, la rage lui faisait sortir de l'écume de la gueule avec tant d'abondance que cette écume avait formé le fleuve Vam (le fleuve des vices). Quant à Loke, après avoir longtemps fatigué les dieux par ses fourberies, ses embûches et ses combats, il fut enfin saisi par eux et conduit dans une caverne. Ses intestins servirent à faire des chaînes avec lesquelles il fut lié à trois pierres aiguës, dont l'une lui pressait les épaules; l'autre, les côtes; et la troisième, les jarrets; et ses liens furent ensuite changés en des chaînes de fer. Skada suspendit sur sa tête un serpent dont le venin lui tombait goutte à goutte sur le visage. Signie, sa femme, assise près de lui, recevait ces gouttes dans un bassin qu'elle allait vider quand il était plein. Dans l'intervalle, le venin tombait sur Loke; ce qui le faisait hurler et frémir avec tant de force qu'il causait alors les tremblements de terre.

On a vu qu'après la destruction du monde actuel, les justes iront habiter Gimle, lieu de délices, second Valhalla. Alors aussi, et lorsque le Niflheim aura été englouti dans cette conflagration générale, Alfader fabriquera une demeure appelée Nastrond (le rivage des morts), qui sera située sur le point le plus éloigné du soleil, et dont les portes seront tournées vers le nord. Elle ne sera composée que de cadavres de serpents; le poison y pleuvra par mille ouvertures; des torrents y couleront dans lesquels se débattront les parjures, les assassins et les suborneurs de femmes mariées. Un dragon noir ailé volera sans cesse à l'entour, et rongera les corps des malheureux qui y seront renfermés.

Telle devait être, suivant l'Edda, la destinée de l'âme après la mort. Mais les prêtres professaient une doctrine extérieure qui modifiait celle-là en plusieurs points. Ainsi ils distinguaient deux séjours de félicité. Les hommes qui n'avaient que bien vécu, c'est-à-dire, qui n'avaient été que justes et tempérants pendant cette vie, allaient habiter un palais plus brillant que le soleil; et ceux qui étaient morts en combattant pour leur patrie étaient reçus dans le Valhalla. Les prêtres admettaient aussi le dogme de la métempsychose, et enseignaient que les âmes roulaient perpétuellement d'un corps dans un autre. Ils s'attachaient à inspirer une horreur profonde pour la profanation des tombeaux, et ils mettaient le peuple en garde contre les entreprises des spectres, qu'ils disaient apparaître quelquefois aux regards des vivants dans l'intention de troubler leur repos. Ces spectres revêtaient, à leur choix, mille formes fantastiques, et il y avait alors un grand honneur à se battre contre eux. On employait divers procédés pour se mettre à l'abri de leurs attaques. Tantôt on coupait la tête du cadavre et on la lui appliquait sur les parties génitales; tantôt on lui traversait le corps de part en part avec un pieu; le plus souvent, on le réduisait en cendres, que l'on jetait dans la mer; persuadé que les âmes, émanées du feu éternel, remontaient, par le moyen du feu, dans le sein de la divinité. Pour inculquer plus profondément la croyance en l'immortalité de l'âme, les prêtres des Gaulois, notamment, prêtaient et empruntaient de l'argent dont le remboursement devait s'effectuer dans l'autre vie; ils écrivaient des lettres aux morts et les déposaient dans leurs tombeaux ou sur leurs bûchers. On peut se rappeler que les brâhmanes emploient aussi les mêmes artifices.

Mythe de Balder-le-bon. Quoique Odin fût le dieu suprême des Scandinaves, Balder-le-bon, c'est-à-dire le soleil, jouait le principal rôle dans la mythologie de ces peuples. « Balder, dit l'Edda, est d'un très bon naturel, fort loué des hommes, si beau de figure et d'un regard si éblouissant qu'il semble répandre des rayons. Ce dieu si brillant et si beau est aussi très éloquent; mais, telle est sa nature, qu'on ne peut jamais rien changer aux jugements qu'il a prononcés. Il demeure dans la ville de Breidablik. Cette ville est dans le ciel, et rien d'impur ne peut y demeurer. Balder y possède des palais; et il y a dans ce lieu des colonnes sur lesquelles sont gravées des runes propres à évoquer les morts. » Nous avons dit (1) de quelle façon

---

(1) Tome Ier, page 216.

périt Balder par les embûches de Loke. A la vue de ce crime, les dieux demeurèrent sans parole et sans force, et ils n'osèrent se venger, par respect pour le lieu où ils étaient. « Quand leur douleur fut un peu apaisée, ils portèrent le corps de Balder vers la mer, où était le vaisseau de ce dieu, qui passait pour le plus grand de tous. Les dieux l'ayant voulu lancer à l'eau pour en faire un bûcher à Balder, ils ne purent parvenir à l'ébranler. C'est pourquoi ils firent venir du pays des géants une certaine magicienne qui arriva montée sur un loup, se servant de serpents en place de brides. Lorsqu'elle eut mis pied à terre, Odin fit venir quatre géants pour garder sa monture. Alors la magicienne, se courbant sur la proue du vaisseau, le mit à flot d'un seul effort; en sorte que le feu étincelait sous le bois violemment entraîné, et que la terre tremblait. Le corps de Balder ayant été porté sur le vaisseau, on alluma le bûcher, et Nanna, sa femme, qui était morte de douleur, y fut brûlée avec lui. Thor, qui était présent, consacra le feu avec sa massue, et y jeta un nain qui courait ordinairement devant lui. Odin posa sur le bûcher un anneau d'or auquel il donna la propriété de produire, chaque neuvième nuit, huit anneaux d'un poids pareil. Le cheval de Balder fut consumé dans les mêmes flammes que le corps de son maître. » Désolée de la perte de Balder, Frigga, sa mère, sollicita quelqu'un des dieux de descendre aux enfers et d'y aller offrir à la Mort la rançon qu'elle exigerait pour lui rendre son fils. Hermode, surnommé l'agile, fils d'Odin, se chargea de cette commission. Pendant neuf jours et neuf nuits, il voyagea dans des vallées profondes et ténébreuses, et arriva enfin au bord du fleuve Giall, qu'il passa sur un pont dont le toit était couvert d'or brillant. La garde de ce pont était confiée à une fille appelée Mod-Gudur (l'adversaire des dieux). Hermode eut quelque peine à se faire livrer passage ; lorsqu'il y fut parvenu, il continua sa route et arriva vers la grille des enfers, qu'il franchit d'un bond de son cheval. Bientôt il aperçut Balder assis à la place la plus distinguée du palais. Il pria Héla de permettre que Balder s'en retournât avec lui ; mais elle lui répondit que, pour être assurée des regrets universels que causait la mort du dieu, elle voulait que toutes choses animées et inanimées, sans aucune exception, versassent des larmes en signe de douleur de cet évènement. De retour dans le ciel, Hermode rendit compte à Frigga du résultat de sa mission. Alors les dieux envoyèrent des messagers de toutes parts, avec ordre de pleurer pour délivrer Balder. « Toutes choses s'y prêtèrent volontiers : les hommes, les bêtes, la terre, les pierres, les arbres et les métaux ; et quand toutes ces choses ensemble pleuraient, c'était comme lorsqu'il y a un dégel général. » Satisfaits du succès qu'ils avaient obtenu, les messagers se hâtaient de revenir à Asgard, lorsque, chemin faisant, ils trouvèrent, dans une caverne, une magicienne qui se faisait nommer Thok. « Les messagers l'ayant priée de vouloir bien aussi pleurer pour la délivrance de Balder, elle leur répondit : « Thok pleurera d'un œil sec la perte de Balder. Que Héla garde sa « proie. » On conjecture, ajoute l'Edda, que cette magicienne doit avoir été Loke lui-même, qui ne cessait de faire du mal aux autres dieux. Il était cause que Balder avait été tué ; il fut cause aussi qu'on ne put le délivrer de la mort. » Nous avons fait remarquer ailleurs (1) que cette allégorie se rapporte à la mort fictive du soleil à l'époque du solstice d'hiver.

Morale. Les préceptes du druidisme prescrivaient le devoir de la reproduction, le dévoûment entre amis, l'indulgence pour les torts réciproques, l'amour de la louange, la prudence, l'humanité, l'hospitalité, le respect pour la vieillesse, l'insouciance de l'avenir, la tempérance ; mais, par dessus tout, le mépris de la mort, et une déférence chevaleresque pour les femmes. Voici, à l'appui de ce que nous avançons, quelques maximes extraites du *Havamaal*, ou Discours sublime d'Odin : « Il vaut mieux avoir un fils tard que jamais : on voit rarement des pierres sépulcrales élevées sur les tombeaux des morts par d'autres mains que celles d'un fils. Si vous avez un ami, visitez-le souvent ; le chemin se remplit d'herbes, et les arbres le couvrent bientôt, si l'on n'y passe sans cesse. Mon fidèle ami est celui qui me donne un pain lorsqu'il en a deux. Ne rompez jamais le premier avec votre ami ; la douleur ronge le cœur de celui qui n'a que lui-même à consulter. Il n'y a point d'homme vertueux qui n'ait quelque vice, point de méchant qui n'ait quelque vertu. Heureux celui qui s'attire les louanges et la bienveillance des hommes ; car tout ce qui dépend de la volonté d'autrui est hasardeux et incertain. Les richesses passent en un clin d'œil ; ce sont les plus inconstantes des amies : les troupeaux périssent, les parents meurent, les amis ne sont point immortels, vous mourez vous-même ; je ne connais qu'une seule chose qui ne meure point : c'est le jugement qu'on porte des morts. Soyez humains envers les gens que vous rencontrez sur votre chemin. L'hôte qui vient chez vous a-t-il les genoux froids, donnez-lui du feu : l'homme qui a parcouru les montagnes a besoin de nourriture et de vêtements bien séchés. Ne vous fiez ni à la glace d'un jour, ni à un serpent endormi, ni aux caresses de la femme que vous devez épouser, ni à une épée rompue, ni au fils d'un homme puissant, ni à un champ nouvellement semé. Ne découvrez jamais vos chagrins aux méchants, car vous ne recevriez d'eux aucun soulagement. Ne vous moquez ni du vieillard ni de votre aïeul décrépi ; il sort souvent des rides de la peau des paroles pleines de sens. Qu'un homme soit sage modérément, et qu'il n'ait pas plus de prudence qu'il ne faut ; qu'il ne cherche point à savoir sa destinée, s'il veut

---

(1) Tome Ier, page 10.

dormir tranquille. Il n'y a point de maladie plus cruelle que de n'être pas content de son sort. Levez-vous matin, si vous voulez vous enrichir ou vaincre un ennemi : le loup qui est couché ne gagne point de proie ; l'homme qui dort ne remporte point de victoire. Le gourmand mange sa propre mort, et l'avidité de l'insensé est la risée du sage. Il n'y a rien de plus nuisible aux fils du siècle que de boire trop de bière : plus un homme boit, plus il perd la raison ; l'oiseau de l'oubli chante devant ceux qui s'enivrent et dérobe leur âme. L'homme dépourvu de sens croit qu'il vivra toujours, s'il évite la guerre ; mais, si les lances l'épargnent, la vieillesse ne lui fera pas de quartier. Il vaut mieux vivre bien que vivre longtemps : quand un homme allume son feu, la mort arrive chez lui avant qu'il soit éteint. »

Sacerdoce. Les Scandinaves donnaient à leurs prêtres le nom de drottes ; les Germains, les Gaulois, les Bretons, les appelaient druides. Leur organisation et leurs fonctions étaient les mêmes chez ces différents peuples. Pline-l'Ancien assure qu'ils recevaient aussi le nom de mages, comme les savants d'Asie et les disciples de Zoroastre. Ils étaient divisés en plusieurs classes, d'après les emplois qui leur étaient affectés. Parmi les Gaulois, les druides proprement dits enseignaient la religion, la morale, les sciences naturelles, la littérature et les arts. Les ovates sacrifiaient les victimes et prédisaient l'avenir. Les eubages s'occupaient du traitement des maladies. Les causidices interprétaient les lois et prononçaient comme juges dans les contestations civiles et dans les affaires criminelles. Quiconque ne déférait point à leurs décisions était exclu de la participation aux sacrifices. C'était une peine très grave : ceux qui en étaient frappés étaient mis au nombre des impies et des scélérats, et chacun s'éloignait d'eux avec horreur. Les bardes ou poètes sacrés, que les Scandinaves appelaient skaldes, chantaient les grandes actions des citoyens et les exploits des guerriers, en s'accompagnant avec la harpe. Leurs vers étaient d'un si grand prix qu'ils suffisaient pour immortaliser la mémoire de ceux à qui ils étaient consacrés. Les bardes eux-mêmes jouissaient d'une si grande estime que, s'ils se présentaient au moment où deux armées étaient prêtes à en venir aux mains, on déposait sur-le-champ les armes pour écouter leurs propositions. Dans le pays de Galles, notamment, ils formaient trois classes distinctes : celles des beidhs, des minstrels et des datgeiniads. Les beidhs étaient les poètes et les généalogistes de la nation ; les minstrels parcouraient le pays avec leur telyn ou harpe, égayant ou animant les masses par la douceur ou l'énergie de leurs mélodies. Les datgeiniads accompagnaient les minstrels, et faisaient les secondes parties dans les grandes réunions musicales. Chaque année, les princes gallois s'assemblaient solennellement pour classer les bardes suivant leur mérite; et celui d'entre eux qui obtenait le premier rang était placé par le chef de la nation sur un siége d'argent artistement ciselé.

Les druides étaient dispensés du service militaire, et ne payaient aucun des tributs qui pesaient sur les autres classes de citoyens. Le corps entier de ces prêtres obéissait à un chef suprême, qui exerçait sur eux une autorité absolue. Au décès de ce pontife, le plus éminent en dignité après lui était appelé à lui succéder. Si plusieurs avaient des droits égaux à cette distinction, le choix s'opérait par le suffrage des druides. Quelquefois la place était disputée par les armes. Les druides s'étaient imposé la règle de ne rien écrire de ce qui constituait leurs doctrines; ils les avaient rédigées en vers, et ils faisaient apprendre par cœur ces vers à leurs élèves. Ces disciples, avant d'être initiés, faisaient le serment de ne confier qu'à leur mémoire le secret des sciences qui leur seraient enseignées, de ne point disputer sur la religion, et de n'en pas révéler les mystères. Dès ce moment, ils étaient soumis à des épreuves de quinze à vingt années, sous les ordres des chefs du culte, qui menaient une vie très dure et très laborieuse, dans les vastes forêts où étaient situées leurs témèses, ou habitations. Après leur cours d'études, les élèves subissaient un examen, et ils n'étaient admis dans les ordres sacrés, qu'après avoir récité plusieurs milliers de vers, et répondu à un grand nombre de questions. La forme de cette admission est indiquée, avec quelques ménagements, dans le premier chant de l'Edda (1).

Les druides n'étaient pas seulement théologiens, législateurs. Ils étaient astronomes aussi; ils étudiaient le cours des astres pour y chercher la révélation de l'avenir. Dans leurs principales résidences, ils avaient des monuments astronomiques pour connaître avec exactitude l'heure de minuit, moment ordinaire de leurs cérémonies religieuses. Ces monuments, consistant en un monolithe taillé grossièrement, étaient percés, à leur surface supérieure, de sept trous que l'on remplissait d'eau; à minuit précis, les sept étoiles qui forment la constellation de la Grande-Ourse venaient réfléchir leur lumière dans l'eau des sept bassins. Il reste plusieurs de ces sortes d'horloges en Bretagne, et particulièrement à Carnac; on y observe une déviation de sept minutes sur l'instant de l'apparition du phénomène. Les druides s'occupaient donc de divination, et ils usaient, dans ce but, de divers procédés. Par exemple, ils nourrissaient des chevaux blancs qui n'étaient assujétis à aucun travail : voulaient-ils connaître la volonté des

---

(1) Voir à ce sujet notre *Histoire pittoresque de la Franc-Maçonnerie et des Sociétés secrètes anciennes et modernes*, page 324.

dieux, ils attelaient ces chevaux à un char sacré, les promenaient processionnellement dans les campagnes, et observaient avec soin leurs frémissements et leurs hennissements, qui renfermaient autant de signes certains des prescriptions célestes. En d'autres occasions, ils divisaient en plusieurs fragments une branche de quelque arbre fruitier. Après avoir distingué chacun de ces fragments par certaines marques, ils les jetaient pêle-mêle sur une étoffe blanche. Alors, un d'entre eux, s'il s'agissait d'affaires publiques, ou un vieillard, s'il était question d'intérêts privés, adressait une prière aux dieux, levait ses regards vers le ciel, prenait au hasard trois des fragments, et, selon l'ordre dans lequel s'étaient présentées les marques qu'ils portaient, la solution cherchée était ou favorable ou contraire. Les druides consultaient également le sort par le cri et le vol des oiseaux, par les palpitations des entrailles des animaux ou des victimes humaines. Quelquefois aussi, avant d'entreprendre une expédition militaire, ils faisaient combattre un prisonnier ennemi avec un guerrier de la nation ; et l'issue de ce combat singulier était considérée comme un présage du résultat final de la guerre. Ils prêtaient aux femmes, en général, un caractère sacré et divin, et croyaient qu'il y avait en elles quelque chose qui les rendait propres à être les interprètes des dieux.

Indépendamment de la foi que le peuple avait dans les oracles des druides, il était persuadé que ces prêtres jouissaient de la faculté de se rendre invisibles, ou de prendre à leur gré les formes que leur caprice leur suggérait ; de s'élever dans les airs ; en un mot, de produire tous les prodiges qu'on attribue aux magiciens. Il croyait que les animaux stériles devenaient féconds en buvant de l'eau du gui ; que cette eau était un préservatif contre les poisons. Les femmes portaient de cette plante sur elles, afin de devenir mères plus sûrement. Suivant la commune opinion, ce végétal parasite était une production du ciel, parce que ses feuilles étaient triangulaires et que sa couleur était celle du soleil. La verveine participait aux vertus magiques du gui, et on la cueillait, comme lui, avec un cérémonial particulier (1). La verveine s'appelait l'herbe sacrée ; les druides ne pouvaient y porter la main qu'à certaine heure de la nuit, et après avoir offert un sacrifice d'expiation. Au moyen de tout cela, on lui reconnaissait la propriété de rendre le cœur joyeux, de réconcilier les ennemis, de guérir les fièvres et un grand nombre de maladies. Le samolus et le sélage étaient deux plantes aussi très vénérées. La première croissait dans des lieux humides. Les druides la cueillaient à jeun, de la main gauche. Dès ce moment, ils ne devaient plus la regarder ; il ne leur était permis que de la jeter dans les canaux où les animaux allaient

---

(1) Voir, pour la coupe du gui, tome Ier, page 214.

boire et dont les eaux devenaient alors salutaires. Le druide cueillait le sélage de la main droite, couverte d'un pan de sa robe, et il le faisait passer secrètement dans sa main gauche, comme s'il l'avait dérobé. La recherche de l'*œuf des serpents* n'exigeait pas moins de précautions. Cet œuf magique se formait de la bave de plusieurs serpents dans un moment où ils étaient enlacés. Dès qu'il était formé, il s'élevait dans l'air au sifflement des reptiles, et pour lui conserver sa vertu, il fallait le recevoir lorsqu'il retombait, de peur qu'il ne touchât la terre. Le druide qui l'avait recueilli montait aussitôt à cheval et s'éloignait en toute hâte ; car les serpents, jaloux de leur production, s'élançaient sur la trace du téméraire qui s'en était emparé, jusqu'à ce qu'enfin une rivière, placée entre eux et lui, vînt mettre obstacle à leur poursuite.

Dans les Gaules, le premier et originairement l'unique collége des druides était situé entre Chartres et Dreux ; c'était aussi le chef-lieu, ou la métropole de ces prêtres ; on en voit encore des vestiges. Mais le grand nombre d'écoliers qui accouraient de toutes parts força de construire des maisons à Alise et à Mavilly, à une lieue de Beaune, sur une colline entourée de hautes montagnes, alors couvertes de bois. Le grand collége des druides de la Bretagne était institué dans l'île de Mona, aujourd'hui l'île de Man. Upsal, en Suède, et Letthra, en Danemarck, étaient les centres des drottes de la Scandinavie.

Le sacerdoce n'était pas le partage exclusif des hommes. Les femmes y étaient admises sous le nom de lénas ou druidesses. Elles exerçaient une grande influence dans les affaires civiles et religieuses de la nation, et leur autorité égalait presque celle des druides. Elles étaient divisées en trois classes. La première se composait de vierges vouées à un célibat perpétuel ; la seconde de femmes mariées, qui ne sortaient de la demeure sacrée qu'une seule fois par an pour aller visiter leurs époux. La troisième classe comprenait les prêtresses subalternes, chargées de remplir, auprès des autres, des fonctions purement serviles. Toutes ces femmes avaient la prétention de lire dans l'avenir. De même que les druides, elles étaient employées dans les sacrifices. Strabon nous apprend que les lénas de la dernière classe avaient coutume de se réunir, le soir, sur les bords des étangs et des marais, et que là elles consultaient la lune au moyen de pratiques superstitieuses. Les sorcières du moyen âge n'ont probablement pas une autre origine.

Temples. Primitivement, les druides n'avaient pour temples que des *nemets*, ou bois sacrés. L'entrée de ces sanctuaires était interdite aux profanes, et l'imprudent qui aurait osé y couper une branche d'arbre eût encouru la peine de mort comme sacrilége. Lucain, dans le troisième livre de sa *Pharsale*, donne la description d'un de ces bois sacrés, situé hors de l'enceinte de Marseille. « La cognée, dit-il, l'avait toujours respecté depuis la naissance du monde. Les arbres touffus formaient partout des berceaux inaccessibles aux rayons du soleil. De tous côtés, on voyait des autels teints du sang des victimes humaines qu'on y avait égorgées. Aucun animal n'entrait jamais dans ce lieu redoutable ; le vent n'osait y souffler, et la foudre semblait craindre de le frapper. Les figures du dieu du bois étaient sans art, et consistaient en des troncs bruts et informes. La tradition portait que souvent ce bois s'émouvait et tremblait ; qu'alors des voix mugissantes sortaient des cavernes ; que les arbres abattus ou coupés se redressaient et prenaient de nouveau racine ; que le bois, tout en feu, ne se consumait point, et que les chênes étaient entourés de dragons monstrueux. Le respect empêchait les Gaulois d'habiter cette demeure ; ils l'abandonnaient tout entière à leurs dieux : seulement, à midi et à minuit, un prêtre allait tout tremblant y célébrer les terribles mystères, redoutant à chaque instant que le dieu auquel le bois était consacré ne se présentât inopinément devant lui. » Les étangs, les lacs, les rivières et les fontaines avaient aussi un caractère mystérieux et sacré. Le peuple considérait comme une profanation de pêcher dans leurs eaux ou de les dessécher. Il y jetait, par un sentiment de dévotion, de l'or, de l'argent et des étoffes précieuses. Le Rhin était surtout l'objet d'une vénération particulière, et souvent les armées se réunissaient sur ses bords pour l'implorer et lui demander la victoire. Dans la suite, à ces temples naturels, on ajouta des temples de pierres. Il y en avait un dans les Gaules, dédié à Bélen, ou Balder, à Mavilly, près de Beaune. On en trouvait un autre dans le voisinage de Saumur ; et celui-ci n'était pas moins fréquenté que le premier. Mais le plus célèbre était celui d'Upsal, en Suède. L'or y brillait de tous côtés ; une chaîne de ce métal faisait le tour du toit, dont la circonférence était de onze cents mètres. Près de Drontheim, s'élevait un édifice du même genre, presque aussi magnifique que celui d'Upsal. On en voyait deux en Islande, l'un au nord et l'autre au sud de l'île. Dans chacun était une chapelle particulière, où les statues des dieux se dressaient sur un autel. Le feu sacré brûlait perpétuellement sur un second autel, revêtu de fer, placé en face du premier. Là était aussi un vase d'airain où l'on recevait le sang des victimes, et, à côté, une sorte de goupillon que l'on trempait dans ce sang pour en arroser les fidèles.

Indépendamment de ces monuments religieux, il faut encore citer les folmens ou dolmens, les menhirs, les peulvans et les *tumuli*. Les dolmens ou pierres levées étaient des blocs de rochers, disposés horizontalement sur des supports de même matière ; les menhirs et les peulvans, de longues pierres plantées verticalement dans le sol, et dont quelques-unes n'ont pas moins de sept mètres d'élévation; les tumuli, des monticules de terre, le plus souvent entourés d'une ceinture de menhirs et qui paraissent avoir été autant de tombeaux. Au centre de menhirs, rangés circulairement, soit au sommet d'une colline, soit en rase campagne soit dans les profondeurs d'un bois sacré, se dressaient quelquefois des autels destinés à immoler des victimes, quelquefois aussi des pierres branlantes, monolithes placés en équilibre sur la pointe d'une autre pierre, et que, malgré l'énormité de leur masse, la plus légère pression suffisait à mettre en mouvement. On ignore la destination de ces pierres, et de ces enceintes, qu'on appelait cromlechs; mais il est constant qu'elles se rattachaient au culte druidique. On en rencontre sur tous les points de l'Europe, dans les steppes de la Russie, sous les glaces du pôle, en Allemagne, en France, en Angleterre, en Espagne, même dans l'Asie mineure et jusque dans le nord de l'Amérique; ce qui démontrerait, au besoin, à défaut d'autres preuves, le vaste développement qu'avait pris la religion des druides.

Culte. On a vu que les druides entretenaient le feu sacré dans leurs temples. Ils n'avaient pas une moindre vénération pour les arbres, et particulièrement pour le chêne, dont le fruit était à leurs yeux un autre emblème de la vie et de la fécondance céleste. Dans l'origine, les sacrifices qu'ils offraient aux dieux consistaient dans les prémices de leurs récoltes; plus tard, ils immolèrent des animaux. Ceux qu'ils sacrifiaient à Odin étaient des chevaux, des chiens, des faucons, des coqs, des taureaux. Mais enfin, comme ils enseignaient la doctrine de la métempsychose, c'est-à-dire que l'âme ne meurt point et ne fait que changer de corps, ils en vinrent à penser qu'ils pouvaient prolonger la vie d'un homme en tranchant les jours d'un autre homme. Les peuples du nord considéraient le nombre neuf comme sacré et particulièrement chéri des dieux; de là ils fixaient l'époque des sacrifices humains à chaque neuvième mois; la cérémonie durait neuf jours et on immolait neuf victimes. Mallet nous a conservé la description de ce qui se passait à Upsal pendant ces sanglantes exécutions. Le roi, le sénat et les citoyens des classes élevées étaient tenus d'y assister en personne et d'apporter leurs offrandes pour les dieux. Les étrangers accouraient en foule à cette solennité, dont l'accès n'était interdit qu'aux hommes dont l'honneur avait souffert quelque tache, ou qui notoirement avaient manqué de courage. En temps de guerre, on choisissait, par la voie du sort, parmi les captifs, ceux qui devaient être immolés. Lorsqu'un fléau sévissait sur la nation, la victime était prise parmi les citoyens, et cette victime était le roi lui-même, si l'on pouvait supposer que ce fût lui qui avait excité le courroux des dieux. C'est ainsi que le premier roi de Vermelande fut brûlé en l'honneur d'Odin pour faire cesser une peste qui ravageait le pays. Les rois, à leur tour, n'épargnaient pas le sang de leurs sujets; plusieurs même ont répandu celui de leurs propres enfants. Un roi de Suède offrit ses neuf fils à Odin pour que ce dieu prolongeât ses jours. Quand on sacrifiait des animaux, ils étaient frappés au pied de l'autel; on ouvrait leurs entrailles pour y lire l'avenir, et l'on en faisait cuire la chair, qu'on servait dans des festins préparés pour l'assemblée. Les sacrifices humains s'accomplissaient de diverses manières. Tantôt les victimes, couchées sur l'autel, étaient étouffées ou écrasées; tantôt on faisait couler leur sang, et les prêtres tiraient leurs augures du degré d'impétuosité plus ou moins grand avec lequel il jaillissait; le plus souvent, on consultait leurs entrailles palpitantes. On répandait le sang sur les images des dieux, sur les autels, sur le mur, sur le peuple et sur les arbres du bois sacré. Quelquefois, on précipitait la victime dans une source profonde ou dans un puits, dans le voisinage du temple. La victime disparaissait-elle au moment de sa chute, on inférait de là que la Terre, à qui on l'avait offerte, acceptait le sacrifice; si, au contraire, elle demeurait à la surface de l'eau, on jugeait que la déesse en refusait l'hommage, et la victime était pendue à un arbre du bois sacré. On la détachait ensuite pour la brûler en l'honneur de Thor; et si la fumée s'élevait à une grande hauteur dans les airs, c'était signe que l'holocauste avait été agréable au dieu. De quelque manière qu'on immolât les hommes, le sacrificateur prononçait cette formule : « Je te dévoue aux dieux » ou bien « Je te dévoue pour la bonne récolte, pour le retour de la bonne saison. » Toujours la cérémonie se terminait par des festins où l'on déployait une grande magnificence; les convives buvaient immodérément, et portaient des santés en l'honneur des dieux. Dans les Gaules, les sacrifices avaient lieu, en général, de la même façon. Mais il arrivait aussi qu'on élevait, au milieu de la nuit, dans la forêt sacrée, un colosse d'osier, dans le vide duquel étaient entassés les infortunés dévoués à la mort. Les pieds du colosse reposaient sur un immense bûcher; un druide y mettait le feu en chantant, et les victimes étaient bientôt dévorées par les flammes. Il était anciennement d'usage que, lorsqu'un chef venait à mourir, on brûlât ses dépouilles, et qu'on jetât dans le même bûcher les officiers et les esclaves qu'il avait aimés le plus.

Histoire. Les druides conservèrent leur réputation de sagesse, leur crédit et leur influence tant que les peuples qu'ils gouvernaient conservèrent leur indépendance et la liberté de suivre en paix leur religion. Dès que les Gaules furent subjuguées par les Romains, le grand collège des druides fut dispersé. Les intrigues politiques auxquelles ces prêtres se livrèrent pour reconquérir leur puissance déterminèrent le sénat romain à rendre un décret qui ordonnait l'entière abolition du druidisme. Dans la crainte que cette religion ne fût une cause permanente de révolte, Tibère ne se contenta pas de renouveler le décret du sénat ; il fit massacrer tous les druides dont on put s'emparer et raser tous les bois sacrés qui existaient dans les provinces conquises. Depuis, sous Alexandre Sévère, les druides essayèrent de se reconstituer ; mais cette tentative demeura sans succès. Cependant, malgré les édits des empereurs, malgré l'établissement du christianisme, ils poursuivirent, à l'abri du plus profond secret, l'exercice de leur culte, sous le nom de senani, hommes sages et vénérables. Procope rapporte que Théodebert ayant pénétré en Italie, à la tête d'une nombreuse armée, et s'étant emparé du pont de Pavie, ses soldats offrirent en sacrifice les femmes et les enfants des Goths qu'ils avaient pris, et jetèrent leurs corps dans le fleuve, persuadés que ce massacre leur procurerait la victoire. « Car, dit Procope, les Francs, quoique chrétiens, observent encore plusieurs de leurs superstitions anciennes. Ils immolent des victimes humaines et emploient dans leurs augures des rites exécrables. » Après la conquête des Gaules et de la Grande-Bretagne par les Romains, un grand nombre de druides abandonnèrent ce dernier pays et se réfugièrent dans l'île de Mona, où ils continuèrent leurs pratiques religieuses. Sous le règne de Néron, Suetonius Polinus vint les y attaquer. Ils combattirent avec rage, parcourant l'île des torches à la main, réduisant tout en cendres et armant jusqu'aux femmes et aux enfants pour la défense de leurs dieux. Les Romains ne triomphèrent qu'au prix du massacre de toute la population. Persécutés avec le même acharnement dans la Germanie, où leurs prédications et leur courage suscitaient, sans trêve et sans relâche, de redoutables ennemis aux Romains, les druides allèrent chercher un abri dans les glaces de la Scandinavie. Ils s'y maintinrent jusqu'au neuvième siècle, et ils disparurent alors, non plus par la puissance du glaive, mais par la seule invasion des dogmes du christianisme.

Ainsi s'est éteinte une religion qui a exercé une haute influence sur nos mœurs. Les dogmes qu'elle enseignait tendaient à inspirer le mépris de la mort, l'amour de la gloire, le dévoûment, l'esprit de liberté, la haine de la tyrannie, des sentiments tendres et respectueux envers les femmes. Elle a développé les principes progressifs que renfermait le christianisme, et lui a donné l'énergie et la dignité qui lui manquaient. Elle a préparé les races mêlées et confondues par la guerre et la conquête aux idées et aux institutions politiques qui gouvernent la plus grande partie de la société moderne, et qui ne tarderont pas à ranger le reste sous leurs lois.

CHAPITRE III.

RELIGIONS SLAVES. Croyances communes, sœurs du druidisme.— Dieux originaires. — Dieux du premier et du second ordre. — Génies domestiques, agrestes, aquatiques, sylvestres. — Esprits malfaisants. — Divinités infernales. — Funérailles. — Divination. — Croyances prussiennes. — Dieux. — Trinités. — Immolation des veuves.— Autre indice d'une origine hindoue.— Croyances lithuaniennes.— Mythologie. — Prêtres. — Bardes. — Mariages.— Cérémonies funèbres. — Fête des morts.— Extinction des croyances slaves.

Croyances générales. Les opinions religieuses des anciens peuples slaves étaient sœurs de celles des Scandinaves, des Germains et des Gaulois. Ainsi que le druidisme, elles furent le produit d'une transaction entre les superstitions locales et les traditions apportées de l'Asie par les conquérants et par les voyageurs. La mythologie qu'elles admettaient abondait en divinités de toute espèce; et, quoique, le plus souvent, ces divinités variassent, suivant les lieux, de noms et même d'attributions, il n'en faut pas moins reconnaître qu'en ce qui les concernait, il y avait au fond unité de système parmi les diverses tribus. Cependant, les Prussiens et les Lithuaniens s'éloignaient sur plusieurs points de la doctrine commune.

Selon Procope, les Slaves adoraient dans l'origine un dieu unique appelé Bog. Ce dieu avait créé l'univers; mais, indifférent à la conservation et à la destinée de son œuvre, il en abandonnait la direction au hasard. Plus tard, à l'exemple des Orientaux, les Slaves distinguèrent dans l'unité divine deux principes opposés, l'un bon, l'autre méchant. Le premier, Bielbog (le dieu blanc) ou Gilbog (le dieu bienfaisant), était considéré comme le dispensateur de tous les biens, comme le protecteur de l'humanité. On le représentait la tête surmontée de deux ailes, le visage ensanglanté et couvert de mouches qui se nourrissaient de son sang, par allusion sans doute à l'ardeur de sa charité, toujours prête à se dévouer pour le salut des créatures. Le second principe, Czernobog (le dieu noir) ou Zlebog (le dieu malfaisant), répandait parmi les hommes l'infortune, la douleur et la misère. On le figurait sous la forme d'un lion debout prêt à s'élancer sur sa proie et entouré des images de la mort. On lui offrait des sacrifices sanglants.

En dernier lieu, le panthéon slave s'enrichit d'une foule d'autres divinités. On donna pour mère à Bielbog et à Czernobog Zlotababa (la femme d'or). Comme l'Isis des Égyptiens, la statue de la déesse portait entre ses bras un enfant, qu'on appelait son petit fils. Zlotababa rendait des oracles, et, en retour, les fidèles lui apportaient des offrandes. Ceux d'entre eux qui venaient les mains vides déchiraient des lambeaux de leurs vêtements ou coupaient une mèche de leurs cheveux, pour lui en faire hommage. Elle avait pour époux Hladolet, dont le nom dérivait du mot *hlad*, faim. Ce dieu représentait le temps, qui dévore ce qu'il a produit.

A la suite de ces divinités, venait la personnification du soleil. Les Vendes l'appelaient Vodha, dénomination qui a évidemment une source asiatique, et qui ne peut être qu'une corruption de Bouddha. Cette origine s'appuie encore de la forme de la statue du dieu, qu'on adorait à Rhétra, et qui représentait un personnage à plusieurs têtes, comme la plupart des idoles de l'Inde. Les Bohèmes et les Moraviens le nommaient Chason; les Silésiens et les Polonais, Iaes; les Poméraniens et les Obotrites, Radegast et Svétovid. Ils en faisaient le dieu de la guerre. C'était leur Odin, et une des divinités à qui ils avaient élevé le plus de temples et dont le culte était entouré de plus d'éclat. On lui consacrait des chevaux blancs; et ces chevaux prononçaient des oracles, principalement lorsqu'il s'agissait d'entreprendre une expédition militaire. Le cortége de ce dieu se formait de Iuthrbog, l'aurore, que les Polonais nommaient Ausca; de Bezléa, le crépuscule, et de Breksta, les ténèbres. Nocéna, ou Ziselbog, la lune, partageait les hommages que les Slaves rendaient au soleil.

Péroun ou Perkoun, le Thor de ces peuples, présidait au tonnerre; il rassemblait ou dispersait les nuages qui retenaient ou laissaient tomber les eaux supérieures. C'est lui aussi qui lançait la foudre sur les criminels. Le feu sacré brûlait sans cesse devant sa statue, et des victimes humaines étaient immolées sur les autels qu'on lui avait élevés. On le confondait quelquefois avec le soleil; quelquefois on en faisait le dieu de la guerre. A ce dernier titre, il recevait les noms de Lad et de Rugiavith, et avait pour épouse Yagababa, femme gigantesque d'une horrible maigreur, qu'on représentait assise sur les bords d'un mortier, dont elle frappait le fond avec une massue de fer. Zywie ou Zibog était le dieu de la vie. Il avait pour épouse Siva ou Ladă, déesse de la beauté. Siva avait trois fils : le premier se nommait Lel (l'amour); le second, Did (l'amour mutuel), et le dernier, Polel (l'hymen). Plusieurs divinités slaves offraient de l'analogie avec des dieux grecs et romains. Ainsi Trigla, Ipabog, Sénovia ou Marzéna pouvait se comparer à Diane; Algis, à Mercure; Zémina, à Cybèle; Ziwiéna, à Cérès; Didilia, à Lucine; Tour, à Priape. Korscha, le dieu des plaisirs de la table, avait de frappants rapports avec le Korschid des Perses, c'est-à-dire le soleil.

Parmi les dieux du second ordre, il faut signaler Koliada ou Derfintos, qui présidait à la paix; Ligiez, qui réconciliait les ennemis; Oslad, qui dispensait le repos et les plaisirs; Znitsch, qui donnait la santé; Ila ou Krepkibog, qui développait ou conservait la vigueur musculaire. Celui-ci joue un rôle important dans les légendes mythologiques des Slaves; on peut le comparer à l'Hercule des Grecs. Toutes les opérations de la nature étaient placées sous la direction de divinités spéciales. Koupalo était la déesse de l'abondance. On célébrait sa fête au solstice d'été. De jeunes garçons et de jeunes filles, la tête parée de fleurs et de couronnes, formaient des danses et luttaient à qui sauterait avec plus de légèreté par-dessus des feux qu'on allumait. Nous avons établi ailleurs (1), par de nombreuses citations, l'universalité de cet usage, qui s'est perpétué jusqu'à nous sous le nom de feu de Saint-Jean. Un autre dieu, Dajbog, comme le Plutus des Latins, présidait aux richesses. Mais, d'un autre côté, les Slaves avaient un dieu du vol, appelé Poréwith, qu'ils représentaient avec cinq têtes coiffées d'un seul bonnet, et même un dieu de la peste, auquel ils avaient donné le nom de Trzibog. Les éléments aussi avaient leurs dieux particuliers. Znicz, était celui du feu. Le culte qu'on lui rendait était le plus répandu et le plus religieux. Partout on lui avait érigé des temples, et les prêtres qui les desservaient prononçaient des oracles en son nom. On lui offrait en sacrifice le butin et les prisonniers qu'on avait faits sur l'ennemi. Porémut, Striborg ou Némisa, était le dieu de l'air; Pozvid, le dieu de la tempête. Warpulis, compagnon inséparable de Péroun, faisait gronder les vents qui précèdent et qui suivent les éclats du tonnerre. Makosla répandait les pluies fécondantes. Pogoda procurait les doux zéphyrs du printemps; il était l'amant de Zimtzerla, qui faisait naître les fleurs dans cette saison de l'année. Sémargla, déesse des frimas, était l'irréconciliable ennemie de Zimtzerla. Lowkplatim présidait à l'agriculture; Tchour marquait les limites des champs; Veless veillait sur les troupeaux en général; Gorinia, sur les montagnes; Puschot ou Zuttibor, avec ses lieutenants Madeina et Ragaïna, sur les forêts. Quelques-unes des forêts elles-mêmes étaient autant de divinités, et il était interdit, sous peine de mort, de s'y livrer à la chasse ou d'y couper le moindre rameau. Andros ou Czar-Morskoï, le Neptune des peuples slaves, avait le gouvernement des mers, des fleuves et des rivières, et il était sans cesse accompagné d'une espèce de triton qu'on appelait Tschoudo-Morskoï, la merveille de la mer. Gardot pourvoyait à la sûreté des marins et des navigateurs, comme Benkis à celle des personnes qui voyageaient par terre. Ezernim avait dans ses attributions spéciales les étangs et les lacs et toutes les eaux stagnantes. Des fleuves et des lacs avaient été divinisés, ainsi qu'on en avait usé pour certaines forêts. Tel était le Bug, que l'on confondait avec le dieu suprême Bog, et dont on

---

(1) Voir tome 1er, pages 221 et suivantes.

ne s'approchait qu'avec un respect religieux ; tels étaient encore le Don, le Dniéper et la lac Orth.

Au-dessous de toutes ces divinités, les Slaves plaçaient des génies de différentes sortes. Les domotroï, que les Polonais appelaient numéias et les Moraviens sseteks, étaient des esprits domestiques analogues aux dieux lares des Romains. Ils étaient représentés le plus ordinairememt sous la forme de reptiles. On leur présentait du laitage et des œufs, et il y avait peine de mort contre quiconque eût entrepris d'offenser ces hôtes protecteurs. Chacun d'eux avait des fonctions particutières : par exemple, Oublanikza prenait soin du mobilier de la maison ; Polémgabia entretenait le feu du foyer ; Matagabia surveillait le four, et avait droit au premier pain qui en sortait ; Ranguzemapat guidait dans la fabrication de la bierre et de l'hydromel : on l'invoquait en buvant de ces liqueurs et on lui en offrait des libations ; Préparsis, Krukis et Krémara protégeaient les marcassins ; Makosch les brebis et les chèvres ; Gardunitis les agneaux ; Rataïnikza les chevaux ; Zozim ou Austhéia les abeilles. Apidome présidait aux changements d'habitation. Les génies des forêts étaient nombreux et divers. Il y avait d'abord les polkoni. La partie supérieure de leur corps avait la forme humaine ; la partie inférieure, celle d'un cheval ou d'un chien. Quelques-uns prenaient l'apparence d'animaux : Berstuk, notamment, se montrait sous celle d'un bouc ; Siksa, sous celle d'un veau couché. Ils avaient des attributions spéciales : ainsi Lasdona protégeait les coudriers ; Kirnis, les cerisiers, etc. Venaient ensuite les léchyes, semblables aux satyres des Romains dans leur conformation extérieure. « Quand ils marchaient parmi les herbes, dit Levesque, ils ne s'élevaient pas au-dessus d'elles et de la verdure naissante ; mais, quand ils se promenaient dans les forêts, ils atteignaient au faîte des plus grands arbres, poussant des cris affreux qui répandaient au loin l'effroi. Malheur au téméraire qui osait traverser les forêts ! Bientôt il était entouré par les léchyes, qui s'emparaient de lui, le conduisaient de divers côtés jusqu'à la fin du jour, et, à l'entrée de la nuit, le transportaient dans leurs cavernes, où ils prenaient plaisir à le chatouiller jusqu'à ce qu'il en mourût. » Quelquefois on les voyait se livrer à des danses lascives avec les roussalki, nymphes des eaux et des forêts. Les roussalki possédaient toutes les grâces de la jeunesse, relevées par les charmes de la beauté. « Souvent, dit Levesque, on les voyait se jouer sur les bords des lacs et des rivières ; souvent aussi elles se baignaient dans les eaux limpides et nageaient à leur surface ; d'autres fois elles peignaient sur le rivage leur verte chevelure ; ou bien encore se balançaient, tantôt d'un mouvement rapide, tantôt avec une douce mollesse sur les branches flexibles des arbres. Leur draperie légère volait au gré du vent, et, dans ses diverses ondulations, cachait et découvrait tour à tour leurs beautés les plus séduisantes. » Les gastos étaient des esprits malfaisants. Un d'entre eux, Marowit, qu'on nommait aussi Kikimora, était représenté avec une tête de lion, des bras ramassés, couverts de plumes et d'écailles, et une longue robe à fleurs. Il venait s'abattre sur les hommes endormis et les tourmentait par des songes pénibles. C'était une personnification du cauchemar. Les voloti étaient des géants; les ouboses, des nains animés par les âmes des morts; les koltkis, des génies nocturnes, espèces de gnomes, qui habitaient sous terre et servaient d'intermédiaires entre les hommes et les divinités des enfers.

Les Slaves, en effet, croyaient en une vie future; mais ils n'admettaient, selon toute apparence, que des lieux de punition pour les méchants. Peut-être supposaient-ils que les bons étaient suffisamment récompensés par la satisfaction d'avoir fait le bien pendant leur vie. La mort était considérée comme une divinité. On l'appelait Flinz, et on la figurait, tantôt sous la forme d'un squelette, tantôt sous celle d'un vieillard, tenant une torche à la main, portant un lion sur ses épaules, et debout sur un bloc de silex. Trizna protégeait les morts et les monuments funéraires. Viélona était le dieu des âmes, que Nija recueillait pour les conduire dans les demeures infernales. Là, régnait Nia, que les Moraviens nommaient Merot, et les Vendes Poklun, avec son épouse Ninwa. Les morts étaient traduits à son tribunal pour y être jugés. Radamas, comme le Rhadamanthe des Grecs, lui servait d'assesseur. Sa cour était complétée par les sudices ou parques, qui comptaient les jours des mortels, et par les tassanis ou furies, qui exécutaient ses terribles arrêts.

Les Slaves brûlaient leurs morts, et les obsèques étaient suivies d'un festin funéraire, qu'on appelait Trizna. Selon Levesque, l'usage de ces banquets s'est conservé en Russie. Au moment où l'on rend les derniers devoirs aux morts, on présente aux assistants du vin, du café, du punch, des liqueurs et du thé. Les prêtres slaves usaient de divers procédés pour connaître l'avenir. Ils tiraient des présages de l'époque du retour des oiseaux de passage, de la manière dont se rencontraient certains animaux et des cris qu'ils faisaient entendre. Ils étudiaient les ondulations de la flamme et de la fumée, le cours des eaux, le choc de leurs flots, les figures que formaient leur écume. Ils avaient une autre pratique, le plus généralement observée, qui consistait à lancer en l'air des cercles appelés kroujki, blancs d'un côté et noirs de l'autre. Les cercles tombaient-ils sur le côté blanc, les entreprises que l'on méditait devaient avoir une heureuse issue; si c'était sur le côté noir, il fallait s'attendre à les voir échouer.

Croyances des Prussiens. La mythologie des Prussiens ou Pruczi paraît avoir admis la plupart des divinités des autres tribus slaves. Cependant il y en avait plusieurs qui lui étaient particulières. Celles-ci se divisaient en deux groupes : l'un, de douze dieux, qui se rapportaient aux mois; l'autre, de trois dieux, dont nous dirons les attributions spéciales. En tête de la première catégorie se plaçait Schwayxtix, ou le soleil; puis Occopirn, qui en était une émanation; Perkoun ou Péroun, le tonnerre; Auschweyt, qui présidait à la santé et aux maladies; Antrimpos, qui avait l'empire de la mer; Potrimpos, qui avait celui des sources et des eaux vives. On considérait également celui-ci comme le protecteur et le dispensateur des fruits de la terre et le symbole de la terre elle-même. Les serpents lui étaient consacrés. On lui offrait de l'encens et de la cire. Dans certaines circonstances solennelles, on lui sacrifiait des enfants. Venaient ensuite Perdoyt, le dieu de la pêche et de la navigation; Pergrub, le dieu du printemps, de la verdure et des fleurs; Pelvit, le dieu des moissons; Pikollos, le dieu de la mort; Pokollos, le dieu des spectres et des fantômes. Puschkayt habitait sous des touffes de sureau; il était le maître des nains, qui se partageaient en deux classes : les barstukes, qui résidaient sur la terre, et les markopètes, qui erraient dans les airs. Les uns et les autres étaient les médiateurs entre les hommes et les divinités infernales. Perkoun, Pikollos et Potrimpos, formaient une trinité; et, alors, on considérait le premier comme le dieu de la lumière et du tonnerre; le second, comme le dieu des enfers, et le dernier, comme le dieu de la terre, des fruits et des animaux. Il y avait une autre trinité qui se formait des dieux de la seconde catégorie. Elle comprenait Kurkho, dieu de l'agriculture; Wurskaïto, dieu des quadrupèdes; et Ischwambrat, dieu des oiseaux.

Une circonstance qu'il importe de noter, parce qu'elle vient à l'appui de l'origine asiatique des races du nord, c'est qu'à l'exemple des femmes hindoues, les veuves des Pruczi se brûlaient sur le bûcher de leurs époux. Il ne faut pas non plus omettre de signaler les nombreux rapports qui existent entre le sanskrit et la langue lithuanienne, source du letton, du hérule et du vieux prussien.

Croyances lithuaniennes. Les Lithuaniens se rapprochaient le plus des Scandinaves par leurs croyances et leurs institutions religieuses. Leur dieu suprême se nommait Odin. Perkoun, qui venait ensuite, était, et par ses attributs et par son caractère, une copie exacte de Thor. Milda, déesse de la beauté, était également semblable à Fréa; seulement elle avait un fils, Kaunis ou l'Amour, qu'on représentait sous les traits d'un nain. Les autres divinités des Lithuaniens étaient Mélitélé, déesse des fleurs, dont on célébrait la fête au printemps; Pucis ou le zéphyre; Goniglis, dieu des pasteurs; Pilwité, déesse de la fortune; Laïma, du bonheur; Liéthua, de la liberté. Celle-ci avait le chat pour symbole et partageait avec Odin les âmes des murgi, guerriers morts pour la patrie. Ezagulis était le dieu de la mort, et l'on célébrait en son honneur des fêtes funèbres appelées skierstuwes. Les forêts, les lacs, les rivières, les bosquets, avaient leurs divinités tutélaires; les chaumières, leurs bons génies.

Les prêtres qui présidaient aux cérémonies du culte étaient partagés en plusieurs classes. Les sacrificateurs, qui occupaient le premier rang, se nommaient weidalotes. Ils avaient au-dessous d'eux les weidels et les siggenotes, qui les assistaient dans leurs fonctions. Leur emploi ne consistait pas uniquement à immoler les victimes; ils étaient chargés en outre d'entretenir perpétuellement le znicz, ou feu sacré, devant les images des dieux, d'instruire le peuple des dogmes de la religion, et de célébrer sa gloire par des chants héroïques. Ils avaient à leur tête le krewe-kreweyto, grand-prêtre, qui partageait le pouvoir suprême avec le chef de l'État, et dont la puissance s'étendait depuis la Dwina jusqu'à la Prusse. Il était élu à cette dignité par le collége des weidalotes. L'antique temple de Romnowé était la demeure de ce pontife. Quand les troupes marchaient au combat, il était porté dans une litière par des membres de son clergé; et les peuples se prosternaient sur son passage en agitant des bannières. Les prêtres qui avaient charge spéciale de brûler des parfums en l'honneur de Milda avaient le titre de mildawnikas. On appelait tilussones et lingussones ceux qui vaquaient particulièrement aux cérémonies des funérailles. Il y avait aussi des prêtres dont les attributions étaient semblables à celles des skaldes scandinaves et des bardes gaulois : c'était les burtenikas. Ils étaient poètes, chanteurs et devins à la fois, improvisaient des vers au milieu des combats pour exalter le courage des guerriers, et dans les solennités funéraires pour évoquer les âmes et les apaiser par la puissance de la poésie unie à la musique. Leurs femmes, nommées burtes, chantaient, à leur exemple, des vers de leur composition.

Lorsqu'un mariage avait lieu, les Lithuaniens ornaient la maison nuptiale de couronnes formées de rameaux de la plante ruta. Ces couronnes étaient le symbole de l'amour et des espérances d'une jeune fille. Elles avaient aussi le pouvoir d'éloigner les maladies. Aux enterrements, on chantait et l'on pleurait tour à tour. D'abord, on buvait à la mémoire du défunt, et on lui disait : « Je bois à toi, mon ami; oh! pourquoi es-tu mort? » On faisait entendre ensuite des lamentations et des chants au bruit du cor lithuanien, et les lingussones prononçaient l'oraison funèbre. Puis on déposait le corps sur un bûcher, et il était dévoré par les flammes. Il arrivait souvent que l'on y brûlât aussi des victimes vivantes. On rapporte que Gédymin, grand-duc de Lithuanie, tué dans un combat contre les chevaliers teutons, fût brûlé tout armé avec son cheval, deux lévriers, son cor de chasse, son faucon, un vieux serviteur et deux prisonniers de guerre. Les cendres étaient recueillies dans une urne, et déposées sous la mogila ou le kurhan (le tumuli), qu'il n'était jamais permis de détruire.

Une des principales fêtes des Lithuaniens était celle des morts. Elle se célébrait tous les ans avec une grande pompe. On la nommait chauturay ou dziady. Elle commençait par un festin auquel étaient conviées les âmes. Suivant la croyance populaire, ces âmes arrivaient lorsqu'elles étaient évoquées, et prenaient place au banquet. Tant qu'on supposait qu'elles n'avaient pas achevé leur repas, on gardait un religieux silence. Ensuite on les congédiait en leur disant : « Partez, bonnes âmes; donnez la bénédiction et la paix à cette maison. » La cérémonie terminée, on allait visiter les tertres tumulaires répandus dans les campagnes, et l'on faisait entendre des cantiques funèbres.

La conversion des Lithuaniens à la foi chrétienne s'opéra sans effusion de sang. Jagellon, qui avait adopté cette croyance à la sollicitation d'Hedwige, sa femme, la fit facilement partager à son peuple. Jusque-là, ni les efforts des grands-ducs de Lithuanie, ni le prosélytisme violent des chevaliers teutons, n'avaient pu parvenir à atteindre ce résultat. Dès ce moment, les autels des anciens dieux disparurent; le znicz s'éteignit; les serpents sacrés furent immolés; et le peuple, devenu esclave, abandonna ses armes, et sembla renoncer à ses antiques traditions et à ses chants héroïques.

CHAPITRE IV.

RELIGION ÉGYPTIENNE. Les Égyptiens primitifs n'étaient point des nègres. — Ils formaient un seul et même peuple avec les Éthiopiens. — Preuves. — Les Éthiopiens étaient venus de l'Inde. — Anciennes relations avec ce pays, démontrées par les monuments. — Source hindoue de la religion égyptienne. — Le Nil et le Gange. — Knouphis-Nilus et Gangâ. — Les deux déserts. — Livres de Thôth. — Cosmogonie égyptienne. — Gamme céleste. — Théogonie. — Triades. — Osiris, Isis et Horus. — Divinités diverses. — Images des dieux. — Les animaux sacrés. — Vie future : l'Amenthi; les balances des âmes; le paradis et l'enfer. — Origine divine des âmes des rois. — Les prêtres : leur puissance, leurs attributions, leur hiérarchie, leur vie intérieure, leur régime diététique, leurs purifications, leurs richesses; impôts auxquels ils étaient soumis ; leurs divers ministères; leurs costumes. — Initiation : épreuves, triomphe des initiés. — Monuments religieux : description d'un temple; les obélisques; la statue de Memnon; les pyramides. — Forme générale du culte. — Les ustensiles sacrés. — Les victimes. — Les oracles. — Fêtes. — Triomphe des rois vainqueurs. — Funérailles. — Jugement des rois morts. — Histoire.

Origines égyptiennes. Plusieurs écrivains, au nombre desquels il faut compter Volney, ont prétendu que les habitants primitifs de l'Égypte appartenaient à la souche nègre : c'est une erreur à laquelle a particulièrement donné lieu un passage obscur et mal interprété d'Hérodote. En énumérant les divers peuples indigènes qui existaient de son temps en Afrique, l'historien grec les divise en Éthiopiens et en Libyens, établis les uns à l'ouest, les autres à l'est du continent. Sous la dénomination d'Éthiopiens, il réunit toutes les races de l'est dont la peau était noire ou seulement basanée, qui avaient les cheveux lisses, ou bouclés ou lanugineux, et quels que fussent d'ailleurs les traits de leur visage et l'ouverture de leur angle facial. Or, il est clair que, si les nègres se trouvaient compris dans la classe des Éthiopiens ainsi caractérisée, ils ne la constituaient pas à eux seuls, et que les Égyptiens pouvaient bien y figurer aussi, sans être pour cela des nègres, dans la stricte acception de ce mot. Il est vrai, comme on l'a dit, que la tête du sphinx des pyramides offre les caractères distinctifs du type nègre; mais l'argument tiré de ce fait est sans aucune valeur, puisque les linéaments des personnages si multipliés sculptés sur les autres monuments anciens s'éloignent essentiellement, à de rares exceptions près, de ce type fort reconnaissable.

Tout porte à croire que les Égyptiens formaient un seul et même peuple avec cette portion des Éthiopiens qui habitaient au delà des cataractes de Syène et avaient Méroé pour capitale. A l'époque de l'expédition française, le docteur Larrey s'est livré à un examen comparatif entre les races variées qui peuplaient alors l'Égypte et un grand nombre de momies extraites des plus antiques sépultures. De cet examen est résultée la démonstration la plus évidente que la population originaire de la contrée présentait une identité parfaite de structure, de physionomie, de teint, de chevelure, avec les Abyssins actuels, qui sont les descendants des Éthiopiens d'autrefois. Champollion le jeune a, d'autre part, constaté que les ruines des édifices élevés en Égypte et en Éthiopie, dans le VIIIe siècle avant notre ère, par les rois de la dynastie éthiopienne, portent des inscriptions rédigées dans la même langue et tracées avec le secours des mêmes signes hiéroglyphiques.

Les découvertes et les déductions de la science concordent parfaitement avec la prétention des Éthiopiens, qui affirmaient que l'Égypte était une de leurs colonies. Les dépôts successifs du Nil au-dessous de Thèbes en avaient créé le sol lui-même, et la population de l'Éthiopie était venue s'installer sur cette terre nouvelle, à mesure qu'elle empiétait sur le domaine de la mer. Il y avait, d'après Diodore de Sicile, des ressemblances frappantes entre les lois et les usages des deux pays : on y adorait les mêmes dieux; les écritures y étaient les mêmes, et la connaissance des caractères sacrés, réservée aux prêtres seuls en Égypte, était populaire en Éthiopie. Là, comme ici, les prêtres étaient organisés sur un plan identique; ils suivaient les mêmes règles de pureté et de sainteté ; et leurs habillements étaient de tous points semblables. Les rois aussi avaient le même costume, et un aspic ornait leur diadème. Ainsi que le remarque M. Champollion-Figeac, dans son précieux travail sur l'ancienne Égypte, il reste encore en Éthiopie des traces manifestes des origines égyptiennes. Les habitants y arrangent leurs cheveux comme les monuments de l'Égypte nous montrent que les simples particuliers disposaient les leurs. La plupart des animaux sacrés de la religion égyptienne sont étrangers au pays et ne se rencontrent que dans l'Abyssinie : tels sont notamment les ibis blancs et noirs, qui ne paraissent en Égypte qu'avec le débordement du Nil, et qui la quittent aussitôt que le fleuve est rentré dans son lit. Sous la tête des momies, on trouve des hémicycles en bois qui en prennent le contour, et qui, reposant sur un pied haut de quelques pouces, sont destinés à la relever : l'usage de cet appareil, inconnu à l'Égypte moderne, est commun en Abyssinie ; et un voyageur, M. Caillaud, en a rapporté de tout neufs comme objets de comparaison. L'ancien goût égyptien, les principaux caractères du style employé dans la fabrication des meubles de petites dimensions se remarquent encore dans les meubles, dans les parures, les armes, les ustensiles des Abyssins de nos jours.

Mais les colonisateurs de l'Égypte étaient-ils eux-mêmes originaires de l'Afrique ? c'est là un point qui n'est rien moins que prouvé, ainsi qu'on va le voir. Hérodote établit des rapports de parenté entre les Éthiopiens et des peuples asiatiques, auxquels il applique le même nom. « Les Éthiopiens d'Asie, dit-il, ont les cheveux lisses ; ceux d'Afrique les ont bouclés. » Il cite ailleurs, dans l'armée de Xercès, un corps d'auxiliaires composé d'Éthiopiens d'Asie. Virgile, Diodore, Strabon, toute l'antiquité, considéraient comme un seul et même peuple les Indiens et les Éthiopiens. La chronique d'Eusèbe rapporte qu'à une date très reculée, des Éthiopiens, venus de l'Indus, s'établirent en Égypte ; et ce qui appuierait cette assertion sous un rapport essentiel, c'est que les bords du Sindh, ou Indus, ceux du Gange et du Brahmapoûtra, sont principalement occupés par des populations basanées, à qui la couleur foncée de leur teint a fait donner l'épithète d'*aitiops*, c'est-à-dire noirs. Les Abyssins modernes se nomment eux-mêmes *Ytiopaouan*, mot évidemment dérivé du premier, et qui, dans le principe, au moins, a dû présenter le même sens. Les livres sanskrits relatent de très anciennes émigrations des races hindoues. Ils parlent d'un roi Yatoupa, chef des Yates ou Yadawas, qui allèrent s'établir dans l'Yatoupaan (l'Éthiopie, la Haute-Égypte), après avoir abandonné l'Inde. Suivant lord Lindsay, ce peuple se divisa en deux branches qui occupèrent, l'une le levant, l'autre le couchant du pays ; il était de souche kouschite, c'est-à-dire originaire du Kouschistân, ou de la Suziane, dont les limites s'étendaient alors plus au loin vers l'orient qu'elles ne le firent dans la suite, lorsque la contrée fut tombée en partie sous la domination des Perses. Ajoutons que, d'après l'usage général des nations anciennes, les Éthiopiens se prétendaient redevables de leur civilisation à l'intervention directe de la divinité, et qu'ils appelaient leur premier législateur Mitra, mot sanskrit qui signifie *ami*, et qui est un des titres que les Hindous donnent à leur dieu Soûrya, ou le soleil. Il y a des traces postérieures de l'invasion des peuples de l'Inde dans cette région. *Bhilata* ou *palita* est un terme sanskrit qui se prend dans l'acception de berger. Les chroniques indiennes mentionnent une branche de palis qui régnait depuis Siam jusqu'à l'Indus, et qui avait pour centre Pali-Bothra; le pays qu'elle occupait se nommait Palistân. Ce sont des membres de cette branche qui, sous le nom d'hyksos, ou pasteurs, conquirent l'Égypte et opprimèrent les Égyptiens environ deux mille ans avant notre ère. Ces palis sont les ancêtres des Philistins ; ils inondèrent le monde en divers temps, sous les dénominations de Phalegs, de Pelvis et de Pelasges.

Il nous paraît difficile que l'on conteste les faits qui précèdent. Mais, ne les considérât-on, ce qui n'est pas admissible, que comme de pures suppositions, il n'en demeurerait pas moins constant que les Égyptiens ont eu de très anciennes et très intimes communications avec les peuples de l'Hindoustân. Dès le règne de Sésostris, ou Rhamsès III, dans le XVIe siècle avant l'ère vulgaire, le commerce entre les deux pays avait une remarquable activité. On découvre fréquemment dans les tombes de cette époque de nombreux spécimens de toiles et d'étoffes de fabrique indienne, des meubles de bois des Indes, des pierres dures taillées, qui viennent certainement du même pays. Thèbes et Memphis étaient alors les centres commerciaux de l'Orient. « Une route très connue, surtout depuis Memphis, dit M. Champollion-Figeac, conduisait en Phénicie, où d'autres routes s'ouvraient vers l'Arménie et le Caucase; vers Babylone, par Palmyre et Thapsaque, sur l'Euphrate. De Babylone et de Suze, on communiquait avec l'Inde. » Antérieurement, sans doute, Méroé, dans l'Ethiopie, appelait sur son marché les produits variés des fabriques orientales. Selon Heeren, les ruines d'Axum, d'Azab, de Méroé, d'Adule, appartiennent moins à des cités qu'à des entrepôts de commerce, créés en faveur des caravanes et où s'élevaient invariablement des temples fameux pour leur sainteté. On sait, en effet, que, de tout temps, les prêtres se sont servis du prétexte des pèlerinages et des grandes solennités religieuses, pour stimuler et multiplier les communications des peuples, et pour activer et généraliser, par ce moyen, les progrès de la civilisation. Une grande route commerciale est encore jalonnée par des ruines, de la mer des Indes à la Méditerranée ; de Méroé à l'Arabie, par Adule, Axum et Azab; de Méroé à Carthage, par Thèbes et l'oasis d'Ammon ; de Méroé dans la haute, la moyenne et la basse Égypte, par le cours du Nil.

Les Égyptiens durent vraisemblablement, sinon à une communauté d'origine, au moins à leurs relations suivies avec les Indiens, leur organisation civile et religieuse, leurs croyances, leur culte, toutes leurs institutions, dont on retrouve les modèles dans l'Inde. Dans les deux pays, le peuple est divisé en quatre castes : prêtres, militaires, agriculteurs, industriels ; la loi rive le fils à la profession qu'il tient de ses pères; elle enchaîne le citoyen au sol de la patrie ; la religion est un pur monothéisme se manifestant extérieurement par un polythéisme symbolique ; la nature et ses agents sont personnifiés et deviennent autant de dieux ; la trinité se montre sous toutes les formes ; la rotation des corps célestes produit une ravissante mélodie ; leurs orbes, les mois, les jours, les heures, sont placés sous la protection de divinités spéciales qui les dirigent et les animent; le bœuf, la vache, le serpent, le lotus, le phallus ou lingam, sont entourés d'adorations ; et les statues des dieux se présentent le plus souvent sous les traits ou avec des têtes d'animaux ; le monde et l'homme ne sont pourtant qu'illusion et mensonge, et le souverain être est seul une réalité; l'âme humaine est rémunérée ou punie selon ses œuvres ; elle est solennellement jugée, et va dans des lieux de délices ou de souffrances, ou passe successivement dans de nouveaux corps jusqu'à ce qu'elle ait épuisé une longue série d'épreuves et qu'elle ait effacé jusqu'aux dernières traces de ses souillures; les prêtres, particulièrement, s'abstiennent de se nourrir de la chair des animaux ; ils se couvrent de vêtements de lin ; ils sont dépositaires et gardiens exclusifs des écritures sacrées ; seuls, ils possèdent et enseignent les sciences ; ils pratiquent une initiation ; ils soulèvent à leur gré le voile qui cache l'avenir. Il nous serait facile de pousser plus loin ce parallèle; mais à quoi bon? Les ressemblances que nous venons de signaler, quelque peu nombreuses qu'elles soient, sont encore suffisantes pour démontrer qu'il y a là autre chose que le résultat d'un pur hasard.

Objectera-t-on que la plupart des mythes consacrés en Égypte dérivant des mouvements réguliers du Nil, il serait illogique de prétendre que ces mythes fussent le produit d'emprunts faits à une religion étrangère? On ne ferait pas attention que les phénomènes singuliers que présente le Nil sont communs au Gange, et ont donné naissance, dans l'Inde, à des allégories à peu près identiques. Chaque année, dans la saison des pluies, le fleuve indien déborde comme le Nil, et couvre de ses eaux fertilisantes les immenses campagnes qu'il traverse. On sait la vénération dont sont l'objet ces eaux, à la surface desquelles flotte aussi le padma ou lotus sacré. Si l'Égypte a son dieu Nil, l'Inde voit de même figurer dans son olympe la déesse Gangâ. Mais là ne se bornent pas les ressemblances qu'offrent les deux contrées : on dirait que la nature s'est plue à les modeler l'une sur l'autre, afin que leurs croyances fussent semblables aussi. Qu'on nous permette de citer à ce propos un curieux passage de l'histoire de l'Inde, de M. Xavier Raymond : « Entre le Gange et l'Indus et leurs affluents, s'étend, sur un espace de plus de deux cents lieues, un désert à peine arrosé çà et là par quelques faibles ruisseaux qui se perdent dans les sables, et qui présente un aspect semblable à celui des régions les plus désolées de l'Arabie et de l'Afrique. La partie orientale est couverte de collines de sables mobiles qui s'élèvent souvent à de grandes hauteurs. Toutefois, on trouve dans ces solitudes quelques buissons de plantes épineuses, quelques arbrisseaux du genre mimosa. On y rencontre même, séparées il est vrai par des distances considérables, des huttes autour desquelles les habitants, utilisant les eaux de sources voisines, parviennent à établir quelque culture. On va jusqu'à y signaler l'existence d'une ville, Birkanir, que couronnent des palais, des temples et d'autres grands édifices. » Ne semblerait-il pas lire une description fidèle du désert qui confine à l'Égypte, avec sa mer de sable, ses vertes oasis et ses somptueux monuments ?

Nous croyons avoir démontré que les anciens habitants de l'Égypte et de l'Éthiopie formaient un seul et même peuple, qui s'est perpétué dans les Abyssins, Barabras, Berbers, ou Kennous d'aujourd'hui ; que ce peuple lui-même était originaire de l'Inde ; que ses relations avec ce pays n'ont jamais été interrompues ; et enfin, que la religion et le culte qu'il professait étaient dérivés de la religion et du culte brahmaïque. Si ces assertions avaient besoin d'une justification plus complète que celle qui résulte des particularités que nous avons rapportées, on la trouverait certainement dans les détails que renferment les articles qui vont suivre.

L'exposé minutieux des institutions religieuses de l'Égypte serait celui des lois, des mœurs, des coutumes, de l'histoire de cette contrée ; car la religion se mêlait à tous les actes publics et privés de la nation. Nous ne nous engagerons pas dans un champ aussi vaste, qui nous entraînerait hors des limites que nous nous sommes fixées ; mais, en nous bornant aux points essentiels de la croyance et des pratiques égyptiennes, nous aurons soin de ne passer sous silence rien de ce qui serait de nature à les faire bien connaître, rien de ce qui pourrait offrir un véritable intérêt.

Livres sacrés. Les Égyptiens possédaient une série d'ouvrages embrassant toute la science humaine, qu'ils appelaient les livres d'Hermès ou de Thôth. On distinguait deux personnages de ce nom, l'un, primitif et céleste, l'autre, engendré et terrestre. Le premier, Thôth ou Har-Hat, le trismégiste, trois fois grand, écrivit les livres originaires, sur l'ordre qu'il en reçut du dieu suprême. Ces livres, tracés en langue et en caractères divins, « demeurèrent inconnus jusqu'à ce que le dêmi-ourgos, le grand architecte, eût créé les âmes, l'univers matériel et l'homme. » Alors parut le deuxième Thôth, qui enseigna aux hommes une langue articulée pour se communiquer leurs pensées, et une écriture pour leur donner un corps. Thôth, en outre, organisa l'état social, institua la religion, régla les cérémonies du culte, révéla les lois de l'astronomie, la science des nombres, la géométrie, l'architecture, la sculpture, la peinture, tous les arts utiles ou de pur agrément; il rédigea sur ces divers sujets de nouveaux livres dans la langue et avec l'aide de l'écriture qu'il avait inventées, et il en confia le dépôt à la caste sacerdotale. Primitivement, on en comptait quarante-deux; mais, dans la suite, ce nombre s'accrut considérablement : Jamblique le porte à vingt mille; Manéthon beaucoup au delà. Tous étaient attribués à Thôth, quoiqu'ils fussent l'œuvre du sacerdoce, qui s'identifiait avec ce personnage mythique. Ils étaient étroitement liés au culte, et les prêtres les portaient processionnellement dans les cérémonies religieuses. Clément d'Alexandrie nous apprend qu'un de ces livres contenait des hymnes en l'honneur des dieux; un autre, des règles de conduite pour les rois. Quatre traitaient des astres. Il y en avait qui comprenaient la cosmographie, la géographie, la chorographie de l'Egypte, le tracé du cours du Nil, l'indication de ses phénomènes, l'état des possessions des temples. Dix livres étaient relatifs au culte des dieux et aux préceptes de la religion. Dix étaient appelés sacerdotaux; ils renfermaient tout ce qui avait rapport aux lois, à l'administration de l'État et de la cité, aux dieux et aux règles spécialement applicables au clergé. Six enfin appartenaient à l'art de guérir, indiquaient les symptômes des maladies, et déterminaient la médicamentation. Les plus importants et les plus curieux de ceux de ces écrits qui nous sont parvenus ont pour titres : *Asclépius* et *Pimander*. Le premier traite de la sagesse et de la puissance de Dieu; le second, de Dieu, de l'univers et de l'homme. Dans leur transmission jusqu'à nous, ces deux traités ont subi quelques interpolations d'ailleurs faciles à discerner; mais le fond en est incontestablement antique, et reproduit fidèlement les doctrines égyptiennes. Quelques extraits que nous allons en faire donneront une idée de ces doctrines et des ouvrages dans lesquels elles sont exposées.

Cosmogonie. Dans un passage, Dieu et le monde sont ainsi définis : « Il est difficile à la pensée de concevoir Dieu et à la langue d'en parler.... Ce qui peut être connu par les yeux et par les sens, comme les corps visibles, peut être exprimé par le langage; ce qui est incorporel, invisible, immatériel, sans forme, ne peut être connu par nos sens..... Rien n'est la vérité sur la terre, parce que toute chose y est une matière revêtue d'une forme corporelle sujette au changement, à l'altération, à la corruption, à des combinaisons nouvelles... Il n'y a de vrai que ce qui a tiré son essence de soi-même et qui reste ce qu'il est... Toute chose qui périt est mensonge : la terre n'est que corruption et génération ; toute génération procède d'une corruption : les choses de la terre ne sont que des apparences et des imitations de la vérité, ce que la peinture est à la réalité. » Les textes hindous, on se le rappelle, expriment la même pensée, presque dans les mêmes termes : « Brahma seul est réel ; le reste n'est qu'une vaine apparence. »

La nature androgyne du dieu suprême des brâhmanes se retrouve également dans le souverain être des Égyptiens. L'extrait du *Pimander*, qu'on va lire, en constatant ce fait, révèlera d'autres rapports encore entre les deux doctrines : « L'intelligence, c'est Dieu possédant la double fécondité des deux sexes, qui est sa vie et sa lumière. Dieu créa avec son verbe une autre intelligence opérante... Il a ensuite formé sept agents qui contiennent dans les cercles le monde matériel, et leur action se nomme le destin..... C'est de l'ensemble de ces cercles qu'ont été tirés, des éléments inférieurs, les animaux privés de raison. L'air porte les êtres ailés ; l'eau, ceux qui nagent... La terre a engendré les êtres qui étaient en elle : les quadrupèdes, les reptiles, les animaux sauvages et les animaux domestiques. Mais l'intelligence, père de tout, a procréé l'homme, semblable à lui-même, et l'a accueilli comme son fils ; car il était beau et était le portrait de son père. Dieu, s'étant complu dans l'image de lui-même, concéda à l'homme la faculté d'user de son ouvrage. Mais l'homme ayant vu dans son père le créateur de toutes choses, voulut aussi créer, et il se précipita de la contemplation de son père dans la sphère de la génération... L'homme s'éprit d'amour pour la nature ; il en naquit une forme d'être privée de raison... Mais, de tous les animaux terrestres, l'homme seul est doué d'une double existence : mortel par son corps, immortel par son être même... L'homme fut donc une harmonie supérieure ; et, pour avoir voulu pénétrer la loi des destins, il est tombé dans l'esclavage... Comme l'homme, tous les animaux sont détruits ; mais Dieu dit : « Vous, à qui une part d'intelligence est concédée, « connaissez votre propre nature, et considérez votre immortalité. L'amour « de la portion corporelle de vous-même sera cause de votre mort. » Après ces paroles, la Providence, selon les lois des destinées et de l'harmonie des mondes, composa les mélanges d'éléments divers, et constitua les espèces, qui, toutes, devaient se propager suivant leurs propres caractères. » En dégageant ce système de quelques particularités qui peuvent être d'invention égyptienne, n'y reconnaît-on pas clairement les mythes du brâhmaïsme? Évidemment, le verbe divin est Oûm ; la deuxième intelligence opérante est le second Brahmâ ; les sept agents tertiaires sont les sept manous, personnification des sept planètes alors connues (1). A chaque pas, on rencontre de pareilles ressemblances. Nous nous abstiendrons désormais de les noter aussi minutieusement, laissant au lecteur, curieux de les rassembler toutes, le soin de recourir à ce que nous avons dit du brahmaïsme dans le premier volume de cette histoire.

Qu'on nous permette cependant d'en signaler ici une encore. On connaît la théorie des Hindous sur l'harmonie des corps célestes : cette théorie était commune aux Égyptiens. Ceux-ci avaient établi une correspondance entre les sons de leur gamme et l'ordre des planètes, basée sur la ressemblance des distances qui séparent et les uns et les autres. Ainsi, ils trouvaient entre le son le plus grave et le son le plus aigu de leur gamme le même rapport qu'entre Saturne, la planète la plus éloignée de la terre, et la lune, qui en est le plus voisine. En conséquence, *si*, leur première note, répondait à Saturne ; *do*, à Jupiter ; *ré*, à Mars ; *mi*, au soleil ; *fa*, à Vénus; *sol*, à Mercure ; *la*, à la lune. Une de ces notes répondait aussi à chacun des jours de la semaine, mais dans un ordre différent : les sons étaient disposés de quatre en quatre, suivant un rapport harmonique appelé quarte. *Si*, note de Saturne, était affecté au samedi, premier jour de la semaine égyptienne ; *mi*, note du soleil, au dimanche ; *la*, note de la lune, au lundi; *ré*, note de Mars, au mardi ; *sol*, note de Mercure, au mercredi ; *do,* note de Jupiter, au jeudi ; *fa*, note de Vénus, au vendredi. Voilà comment il se fait que l'ordre des jours de la semaine, que nous avons conservé, n'est pas conforme aux intervalles qui existent entre les planètes dont ils portent les noms. Les mêmes idées avaient présidé au classement hebdomadaire des jours parmi les Hindous ; seulement, le dimanche y avait reçu le premier rang, comme jour du soleil, chef du système planétaire.

Théogonie. Le polythéisme égyptien se réduisait à l'unité ; car tous les dieux n'étaient que des émanations ou mieux encore des attributs d'Amon-Ra, l'être incréé, immuable, tout-puissant, l'auteur, le conservateur et l'âme de la nature. Amon-Ra constituait une triade suprême, formée d'Amon lui-même, le mâle et le père ; de Moûth, la femelle et la mère ; et de Khons, le fils, toujours enfant, produit de l'union des deux premières personnes. Cette trinité divine donnait naissance à des triades secondaires, tertiaires, etc., dont la chaîne non interrompue descendait des cieux, et se matérialisait jusqu'en des incarnations sous forme humaine. Toutes les régions de l'univers avaient leur triade spéciale. Celle à qui était échue la direction de la terre se composait d'Osiris, d'Isis et d'Horus, puis

---

(1) Voir tome I, pages 39 et suivantes.

d'Horus, d'Isis et de Malouli. Le règne de celle-ci avait immédiatement précédé la génération des hommes. Elle représentait le principe d'ordre dans le monde. A côté d'elle, existait le principe du mal et du désordre, Typhon, frère et ennemi d'Osiris. La légende égyptienne racontait qu'après avoir civilisé l'Égypte et fondé Thèbes, Osiris voulut étendre ses bienfaits à la terre entière, et qu'il visita tous les peuples qui, sous divers noms, lui avaient élevé des autels. Mais, à son retour, Naphtis, épouse et sœur de Typhon, s'éprit de sa beauté, et, revêtant l'apparence d'Isis, pour le tromper, s'unit à lui et donna le jour à Anubis. Typhon, ainsi outragé, en conçut un vif ressentiment, tendit des embûches à Osiris, le tua, et jeta son corps dans le Nil. Isis se mit à la recherche de la dépouille de son époux, et elle parvint à la retrouver, moins les organes de la génération, qui avaient été dévorés par un poisson de l'espèce appelée phagre. Osiris revint enfin des enfers, mais dans la personne d'Horus, son fils. Peu à peu, il grandit en force et en puissance; il prit alors le nom de Sérapis, et vainquit le mauvais principe, qui, depuis, caché dans l'univers, ne cesse d'en troubler l'ordre et de produire toutes sortes de maux. Cette fable est tout astronomique. Typhon est la personnification des ténèbres et du froid; Horus, le soleil du solstice d'hiver; Sérapis, le soleil du solstice d'été; Osiris, le soleil de l'équinoxe d'automne, qui périt sous les coups de son éternel adversaire. Les organes de la virilité sont le phallus, emblème de la fécondance solaire. Isis est la lune, épouse et sœur du soleil, dont elle reçoit les influences et qu'elle suit constamment dans son immense carrière.

« Chaque temple de l'Égypte, dit M. Champollion-Figeac, était consacré à une triade. Chaque nome ou province avait la sienne; et celle qui était adorée dans le temple de la capitale d'un nome était aussi l'objet du culte public dans tous les temples des autres lieux du même nome. Quelquefois un grand édifice était consacré à deux triades en même temps. D'autres divinités étaient en outre, pour des motifs particuliers, adorées dans un même temple: c'étaient des divinités *synthrônes* (régnant simultanément), auxquelles on adressait des prières et des offrandes, après avoir fait ce qui était dû à la triade. Par une déférence toute politique, la divinité principale d'un nome était adorée comme divinité synthrône dans le nome le plus voisin. »

Indépendamment des dieux que nous venons de citer, les Égyptiens en avaient une multitude d'autres, dont les attributions variaient à l'infini et qu'ils envisageaient, soit comme chefs, soit comme parties de triades. Les principaux étaient Bouto, déesse de la nuit, qui avait été la compagne d'Amon-Ra et la nourrice des dieux. Unie à Phtha, le divin ouvrier, l'architecte de l'univers, elle avait eu de lui Phré, on le soleil. Kneph ou Knouphis, le même qu'Amon-Ra, avait produit de sa bouche un œuf qui représentait la matière du monde; Phtha était sorti de cet œuf et avait établi l'ordre et l'harmonie dans le chaos des éléments. A côté d'Amon, le principe générateur mâle, se plaçait Néïth, le principe générateur femelle. Ces deux principes, étroitement unis, ne formaient qu'un seul et même être. Ils personnifiaient la nature animée par le souffle divin, qui, elle aussi, se composait de parties mâles et de parties femelles. Kneph se confondait également avec le Nil, qui, regardé comme un dieu, avait des temples, des prêtres et un culte. Toutefois, les Égyptiens scindaient cette divinité, et ils avaient le Nil céleste, Knouphis-Nilus, et le Nil terrestre, auquel ils donnaient le nom de Hôpi-Môu. Parmi les autres dieux, Soukh, présidait au temps ; Pooh, à la lune ; Djom, à la force ; parmi les déesses, Hathôr, présidait à la beauté ; Thmé, à la vérité et à la justice ; Tpé, au ciel étoilé ; Anouké, au principe du feu ; Pascht, à la chasse, etc. Ajoutons que chaque mois de l'année, chaque jour du mois, chaque heure du jour, était placé, comme chez les Hindous, sous la protection d'un personnage divin.

Les images de chaque divinité se présentaient sous trois aspects différents : sous la forme humaine pure, avec des attributs caractéristiques ; sous la forme humaine, avec une tête d'animal ; sous la forme même de l'animal qui lui était consacré, accompagné des attributs qui la distinguaient spécialement. Ainsi, par exemple, Amon était représenté avec des traits humains, de couleur bleue, la tête ornée de deux plumes droites ; ou bien avec une tête de bélier surmontée d'un disque et de deux plumes ; ou bien encore par un bélier richement caparaçonné, portant au-dessus de sa tête le disque et les deux plumes. Sous sa forme humaine, Phtha avait le visage vert, la tête coiffée d'un bonnet fortement serré, le corps en gaîne ; il était appuyé contre une colonne à plusieurs chapiteaux et tenait un nilomètre à la main ; sous sa forme mixte, il avait pour tête un nilomètre surmonté de deux longues cornes, d'un disque et de deux plumes ; ses mains tenaient un fouet et un crochet ; sous sa troisième forme, c'était un bélier, la tête chargée du disque, des cornes et des deux plumes, etc.

Il n'y avait pas de divinité qui n'eût pour symbole un animal quelconque ; et ce symbole avait été choisi parce qu'on avait aperçu un rapport d'analogie entre la nature et l'instinct particuliers à l'animal et quelqu'une des qualités attribuées à la divinité qu'il représentait. Cet emblème vivant remplaçait presque toujours dans les temples la statue du dieu lui-même, et recevait les adorations des fidèles. Il y avait des villes consacrées au culte de ces animaux. C'était, à Memphis, le bœuf Apis ; à Héliopolis, le bœuf Mnévis ; à Mendès, le bouc ; à Mœris, le crocodile ; à Léontopolis, le lion ;

à Lycopolis, le loup. On voit que plusieurs villes avaient tiré leur nom de l'animal divin qui y était adoré. Un nombre considérable d'animaux sacrés étaient entretenus à grands frais dans les temples. On se disputait l'honneur de les soigner, de les nourrir. Les aliments les plus délicats leur étaient préparés. De riches tapis couvraient le sol du lieu qui les recélait, et l'encens et les parfums les plus suaves y brûlaient dans des cassolettes. Lorsqu'ils mouraient, on leur faisait de somptueuses funérailles; on embaumait leur corps ; on prenait le deuil. Leur meurtre prémédité entraînait la peine de mort ; et même cette peine était appliquée à tout homme qui eût tué, fût-ce involontairement, un ibis ou un chat.

Vie future. La doctrine égyptienne enseignait qu'après sa séparation du corps, l'âme humaine était susceptible d'éprouver trois états différents, selon les œuvres qu'elle avait accomplies sur la terre : avait-elle été tout à fait exempte de souillures, elle passait dans un séjour d'éternelle félicité ; s'était-elle abandonnée sans frein à ses instincts vicieux, elle allait souffrir à jamais dans un lieu de supplices; quelque bien avait-il tempéré le mal qu'elle avait fait, elle était soumise à des renaissances successives dans de nouveaux corps, dans des formes d'animaux, jusqu'à ce qu'elle eût suffisamment expié ses fautes. L'idée mère de ces trois phases de la destinée de l'âme, qui répondent au paradis, à l'enfer, au purgatoire du christianisme, appartient à la croyance des Hindous. Comme les Hindous aussi, les Égyptiens pensaient que la science et les bonnes actions avaient le pouvoir d'identifier l'homme avec la divinité; opération que les yogis de l'Inde appellent *l'unification.* C'est ce que prouve notamment le passage suivant, extrait du *Pimander* : « Le corps matériel perd sa forme, qui se détruit avec le temps; les sens, qui ont été animés, retournent à leur source, et reprendront un jour leurs fonctions ; mais ils perdent leurs passions et leurs désirs, et l'esprit remonte vers les cieux. Il laisse dans la première zône la faculté de croître et de décroître; dans la seconde, la puissance du mal et les fraudes de l'oisiveté ; dans la troisième, les déceptions de la concupiscence; dans la quatrième, l'insatiable ambition ; dans la cinquième, l'arrogance, l'audace et la témérité ; dans la sixième, le goût improbe des richesses mal acquises; et, dans la septième, le mensonge. Et l'esprit, ainsi purifié, retourne à l'état si désiré, ayant un mérite et une force qui lui sont propres, et il habite enfin avec ceux qui célèbrent les louanges du père. Il est alors placé parmi les pouvoirs. Tel est le suprême bien de ceux à qui il a été donné de savoir : ils deviennent Dieu. »

Les Égyptiens renfermaient ordinairement dans les tombeaux un écrit tracé en caractères hiéroglyphiques ou en signes hiératiques qui, sous le titre de *Livre des manifestations à la lumière*, présentait le tableau des épreuves que l'âme avait à subir après avoir dépouillé son enveloppe matérielle. Cet ouvrage, dont on a recueilli un certain nombre de copies, contenait en outre des indications relatives à l'embaumement des corps, au transport des momies dans les hypogées ou excavations funéraires, et des prières adressées à toutes les divinités qui pouvaient décider de la destinée des morts. Nous en avons extrait les détails qui vont suivre. On supposait qu'après avoir traversé diverses régions mystiques, l'âme, conservant encore l'apparence de sa forme terrestre, parvenait enfin sur « la montagne sacrée de l'occident, » dans l'Amenthi, prétoire de l'autre vie, où elle avait à répondre de ses œuvres. Osiris, le juge suprême, y était assis sur un trône resplendissant. Sa tête était couverte du pschent ou tiare royale, qu'ornaient un large diadème, le disque du soleil et deux cornes de bouc. Devant lui, se dressait un autel couvert d'offrandes, consistant en pains, en viandes, en grenades et en fleurs de lotus. Plus bas, sur un piédestal, reposait un animal à formes monstrueuses, mélange de crocodile et d'hippopotame, qu'on nommait Oms : c'était le Cerbère égyptien. Non loin de là, siégeaient quarante-deux juges-assesseurs, ou jurés, qui assistaient le dieu dans ses fonctions judiciaires. Thôth, un style à la main, inscrivait sur une large tablette les réponses des âmes, et le résultat de la pesée de leurs actions, qui se faisait dans une balance à deux plateaux, placée au centre du prétoire. C'était le Tchitra-goûpta des Hindous, le greffier infernal. A l'entrée de ce lieu redoutable, l'âme était reçue par Thmé, présidente des quarante-deux jurés, qui s'efforçait de la rassurer. Thmé portait d'une main un sceptre; de l'autre, une croix à anse, symbole de la vie céleste. Aussitôt qu'elle était introduite, l'âme allait s'agenouiller, les bras élevés, dans une attitude suppliante, devant les quarante-deux jurés, qui étaient rangés sur deux files. Puis ces jurés et les autres divinités examinaient la conduite qu'elle avait tenue pendant son séjour sur la terre. Ses actions étaient successivement placées dans les plateaux de la balance, les bonnes dans le plateau de gauche, les mauvaises dans celui de droite; Horus et Anubis, debout près de l'instrument, estimaient les poids relatifs des deux bassins ; Thôth les inscrivait sur sa tablette et faisait connaître le résultat à Osiris, qui prononçait la sentence suprême. Les âmes bienheureuses allaient habiter l'hémisphère supérieur, celui de la lumière. Là, le front paré d'une plume d'autruche, symbole de leur pureté, elles se reposaient des luttes qu'elles avaient soutenues sur la terre contre les mauvaises passions ; elles faisaient des offrandes aux dieux, et tour à tour elles cueillaient les fruits des arbres célestes ou se jouaient dans les eaux d'un vaste bassin, imprégnées de la plus suave fraîcheur. L'hémisphère inférieur, celui des ténèbres, était l'asile des âmes réprouvées, qui y subissaient les tourments les plus cruels. « Les unes étaient fortement liées à des poteaux ; et les gardiens, brandissant leurs glaives, leur reprochaient les crimes qu'elles avaient commis ; les autres étaient suspendues la tête en bas; celles-ci, les mains attachées sur la poitrine, et la tête coupée, marchaient en longues files; celles-là, les mains nouées derrière le dos, traînaient sur la terre leur cœur arraché de leur sein. Dans d'immenses chaudières, on faisait bouillir des âmes vivantes, soit sous la forme humaine, soit sous celle d'oiseau, ou seulement leurs têtes et leurs cœurs. » Les âmes dont la vie avait été un mélange de bien et de mal étaient renvoyées sur la terre pour y animer d'autres corps, et leurs épreuves duraient des myriades d'années avant qu'elles pussent rentrer dans le sein de la divinité. Les âmes des rois étaient choisies parmi celles qui étaient sorties victorieuses des plus difficiles épreuves; et si, pendant l'accomplissement de leur nouvelle mission, elles montraient de la piété envers les dieux, si elles étaient bonnes et justes envers les hommes, si elles rendaient heureux les peuples placés sous leur sceptre, la série de leurs transmigrations s'arrêtait, et elles voyaient dieu pour l'éternité. C'est à raison, sans doute, de la source épurée de leurs âmes que les rois recevaient, dès cette vie, le titre de dieux et qu'ils étaient associés aux honneurs divins.

Sacerdoce. De même que l'Éthiopie, l'Égypte fut originairement gouvernée par les prêtres ; plus tard, la caste militaire s'empara du pouvoir et institua la royauté. Néanmoins le sacerdoce conserva la plus grande partie de ses attributions et de ses privilèges, ou, pour mieux dire, continua de régner sous le nom de ses rois. En effet, il était mêlé à toutes les affaires nationales ; on le consultait sur la paix et sur la guerre, sur l'administration intérieure, sur les mesures qui importaient le plus à la gloire et à la prospérité du pays ; et son avis, toujours écouté avec respect, était le plus souvent religieusement suivi. C'est d'ailleurs de ses mains et dans ses assemblées que le monarque recevait la couronne; et, dans la hiérarchie politique, le souverain-pontife occupait le second rang. Les fils des principaux dignitaires du clergé, car les prêtres se mariaient, vivaient avec les enfants du roi, et remplissaient auprès de sa personne les fonctions les plus relevées dans le service du palais.

La caste sacerdotale formait la partie savante de la nation. Elle était spécialement vouée à l'étude de toutes les connaissances positives : la physique, l'astronomie, l'histoire naturelle, la géographie, la médecine ; elle cultivait la théologie, la philosophie, la divination ; elle s'occupait de littérature, d'architecture, de peinture, de musique ; elle recueillait les annales de l'Égypte, et tenait également registre des faits qui se rattachaient à l'histoire des autres pays ; elle était investie de l'administration de la justice, de l'établissement et de la levée des impôts, et disposait de tous les emplois publics. Elle présidait enfin aux cérémonies du culte, aux actes religieux de la vie privée et particulièrement aux funérailles, et avait le monopole de l'enseignement. Ses trois principaux colléges ou centres hiérarchiques étaient situés à Thèbes, à Memphis et à Héliopolis. Les prêtres menaient une vie très retirée, et ne sortaient de l'enceinte des temples que pour exercer leurs fonctions civiles ou pour vaquer aux devoirs de leur ministère dans les grandes solennités de la religion. Le reste du temps, ils se livraient à l'étude, à la méditation, ou se réunissaient dans de vastes salles pour conférer en commun des hautes questions dont l'examen leur était attribué. Mais l'accès de ces assemblées n'était permis qu'aux prêtres de l'ordre supérieur, qu'on appelait prophètes; ceux des deux autres ordres, les comastes et les zacons, n'y étaient admis que dans le cas seulement où ils faisaient preuve d'une aptitude remarquable. En général, ils devaient méditer, dans la solitude et l'isolement, sur les sujets que leurs chefs hiérarchiques leur avaient spécialement désignés. Les prophètes en particulier vivaient avec une frugalité extrême; ils ne faisaient que rarement usage d'huile et de vin, et ils s'abstenaient non moins sévèrement de la chair des animaux autres que ceux qui avaient été immolés dans les sacrifices, de celle de presque tous les poissons, de quelques légumes, et principalement des fèves, qu'ils considéraient comme immondes. Leurs scrupules à cet égard étaient poussés si loin, qu'ils eussent regardé comme un sacrilége de se nourrir de tout aliment qui n'eût pas été un produit du sol égyptien. Ils se soumettaient d'ailleurs à des purifications diverses et réitérées. Suivant Hérodote, « le désir de se maintenir dans un état de plus rigoureuse pureté avait introduit parmi eux la coutume de la circoncision et les avait engagés à se vêtir d'étoffes de lin. » Le même motif probablement avait fait astreindre les prêtres à se raser la tête et toutes les parties du corps, et suggéré la loi qui punissait de la dégradation celui d'entre eux qui franchissait les limites de l'Égypte et se souillait par le contact des peuples étrangers.

Le clergé possédait de vastes et nombreuses propriétés territoriales, qui étaient exemptes d'impôts. Outre les revenus qu'il en retirait, il avait encore le produit des taxes en nature et en argent, établies en sa faveur sur les terres et sur les immeubles des particuliers. Ses richesses déjà immenses s'accroissaient encore des dons magnifiques qu'il obtenait de la piété des rois, et des redevances qu'il percevait pour l'accomplissement de certaines formalités religieuses et pour la location des hypogées où l'on déposait les momies, et qui donnait lieu à un droit fixe annuel. Toutefois, il ne jouit pas toujours sans partage de ces précieux priviléges. Antérieurement à Ptolémée-Épiphane, les rois l'avaient frappé d'impositions de plus d'un genre. Il était notamment obligé de fournir chaque année au fisc royal une quantité déterminée de toiles de byssus, dont il y avait probablement des manufactures dans les temples; et l'on voit par un vieux papyrus que ce dernier roi voulut bien consentir à faire aux prêtres la remise de ces toiles qui n'avaient pas été livrées depuis huit ans, c'est-à-dire depuis le commencement de son règne. Chaque prêtre payait aussi un tribut au fisc royal au moment où il était initié aux mystères.

Les nombreuses fonctions attribuées au sacerdoce lui fournissaient le moyen de classer les personnes suivant leur capacité. Chaque divinité avait ses temples et ses prêtres particuliers. Il y avait aussi des prêtres attachés au culte des rois. En tête de ces ministres, marchait l'horoscope, qui traçait les thèmes astrologiques; puis venaient les hiérogrammates, ou scribes sacrés, investis des affaires temporelles des temples et de l'État; les archiprophètes; les gardiens des temples; les sphraghistes, ou scribes des victimes, chargés de marquer d'un sceau les animaux propres aux sacrifices; les prêtres des villes; les hiéracophores; les prêtres royaux; ceux qui avaient pour emploi de présenter les offrandes funéraires; les libanophores, qui offraient l'encens aux dieux; les spondistes, qui faisaient les libations; les surveillants des temples; les fonctionnaires inférieurs attachés à leur service; les flabellifères, ou porteurs d'éventails pour les dieux; les portiers; les décorateurs; les chanteurs; les inspecteurs; enfin les taricheutes, les paroschistes et les cholchytes, employés à l'embaumement des morts. La loi prescrivait aux prêtres de se vêtir avec plus de propreté, de recherche et de richesse que le reste de la population. Leur costume commun se composait, ainsi qu'on l'a vu, d'une robe de lin d'une blancheur éclatante. Des ornements et insignes spéciaux indiquaient le rang hiérarchique, la fonction de chacun et la divinité particulière au culte de laquelle il était attaché. « Quelques prêtres portaient suspendus à leur cou des figures de dieux ou de déesses; ils avaient dans leurs mains des enseignes sacrées et d'autres emblèmes religieux. La palette du scribe, le kasch ou roseau taillé, un papyrus roulé ou déroulé, désignaient ordinairement un prêtre hiérogrammate. Le schenti, courte tunique réservée vraisemblablement pour l'intérieur, était son habillement habituel; la calasiris, plus longue et plus ample, couvrait le schenti. Une peau de panthère, jetée sur la tunique de lin, caractérisait les prêtres d'Osiris. D'autres se distinguaient par des pectoraux ou plaques en forme de naos ou de temple, qui leur décoraient la poitrine, et qui renfermaient des images de divinités, la bari ou vaisseau céleste, les symboles de la vie, de la stabilité, ou des figures d'animaux sacrés. De riches colliers à plusieurs rangs ajoutaient à l'éclat du costume des prêtres. Des bagues ornaient leurs doigts; et leurs pieds étaient couverts et défendus par des chaussures, nommées tabtebs, faites en papyrus ou en palmier, qui avaient la forme de la plante des pieds, se terminaient par de longues pointes recourbées, et étaient attachées sur le coude-pied. »

Initiation. C'est à Memphis, dans le voisinage de la grande pyramide, qu'était situé le principal centre de l'initiation égyptienne. Les mystères étaient divisés en grands et en petits. Les petits étaient ceux d'Isis ; les grands, ceux de Sérapis et d'Osiris. On n'admettait, outre les prêtres, à leur participation, que ceux des citoyens qui pouvaient se prévaloir d'une vie sans tache. L'aspirant se préparait par des purifications et par des austérités. Le moment venu, il pénétrait, la nuit, dans l'intérieur de la pyramide, descendait dans un puits étroit, en s'aidant seulement de ses pieds et de ses mains, arrivait à une galerie basse où il s'engageait en rampant, puis à une autre galerie souterraine où trois prêtres, couverts de masques à face de chakal, essayaient de l'effrayer par l'idée des périls qui allaient le menacer, s'il persistait dans son entreprise. Il parvenait enfin dans une vaste salle bordée de matières enflammées, et dont le sol était recouvert d'une grille en losanges, rougie au feu, dans les intervalles de laquelle il y avait à peine assez de place pour qu'il y pût poser les pieds. Au delà, se trouvait un canal qu'il lui fallait traverser à la nage ; à l'autre bord, une porte qu'il ne pouvait ouvrir. Tout à coup, le sol tremblait sous ses pas ; il cherchait à se retenir à deux anneaux qui s'offraient à ses regards, mais il était enlevé dans les airs, et devenait le jouet de vents furieux et mugissants qui le pénétraient d'un froid glacial. Il redescendait bientôt ; la porte s'ouvrait, et lui donnait accès dans un temple resplendissant de lumière, où les prêtres réunis entonnaient des hymnes religieux. On lui faisait prêter un serment solennel de discrétion, et on l'admettait dans les bâtiments sacrés, où il demeurait plusieurs mois soumis à des épreuves morales de tout genre, qui avaient pour but de faire connaître le fond de son caractère et la réalité de sa vocation. Lorsqu'elles étaient épuisées, venait une période de douze jours, appelée la manifestation, pendant laquelle le néophyte était l'objet de diverses cérémonies emblématiques. On le consacrait à Osiris, à Isis et à Horus ; on le revêtait de douze étoles sacrées et du manteau olympique, les premières offrant les figures des signes du zodiaque ; le dernier portant des images qui faisaient allusion au ciel des fixes, séjour des dieux et des âmes bienheureuses. On le parait d'une couronne de feuilles de palmier, qui, en s'écartant à la circonférence, simulaient des rayons, et on lui mettait un flambeau dans les mains. Ainsi « habillé en soleil », il renouvelait son serment et appelait sur sa tête le courroux céleste, si jamais il avait le malheur de devenir parjure. On lui donnait ensuite connaissance de ce qui constituait les petits mystères, et il avait la faculté de lire les écrits de

Thôth les plus secrets qui se rattachaient à cette initiation. Bientôt, tout se disposait pour la solennelle procession qu'on appelait le triomphe de l'initié, et que des hérauts annonçaient à l'avance dans tous les quartiers de la ville. Ce grand jour arrivé, les prêtres, assemblés dans le temple, où étaient exposés les objets les plus précieux du trésor sacré, offraient un sacrifice au tabernacle d'Isis, recouvert d'un voile de soie blanche semé d'hiéroglyphes d'or et d'un second voile de gaze noire. Ensuite, la procession sortait du sanctuaire. Les divers ordres de prêtres marchaient en tête, revêtus de leurs plus riches costumes, portant les symboles saints, les ustensiles qui servaient pour le culte des dieux, la table isiaque, plaque d'argent sur laquelle étaient gravés des hiéroglyphes relatifs aux mystères de la déesse; les livres de Thôth, etc.; puis venaient les initiés des différents nomes de l'Egypte et les initiés étrangers, habillés d'une tunique de lin. Au milieu d'eux était le néophyte, la tête couverte d'un voile blanc qui lui tombait jusque sur les épaules. Le cortége était fermé par le char de triomphe, attelé de quatre chevaux blancs. Dans toutes les rues où passait la procession, les habitants avaient pavoisé la façade de leurs demeures. La vue du nouvel initié provoquait de toutes parts les applaudissements; on lui jetait des fleurs; on répandait sur lui des essences parfumées. De retour au temple, on le faisait asseoir sur un trône élevé que l'on dérobait momentanément à la vue de la foule par un rideau; et, pendant que les prêtres entonnaient les chants religieux, on le dépouillait de son costume d'apparat et on le revêtait de la tunique blanche, qu'il devait porter habituellement. On soulevait alors le voile qui le cachait, et il était salué par les plus vives acclamations. Cette grande et solennelle cérémonie était suivie de festins sacrés qui se répétaient pendant trois jours, et dans lesquels le nouvel initié occupait la place d'honneur. On a peu de notions sur les mystères de Sérapis et d'Osiris; on sait seulement que, dans les derniers, on commémorait, par un cérémonial emblématique, la fin tragique d'Osiris, traîtreusement mis à mort par Typhon (1).

Monuments religieux. L'organisation symétrique du culte public avait multiplié en Egypte les asiles sacrés : il y avait des temples proprement dits, édifiés à la surface du sol; des spéos, temples creusés au ciseau dans le roc, comme les pagodes souterraines de l'Inde; des hémi-spéos, formés tout à la fois d'excavations et de constructions extérieures. Il y avait en

---

(1) Voir, pour de plus amples détails sur l'initiation égyptienne, notre *Histoire pittoresque de la Franc-maçonnerie et des Sociétés secrètes anciennes et modernes*, pages 292 et suivantes.

TRIOMPHE D'UN INITIÉ
aux Mystères Égyptiens.

outre des hypogées, des pyramides, des obélisques, des statues colossales, qui se rattachaient également à la religion. Ces divers monuments ont un caractère de grandeur qui étonne et qui émeut. Sans parler des pyramides, dont la principale est d'une hauteur double de celle des tours de Notre-Dame, à Paris, on voit des obélisques d'un seul bloc de granit d'une longueur de plus de cent pieds ; des statues qui en ont près de quatre-vingts de la base au sommet. Les murs des temples, les fûts de leurs colonnes sont littéralement couverts de sculptures symboliques ou religieuses. Le mur de circonvallation d'un de ces temples en contient à lui seul l'énorme quantité de cinquante mille pieds carrés. Les temples les plus fameux dont il reste encore des ruines plus ou moins complètes sont ceux d'Héliopolis, de Denderah ou Tentyris, de Thèbes, d'Hermouthis, de Latopolis, d'Edfou ou Apollinopolis-Magna, de Silsilis, d'Ombôs, de l'île de Philæ, etc. Tous ces temples étaient érigés d'après un plan à peu près uniforme. On y arrivait par un parvis ou propylon, composé d'une longue et vaste avenue ornée de colonnes et de statues colossales et terminée par un vestibule ou pronaos d'une étendue et d'une élévation considérables. Ce vestibule donnait accès dans le naos ou temple, qui se divisait le plus communément en trois salles contiguës, véritables sanctuaires consacrés, l'un, à la triade locale ; l'autre, à celle qui était adorée dans la capitale du nome ; le dernier, à celle qui présidait au nome le plus voisin. Il était rare que l'on vît des statues dans ces sanctuaires : les images des dieux, les allégories qui rappelaient leurs bienfaits, leurs fonctions, ou quelques traits de leur légende mystérieuse, étaient sculptés sur les murs, au plafond, sur les frises, sur les colonnes. Dans le voisinage de chaque temple, s'en dressait un plus petit, qu'on appelait typhonium ou mammisi, la chambre de l'accouchement, celle où était né l'enfant du grand dieu du temple principal. C'est ordinairement devant la façade de celui-ci que l'on plaçait les obélisques, l'un à la droite, l'autre à la gauche de l'entrée, en avant de deux statues colossales qui faisaient l'office des boudhous du bouddhaïsme, c'est-à-dire de portiers du temple. Sur les quatre faces des obélisques, on traçait des inscriptions qui rappelaient le nom du fondateur de l'édifice auquel ils étaient annexés, la destination de cet édifice, le détail des réparations, embellissements ou additions qui y avaient été faits ; en un mot, toute son histoire. Les plus anciens que l'on connaisse ne remontent pas au delà du XIXe siècle avant notre ère. Celui qui orne la place de la Concorde, à Paris, est un des deux qui figuraient devant le pylône ou parvis du temple de Louqsor.

On a beaucoup parlé de la statue granitique de Memnon ou d'Aménophis III, qui, disait-on, rendait chaque jour, au lever du soleil, un son pareil à celui qu'occasionnerait la rupture d'une corde de harpe. Ce phénomène existait effectivement, si l'on en croit le témoignage de toute l'antiquité ; mais il ne résultait ni de la construction particulière de la statue, ni d'un artifice imaginé par les prêtres : il était le produit d'une circonstance toute fortuite. Lorsque Cambyses s'empara de l'Egypte, il ordonna la destruction de la plupart des temples et autres monuments, objets de la vénération du peuple. La statue de Memnon éprouva, elle aussi, les effets de cette rage dévastatrice. C'est à partir de ce moment, d'autres disent à la suite d'un tremblement de terre, que la statue mutilée fit entendre sa voix. Plus tard, on la restaura, on remit en place la partie supérieure, qui en avait été renversée, et, dès lors, elle redevint muette. On a recherché les causes du phénomène, et l'on a découvert qu'elles étaient toutes naturelles. Les brèches du granit font quelquefois entendre un son au lever du soleil. « Les rayons de cet astre, dit M. de Rozières, venant à frapper le colosse, séchaient l'humidité abondante dont les fortes rosées de la nuit avaient couvert sa surface ; et ils achevaient ensuite de dissiper celle dont cette surface dépolie s'était imprégnée. Il résulta de la continuité de cette action que des grains ou des plaques de la brèche, cédant ou éclatant tout à coup, cette rupture subite causait dans la pierre rigide et un peu élastique un ébranlement, une vibration rapide, qui produisait le son particulier que rendait la statue. »

Dans les plaines voisines de Sakkarah et de Ghizé, s'élèvent de nombreuses pyramides. Les opinions varient sur l'objet de ces constructions. Quelques-uns y ont vu des observatoires astronomiques ; d'autres des temples d'une forme particulière, destinés à la célébration des mystères les plus secrets du sacerdoce. Ceux-ci ont prétendu que ce n'étaient que de vastes réservoirs pour les eaux du Nil ; ceux-là, qu'elles avaient pour but d'arrêter les invasions des sables du désert. On s'est plus généralement accordé à les considérer comme des tombes royales. Ce qu'il y a de certain, c'est qu'une de ces pyramides, au moins, donnait accès à des galeries souterraines qui aboutissaient au temple principal de Memphis, et que, dans toutes celles où l'on a pénétré, on a trouvé des salles funéraires et des sarcophages. La plus grande a quatre cent quatre-vingt-huit pieds de hauteur verticale, et une base de sept cent seize pieds et demi de côté ; elle fut l'œuvre de Chéops, ou Knou-fou, roi de la quatrième dynastie. On s'y est introduit à diverses reprises, et l'on y a successivement découvert plusieurs longues galeries, un puits dont on n'a pu atteindre le fond, deux chambres placées à des hauteurs différentes, appelées l'une la chambre du roi, l'autre la chambre de la reine. La première renferme un sarcophage ; la seconde est vide. Quatre autres chambres y ont été reconnues en 1838 par le colonel anglais Vaysse, au-dessus de celles du roi et de la reine. Une légende, tracée à l'encre rouge sur les murs d'une de ces pièces, apprend que sous le règne de Knou-fou la lyre, c'est-à-dire l'étoile Wéga, opérait son lever à midi, le jour du solstice d'été, et, par conséquent, se couchait à minuit le même jour, à la latitude de Memphis. Cette circonstance astronomique établit que la construction de la pyramide a été au moins commencée vers l'an 4500 avant notre ère.

Culte. Les cérémonies religieuses étaient très multipliées en Égypte. Lorsque les eaux du Nil s'étaient retirées, à l'ouverture des sillons pour la semence des grains, lors de la récolte des fruits de la terre, quand la guerre était imminente, quand on avait conclu la paix, enfin dans toutes les circonstances de quelque intérêt pour l'État ou pour la cité, les prêtres convoquaient des panégyries ou assemblées solennelles. Chaque divinité, chaque temple, chaque ville, avait en outre ses cérémonies particulières, indiquées avec soin dans le calendrier liturgique. Une inscription gravée sur une des colonnes du grand temple d'Esneh (Latopolis) nous apprend que, dans les panégyries, on étalait à la vue des fidèles tous les ornements sacrés ; qu'on offrait à la triade principale du pain, du vin et d'autres liqueurs, des collyres, des parfums, des semences, des fleurs, des épis de blé, des bœufs et des oies, des oies seulement aux triades synthrônes, et qu'on faisait des prières et des invocations à toutes les divinités adorées dans le temple. L'encens brûlait dans des amschirs, encensoirs en bronze, formés d'une coupe posée sur une main qui sortait d'une tige de lotus. Les autres ustensiles sacrés consistaient en des coffrets incrustés en ivoire ou en bois de couleurs variées, où l'on déposait l'encens ; en de petites cuillers en ivoire, en bois, en serpentine, en terre émaillée ou autres substances, affectant la forme de bouquets, de feuilles, de fleurs, ou de corbeilles de lotus, destinées à extraire l'encens des coffrets ; en tables et en vases à libations ; en sceaux et en couteaux de sacrifices, etc. Très souvent l'assemblée des fidèles, les prêtres en tête, sortait du temple et parcourait processionnellement les rues de la ville. Dans ces occasions, les ministres portaient, outre les images du dieu principal et des divinités synthrônes, les livres de Thôth ; la bari, ou vaisseau céleste ; les vases, les encensoirs, les ustensiles divers qui servaient dans le culte, et tout ce que le trésor du temple renfermait de plus précieux. Hérodote nous a transmis des détails sur les formalités qui accompagnaient le sacrifice des victimes, des bœufs particulièrement. D'abord le sphraghiste examinait l'animal destiné à être immolé. « Il le regardait debout, le faisait coucher à terre et le considérait de tous côtés, il lui faisait tirer la langue et il inspectait les poils de sa queue, dans le but de s'assurer qu'il ne présentait aucune des marques indicatives du bœuf Apis, et qu'il réunissait d'ailleurs toutes conditions voulues. Alors il lui entourait les cornes d'une corde, sur le nœud de laquelle il appliquait de la terre, et, sur cette terre, il imprimait le sceau sacré. Il était interdit sous peine de mort de tuer dans les temples des animaux qui n'eussent pas reçu cette empreinte. Le moment du sacrifice arrivé et le feu allumé sur l'autel, la victime était amenée. On l'immolait, on la dépouillait de sa peau, on lui tranchait la tête, qu'on chargeait d'imprécations pour attirer sur elle tous les maux dont l'Égypte pouvait être menacée ; et l'on vendait cette tête aux étrangers, ou on la jetait dans le Nil. » Telle était la forme la plus générale des sacrifices ; mais elle variait quelquefois. Dans certains temples, après avoir écorché et vidé la victime, on lui remplissait le corps de pain de lotus, de miel, de raisins secs, de figues, d'encens, de myrrhe et d'autres parfums ; puis on la plaçait sur un brasier dans lequel on répandait du vin et de l'huile. Pendant que l'holocauste cuisait, les prêtres se fustigeaient eux-mêmes ; et, la flagellation terminée, ils mangeaient en commun quelques morceaux de la viande sacrée. Jamais les Égyptiens ne sacrifiaient de vaches, parce qu'elles étaient consacrées à Isis, qu'on envisageait à la fois comme la lune et comme la nature. C'est encore là une tradition brahmaïque : on se rappelle, en effet, que, parmi les Hindous, Mâyâ, la nature visible, a pareillement la vache pour symbole.

Comme tous les peuples anciens, les Egyptiens avaient leurs oracles. Hérodote en cite plusieurs qui jouissaient d'une grande réputation. Le plus célèbre était celui d'Amon, situé dans la grande oasis, qu'on appelle aujourd'hui Syouah. Celui-ci devait son établissement à une intervention céleste : une colombe, partie du grand temple de Thèbes, avait indiqué, par des signes miraculeux, l'emplacement où le nouveau sanctuaire devait être érigé : c'était dans la partie la plus fertile de l'oasis, près de la fontaine du Soleil, dont les eaux, suivant Hérodote, étaient tièdes le matin, froides à midi, tièdes encore au coucher du soleil, et bouillantes dans le milieu de la nuit. Amon était représenté avec un corps humain surmonté d'une tête de bélier ; sa statue était de bronze, où l'on avait mêlé des émeraudes et d'autres pierres précieuses : il reposait dans une barque d'or, ou bari, comme les autres grands dieux de l'Egypte. Plus de cent prêtres desservaient son temple ; et c'est par la bouche des plus anciens que la divinité répondait aux questions qui lui étaient adressées. Les hommes les plus illustres de l'antiquité, Alexandre-le-Grand, entre autres, sont venus consulter cet oracle fameux.

Fêtes. Nous avons déjà décrit (1) plusieurs des solennités populaires de

---

(1) Voir t. I, p. 228, 236 ; t. II, p. 192, 195.

l'Egypte. Si nous entreprenions d'en présenter le tableau complet, il nous faudrait entrer dans des développements que ne comporte pas le cadre étroit que nous nous sommes tracé. D'ailleurs, quelque distinct que soit l'objet particulier de chacune, ces fêtes offrent entre elles des traits de ressemblance si nombreux, qu'en les décrivant toutes, nous tomberions nécessairement dans de fastidieuses répétitions. Nous allons donc nous borner à rapporter les principales, celles notamment qui se distinguaient par de curieuses particularités.

On célébrait tous les ans, à Bubaste, avec un éclat extraordinaire, une fête en l'honneur de Pascht, ou de Diane, à laquelle on se portait en foule de toutes les parties de l'Egypte. « Les hommes et les femmes, dit Hérodote, s'embarquaient sur les mêmes vaisseaux, et ne s'occupaient, pendant tout le temps qu'ils restaient embarqués et qu'ils descendaient le Nil, qu'à chanter, à jouer des instruments, à provoquer par des propos plaisants, et souvent par des invectives, les habitants des villes ou des bourgs qui étaient sur les rives. Enfin, arrivés à Bubaste, ils immolaient des victimes à la déesse, et en servaient ensuite les chairs à des festins où il se faisait en un jour une plus grande consommation de vin que dans tout le reste de l'année. » La fête d'Isis, qui avait lieu à Busiris, dans le Delta, n'attirait pas une affluence de peuple moins considérable. On s'y rendait également par eau. Le jour principal de la solennité, avait lieu une procession dans laquelle on portait avec pompe les statues de la déesse, les vases et ustensiles sacrés, et les précieuses offrandes que la piété des fidèles venait déposer dans le temple. La célébration des mystères, à laquelle prenaient part les initiés seulement, avait lieu à la suite ; elle était terminée par des combats simulés, qui s'exécutaient en public, et où les femmes et les hommes se mêlaient indistinctement. Des cérémonies analogues marquaient les fêtes de Paprime, en l'honneur d'Osiris. On faisait, le premier jour, des sacrifices, des processions et d'autres exercices religieux ; le lendemain, vers le coucher du soleil, des prêtres, armés de masses de bois, se tenaient à la porte du temple, comme pour en défendre l'accès. A quelque distance, chacun des fidèles, une baguette à la main, s'occupait à réciter des prières. Non loin de là, d'autres prêtres entouraient une sorte d'arche ou de tabernacle en bois doré, qui renfermait l'image du dieu. A un signal donné, ils plaçaient ce tabernacle sur un char à quatre roues, qu'ils dirigeaient vers le sanctuaire. Ceux des ministres qui en gardaient l'entrée s'opposaient à ce que le char passât outre. Alors, le peuple, interrompant ses prières, accourait au secours du dieu, et se jetait sur les portiers du temple. Un combat assez rude s'engageait, dans lequel il arrivait souvent que quelques personnes étaient blessées grièvement et même tuées. Enfin, le parti du dieu l'emportait, et le tabernacle était réintégré dans le sanctuaire. Il se passait dans certaines fêtes, dans celles de Mendès, entre autres, un cérémonial que notre civilisation chrétienne repousserait comme obscène et immoral au plus haut degré, mais qui, parmi tous les peuples de l'antiquité, présentait un caractère éminemment grave et religieux. Des femmes, précédées de joueurs de flûtes, parcouraient processionnellement les villes et les campagnes, chantant les louanges d'Osiris, et portant dans leurs bras des images du dieu avec le phallus droit, qu'elles faisaient mouvoir à l'aide d'un mécanisme caché. Sur leur passage, la foule poussait des cris de joie, et donnait des marques de respect et d'adoration, rendant ainsi hommage au symbole expressif de la fécondance solaire. Toutes ces fêtes étaient célébrées à des époques fixes.

Au nombre des fêtes purement accidentelles, il faut citer les cérémonies qui accompagnaient le triomphe des rois, à leur retour d'une campagne heureuse. Nous en trouvons le détail dans *l'Égypte ancienne*, de M. Champollion-Figeac. Tous les grands de l'État, réunis au peuple, venaient assister à la solennité. On se rendait du palais du roi au temple d'Amon-Ra. Un corps de musique, composé de flûtes, de trompettes, de tambours et de choristes, ouvrait la marche; les parents et les familiers du roi, des pontifes et des fonctionnaires publics de divers ordres, formaient la première partie du cortége. Venait ensuite, seul, le fils aîné du roi ou l'héritier présomptif de la couronne, brûlant de l'encens devant le vainqueur. Celui-ci était porté dans un naos, ou châsse richement décorée, par douze chefs militaires dont la tête était ornée de plumes d'autruches. Le monarque, paré de toutes les marques de son autorité suprême, était assis dans la châsse sur un trône élégant, que couvraient de leurs ailes des images d'or de la Justice et de la Vérité. Un sphinx, symbole de la sagesse unie à la force, et un lion, emblème du courage, étaient figurés debout près du trône. Des officiers à pied élevaient, autour de la châsse, les flabellums et les éventails ordinaires; de jeunes enfants, de la caste sacerdotale, marchaient auprès du roi, portant son sceptre, l'étui de son arc et ses autres armes et insignes. A la suite du roi, s'avançaient les autres princes de la famille royale, les hauts fonctionnaires du sacerdoce et les principaux chefs militaires, rangés sur deux lignes. Des militaires portaient les socles et les gradins de la châsse, et un peloton de soldats fermait la marche. Parvenu devant le temple, le roi y entrait à pied, allait faire des libations sur l'autel et brûler l'encens en l'honneur du dieu. On se rendait ensuite à l'entrée du temple, où restait le cortége. Des prêtres, portant les statues des rois, ancêtres du triomphateur, marchaient les premiers. D'autres pontifes les suivaient avec les enseignes sacrées, les vases, les tables de proposition et les ustensiles des sacrifices solennels. Un autre pontife li-

JUGEMENT D'UN ROI

Chez les Anciens Égyptiens

sait les invocations prescrites par le rituel, pour le moment où la lumière du dieu allait franchir le seuil du temple. Le symbole vivant d'Amon-Ra, un taureau blanc, suivait immédiatement; un prêtre l'encensait, et le roi précédait le dieu, dont la statue était portée par vingt-deux prêtres sur un riche palanquin, environné de flabellums, d'éventails ordinaires et de rameaux fleuris. Quand le dieu était rentré dans le sanctuaire, le roi, coiffé du pschent, symbole de son autorité sur les deux régions terrestre et céleste de l'Égypte, allait lui rendre de nouvelles actions de grâce, précédé de la musique, des chœurs religieux et du corps sacerdotal, et accompagné de tous les officiers de sa maison. Il coupait avec une faucille d'or une gerbe de blé dont il faisait l'offrande; il reprenait le casque militaire et retournait au palais avec tout le cortége.

Funérailles. Ni les anciens auteurs, ni les monuments eux-mêmes, qui pourtant ont fourni, sur la vie intime des Égyptiens, des renseignements si minutieux et si abondants, ne nous apprennent que la religion intervînt, d'une manière bien solennelle, dans les formalités qui accompagnaient, parmi ce peuple, la naissance et le mariage. En revanche, tout ce qui concernait les funérailles était l'objet de cérémonies importantes et multipliées. Quand un chef de famille mourait, dit Hérodote, toutes ses femmes se couvraient de boue le visage et se répandaient, échevelées, dans la ville, en poussant des cris et des lamentations. Les hommes suivaient le même usage à l'égard des femmes qu'ils avaient perdues. Après ces premières manifestations de la douleur, le corps du défunt était livré aux prêtres qui avaient pour charge spéciale d'embaumer les morts. Au décès du roi, le peuple entier prenait le deuil; les temples étaient fermés, et le culte ordinaire était interrompu pendant soixante-douze jours; des prières funèbres étaient faites, sans interruption, par des personnes des deux sexes, la tête couverte de cendres, ayant une simple corde pour ceinture et s'abstenant de viandes, de raisin, de froment et de vin. En attendant, on préparait la momie du roi et le cercueil qui devait la renfermer. Le délai expiré, on exposait publiquement la dépouille royale à l'entrée de son tombeau, et là chacun pouvait, avec une entière liberté, accuser le monarque des fautes qu'il avait commises pendant sa vie. La loi donnait ce privilége au peuple. Un prêtre, cependant, prononçait l'éloge du mort, rappelait ses services et ses vertus. Si les applaudissements de l'assemblée sanctionnaient cette apologie, le tribunal, composé de quarante-deux jurés, prononçait un verdict favorable et accordait au roi les honneurs de la sépulture. Il arriva plusieurs fois que le mécontentement et l'opposition du peuple privèrent de ces honneurs des princes à qui l'on avait à reprocher de coupables actions. On voit en effet en Égypte des témoignages significatifs de la sévérité populaire :

les noms de quelques souverains sont soigneusement effacés des monuments érigés sous leur règne ; ces noms sont martelés jusque sur les tombeaux que, suivant l'usage, ils avaient fait creuser eux-mêmes dans le roc des cryptes royales. La justice du peuple n'atteignait pas seulement les têtes couronnées : les citoyens de toutes les classes étaient aussi jugés après leur mort, et la sépulture leur était impitoyablement refusée, s'ils n'avaient pas religieusement accompli leurs devoirs envers les hommes et envers les dieux.

Histoire. Les premiers âges des nations sont toujours entourés de fables ; toujours ce sont les dieux qui ont apporté les semences de civilisation, établi le culte et porté la couronne. Les annalistes de l'Égypte se sont conformés à cette règle commune, et ils font régner, au commencement, une dynastie céleste, qui, partant de Phtha, le grand architecte du monde, embrasse Phré, ou le soleil ; Soukh, ou le temps, avec douze autres dieux, personnification des douze mois de l'année, et se termine par une série de huit demi-dieux, qui rappellent les gardiens des huit coins du monde de la mythologie brahmaïque. Ces règnes supposés comprennent une période de plus de trente-quatre mille années. Ce qui paraît certain, c'est qu'ainsi que nous l'avons dit, le gouvernement de l'Égypte fut originairement théocratique. Environ six mille ans avant l'ère chrétienne, cet état de choses changea : Ménès, chef de la caste militaire, secoua le joug des prêtres, les renversa du pouvoir et ceignit la couronne. Néanmoins, politique autant que brave, il comprit qu'il était de son intérêt de ne pas abattre entièrement un corps aussi puissant et aussi redoutable ; il lui accorda de nombreux priviléges, en composa ses conseils en grande partie, lui abandonna tous les emplois civils et trouva ainsi le moyen de s'en faire un instrument, sinon affectionné, du moins obéissant. Par ses soins, l'Égypte se couvrit de temples magnifiques, au nombre desquels il faut citer celui de Phtha, et le culte fut environné d'un éclat extraordinaire. Ses successeurs imitèrent son exemple. Plusieurs, pour complaire au clergé, favorisèrent des innovations religieuses propres à dépraver l'esprit du peuple et à l'asservir plus étroitement au joug sacerdotal ; c'est ainsi que Khous, second roi de la deuxième race, institua, vers l'an 5580, le culte des animaux sacrés : d'Apis, à Memphis ; de Mnévis, à Héliopolis ; du bouc, à Mendès. A la faveur de ces concessions, la royauté militaire exerça, sans conteste, son autorité pendant deux mille ans ; mais, en 3762, le sacerdoce parvint à ressaisir le sceptre et à réunir dans ses seules mains la puissance civile et la puissance religieuse. Il est probable que cette révolution ne s'opéra pas sans obstacles ; car le règne des prêtres n'eut qu'une durée de cinquante-neuf ans, pendant lesquels la couronne passa successivement sur la tête de dix-sept pontifes. Dépossédé, en 3703, du rang suprême par Sésochris, le sacerdoce parut se résigner de bonne grâce, satisfait d'une infériorité purement nominale, qui le laissait, comme précédemment, l'arbitre de fait des destinées du pays. Mais, après l'invasion des pasteurs, il tomba, du faîte de la grandeur, dans une dépendance abjecte et périlleuse ; les jours de ses membres furent à chaque instant menacés ; le culte fut suspendu ; les temples furent dépouillés et détruits. Ce fâcheux état de choses subsista jusqu'en 1822 ; alors, secondé par l'appui secret des prêtres, Aménophis, premier roi de la dix-huitième dynastie, parvint à rassembler une nombreuse armée, attaqua les barbares étrangers, les chassa de l'Égypte, et appliqua tous ses efforts à rétablir dans leur éclat primitif les croyances nationales, les lieux saints et les ministres des dieux. Un de ses successeurs, Mœris, qui régnait vers l'an 1736, continua cette œuvre de rénovation religieuse. Il fit ériger une foule d'édifices sacrés, notamment le temple de Knouphis, à Esneh, celui de Har-Hat, ou de Thôth le trismégiste, à Edfou ; et les propylées du grand temple de Memphis. Cependant la lutte entre le sacerdoce et la royauté se reproduisit à la fin de la vingtième dynastie, dans le milieu du treizième siècle avant notre ère, pour des motifs que l'histoire ne fait pas connaître : les prêtres triomphèrent cette fois encore, et Pâhor-Anousé, leur chef, prit possession du trône ; mais il ne tarda pas à en être renversé.

Les maux qui avaient accablé la religion et ses ministres pendant la durée du règne des pasteurs se renouvelèrent avec plus de furie encore en 524, lors de la conquête de l'Égypte par Lohrasp ou Cambyses, roi des Perses. Les mages fanatiques qui accompagnaient le vainqueur portèrent la désolation dans les sanctuaires. A leur instigation, les monuments religieux furent renversés, un grand nombre de prêtres mis à mort, d'autres battus de verges, et, par le plus horrible sacrilége, Cambyses lui-même frappa de son poignard le bœuf sacré, image vivante d'Osiris, pour démontrer que ce n'était pas un dieu. Sous les rois de la dynastie perse qui vinrent après lui, les mages continuèrent leur œuvre de dévastation. Ils ne laissèrent à la piété des habitants d'autre refuge que leur foi et les oratoires de famille. Les propriétés de la caste sacerdotale furent en grande partie confisquées, et les fausses divinités de l'Égypte furent imposées à de fortes amendes « au profit des véritables dieux, qui sont toujours ceux du vainqueur. » Là ne se bornèrent pas les outrages des Perses : des temples renversés, ils enlevèrent toutes les saintes images et les envoyèrent à leur métropole comme autant de trophées. Plus tard, cependant, sous le règne du roi grec Ptolémée Évergète, ces statues, au nombre de deux mille cinq cents, furent réintégrées dans les sanctuaires que la politique des successeurs d'Alexandre avait fait rééditier. La protection impérieuse de ces princes opéra graduellement une révolution profonde dans les idées et dans les mœurs des Égyptiens. Jusque-là les dieux étrangers avaient été repoussés avec horreur du sol de l'Égypte ; tous alors y furent successivement admis, et une tolérance générale remplaça l'esprit exclusif qui caractérisait auparavant les croyances populaires. D'abord, à côté des temples nationaux reconstruits et enrichis par les dons des Lagides s'élevèrent des temples consacrés aux dieux de la Grèce ; puis, en 149 avant notre ère, Philométor autorisa les juifs à affecter à la célébration de leur culte l'antique temple de Bubaste. Les divinités des Romains jouirent plus tard de la même faveur, qu'elles partagèrent avec celles de la Syrie, et enfin avec le dieu des chrétiens. Si, dans la suite, les Égyptiens, fidèles à leurs antiques traditions, semblèrent déroger à leur tolérance, c'est qu'ils y furent provoqués par l'esprit de prosélytisme et par la turbulence des sectaires des nouvelles religions. En butte aux agressions perpétuelles des juifs et surtout des chrétiens, ils furent souvent obligés de prendre les armes pour la défense de leurs dieux. Ces troubles durèrent jusqu'en l'an 380 de notre ère, époque à laquelle Théodose ordonna la fermeture des temples égyptiens et leur destruction. A partir de ce moment, le culte qui avait fait la grandeur de l'Égypte, qui se rattachait intimement à tous les évènements de ses fastes glorieux, ne fut plus pratiqué que dans le secret du foyer domestique, et finit par disparaître entièrement avec l'antique race qui s'était comme identifiée avec lui.

CHAPITRE V.

RELIGION GRECQUE-ROMAINE. Origine et formation. — Différentes classes des dieux. — Théogonie. — Mythes principaux. — Cosmogonie. — Création de l'homme. — Pandore. — Déluge. — Les quatre âges. — Vie future. — Sacerdoce. — Édifices religieux. — Pratiques du culte. — Oracles. — Divination, devins. — Fêtes et jeux publics. — Mariages, funérailles. — Extinction du paganisme. — Religions qui en sont dérivées.

Origine et formation. Deux points capitaux hors de toute controverse, et sur lesquels par conséquent nous n'avons pas à insister, c'est que les Grecs durent principalement à des colonies venues de l'Égypte dès le XVIIe siècle avant notre ère leurs idées et leurs institutions religieuses, et qu'ils les transmirent ensuite aux Romains, qui les conservèrent telles à peu près qu'ils les avaient reçues. A peine importés dans la Grèce, les dogmes et les mythes égyptiens y subirent de nombreuses et profondes modifications,

OLYMPE DES GRECS.

Publié par Paguerre

conformes au génie brillant des peuples de ce pays, et auxquelles les poètes et les philosophes eurent une part importante. La doctrine qui résulta de ces innovations ne constituait pas un système régulier enchaîné dans toutes ses parties; elle offrait un assemblage sans cohésion, essentiellement disparate, et pourtant plein de charme, de conceptions ingénieuses, de gracieuses métaphores, de traditions vraies, embellies par tous les caprices d'une vive imagination : c'était plutôt un jeu d'esprit qu'une croyance réelle et sérieuse; aussi n'était-il pas rare de voir les Athéniens, entre autres, qui unissaient une superstitition naïve à une grande hardiesse de pensée, faire des dieux dont ils entouraient le culte de plus de dévotion, de pompe et d'éclat, l'objet de leurs mordantes railleries.

Hiérarchie divine. Les dieux étaient partagés en trois classes principales : la première était celle des grands dieux; la seconde, celle des dieux inférieurs; la troisième, celle des demi-dieux et des héros. On supposait que les plus considérables de ces divinités habitaient les sommets de l'Olympe, montagne de la Grèce, située sur les confins de la Macédoine et de la Thessalie.

Les grands dieux, au nombre de vingt, comprenaient les douze *consentes* ou délibérants, qui formaient le conseil céleste; et les huit *selecti* ou choisis, qui n'avaient pas nécessairement droit de séance dans ce conseil. Les *consentes* étaient Jupiter, le roi des dieux; Junon, son épouse et sa sœur; Neptune, qui avait le sceptre de la mer; Cérès, qui présidait aux productions de la terre; Mercure, qui était à la fois le dieu de l'éloquence, du commerce et des voleurs, le messager des dieux et le conducteur des âmes aux enfers; Minerve, appelée aussi Pallas et Bellone, déesse de la sagesse, des sciences, des arts et de la guerre; Cybèle, Gé, Rhéa ou Ops, déesse de la terre; Apollon ou Phébus, dieu du soleil, de la musique, de la poésie, de la médecine et des augures; Diane, Phébé, Hécate, qui, sous le premier nom, divinité terrestre, régnait sur les bois et protégeait les chasseurs; sous le second, promenait dans l'espace le flambeau de la nuit; et, sous le dernier, gouvernait les enfers; Vénus, déesse de la beauté et des amours; Mars, dieu de la guerre; Vulcain, forgeron des dieux, fabricateur des foudres de Jupiter. Les *selecti* se composaient de Saturne ou le Temps; de Pluton, roi des enfers; de Proserpine, sa femme; de Bacchus, dieu du vin; de Cupidon ou l'Amour; du Destin, divinité aveugle, dont les arrêts enchaînaient les immortels eux-mêmes; d'Amphitrite, reine de la mer; et enfin de Génius ou le bon génie de l'homme.

Les dieux inférieurs étaient innombrables. Il n'y avait pas un phénomène naturel, pas un acte, pas une éventualité de la vie, pas une vertu, pas un vice, pas une faculté de l'esprit, pas une abstraction métaphysique, qui n'eût été transformé en une divinité. Outre les *consentes* et les *selecti*, beaucoup d'autres dieux encore résidaient dans le ciel. Tels étaient l'Harmonie, l'Aurore, Iris ou l'arc-en-ciel, Psyché ou l'âme, Thémis et Astrée ou la justice; Momus, qui présidait à la raillerie; Hébé et Ganymède, échansons des dieux; les uranies, nymphes célestes, etc. Parmi les dieux terrestres, on comptait Pan, dieu de la nature agreste; Priape, dieu de la génération et des jardins; Terme, qui présidait aux limites des champs; Palès, déesse des troupeaux; Pomone, déesse des fruits; Flore, déesse des fleurs; les neuf muses: Calliope, Clio, Érato, Thalie, Polymnie, Uranie, Melpomène, Terpsychore, Euterpe, déesses de l'épopée, de l'histoire, de la musique, de la comédie, de la tragédie, de la danse, de la poésie érotique, de l'éloquence et de l'astronomie; les trois grâces: Aglaé, Euphrosine et Thalie; les Heures, les Jeux, les Ris et les Plaisirs; les satyres, les silènes, les faunes, les silvains, dieux des bois, des monts et des campagnes; les *deæ fatuæ*, femmes des faunes et des silvains, qui avaient la faculté de rendre des oracles, et qui sont les types primitifs de nos fées du moyen âge; les épigées, nymphes terrestres, qui comprenaient les oréades et les orestiades ou orodemniades, nymphes des montages; les napées et les auloniades, nymphes des vallées et des bocages; les mélies, nymphes des prés; les dryades et les hamadryades, nymphes des forêts; et les corycides, nymphes des grottes; les lares et les pénates, dieux domestiques de plusieurs classes, appelés par les Romains *familiares* ou de la famille; *publici*, de la patrie; *urbani*, de la ville; *rurales*, de la campagne; *compitales*, des carrefours; *viales*, des rues et des chemins; *marini*, de la mer; *civiles*, des amis; *hostiles*, des ennemis, etc. Indépendamment de Neptune et d'Amphitrite, les dieux maritimes étaient l'Océan et son épouse, Téthys; les tritons et les syrènes, qui formaient le cortége du roi de la mer; Éole, et les vents qui lui obéissaient: Borée, Cécias, Aphéliotès, Euros, Notos, Lips, Zéphyre et Sciron; les trois harpies: Aello, Ocypète et Céléno, qui présidaient aux ouragans, aux tempêtes, aux maladies pestilentielles; les éphydriades ou nymphes des eaux, au nombre desquelles on mettait les océanides et les néréides, nymphes de la mer; les naïades, les crénées et les pégées, nymphes des fontaines; les potamides, nymphes des fleuves; et les limnades, nymphes des lacs et des étangs. Les dieux infernaux peuplaient le sombre empire de Pluton et de Proserpine. C'étaient d'abord Caron, nocher des enfers, et Cerbère, chien à trois têtes, qui en défendait l'entrée; puis les trois juges des morts: Minos, Eaque et Rhadamanthe; les trois furies ou euménides: Alecto, Tisiphone et Mégère; les trois parques: Clotho, Lachésis, Atropos; la Nuit, le Sommeil, les Songes, la Mort et les mânes; les lares, les larves et les lémures, légions d'esprits propices, funestes ou neutres, âmes des hommes bons, méchants et sans passions, qui venaient sur la terre exercer leur bienfaisance ou leurs fureurs, ou promener leur indifférence; les incubes et les succubes, appelés hyphialtes par les Grecs, autres esprits d'une nature malfaisante, qui prenaient la forme humaine et tourmentaient pendant la nuit les personnes endormies. Quelques mythologues plaçaient également aux enfers Plutus, dieu des richesses. A ces diverses classifications de dieux subalternes, il faut en ajouter une encore, composée de divinités purement métaphysiques, comme la Vertu, la Vérité, l'Espérance, la Paix, la Force, la Victoire, la Renommée, la Concorde, la Liberté, la Piété, la Pudeur ; comme l'Envie, la Fraude, la Calomnie, la Discorde, la Fureur, la Pauvreté, la Nécessité, etc.

Au nombre des demi-dieux et des héros, on rangeait divers personnages mythologiques qui jouent un rôle plus ou moins important dans les légendes fabuleuses de la Grèce. Le principal d'entre eux, Hercule, était une figure du soleil; les grands travaux qu'on lui attribuait faisaient allusion au passage de cet astre à travers le zodiaque. L'apothéose des rois passa de l'Égypte dans l'empire romain, et donna lieu à la formation d'une nouvelle espèce de dieux, que l'on peut englober dans la classe dont nous parlons. Les empereurs, leurs femmes, les princes de leur famille, qui obtenaient le suprême honneur de l'apothéose, recevaient le surnom de *divus* ou de *diva ;* et on les représentait le front ceint d'une auréole et entourés des attributs divins.

Théogonie. Uranus ou Cœlus, le ciel, était, disait-on, le père des dieux. Il eut de Rhéa, ou la Terre, Titan et Saturne ou le Temps, qui se révoltèrent contre lui, le détrônèrent et le privèrent des organes de la génération. L'empire du monde revenait dès lors à Titan, qui était le plus âgé ; mais, à la sollicitation de Rhéa, il consentit à céder le sceptre à son frère, à condition qu'il n'élèverait aucun enfant mâle, afin que la succession pût revenir un jour à la branche aînée. Fidèle à cette convention, Saturne dévorait ses propres fils à mesure qu'ils naissaient. Tel avait été déjà le sort de Pluton et de Neptune, et même de Junon, de Cérès et de Vesta, déesse du feu, lorsque Rhéa, qui avait admis Saturne dans sa couche, se sentant grosse et voulant sauver le fruit qu'elle portait dans son sein, prit la résolution d'aller faire un voyage en Crète. Là, cachée dans un antre appelé Dictée, elle accoucha de Jupiter, qu'elle fit nourrir par la chèvre-nymphe Amalthée, et elle recommanda son enfance aux curètes, dieux du pays. Ceux-ci dansaient continuellement autour de la caverne et faisaient grand bruit en frappant avec des lances sur des boucliers, afin qu'on n'entendît pas les cris du nouveau-né. Cependant, pour tromper son époux, Rhéa lui fit avaler une pierre qu'elle avait enveloppée de langes, comme si c'eût été Jupiter lui-même; et, à sa prière, Métis ou la méditation, administra un vomitif à Saturne, qui rejeta vivants de ses entrailles les enfants que Rhéa pleurait. Dès que Jupiter fut grand, on lui apprit son origine, et il somma Saturne de le recevoir comme son héritier. Ignorant l'artifice dont on s'était servi pour dérober le jeune dieu à la mort qui lui était réservée, Titan accusa Saturne de fraude, le chassa du ciel à l'aide des titanides, ses neveux, et le fit prisonnier. Jupiter attaqua le vainqueur, délivra son père et le replaça sur le trône. Mais Saturne, ayant appris du Destin que son libérateur était né pour commander à tout l'univers, résolut sa perte et s'unit contre lui à Titan et aux titanides. C'est alors que les cyclopes, géants monstreux, qui n'avaient qu'un œil placé au milieu du front et qui travaillaient dans les forges de Vulcain, donnèrent à Jupiter le tonnerre, l'éclair et la foudre; à Pluton, un casque; à Neptune, un trident. Avec ces armes, les trois frères vainquirent Saturne. Jupiter le mutila à son tour et le précipita dans le fond des enfers avec les titanides. Cette victoire obtenue, Jupiter, Neptune et Pluton, se voyant maîtres du monde, s'en partagèrent l'empire : le premier eut le ciel; le second, la mer; et le dernier, les régions infernales. Bientôt après, Pallas et les autres dieux entreprirent de secouer le joug de Jupiter; mais il les défit, les contraignit de se réfugier en Égypte sous diverses formes d'animaux, les y poursuivit sous celle d'un bélier, et fit enfin la paix avec eux. Il eut ensuite à comprimer une nouvelle révolte, celle des géants, enfants des titanides, qu'il foudroya et qu'il écrasa sous le poids des montagnes qu'ils avaient entassées pour escalader le ciel.

    Affermi sur le trône du monde, Jupiter se livra sans contrainte au penchant qui le portait à la galanterie. Pour séduire Junon, sa sœur, il se métamorphosa en coucou, et il eut d'elle Vulcain, dieu difforme et d'une laideur repoussante, qu'il précipita d'un coup de pied du haut des cieux dans les entrailles de la terre. Thémis, qu'il épousa ensuite, le rendit père des Heures et des Parques. Il s'unit successivement à plusieurs autres déesses : Latone, qui présidait aux enfantements, lui donna Apollon et Diane; Dioné, fille de l'Océan et de Téthys, Vénus, qu'on dit aussi née de l'écume de la mer; Maïa, une des pléiades, Mercure; la néréide Eurynomé, les Grâces; Mnémosyne, déesse de la mémoire, les muses; Cérès, Proserpine; et Vénus, Cupidon et Priape. Jupiter ne dédaigna pas d'aimer de simples mortelles : d'Hybris, il eut Pan; d'Alcmène, Hercule. Bacchus fut le fruit de ses amours avec Sémélé, fille de Cadmus, roi de Thèbes. Avant qu'elle eût mis au monde cet enfant, Sémélé eut la fantaisie de contempler son divin amant dans tout l'éclat de sa majesté suprême. Jupiter accéda à ce vœu téméraire; et l'imprudente qui l'avait formé fut foudroyée par les flèches étincelantes que lançait le maître du tonnerre. Bacchus aurait été anéanti avec elle, si son père, l'arrachant aussitôt du cadavre étendu à ses pieds, ne l'eût enfermé dans sa cuisse et ne l'y eût conservé jusqu'au temps marqué pour sa naissance. Précédemment, Jupiter avait épousé la nymphe Métis (la méditation), qui surpassait en science toutes les autres divinités. Elle était enceinte de Minerve, lorsque Jupiter, craignant que cet enfant ne vînt à dominer le monde, prit le parti de dévorer la mère. Aussitôt il éprouva un violent mal de tête. Ne pouvant supporter la douleur que ce mal lui causait, il réclama l'assistance de Vulcain, qui, d'un coup de hache, lui fendit le crâne. De son cerveau, alors, sortit Minerve toute armée, et assez forte pour seconder utilement son père dans la guerre contre les géants. Junon, qui n'avait déjà que trop de sujets de jalousie, s'irrita de la naissance de Minerve, obtenue ainsi sans son concours. Pour se venger, elle toucha de ses doigts caressants une fleur des champs d'Olène, en aspira l'odeur, et, par ce moyen, devint la mère de Mars. Elle conçut aussi Hébé, déesse de la jeunesse, en portant à sa bouche de la laitue sauvage.

Les autres dieux ne montrèrent pas une moindre fécondité. Amphitrite donna plusieurs enfants à Neptune : ce furent les tritons et les harpies ; les premiers, moitié homme et moitié poisson, avec des cheveux verts, de larges oreilles, une vaste bouche, des dents d'animaux, des yeux bleus, des doigts armés de griffes, des nageoires à la poitrine et au ventre, et la tête couronnée de roseaux ; les secondes, avec des formes hideuses : un visage de vieille femme, un nez crochu, des serres énormes et un corps de vautour. Uni à Phénice, Neptune mit au jour Protée, dieu marin, qu'il chargea de la garde de ses troupeaux de phoques. Protée avait le privilége de prendre toutes les formes et de connaître le passé, le présent et l'avenir. Pour l'obliger à parler, il fallait le surprendre endormi et le lier avec de fortes et pesantes chaînes. La nymphe Naïs rendit Neptune père de Glaucus, à qui Apollon accorda le don de prophétie ; et la Terre, de Phorcys, depuis époux de la nymphe Céto, et dont naquirent les grées Enyo, Péphrédo et Dinon, qu'on appelait les *vieilles,* parce qu'elles étaient venues au monde avec des cheveux blancs; et les gorgones Sthéné, Euryale et Mégère, qui n'avaient à elles trois qu'un seul œil et une seule dent dont elles se servaient chacune à leur tour. Les gorgones avaient des mains d'airain et des serpents pour chevelure. De leur simple regard, elles tuaient les hommes ou les pétrifiaient. De l'union de l'Océan et de Téthys, naquirent Nérée et Doris, qui se marièrent, et donnèrent le jour aux éphydriades. Les syrènes étaient filles du fleuve Acheloüs et d'une muse : Calliope, Terpsychore ou Melpomène. On les supposait nues, avec des ailes aux épaules; elles étaient invisibles et ne décelaient leur présence que par des sons d'une harmonie ravissante. Pour les entendre, les matelots se penchaient sur le bord de leur navire, s'approchaient ainsi peu à peu de la surface des eaux, s'y plongeaient et ne reparaissaient plus. Un oracle avait, dit-on, prédit que lorsqu'un homme aurait passé près des syrènes sans s'élancer vers elles, ces filles des eaux périraient. Instruit de cette prédiction par Circé, fameuse magicienne, Ulisse, roi d'Ithaque, naviguant sur la mer de Tyrrhème, boucha avec de la cire les oreilles de tous ses compagnons, et se fit attacher au grand mât de son vaisseau. Les accords mélodieux des syrènes l'agitèrent d'indicibles transports; il pria, mais en vain, les matelots assourdis de le débarrasser de ses liens : il ne fut pas entendu; et, de dépit, les syrènes se précipitèrent dans les abîmes de la mer. Le corps inanimé de l'une d'elles, Parthénope, fut rejeté par les flots sur les rivages de l'Italie; on l'inhuma, et, sur la tombe qui lui fut creusée, s'éleva plus tard la ville de Naples. Cérès, mère de Proserpine, née de son union avec Jupiter, eut en outre, de Neptune, suivant quelques mythologues, une fille appelée Despéna, et le rapide cheval Arion. Elle aima un mortel, Jasion, qui la rendit mère de Plutus, dieu des richesses. Le même Jasion obtint également les faveurs de Cybèle; et, de ces amours, naquit Corybas, qui donna son nom aux corybantes, prêtres de la déesse. La vive et jalouse tendresse de Cybèle pour le jeune Atys, un de ces prêtres, ne porta aucun fruit. Délaissée par son amant pour la nymphe Sangaride, la déesse outragée immola sa rivale. Atys au désespoir se mutila, et se serait ôté la vie, si, par un reste d'attachement, Cybèle ne l'eût métamorphosé en pin. De tous les dieux, peut-être Apollon est celui qui eut le plus d'aventures galantes. La nymphe Coronis conçut de lui Esculape, et bientôt elle lui fut infidèle. Instruit de sa perfidie, le dieu la perça de flèches, et tira de ses flancs l'enfant dont elle était enceinte. Apollon fut aussi père de l'Aurore; de Phaéton (le soleil de l'été), des Héliades (les pluies d'automne) et de Linus (dieu de la mélodie et des vers lyriques). On donnait pour fils à Vénus, outre Cupidon, l'Hymen, les Ris, les Jeux et les Plaisirs, et la déesse Harmonie. De la naïade Nicée, Bacchus eut les satyres, divinités agrestes, qui, de même que Pan, avaient la tête armée des cornes de la chèvre et le corps terminé par la queue et les jambes de cet animal. Enfin, parmi les dieux infernaux, la Nuit était fille du Chaos, et mère des Furies, du Sommeil, des Songes et de la Mort.

Mythes. Les aventures que les prêtres et les poëtes du paganisme ont prêtées à leurs divinités sont si nombreuses et si diverses, qu'il faudrait plusieurs volumes pour en offrir le récit même abrégé. Le peu d'espace qu'il nous est permis de leur consacrer nous oblige nécessairement à nous borner. Nous allons donc en rapporter les principales et les plus importantes, sans nous astreindre, plus que les mythologues eux-mêmes, à une méthode rigoureuse, et suivant l'ordre dans lequel elles se présenteront à notre souvenir.

Aussitôt après sa naissance, Vénus fut portée dans l'Olympe par les Heures. Sa beauté charma tous les dieux, qui se disputèrent le bonheur de l'avoir pour épouse. Mais Jupiter avait résolu de récompenser le zèle de Vulcain, qui lui avait forgé des foudres pour écraser les géants; et c'est à lui qu'il donna la déesse. Peu flattée des caresses d'un mari d'une laideur si repoussante, Vénus lui fit de fréquentes infidélités. Mercure et Mars, entre autres, eurent part à ses faveurs. Son intrigue avec le dernier fut découverte par Vulcain et fit un grand éclat dans l'Olympe. Le mari outragé surprit les deux amants pendant qu'ils consommaient sa honte. Il environna d'un treillis de fer extrêmement délié le lit où ils étaient couchés, et les exposa dans cet état à la vue de tous les dieux. Mais cette vengeance tourna à sa propre confusion; et, au lieu d'obtenir la satisfaction qu'il espérait, il devint l'objet des brocards de la céleste assemblée. Un attachement de Vénus non moins fameux est celui qu'elle éprouva pour Adonis, fruit de l'inceste commis par Cyniras, roi de Cypre, avec Myrrha, sa propre fille. Adonis, dit Ovide, était si beau, que l'Envie elle-même aurait été forcée de l'admirer. Vénus l'enleva et conçut pour lui une si forte passion, qu'elle abandonna le ciel pour suivre son amant à travers les bois et les rochers où l'entraînait son ardeur pour la chasse. Un jour, qu'elle s'était momentanément éloignée de lui, il fut tué par un sanglier, qui le frappa dans les organes de la génération. Ce mythe n'était pas particulier à la Grèce; il avait cours aussi parmi les Phéniciens et les Babyloniens, qui donnaient à Vénus, les premiers, le nom d'Astarté; les seconds, celui de Mylitta.

Après avoir sans succès offert ses hommages à toutes les déesses, Pluton vit par hasard Proserpine qui cueillait des fleurs avec les nymphes, ses compagnes, dans la vallée de l'Enna, en Sicile. Enflammé pour elle d'une soudaine et vive tendresse, il l'enleva et la transporta aux enfers, où il en fit son épouse. Cérès, désolée de la disparition de sa fille, résolut de parcourir le monde pour avoir de ses nouvelles. Dans ce but, elle alluma deux torches au cratère de l'Etna et s'élança sur un char attelé de deux dragons. Arrivée en Lycie, elle veut étancher sa soif dans l'eau d'un étang qu'elle rencontre sur son chemin; des paysans s'y opposent et se rient d'elle. Pour les punir, elle les métamorphose en grenouilles. Fatiguée de nouveau, elle s'arrête à Eleusis. Le roi Céléus lui accorde une généreuse hospitalité, qu'elle récompense en enseignant à Triptolème, fils de ce prince, l'art de faire naître les moissons. De retour en Sicile, après une année d'absence, elle apprit de la nymphe Aréthuse que le roi des enfers était le ravisseur de sa fille. Aussitôt elle quitta la terre et alla porter ses plaintes à Jupiter, qui consentit à lui rendre Proserpine, à condition qu'elle n'eût pris aucune nourriture pendant son séjour dans le sombre empire de son époux. Par malheur, la jeune déesse avait sucé un pépin de grenade; et elle dut rester aux enfers. Cependant, par une faveur toute spéciale, Cérès, au désespoir d'un arrêt si cruel, obtint que sa fille viendrait, chaque année, passer six mois auprès d'elle.

Apollon ne fut pas allaité par Latone, sa mère; c'est Thémis qui se chargea de nourrir son enfance de nectar et d'ambroisie, que l'on servait sur la table des dieux. A peine eut-il goûté de cette nourriture céleste, qu'il s'élança hors de ses langes, choisit la lyre et l'arc pour attributs, et se mit à parcourir les plaines. Cinq jours seulement s'étaient écoulés depuis sa naissance, et déjà l'énorme dragon Python, que la vindicative Junon avait envoyé à la poursuite de Latone, sa rivale préférée, succombait sous les traits qu'Apollon avait reçus de Vulcain. Fier de ce succès, il osa, dans la suite, essayer ses flèches victorieuses sur les cyclopes, parce qu'ils avaient forgé la foudre que Jupiter avait lancée sur son fils Esculape. Jupiter, irrité de son audace, le chassa du ciel. Le dieu proscrit se retira dans la Troade, où il trouva Neptune, qui était aussi exilé du ciel, parce qu'il avait conspiré contre Jupiter avec quelques autres dieux. Ils se réfugièrent l'un et l'autre près de Laomédon, qui faisait alors bâtir la ville de Troie; et, après être convenus avec le roi d'un certain salaire, ils travaillèrent, comme manœuvres, à construire les murailles de cette ville. Leur travail achevé, Laomédon leur en refusa le prix. Neptune irrité submergea le pays, et Apollon le désola de la peste; puis, se laissant fléchir par les prières des Troïens, ils consentirent à n'envoyer contre eux qu'un monstre marin, à qui l'on donnerait chaque jour une jeune fille à dévorer. Hésione, fille de Laomédon lui-même, venait d'être désignée par le sort, pour être attachée au rocher fatal, lorsque Hercule parut et la délivra. Apollon était vain de son talent sur la lyre, et affichait la prétention de n'avoir point de rival. Le satyre Marsyas, qui, autrefois, avait ramassé la flûte inventée par Minerve, et qui avait cultivé avec succès cet instrument, osa porter un défi au dieu de l'harmonie, qui l'accepta. Les muses furent prises pour juges, et Apollon l'emporta. Déclaré vainqueur, il ordonna de lier Marsyas à un arbre, et de l'écorcher vif. Il eut à soutenir, contre Pan, une lutte du même genre; mais, cette fois, le roi Midas, qui avait été choisi pour arbitre, se prononça contre lui. Pour toute vengeance, le dieu offensé affubla la tête du sot d'oreilles longues et velues. Honteux de l'état dans lequel Apollon l'avait mis, Midas prenait soin de le dissimuler à l'aide d'une large couronne. Mais son barbier surprit ce secret, et, ne pouvant résister au besoin qu'il éprouvait de le divulguer, il recourut à un expédient qui lui parut tout concilier : sorti du palais, il creusa un trou entre des roseaux, et, d'une voix étouffée par la crainte, il donna cours à son indiscrétion ; puis, il combla la fosse et se retira. Précaution vaine! Dès que le plus léger zéphyr venait agiter les roseaux, confidents fortuits de la mésaventure royale, on entendait distinctement ces mots : « Le roi Midas a des oreilles d'âne. » Ce n'est pas le seul malheur qui atteignit ce prince, d'une ineptie proverbiale. Pour le récompenser d'une splendide hospitalité qu'il avait reçue de lui, Bacchus offrit de réaliser, quel qu'il fût, le vœu qu'il formerait. « Que tout ce que je toucherai, s'écria Midas, se change en or à l'instant même! » Ce souhait fut accompli. Pendant plusieurs heures, ce fut pour le roi un véritable enchantement : sous ses heureuses mains, tout se convertissait en or. Mais, quand la faim le fit asseoir à une table somptueusement servie, le prodige continua. A mesure qu'il les portait à sa bouche, les aliments devenaient des lingots ; les liqueurs, de l'or fluide. L'imprudent se vit contraint d'implorer l'assistance du dieu qui lui avait accordé un don si funeste. Bacchus consentit à lui retirer ce don, et lui ordonna en conséquence d'aller se plonger dans les eaux du Pactole, rivière de Lydie, qui, depuis lors, ont roulé des paillettes d'or. Non moins galant que son père, Apollon ne fut pas si heureux que lui dans ses attachements : tantôt dédaigné, tantôt trahi par ses maîtresses, il ne put jamais réussir à former une intrigue qui ne fût point traversée. Daphné le rebuta, et fut métamorphosée en laurier; Coronis, devenue infidèle, eut le sort que l'on connaît ; à peine commençait-il à goûter avec le jeune Hyacinthe des plaisirs qui sont interdits à de simples mortels, qu'il le tua d'un coup de palet; Cyparisse semblait devoir le consoler de cette perte ; mais ce jeune homme, plus affligé de la mort d'un cerf qu'il aimait que de l'hommage d'un dieu, voulut renoncer à la vie, et la seule marque d'amour qu'Apollon put lui donner, fut de le transformer en cyprès. Le dieu se promettait plus de bonheur auprès de Leucothoé, fille d'un roi de Perse ; mais sa liaison fut ébruitée, et sa maîtresse fut enterrée toute vive par son père inhumain.

De toutes les divinités, Diane est peut-être celle dont la réputation reçut le moins d'atteintes. Si, sous sa forme de Phébé, ou déesse de la Lune, elle eut six enfants d'Endymion, sous celle d'Hécate, il n'y avait pas place dans son cœur pour les sentiments tendres ; et, en tant que déesse des forêts, elle fut d'une chasteté non-seulement irréprochable, mais même farouche et cruelle: Actéon, que le hasard conduisit près d'un lieu écarté où, entourée de ses nymphes, elle prenait le plaisir du bain, excita sa colère et fut métamorphosé en cerf. Diane n'était pas moins jalouse de ses prérogatives divines que soigneuse de sauvegarder sa pudeur. Une biche qui lui était consacrée ayant été tuée par Agamemnon à la chasse, il n'en fallut pas davantage pour provoquer sa vengeance; elle retint les Grecs dans le port d'Aulide et demanda en expiation le sang d'Iphigénie, fille d'Agamemnon.

Junon ne pouvait pardonner à Hercule d'être le fruit des amours adultères de Jupiter avec Alcmène. Avant que ce héros fût né, le destin avait résolu de lui faire occuper le trône de Mycène, sur lequel était alors assis Sthénélus. Instruite de cet arrêt, et sachant d'ailleurs que la femme du roi était enceinte, Junon sollicita et obtint de Jupiter que celui des deux enfants qui, le premier, verrait le jour, commanderait à l'autre ; ensuite, elle fit en sorte qu'Eurysthée, fils de Sthénélus, naquît avant Hercule. Là ne se borna pas sa vengeance : pour perdre le fils de sa rivale, elle ordonna à deux serpents monstrueux d'aller le dévorer dans son berceau. Mais le divin enfant saisit ces serpents, les étouffa d'une étreinte vigoureuse et les mit en pièces. A la sollicitation de Pallas, Junon parut s'adoucir à l'égard d'Hercule ; et, un jour qu'elle lui présentait le sein, quelques gouttes de son lait se répandirent dans cette partie du ciel qu'on a nommée depuis la *voie lactée*. Toutefois la haine de Junon ne tarda pas à se réveiller. Par ses conseils, Eurysthée, devenu roi, soumit successivement Hercule à douze travaux non moins rudes que périlleux, dans l'espérance qu'il y succomberait. Hercule attaqua le lion de la forêt de Némée, qui désolait le pays, l'obligea d'entrer dans une caverne, d'où il ne pouvait s'échapper, l'étrangla, et se couvrit de sa peau, qu'il porta toujours depuis, comme un trophée de sa première victoire. Un hydre, serpent redoutable, armé de sept têtes qui repoussaient après avoir été coupées, s'était établi dans le marais de Lerne, près d'Argos. Hercule se porta contre lui, et, d'un seul coup, lui abattit toutes ses têtes. Il s'empara vivant d'un cruel sanglier qui faisait sa demeure sur le mont Érimanthe ; il poursuivit un an tout entier, atteignit enfin et tua à coups de flèches la biche du mont Ménale, qui avait des cornes d'or et des pieds d'airain. Il délivra l'Arcadie des oiseaux du lac Stymphale, qui étaient d'une grandeur et d'une force extraordinaires, ravageaient la contrée et déchiraient à coup de griffes les habitants et les voyageurs. Près du fleuve Thermodon, il défit entièrement des femmes guerrières qu'on appelait Amazones. Il tua deux tyrans fameux : Busiris, qui immolait les étrangers à Jupiter; Diomède, qui les faisait fouler aux pieds et dévorer par des chevaux féroces. Il tua également Géryon, roi d'Espagne, qui avait trois corps, et dont la cruauté était sans égale. Il détourna le cours du fleuve Alphée et fit passer ses eaux à travers les écuries d'Augias, roi d'Élide, d'où une masse énorme de fumier, qui s'y était accumulée depuis un grand nombre d'années, répandait sur tout le pays des émanations fétides et mortelles. Il dompta le taureau furieux que, dans sa colère, Neptune avait produit pour dépeupler la Grèce. Il enleva les pommes d'or du jardin des Hespérides, après avoir endormi le dragon, toujours éveillé, qui les gardait; et il daigna partager la gloire de cette entreprise avec Atlas, à qui il en facilita les moyens en soutenant un instant, à sa place, le globe du ciel sur ses épaules. Enfin, il descendit aux enfers, dompta et enchaîna Cerbère, et délivra Thésée, son ami, qui était retenu dans le noir empire de Pluton.

Après avoir ainsi heureusement accompli les travaux qui lui avaient été imposés par Eurysthée, il parcourut le monde pour délivrer les hommes de la foule des calamités dont ils étaient accablés. On le voit dès lors affranchir l'Italie de la tyrannie de Cacus; vaincre, dans un combat singulier, Antée, fils de la Terre; infliger un juste châtiment à Licus, meurtrier de Créon, roi de Thèbes. On le voit aussi ouvrir un passage aux eaux de l'Océan dans le bassin de la Méditerranée, et dresser deux colonnes sur les confins de l'Europe et de l'Afrique, pour constater que ses exploits s'étaient étendus jusqu'aux bornes du monde.

Ce grand cœur ne fut pas à l'abri des atteintes de l'amour; un instant, il oublia la grande mission dont il était investi; et, couvert d'habits de femme, une quenouille à la main, il fila honteusement aux pieds d'Omphale, reine de Lydie. Déjanire aussi lui inspira une vive passion; il dut la disputer au centaure Nessus, qu'il tua à coups de flèches. Au moment d'expirer, Nessus, inspiré par la vengeance, persuada à Déjanire que, si elle décidait Hercule à se revêtir d'une robe teinte de son sang, qu'il lui donna, ce héros n'aimerait jamais une autre femme. Elle se laissa prendre à ce piége; et, lorsque Hercule, cédant à ses instances, eut sur lui la robe fatale, il se sentit brûler d'un feu intérieur si violent que, pour se soustraire à la douleur, il se jetta dans un bûcher préparé pour un sacrifice, et y fut consumé.

Les hauts faits de Thésée égalèrent presque ceux d'Hercule. Comme son émule, il parcourut la terre pour faire la guerre aux tyrans. Il vainquit Scyron, entre autres, qui jetait les étrangers à la mer; et Procuste, qui les faisait étendre sur son lit, leur faisait couper les pieds, si leur taille en excédait la longueur, ou les faisait tirer par des chevaux, s'ils étaient de trop petite stature pour le remplir. Thésée s'appliqua ensuite à détruire des monstres qui désolaient plusieurs contrées de la Grèce : un taureau redoutable qui ravageait les campagnes de Marathon; un sanglier que Diane irritée avait déchaîné contre les habitants de Calidon, qui avaient négligé son culte; et enfin, le Minotaure de Crète, moitié homme, moitié taureau, qu'avait mis au monde Pasiphaé, femme de Minos, et auquel les Athéniens étaient obligés de fournir annuellement sept jeunes garçons en pâture. Dédale avait fait construire un labyrinthe pour l'y tenir enfermé: Thésée courait donc, dans son entreprise, le double péril, ou d'être victime de la fureur du monstre ou de s'égarer et de périr dans les sentiers sans issue du labyrinthe. A l'aide d'un peloton de fil que lui avait donné Ariadne, fille de Minos, il sortit heureusement de cet édifice, après avoir triomphé du Minotaure, et il enleva la princesse. Mais, oubliant bientôt le service qu'elle lui avait rendu, il l'abandonna dans l'île de Naxos, où Bacchus la vit et l'épousa.

Plusieurs autres héros s'acquirent une brillante renommée par leur courage et par leurs exploits : tels furent Persée, fruit des amours de Jupiter et de Danaé, près de laquelle le dieu parvint à s'introduire en se métamorphosant en pluie d'or ; Bellérophon, qui, monté sur Pégase, cheval ailé attaché spécialement au service d'Apollon et des muses, mit à mort la Chimère, monstre horrible de la Lycie ; Castor et Pollux, célèbres particulièrement par la vive amitié qu'ils avaient l'un pour l'autre ; Cadmus, qui bâtit Thèbes de Béotie ; Édipe, qui fut fameux par la fatalité qui lui fit, sans le savoir, épouser sa mère et tuer l'auteur de ses jours ; qui se distinguait plus encore par la subtilité de son esprit que par sa valeur elle-même, et qui délivra Thèbes du sphinx, monstre qui proposait une énigme aux passants et les dévorait, s'ils ne pouvaient la deviner, etc.

L'expédition des Argonautes et le siége de Troie tiennent une place importante dans les mythes du paganisme. La première avait pour but la conquête de la Toison-d'Or, dépouille d'un bélier donné par les dieux à Athanas, roi de Thèbes ; que Phryxus, fils de ce roi, fuyant les mauvais traitements de Néphélé, sa belle-mère, avait emportée avec lui en Colchide ; et qui, suspendue à un arbre d'un bois sacré, était défendue par un dragon constamment éveillé et par des taureaux dont les naseaux répandaient des flammes. Jason, fils d'Éson, roi de Thessalie, se mit à la tête de l'expédition et réunit autour de lui Hercule, Thésée, Castor, Pollux, Orphée et plusieurs autres vaillants capitaines. Ce fut pourtant par le seul secours de Médée, fameuse magicienne, fille d'Eéta, roi de Colchide, à laquelle il avait inspiré une vive passion, qu'il parvint à se rendre maître de la Toison-d'Or. Comme Médée fuyait avec son amant, Eéta, son père, s'élança sur ses traces. Pour ralentir la poursuite du vieillard, elle imagina de tuer son propre frère Absyrte, qu'elle avait emmené avec elle, et de disperser ses membres sur le chemin qu'elle avait à parcourir. Eéta, perdant le temps à ramasser les membres de son malheureux fils, donna à Médée le loisir de lui échapper. Arrivée dans le palais de Jason, Médée voyant Éson, père de ce prince, accablé d'ans et d'infirmités, le rétablit par son art magique dans la première fleur de sa jeunesse. Cruelle jusque dans sa tendresse, Médée, pour délivrer Jason d'un dangereux compétiteur, persuada aux filles de Pélias qu'elles opèreraient le même prodige sur leur père en coupant son corps par morceaux et en faisant bouillir les membres avec de certaines herbes. Mais, lorsque le meurtre fut accompli, elle ne donna à ces filles pieusement criminelles que « de l'eau pure et des herbes sans force, » suivant l'expression de Corneille. Plus tard, Jason s'éprit de Créuse, fille de Créon, roi de Corinthe. Outrée de cette infidélité, Médée envoya à sa rivale une cassette pleine de pierreries auxquelles elle avait donné de funestes propriétés. A peine Créuse, en effet, eut-elle ouvert la cassette, qu'une flamme soudaine en sortit et dévora et la fille et le père. Peu satisfaite encore de cette vengeance, Médée accabla Jason de reproches, égorgea en sa présence deux fils qu'elle avait eus de lui, et, s'élançant sur un char attelé de dragons, se fit transporter à Athènes.

La délivrance d'Hésione, fille de Laomédon, par Hercule, fut la cause première de la guerre de Troie. Mais une autre cause encore y contribua puissamment : lors du mariage de Pelée, prince troïen avec la néréide Thétis, et pendant que les dieux invités étaient assis au banquet, la Discorde, paraissant tout à coup, jeta sur la table une pomme d'or, qui portait pour inscription : « A la plus belle. » Trois des célestes convives, Junon, Vénus et Minerve, se disputèrent ce prix de la beauté, et prirent pour juge de leur différend Pâris, fils de Priam, roi de Troie. Arbitre consciencieux, Pâris décerna la pomme à Vénus; et ce jugement équitable appela sur sa patrie la haine des déesses éconduites, et particulièrement celle de la vindicative Junon. Hercule avait donné Hésione à Télamon, capitaine grec. Pâris, de l'aveu de Priam, équipa une flotte pour se faire restituer sa tante; et il alla d'abord à Sparte, près de Ménélas qui y régnait. Là, il se fit aimer d'Hélène, épouse du roi, et s'enfuit avec elle à Troie, jurant qu'il ne la rendrait que lorsque, de leur côté, les Grecs auraient renvoyé Hésione. Ces procédés excitèrent une vive irritation parmi les Grecs. Ils épousèrent chaleureusement la cause de Ménélas, se liguèrent et vinrent mettre le siége devant Troie. Il y avait dix ans que ce siége durait, lorsqu'enfin les Grecs s'avisèrent d'un stratagème qui leur donna la victoire. Ils construisirent un cheval de bois d'une grandeur prodigieuse, dans lequel ils enfermèrent des soldats. C'était, disaient-ils, une offrande à Minerve, qui avait un temple dans la ville, et dont la statue (le palladium) était considérée comme un puissant talisman. Ils s'éloignèrent ensuite, et se retirèrent dans l'île de Ténédos, voisine de Troie, pour y attendre l'effet de leur ruse. Les Troïens se croyant délivrés de leurs ennemis, firent entrer dans leur ville le cheval colossal, et le placèrent à la porte du temple de Minerve. La nuit, pendant qu'ils étaient plongés dans l'ivresse et dans le sommeil, les soldats grecs sortirent des flancs du cheval et introduisirent leurs compatriotes dans la ville, qui fut bientôt réduite en cendres.

Cosmogonie. Les systèmes des mythologues relatifs à l'origine des choses sont très divers, très confus et souvent inintelligibles. Ils paraissent cependant s'accorder sur un point, à savoir que le chaos existait de toute éternité; qu'il produisit un œuf, que la nuit couva sous ses longues ailes noires; et que l'Amour sortit de cet œuf et donna naissance aux êtres. La création de l'homme est attribuée à Jupiter. Prométhée, un des Titans, prétendit imiter le maître des dieux. Du limon de la terre, il forma quelques statues d'hommes, qu'il anima de rayons dérobés au char du soleil. Irrité de son audace, Jupiter chargea Vulcain de l'enchaîner sur le Caucase, et un vautour eut ordre de rester perpétuellement attaché à ses flancs et de lui ronger le foie. Cependant les autres dieux voyaient avec douleur que Jupiter s'attribuât le droit exclusif de créer des hommes. De concert entre eux, ils formèrent une femme, appelée depuis Pandore, qui reçut en don de Vénus, la beauté; de Minerve, la sagesse; de Mercure, l'éloquence; d'Apollon, la science musicale, etc. Jupiter, lui aussi, se montra libéral envers elle; mais il lui fit un présent funeste : c'était une boîte, que Pandore ouvrit; elle renfermait l'innombrable série des maux, avec l'espérance, le plus grand de tous, puisqu'elle ne permet pas de se débarrasser des autres. De l'union de Prométhée avec Pandore, naquit Deucalion, qui épousa Pyrrha, sa cousine, et régna sur la Thessalie et sur une grande partie de la Grèce. Sous son règne, les eaux du ciel et celles de l'Océan couvrirent la terre entière. Tous les hommes périrent, à l'exception de Deucalion et de Pyrrha, qui se réfugièrent dans une barque, et, par ce moyen, purent échapper. Plus tard, ils repeuplèrent le monde, en semant des pierres derrière eux, suivant le conseil que leur en avait donné Thémis. Les pierres que jetait Deucalion se transformaient en hommes; celles que lançait Pyrrha devenaient autant de femmes.

Saturne, exilé du ciel, s'était retiré en Italie, dans les États de Janus, roi du Latium, qui l'avait accueilli avec faveur et l'avait même associé au trône. Sous ce règne, les mœurs étaient pures et les beaux-arts florissaient. C'est l'époque qu'on appelle l'âge d'or. Vint ensuite l'âge d'argent, pendant lequel la vertu dominait encore; puis, l'âge d'airain où les vices eurent le dessus; et enfin l'âge de fer, le dernier, signalé par le débordement de tous les crimes. C'est vers la fin de l'âge d'airain qu'eut lieu le déluge de Deucalion, décrété par Jupiter pour l'extermination de la race humaine.

Vie future. Lorsqu'un homme mourait, Mercure s'emparait de son âme et la conduisait aux enfers. Arrivée sur les bords de l'Achéron, fleuve qui formait la limite du sombre empire, l'âme y trouvait Caron, qui ne consentait à la transporter à l'autre bord que lorsqu'elle lui avait payé le naule ou prix du passage. Ce prix, qu'on appelait aussi danaque, variait d'une à trois oboles (de douze à trente-cinq centimes de notre monnaie). La piété des parents avait soin de placer cette somme sous la langue du mort, avant de lui donner la sépulture; autrement il eût été obligé d'errer misérablement pendant cent années sur la rive du fleuve. L'âme rencontrait ensuite le chien tricéphale Cerbère, qui lui permettait d'entrer dans les lieux soumis à sa garde, mais qui lui barrait inexorablement le chemin, si, plus tard, elle s'avisait de vouloir retourner sur la terre.

Le royaume de Pluton était partagé en quatre grandes divisions : l'Érèbe, aux brumes épaisses, séjour de la Nuit, du Sommeil et des Songes; l'Es-Hadou, peuplé des âmes des hommes dont les vices et les crimes n'avaient rien que d'ordinaire; le Tartare, lieu de supplice où brûlaient les grands criminels, et qui servait de purgatoire aux âmes qui devaient retourner dans le monde sous des formes nouvelles; enfin, les Champs-Élysées, séjour de délices et de calme, où résidaient les âmes des justes, des sages et des artistes. Cinq fleuves, l'Achéron, le Styx, le Phlégéton, le Cocyte, le Léthé, entouraient les enfers de leurs ondes. Celles du premier recélaient toutes les douleurs; celles du second étaient la source des haines violentes et mortelles; celles du suivant étaient des flammes dévorantes; celles du Cocyte exhalaient de lamentables gémissements; et, dans celles du Léthé, on perdait le souvenir des choses de la vie et des supplices infernaux. Au centre des enfers siégeait, sur un trône noir, Pluton, accompagné de Proserpine. Le dieu avait un char de même couleur, attelé de quatre chevaux : Orphnée, Éthon, Nyctée et Alastor. Sa tête était coiffée d'un casque qui le rendait invisible, et il portait à la main, ou un sceptre, ou un bâton, ou un glaive, ou une fourche à deux dents, ou un trousseau de clefs. Près de lui, étaient placés les trois arbitres de la vie et de la mort, les parques : Clotho, qui tenait une quenouille; Lachésis, qui filait l'existence humaine; et Atropos, qui en tranchait le fil, suivant son caprice. Non loin de là, étaient le redoutable tribunal de Minos, d'Éaque et Rhadamante; et les Furies, qui étaient chargées d'en exécuter les arrêts souverains; puis la Mort aux ailes noires, au cœur de fer, aux entrailles d'airain, qui portait une faux à la main et enveloppait d'un filet la tête de ses victimes; puis encore les mânes, âmes des morts; les larves, les lémures et les lares, et les autres habitants du ténébreux séjour.

Mercure conduisait l'âme devant ses juges, qui, après avoir examiné sa vie, ou lui assignaient une peine proportionnée à ses fautes, ou l'envoyaient jouir dans les Champs-Élysées de la béatitude que ses vertus lui avaient méritées. C'est, ainsi qu'on l'a vu, dans le Tartare qu'étaient renfermés les plus grands criminels. Les tourments qu'ils y enduraient étaient nombreux et variés. Par exemple, Ixion, roi des Lapithes, qui avait osé élever jusqu'à Junon les prétentions d'un amour sacrilége, était attaché avec des serpents à une roue qui tournait sans cesse; Tityus, géant d'une grandeur extraordinaire, qui avait voulu attenter à l'honneur de Latone, était enchaîné sur un rocher, et un vautour lui dévorait le foie, qui renaissait toujours; les cinquante danaïdes, meurtrières de leurs époux, étaient condamnées à remplir d'eau un tonne sans fond; Sisyphe, fils d'Éole, qui avait révélé les secrets des dieux, était contraint à rouler au sommet d'une montagne escarpée un rocher qui retombait sans cesse; Tantale, qui, pour éprouver les dieux, leur avait fait manger les membres de Pélops, son propre fils, était plongé dans un étang dont les eaux échappaient constamment à sa soif dévorante, et avait la tête couverte de fruits que les vents éloignaient de sa bouche chaque fois qu'il l'en approchait pour assouvir l'horrible faim qui lui déchirait les entrailles. Les âmes criminelles subissaient éternellement les tourments auxquels elles avaient été condamnées. Celles des hommes justes étaient rappelées des Champs-Élysées après un certain nombre d'années, et passaient dans d'autres corps pour recommencer une nouvelle vie sur la terre; mais, avant de sortir du séjour de la béatitude, elles buvaient de l'eau du fleuve Léthé, qui effaçait de leur mémoire tout souvenir du passé.

Sacerdoce. Dans les temps primitifs de la Grèce, les fonctions sacerdotales étaient remplies par les pères de famille et par les chefs de tribus. Les progrès de la civilisation et le développement de la richesse publique amenèrent avec eux l'institution des temples, les pompes de la liturgie et la création des prêtres, dont le nombre devint graduellement considérable. Les prêtres ne formaient pas une caste distincte : le ministère religieux était déféré par le sort; sa durée variait suivant les localités, et les personnes qui en étaient investies devaient rendre compte de leur gestion à l'expiration de leur exercice. Néanmoins, dans certaines familles, telles que les Eupatrides, les Eumolpides, les Étéobutades, le sacerdoce était héréditaire. En tête de la hiérarchie, se plaçait le grand-prêtre; après lui, venaient les sacrificateurs; puis les ministres qui recueillaient dans les campagnes la portion de la récolte attribuée aux dieux; les trésoriers des revenus des temples, les gardiens des édifices sacrés, les prêtres subalternes remplissant les offices serviles, les hérauts, etc. Le prêtre avait un sceptre pour marque distinctive de sa dignité. Pendant qu'il vaquait aux cérémonies du culte, sa tête était ceinte d'une couronne tressée avec le feuillage de l'arbre consacré à la divinité dont il desservait les autels; il était vêtu d'une longue et ample tunique, toute chargée de riches broderies. Il y avait pour chaque

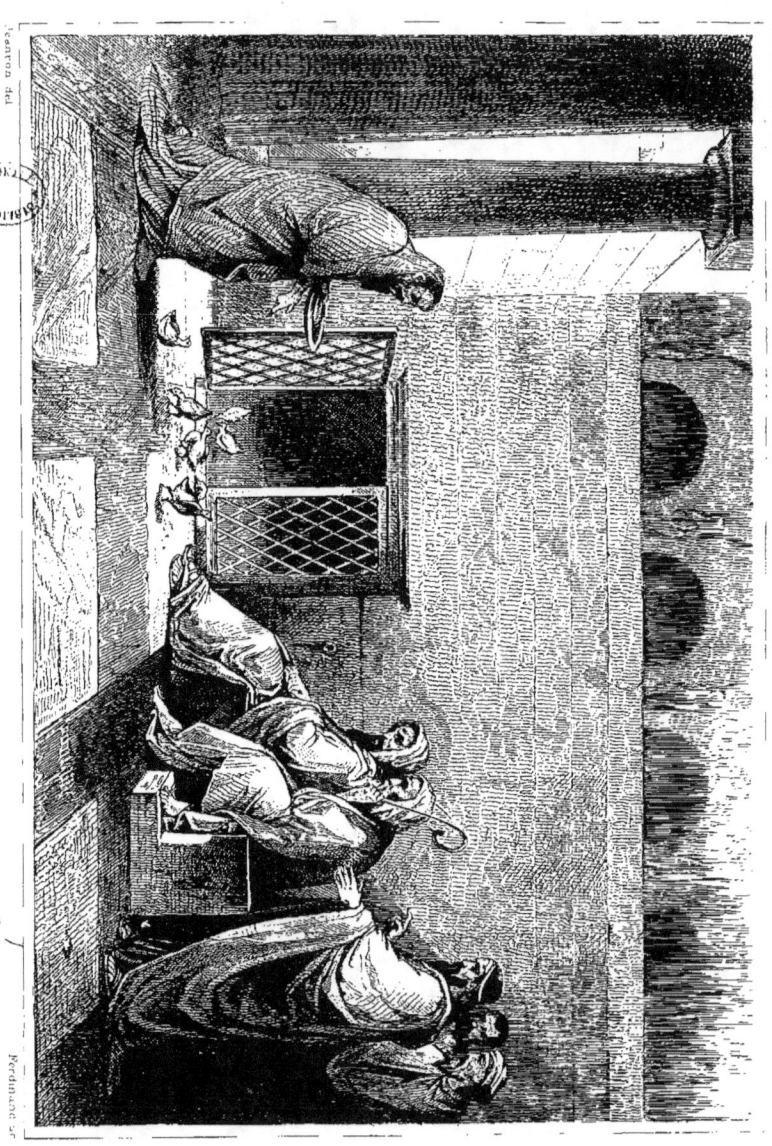

AUGURES ROMAINS.

dieu des ministres particuliers, que l'on désignait par un nom générique. Tels étaient les prêtres de Cybèle, appelés corybantes, agyrtes et ménagyrtes, dont les derniers couraient les villes et les campagnes, offrant aux habitants de leur révéler leurs destinées, et se servant à cet effet des vers d'Homère, d'Hésiode et des autres poètes; les baptes, prêtres de la déesse Cotytto, qui portaient des habillements de femme, affichaient des mœurs efféminées et célébraient leur culte pendant la nuit; les bésychides, qui étaient attachés au temple des furies, érigé à Athènes par le conseil d'Épiménides de Crète; les symbachi, qui étaient chargés de purifier Athènes pendant les thargélies, fêtes instituées en l'honneur d'Apollon et de Diane, et une foule d'autres.

A Rome, les fonctions sacerdotales furent originairement le partage exclusif des patriciens ou nobles, qui les exerçaient à vie; puis elles furent attribuées à des prêtres proprement dits, attachés, les uns au culte de tous les dieux, les autres à une divinité spéciale. Les pontifes ou grands-prêtres avaient inspection sur la religion et sur ses ministres; ils prononçaient comme juges sur toutes les questions religieuses; ils dressaient le calendrier et ordonnaient les cérémonies publiques. Sous Numa, il n'y en avait qu'un seul; dans la suite, leur nombre s'éleva jusqu'à seize, et ils furent constitués en collége. Leur président, le *pontifex maximus*, ou pontife suprême, dont la charge était inamovible, ne pouvait franchir les frontières de l'Italie. Il installait les prêtres et surveillait les cérémonies du culte de Vesta. Primitivement, il avait aussi pour attribution de rédiger les annales publiques. On comptait quinze augures au temps de Sylla, et leur chef avait le titre d'*augur maximus*, augure souverain. A ces prêtres, appartenait le soin d'observer les phénomènes de la nature, le chant et le vol des oiseaux, conformément à une loi fondamentale de Rome, qui ne permettait d'entreprendre aucune expédition, de faire aucun acte politique, militaire ou civil, qu'on n'eût préalablement interrogé la volonté des dieux. Les augures procédaient de diverses manières dans cette importante opération. La plus ordinaire consistait à consulter les poulets sacrés. Ces poulets étaient enfermés dans une cage, et soignés par des gardiens spéciaux qu'on nommait *pullarii*. On leur jetait une espèce de pâte ou de gâteau appelé *offa*. S'ils le mangeaient avec avidité, et surtout si une partie de ce qu'ils mangeaient tombait à terre, c'était un signe favorable. Si, au contraire, les poulets refusaient de manger ou s'envolaient, c'était un présage funeste. Les augures n'étaient chargés que de l'inspection des auspices; les premiers magistrats seuls avaient le droit d'annoncer le résultat obtenu. Les insignes des augures étaient la *trabea*, robe de pourpre et d'écarlate; le *galerus*, bonnet conique en peau, et le *lituus*, ou bâton augural. Il y avait une classe de prêtres appelés aruspices, qui étaient spécialement chargés de purifier les lieux atteints par la foudre et de consulter les entrailles des victimes. Ils tiraient leurs prédictions des mouvements de la victime avant qu'elle fût immolée; des frémissements de ses entrailles au moment où ils lui ouvraient le sein; de la flamme, de la fumée, et de tout ce qui arrivait pendant le sacrifice. Les quindecemvirs étaient les gardiens des livres sibyllins. Lorsque la république se trouvait dans des circonstances fâcheuses, le sénat leur ordonnait de consulter ces livres mystérieux et de se conformer aux instructions qu'ils contenaient. Les livres sibyllins furent brûlés en l'an 670 de Rome avec le Capitole, où ils étaient renfermés. On en rechercha alors tous les fragments qui avaient pu échapper au désastre, et on en forma des recueils, qu'Auguste fit cacher sous le piédestal de la statue d'Apollon-Palatin. Les quindecemvirs étaient en réalité les prêtres de ce dieu, et ils avaient la garde du trépied d'airain, appelé *cortina*, qui lui était consacré. Les épulons, adjoints aux pontifes pour présider à la préparation des festins solennels, surveillaient aussi la célébration des jeux publics, l'accomplissement des sacrifices, et rendaient compte aux pontifes de toutes les infractions aux lois et aux coutumes qui pouvaient y être commises. Au nombre de douze, les frères arvales consacraient annuellement les terres. Dans cette cérémonie, on promenait trois fois autour des champs, avec un nombreux cortége de cultivateurs, une truie pleine, qu'on sacrifiait ensuite, en récitant des prières solennelles, pour obtenir des récoltes abondantes. Une couronne d'épis et des bandelettes blanches étaient les marques distinctives de ces prêtres, dont la charge était à vie. Les féciaux proclamaient les déclarations de guerre, la conclusion des traités de paix et d'alliances. Leur collége se composait de vingt membres. On les reconnaissait à l'herbe sacrée (la verveine) dont ils se ceignaient le front et qu'ils portaient à la main. Les curions, qui étaient au nombre de trente, présidaient aux sacrifices communs des différentes curies. A la tête de tous ces prêtres, qui avaient dans leurs attributions le culte de la généralité des dieux, se plaçait le ministre appelé le roi des sacrifices. L'emploi de celui-ci, qui était subordonné au grand-pontife, avait été institué lors de l'établissement de la république, et consistait à vaquer aux sacrifices que les rois expulsés avaient coutume de pratiquer eux-mêmes.

Tous les prêtres attachés au culte d'une seule divinité recevaient le nom de flamines. Numa n'en avait institué que trois : un pour Jupiter; un pour Mars, et un pour Romulus. Dans la suite, le nombre de ces prêtres fut considérablement augmenté. Les trois premiers avaient le titre de grands flamines; celui de petits flamines était attribué aux derniers. Lorsque s'é-

DANSE SACRÉE DES PRÊTRES SALIENS
chez les anciens Romains

tablit l'usage de l'apothéose, on donna des flamines aux empereurs qui étaient mis au rang des dieux. Les vestales étaient les prêtresses de Vesta, déesse tutélaire de Rome. On en comptait six, dont la principale était appelée *vestalis maxima*. La jeune fille désignée par le sort pour être vestale devait appartenir à une famille distinguée; elle était obligée de se consacrer pendant trente années au culte de la déesse. Les dix premières formaient le temps de son noviciat. Durant les dix suivantes, elle faisait l'office de prêtresse. Elle instruisait les jeunes vestales dans le cours des dix dernières. Quand elle avait rempli cet engagement, elle était libre de se retirer, de rentrer dans le monde et de s'y marier. En se vouant au service de Vesta, elle faisait vœu de chasteté. La garde du palladium et l'entretien du feu sacré étaient confiés à sa vigilance et à ses soins. Si, par sa négligence, le feu venait à s'éteindre, le grand-pontife la frappait de verges. Elle était enterrée toute vive, si elle violait son vœu de chasteté. Les vestales jouissaient d'ailleurs de précieuses prérogatives : elles étaient affranchies de la puissance paternelle, si absolue à Rome; elles occupaient une place distinguée dans les cérémonies publiques, dans les grandes assemblées; et elles pouvaient soustraire à la peine de mort les criminels qu'elles rencontraient sur leur chemin pendant qu'on les conduisait au supplice. Elles étaient vêtues d'une longue robe blanche; et leur tête, ceinte d'une bandelette, était couverte d'un voile épais. Les saliens, prêtres de Mars, avaient été institués par Numa, à l'occasion d'une peste qui sévissait dans Rome. La tradition rapportait que, pendant cette épidémie, il était tombé du ciel un bouclier d'airain qui l'avait fait cesser, et que la nymphe Égérie avait prédit que la ville où il serait conservé s'élèverait à une très grande puissance. Dans la crainte qu'on ne le dérobât, Numa en fit faire onze semblables; et il choisit douze jeunes patriciens pour promener, aux calendes de mars, ces boucliers, appelés *ancilia*, à cause de leur forme échancrée. Ces ministres les portaient par toute la ville en dansant, et en chantant, en l'honneur du dieu Mars, des vers nommés saliens. Lorsqu'ils dansaient, ils étaient revêtus de la *trabea* et coiffés du *galerus;* de la main droite, ils tenaient une pique, et ils avaient un *ancile* passé au bras gauche. La fête était suivie d'un repas splendide, à la fin duquel les boucliers étaient remis solennellement à leur place. Les luperques, prêtres du dieu Pan, étaient primitivement divisés en deux corporations, celle des fabiens, et celle des quintiliens; à la fin de la république, le sénat en institua une troisième, les juliens, en l'honneur de Jules César. Les luperques célébraient, au mois de février de chaque année, leur principale fête (*lupercalia*), dans laquelle ils se revêtaient de peaux de chèvres.

Temples. En Grèce, comme dans tous les autres pays, on commença par honorer les dieux sur les montagnes, dans les forêts, dans les endroits les plus propres à inspirer le recueillement. Puis, dans ces lieux divers, qu'on appelait *téménos*, et ensuite dans l'enceinte des villes, on bâtit des temples réguliers. D'abord on ne trouvait là qu'un autel pour les offrandes, pour les sacrifices des victimes; plus tard, on y plaça les statues des dieux. Ordinairement, ces monuments religieux se dressaient sur un emplacement en forme de terrasse. Au centre des propylées, était le *bômos*, ou autel, construit en plein air, sous la voûte du ciel. Le temple proprement dit recevait le jour par son entrée située à l'orient. On y voyait l'image du dieu auquel il était dédié, et, devant cette image, un autel, sur lequel on faisait brûler des parfums. Derrière, était le sanctuaire, où le prêtre seul pouvait entrer. Des colonnades, sous lesquelles le peuple s'assemblait, régnaient autour de l'édifice. Quelques-uns des temples servaient d'asile aux criminels. Dans le nombre de ces monuments religieux, on distinguait particulièrement le temple d'Apollon à Delphes, ville de la Phocide. Athènes en renfermait plusieurs, dont la grandeur et la magnificence ont survécu en quelque sorte dans leurs ruines : le Panthéon, consacré à Minerve, et célèbre par la statue de cette déesse, chef-d'œuvre de Phidias; le Théâtron Dionyson, ou temple de Bacchus; le Théséon, temple de Thésée; l'Anacéon, temple des Anaces (Castor et Pollux); l'Olympion; le Parthénon; le temple de la Victoire; le temple commun de Neptune-Erechthée et de Minerve-Poliade. A Rome, les noms de *fanum,* de *delubrum,* d'*œdes,* de *templum,* étaient indifféremment employés pour désigner les lieux affectés au culte des dieux ; mais le mot de *templum* indiquait presque toujours un édifice dont les proportions étaient monumentales. On comptait dans la capitale quatre cent vingt-quatre temples grands et petits, et trente-deux bois sacrés, qui étaient séparés des temples ou qui en dépendaient. On voyait en outre sur les places publiques, dans les habitations particulières, des chapelles appelées *lararium*, dédiées aux dieux domestiques de la cité ou de la famille. L'ensemble des grands temples, qui offraient une imitation servile des temples grecs, occupait un vaste espace entouré de murailles. De l'entrée de l'enceinte jusqu'à l'édifice s'étendait le vestibule, sous lequel on trouvait des réservoirs. On parvenait ensuite à des arcades couvertes, qui, environnant le temple, servaient de promenade. La statue du dieu occupait le centre de l'édifice, appelé *cella*. Au delà était l'*adytum*, sanctuaire, d'où parlaient les oracles, et où le prêtre seul avait le droit de pénétrer. Sur divers points de la partie du temple accessible aux fidèles se dressaient des autels destinés, les uns à recevoir les libations, l'encens ; les autres à recueillir les chairs des victimes. Les principaux temples de Rome étaient le Capitole, le Panthéon, le temple de Janus, dieu de l'année; ceux d'Apollon, de la Concorde, etc.

Culte. Les pratiques ordinaires du culte religieux consistaient, parmi les Grecs, dans les prières, les vœux, les libations, les purifications, les sacrifices et les offrandes. « On priait les dieux célestes, en élevant les mains vers le ciel; les dieux marins en étendant les mains vers la mer; les dieux infernaux en s'agenouillant et en frappant la terre de ses mains. » On faisait les libations dans les sacrifices, dans les repas, dans les circonstances solennelles, en répandant du vin en l'honneur des dieux. On purifiait les corps, les vêtements, les lieux et les objets sacrés, soit en récitant des prières, soit en accomplissant des sacrifices ou d'autres actes religieux. Ces cérémonies avaient pour but d'expier les crimes, de laver les souillures ou du peuple ou des individus. Chez les Romains, pour invoquer les dieux on s'approchait de leurs images la tête inclinée et couverte d'un voile. Le suppliant, se tournant à plusieurs reprises à gauche et à droite, leur envoyait des baisers, ou, se prosternant, embrassait avec ferveur les pieds et les mains de leurs statues. Communément, il leur promettait verbalement ou par écrit une rémunération matérielle, qu'il ne se croyait ensuite obligé de leur délivrer que s'ils avaient ponctuellement exaucé ses vœux. C'était toujours un prêtre qui dictait la formule de la prière. Il y avait des prières publiques, que le sénat ordonnait, dans les grandes calamités, pour apaiser le courroux des dieux; et, dans les temps ordinaires, pour les remercier de quelque évènement favorable. A la suite avaient lieu des processions, des sacrifices, des festins, dans lesquels on exposait les simulacres sacrés à la vénération du peuple. Une prière appelée *evocatio* était particulièrement en usage pour inviter la divinité tutélaire d'une ville assiégée par la république à se retirer et à se ranger du côté des assiégeants. Une autre prière, qu'on nommait *devotio*, était employée lorsqu'un citoyen se dévouait volontairement aux dieux infernaux comme victime expiatoire pour le salut de l'État ou de quelque particulier. Des cérémonies analogues avaient lieu pour les exécrations solennelles que l'on prononçait quelquefois contre les ennemis de Rome.

Les Grecs eurent de bonne heure des oracles. Le plus ancien était celui de Dodone, en Épire : des voix prophétiques y retentissaient dans une forêt de chênes. Le son produit par des bassins suspendus aux branches des arbres et que le souffle du vent poussait l'un contre l'autre; le bruit que faisait entendre, en bouillonnant, de l'eau renfermée dans des chaudières, servaient aussi à écarter le voile qui cachait l'avenir. Il y avait des oracles d'Apollon à Délos, à Didyme, et dans d'autres lieux. Certaines divinités, des demi-dieux, tels qu'Esculape, près d'Épidaure; Amphiaraüs, à Orope; Hermès, à Pharès, en Achaïe; Trophonius, dans un antre, près de Lébadie, en Béotie, rendaient pareillement des oracles. Les uns répondaient aux consultants par la voie du sort, d'autres par l'incubation. Le dernier moyen était employé par l'oracle de Trophonius. Quand celui qui interrogeait cet oracle avait pénétré dans l'antre, il tombait dans un état de complet engourdissement; et alors seulement les dieux lui faisaient connaître leur réponse. Mais l'oracle le plus célèbre était celui d'Apollon à Delphes. L'antre, à la vapeur duquel on attribuait une vertu prophétique, était situé au pied du mont Parnasse. Il y avait, au milieu de cet antre, un trépied sacré sur lequel la pythie ou prêtresse se plaçait pour aspirer les émanations de la terre. Quand elle les recevait, elle éprouvait une agitation convulsive; ses cheveux se hérissaient; et c'est en ce moment qu'elle annonçait l'avenir. Originairement, les paroles qu'elle prononçait étaient rédigées en vers; plus tard, elle ne parla plus qu'en prose. Pendant quelque temps, il n'y eut qu'un jour de l'année où l'on pouvait la consulter; ensuite, comme elle ne suffisait pas au nombre et à l'empressement des questionneurs, on désigna un jour de chaque mois. La pythie était le principal agent de l'oracle, et l'on choisit, pour en remplir les fonctions, d'abord une jeune vierge, puis une femme de cinquante ans. Les autres ministres étaient les sacrificateurs, les interprètes et les guides qui conduisaient les étrangers et leur expliquaient les curiosités du sanctuaire. Avant l'établissement de ces oracles solennels, les Grecs avaient eu des devins et des jongleurs, auxquels ils s'adressaient pour les évocations des morts, pour les métamorphoses et pour d'autres prodiges de ce genre. Ces charlatans sont les premiers qui se mêlèrent de prédire l'avenir; mais bientôt la divination devint le partage exclusif des prêtres, dont les prédictions étaient fondées sur les présages tirés des signes du ciel, du tonnerre, du vol et du chant des oiseaux, des sacrifices où l'on examinait l'encens enflammé et les entrailles des victimes. En outre, ils tiraient des présages de circonstances particulières, telles que l'éternuement. Les Romains eurent aussi leur science divinatoire et leurs devins, qui étaient les augures dont nous avons parlé.

Fêtes et jeux publics. Les fêtes les plus solennelles étaient celles qui accompagnaient la célébration des mystères religieux. On comptait en Grèce un grand nombre de ces mystères, et l'on n'était admis à y participer qu'à la faveur d'une initiation. Les principaux étaient ceux d'Adonis, venus de la Phénicie; ceux des cabires, qui avaient leur centre dans l'île de Samothrace; ceux des dactyles et des telchines, originaires de la Phrygie, et dont les mystères des curètes, établis en Crète, formaient une branche importante. La Phrygie avait pareillement importé dans la Grèce les mystères des corybantes, qui avaient pour siége la ville de Pessinunte. Puis, venaient les

LA PYTHIE DE DELPHES
rendant ses Oracles

mystères de Cotytto, apportés de la Thrace, et qui, introduits plus tard à Rome, y prirent le nom de mystères de la bonne déesse; les mystères de Cérès ou d'Éleusis, dérivés des isiaques, que nous avons vues si florissantes en Égypte, et qui, sous leur dernière transformation, n'étaient pas moins célèbres dans l'Attique; enfin les mystères de Bacchus, divisés en plusieurs rameaux, appelés dionysies, fêtes sabasiennes, orphiques, etc. Comme les prêtres, les philosophes avaient également des mystères, dont les plus fameux et les plus répandus étaient ceux de Pythagore (1).

Indépendamment de ces fêtes particulières, il y avait des fêtes nationales périodiques et des jeux solennels, auxquels tous les peuples de la Grèce étaient convoqués. Tels étaient les jeux olympiques, institués en l'honneur de Jupiter, et qui étaient célébrés tous les quatre ans à Olympie, en Élide; les jeux pythiques en l'honneur d'Apollon, qui avaient lieu tous les neuf ans, d'abord, puis, tous les cinq ans, dans les champs Crisséens, près de Delphes; les jeux néméens qui, tous les deux ans, étaient solennisés sous l'ombrage d'un bois sacré, situé dans le voisinage de Némée, en Argolide; les jeux isthmiques, consacrés originairement à Palémon, qui présidait aux ports, et ensuite à Neptune : ceux-ci étaient établis dans l'isthme de Corinthe, et revenaient deux fois dans le cours de chaque olympiade. Toutes ces fêtes étaient accompagnées d'exercices qui se composaient de combats gymniques au nombre de cinq : la course, le saut, le pugilat, la lutte et la course à cheval. Il y avait aussi d'autres exercices qu'on appelait concours, où les musiciens, les poètes, les orateurs, les historiens et les artistes de tout genre venaient disputer des prix. Aux jeux olympiques, les vainqueurs recevaient une couronne d'olivier; aux jeux pythiques, une couronne de laurier; aux jeux néméens, une couronne d'ache verte; aux jeux isthmiques, une couronne d'ache sèche. Chacune de ces grandes solennités s'ouvrait par des sacrifices, des processions et d'autres cérémonies religieuses. A Rome, on comptait plusieurs espèces de fêtes : les fêtes publiques, *feriæ publicæ;* les fêtes de famille, *feriæ privatæ.* Si elles étaient célébrées à une époque fixe de l'année, on leur donnait le nom de *stativæ.* On les appelait *conceptivæ* si, chaque fois, un magistrat en indiquait le jour; *imperativæ,* quand elles étaient déterminées par une circonstance particulière. Parmi les *feriæ stativæ,* les principales étaient les *agonalia,* en l'honneur de Janus; les *lupercalia,* consacrées à Pan lycéen; les *quirinalia,* à Quirinus ou Romulus; les *liberalia,* à Bacchus, les *cerealia,* à Cérès; les *saturnalia,* à Saturne. Parmi les *imperativæ,* les fêtes appelées *sacrum novendiale* étaient les plus

---

(1) Consultez, au sujet de tous ces mystères, notre ***Histoire pittoresque de la franc-maçonnerie et des sociétés secrètes anciennes et modernes***, p. 307 et suiv.

remarquables. Elles duraient neuf jours et avaient lieu à l'occasion de quelque évènement important. Les jeux publics se célébraient, pour la plupart, aux frais de l'État. Il y en avait de trois sortes : *circenses, gladiatorii, scenici*. Les jeux du cirque se composaient de courses de chevaux, d'exercices guerriers à pied et à cheval, de combats d'animaux et de représentations de combats sur mer, dites *naumachia*. Les *ludi scenici*, jeux scéniques, étaient des représentations théâtrales. Comme en Grèce, la religion s'associait à la célébration de ces solennités publiques.

Mariages, funérailles, apothéoses. Le mariage était toujours, parmi les Grecs, précédé de sacrifices qu'on offrait aux divinités protectrices de l'union conjugale : Jupiter, Junon, Diane et les Parques. Les cérémonies nuptiales reproduisaient les circonstances du mariage de Jupiter et de Junon, telles qu'elles étaient retracées annuellement à Samos, dans la grande fête de la reine des dieux. A Rome, le mariage était accompagné d'un sacrifice offert par le souverain pontife et par le flamine de Jupiter, en présence de dix témoins.

Les Grecs brûlaient ou inhumaient leurs morts. Ils les embaumaient, puis les exposaient pendant plusieurs jours, revêtus d'habits précieux. Les funérailles se faisaient avant le lever du soleil. Quand on brûlait le corps, on en recueillait les cendres dans une urne que l'on ensevelissait. Les Romains avaient adopté la plupart des cérémonies en usage en Grèce pour les funérailles. Le convoi des personnes de noble naissance était précédé de chœurs de musiciens et de pleureuses, et d'histrions couverts de masques destinés à représenter les traits des ancêtres du défunt. Le cortége traversait le forum, où l'on prononçait l'oraison funèbre; ensuite on sortait de la ville, soit pour brûler le corps, soit pour l'enterrer au bord de la grande route ou dans l'enceinte du Champ-de-Mars. L'apothéose des empereurs romains s'accomplissait avec beaucoup de pompe et de magnificence. On brûlait leur dépouille mortelle dans le Champ-de-Mars, et l'on instituait pour eux des flamines, qui étaient chargés de leur rendre les honneurs divins. Leurs femmes, leurs sœurs, leurs filles, étaient souvent aussi, comme eux-mêmes, placées au rang des dieux. La marque ordinaire de l'apothéose des empereurs consistait dans la figure d'un aigle sculpté sur leur tombeau; on affectait l'image d'un paon aux impératrices divinisées. Ces symboles étaient ceux de Jupiter et de Junon.

Extinction du paganisme gréco-romain. Depuis longtemps déjà, la propagation des doctrines des philosophes grecs et les prédications des apôtres chrétiens minaient sourdement le paganisme. Constantin vint lui porter un coup terrible en se déclarant en faveur de la foi nouvelle. Un édit de cet empereur, publié en l'an 331 de notre ère, disposa qu'on fermerait les temples des idoles, et qu'on abandonnerait l'exercice de l'idolâtrie. Toutefois, s'il faut en croire Théodoret, l'empereur ne fit démolir aucun des temples dont il ordonnait la clôture. A partir de ce moment, la lutte du paganisme contre la religion chrétienne se continua avec des chances diverses. Sous Julien, le culte réprouvé reparut triomphant, mais il se vit de nouveau proscrit par Jovien et par Valentinien Ier. Valens, le plus tolérant des empereurs, permit à chacun de ses sujets d'adorer, à sa manière, les dieux qu'il aurait choisis. Les progrès du christianisme ne purent extirper entièrement le culte des idoles; et l'on comptait encore au VIIIe siècle beaucoup de sectateurs des anciennes croyances. Charlemagne rencontra et combattit le paganisme dans la plupart de ses expéditions militaires. C'est surtout dans les campagnes qu'il conservait des partisans, et, ce qui le prouve, c'est que le mot *paganus,* qui signifie homme des champs, fut appliqué aux idolâtres, et qu'on les appela *pagani,* païens, c'est-à-dire paysans. Avant l'époque où le paganisme, chassé des villes, se réfugia dans les villages, les Pères de l'Église latine désignaient les païens sous les noms de *gentes,* de *nationes,* d'*ethnici,* de *gentiles.* On peut fixer à la fin du XIIe siècle l'extinction définitive du paganisme, croyance à laquelle on reproche, à tort ou à raison, d'avoir subordonné l'esprit à la matière et de n'avoir pas eu de règle positive de morale, mais à qui Rome et la Grèce durent, sans aucun doute, leurs mœurs brillantes et polies, leur littérature, leurs arts, leur organisation sociale si forte et si libérale à la fois, cette civilisation, en un mot, qui s'est survécue à elle-même et qu'on retrouve encore profondément empreinte dans chacune de nos institutions.

Fétichisme africain. En se répandant sur les côtes et dans les régions centrales de l'Afrique, parmi les races à demi sauvages des nègres et des Berbers, la religion figurative des Égyptiens se corrompit et se matérialisa. Les peuples abrutis qui l'adoptèrent ne virent que la lettre des symboles, et n'en comprirent pas l'esprit : de là naquit le fétichisme. Tout devint dès lors un objet d'adoration : les animaux bienfaisants et redoutables, les fleuves, les arbres, les pierres, les assemblages de formes les plus bizarres que pût concevoir une imagination en délire, et jusqu'à l'ombre des corps. La seule abstraction qui dominât ce culte grossier était l'idée confuse d'un double principe présidant au bien et au mal, et d'influences malignes ou favorables des saisons et des jours. Les ministres de cette religion, qui se fractionnaient en autant de sectes qu'il y avait de tribus, étaient des jongleurs, qui élevaient la prétention de garantir les hommes des embûches que leur tendaient sans cesse les méchants esprits, et qui, mêlant la ruse et le mensonge à l'ineptie et à la superstition, partageaient eux-mêmes les terreurs qu'ils avaient su inspirer, et croyaient au pouvoir imaginaire qu'ils s'étaient attribué pour asservir et pressurer leurs dupes.

Rien n'a changé à cet égard parmi les peuplades africaines : elles croient et pratiquent encore aujourd'hui ce qu'elles croyaient et pratiquaient dans les temps les plus reculés, à l'exception de quelques-unes qui ont adopté un mahométisme corrompu. Parmi les autres, plusieurs adorent un fétiche national et suprême; tels sont, par exemple, les Widahs, qui ont donné ce rang au serpent, et qui nourrissent somptueusement ce reptile dans une sorte de temple. Les fétiches les plus ordinaires sont des animaux. Ainsi, les habitants de l'Akkra rendent un culte à la hyène; ceux de Dixcove et d'Anamabou, à l'alligator; ceux d'Ussue, au chakal; ceux de l'Achantie, au vautour; les Bissagos se prosternent devant le coq; les Benins, devant le lézard. Viennent ensuite les fleuves : le Tando reçoit les hommages des Achanties; le Cobi, ceux des Dankas. Les cataractes de la Boussampra, sur la côte d'Or, sont l'objet des adorations des nègres qui en habitent le voisinage, et les Argows, qui demeurent près des sources du Nil, en Abyssinie, sacrifient au génie de ce fleuve. Ailleurs il y a même des hommes-fétiches : chez les Benius, c'est le roi régnant; chez les Betjouanas et chez les Jaguas de Bettel, au Congo, c'est le souverain pontife. Des traces de sabéisme se sont conservées dans le sein de quelques tribus. Celles de Wassenah et de plusieurs contrées de la Nubie et de l'Afrique intérieure adorent ou le soleil, ou la lune, ou quelque astre particulier : Vénus, Mercure, Sirius ou tout autre. On retrouve l'initiation égyptienne, avec ses principales circonstances, mais dégradée et défigurée, parmi différentes peuplades du Congo, de la Guinée, du Sousou, etc. (1). On y retrouve aussi les oracles, dont le plus fameux, celui de Dagoumba, en Guinée, a fait de la ville où il est établi l'entrepôt d'un commerce considérable. Les prêtres des Jaguas, entre autres, entretiennent dans leurs temples le feu sacré avec le plus grand soin; et les Cassanges, les Moluas, les Muchingis, les Moucangamas, et divers peuples de la Nigritie du centre, accomplissent des sacrifices humains et sont adonnés à l'anthropophagie, sans cesser pour cela d'être doux et hospitaliers; tant est puissante l'influence des préjugés religieux! M. Douville nous apprend comment ces peuplades s'imaginent concilier une si énorme contradiction : « Les sacrifices n'ont lieu, dit-il, qu'à l'occasion de l'avènement au pouvoir d'un souverain, ou lors de l'invasion de quelque grande maladie épidémique. La victime est toujours choisie hors du pays, et, autant que possible, à une grande distance du lieu du

---

(1) Voir notre *Histoire pittoresque de la franc-maçonnerie et des sociétés secrètes*, p. 330 et 407.

NÈGRES ADORANT UN FÉTICHE.

sacrifice. Ce doit être un jeune homme ou une jeune fille, et il faut qu'elle ignore le sort qui l'attend jusqu'au moment d'être immolée. La peine de mort atteindrait irrévocablement l'imprudent qui le lui révèlerait. Dans l'intervalle, on en prend le plus grand soin, et l'on tâche même de l'engraisser par tous les moyens possibles. L'instant fatal arrivé, on la tue subitement, au milieu d'une solennité et en présence du roi, des nobles et de tout le peuple convoqué dans ce but. Son corps est ordinairement coupé en quatre parties, et grillé immédiatement, pour être distribué aux assistants suivant le rang qu'ils occupent, et faire les frais d'un horrible festin qui a immédiatement lieu. » Les Égyptiens, quoi qu'on ait pu dire de contraire, ne faisaient pas de sacrifices humains ; il est donc probable que les nègres tiennent cette horrible coutume des Carthaginois, colons phéniciens établis au nord de l'Afrique, et qui, dans les grandes calamités, immolaient leurs propres enfants pour apaiser la colère de Souk, ou Saturne, un de leurs dieux, à qui l'Écriture donne le nom de Moloch.

LIVRE CINQUIÈME. — JUDAÏSME.

CHAPITRE Iᵉʳ.

ORIGINES JUDAÏQUES. Livres sacrés : la Bible, les Talmouds, etc. — Légende biblique. — Mythisme de la Bible. — Les Juifs chassés de l'Égypte. Pourquoi. — Conformité du judaïsme avec la religion égyptienne et avec le magisme.

Livres sacrés. L'histoire primitive des Juifs, leurs lois civiles et religieuses, toutes les cérémonies de leur liturgie sont consignées dans l'Ancien Testament, qui est la réunion des livres sacrés du mosaïsme. Le nom qu'on a donné à cette collection répond au mot hébreu *bérith*, qui signifie alliance, et il rappelle le pacte que, suivant la légende, Dieu contracta, sur le mont Sinaï, avec son peuple de prédilection.

Les cinq premiers livres, qui forment la base de tous les autres, sont attribués à Moïse, qui les aurait écrits sous l'inspiration immédiate de la Divinité : ce sont eux que, pour cette raison, on entend plus spécialement par cette expression : *la loi*. On les désigne communément aussi sous le nom de Pentateuque, dérivé des deux mots grecs *penté*, cinq, et *teuchos*, livre. Le Pentateuque se compose de la Genèse, de l'Exode, du Lévitique, des Nombres et du Deutéronome. La Genèse (du grec *génésis*, génération) contient l'histoire de la création du monde, du déluge de Noé et du repeuplement de la terre. L'Exode (d'*exodos*, sortie) retrace les moyens que Dieu employa pour tirer son peuple de l'Égypte. Le Lévitique décrit en détail tout ce qui concerne le ministère des lévites, ou prêtres, les cérémonies de la religion judaïque, les diverses fêtes, et l'année jubilaire. Dans les Nombres, il est question du dénombrement que firent, des Hébreux, Moïse et son frère Aaron ; de dissensions qui éclatèrent dans les rangs du peuple et dans la maison même du législateur. On y voit aussi quels étaient les divers emplois des lévites. Le Deutéronome, c'est-à-dire la seconde loi (du grec *deuléros*, second, et *nomos*, loi), est le dernier des écrits de Moïse. Ce prophète y fait une sorte de récapitulation de la loi, pour l'instruction des Hébreux dont les pères avaient péri dans le désert.

On y trouve de plus l'exposé rapide de tous les faits qui se sont accomplis depuis la sortie de l'Égypte jusqu'à la mort de Moïse.

Les autres livres de l'Ancien Testament, qu'on nomme aussi la Bible (du grec *biblion,* livre), ont pour titres : Josué, les Juges, Ruth, Samuel, les Rois, Isaïe, Jérémie, Ézéchiel, Daniel, Osée, Joel, Amos, Abdias, Nahum, Jonas, Michée, Habacuc, Sophonie, Aggée, Zacharie, Malachie, Job, les Psaumes, les Proverbes, l'Ecclésiaste, le Cantique des cantiques, les Paralipomènes, Esdras, Esther, Baruch, Judith, la Sagesse, l'Ecclésiastique et les Macchabées. Ces divers écrits complètent l'histoire des Juifs, dont les commencements sont consignés dans le Pentateuque. Ils renferment en outre des préceptes, des prophéties, et jusqu'à des poésies érotiques en la forme, mais que les docteurs juifs et chrétiens considèrent comme de graves et saintes métaphores.

Longtemps les pontifes hébreux firent de ces textes sacrés un mystère impénétrable, non-seulement aux infidèles, mais encore à tous les Juifs étrangers à la caste sacerdotale. Peu à peu cependant, ils se relâchèrent de leur discrétion, et leurs livres parvinrent en grande partie à la connaissance du public. La plus ancienne traduction qu'on en cite est la version grecque des *septante,* ainsi nommée parce que soixante-douze savants docteurs hébreux y furent employés. Elle date de l'an 277 avant notre ère, et elle fut entreprise d'après les ordres du roi d'Égypte Ptolémée-Philadelphe. Si l'on en excepte la version syriaque, toutes les autres traductions qu'on lisait originairement dans les diverses églises des chrétiens, telles que l'arabique, l'éthiopienne, l'arménienne, et l'ancienne version latine appelée italique, modifiée depuis et devenue la vulgate, ont été faites sur celle des septante. Aujourd'hui encore l'Église grecque n'en a point d'autre.

Les juifs modernes prétendent posséder, au Kaire, un exemplaire du *sépher-torah,* c'est-à-dire du livre de la loi, copié, de la main d'Esdras, sur l'autographe de Moïse. On révoque en doute avec quelque raison l'authenticité d'une pièce si précieuse. Quoi qu'il en soit, dans toutes leurs synagogues, les juifs en ont des copies sur vélin, tracées avec une encre particulière et en caractères carrés appelés *méroubaad.* S'il arrivait qu'il s'y glissât la moindre lettre superflue, le copiste serait réduit à la nécessité de recommencer son travail tout entier.

Indépendamment des saintes Écritures comprises dans le canon judaïque, les prêtres ont encore plusieurs livres dans lesquels sont consignées les traditions qui étaient conservées originairement par la voie orale seulement. Tels sont, notamment, les deux *Talmouds,* celui de Jérusalem et celui de Babylone. Le premier date de l'an 300 de notre ère; le second, du commencement du vi[e] siècle. Chacun de ces ouvrages se divise en deux parties : la *mischa*, ou le texte, et la *ghémara*, ou le commentaire. Le tout renferme le corps complet de la doctrine traditionnelle et de la religion judaïque. Les juifs ont en quelque sorte abandonné le Talmud de Jérusalem, comme trop obscur et trop abrégé, pour étudier celui de Babylone, qui est beaucoup plus étendu et plus explicite. Le dernier est écrit en chaldéen corrompu et fort difficile à entendre. Outre les constitutions du Talmud, auxquelles les juifs sont tenus de se soumettre aveuglément, ils ont composé des recueils de certaines coutumes locales, qui ne les obligent pas moins. Ils ont aussi pour règles quelques écrits de leurs rabbins, appelés *dinim*, jugements; des livres de prières nommés *séder téphiloth*, ordre de prières; et enfin le *Mahazor*, livre qui contient, avec les offices de l'année, des vers et des cantiques qui se chantent dans les synagogues les jours de sabbat et de fêtes solennelles.

Légende biblique. Suivant les saintes Ecritures, Dieu créa le monde en six jours. Le premier homme fut Adam, dont le nom, en hébreu, signifie terre rouge. Placé dans un jardin de délices, qu'on appelle le paradis terrestre, et pouvant goûter librement de tous les fruits qui s'y trouvaient en abondance, à la réserve du fruit de l'arbre de la science du bien et du mal, Adam céda aux sollicitations d'Eve, sa femme, que, sous la forme d'un serpent, l'ange des ténèbres avait séduite, et il mangea de ce fruit défendu. Il fut aussitôt chassé du séjour délicieux qu'il habitait, et condamné à toutes les misères qui, depuis sa désobéissance, sont devenues le fatal apanage de l'humanité. Caïn, fils aîné d'Adam, s'abandonnant à un accès de jalousie, assassina son frère Abel; c'est le premier crime dont la terre fut souillée. Quinze cent vingt-huit ans après, Dieu résolut d'anéantir, dans un déluge universel, tout ce qui existait sur le globe. Il désigna Noé pour perpétuer l'espèce humaine et pour conserver un couple d'animaux de chaque race. A cet effet, il lui ordonna de construire une arche et de s'y renfermer avec sa famille et avec les êtres qui devaient échapper à la destruction. La pluie tomba pendant quarante jours et l'inondation dura un an. Les trois fils de Noé, Sem, Cham et Japhet, se partagèrent le monde et furent la souche des différents peuples qui l'habitèrent depuis. Pour se garantir des suites d'un nouveau déluge, que leur perversité leur faisait redouter, les descendants de Noé tentèrent de bâtir une tour (celle de Babel) qui s'élevât jusqu'aux cieux. Mais, par un prodige soudain, la langue unique qu'ils avaient parlée jusque-là se fractionna en une foule d'idiomes divers, et l'impossibilité où ils se trouvèrent de parvenir à s'entendre les contraignit de renoncer à leur orgueilleuse entreprise. Abraham, qui appartenait à la dixième génération des enfants de Noé, choisi par le Seigneur pour former la tige d'un grand peuple, quitta la Chaldée et vint s'établir dans le pays de

Chanaan. Dieu lui commanda de soumettre à la circoncision tous les individus mâles de sa famille et de sa domesticité. Le saint patriarche était âgé de cent ans, lorsque Sarah, sa femme, qui en comptait quatre-vingt-onze, lui donna un fils qui reçut le nom d'Isaac. Dieu, pour l'éprouver, lui ordonna d'immoler ce fils : Abraham allait obéir ; mais Dieu, satisfait de cet acte de soumission, arrêta son bras et empêcha le sacrifice.

Isaac eut deux fils, Esaü et Jacob. Le dernier se fit céder le droit d'aînesse par son frère, en échange d'un plat de lentilles. Esaü sortit alors du pays de Chanaan et se retira sur la montagne de Seïr, où il eut une postérité nombreuse, souche du peuple iduméen. Jacob, resté dans la terre de Chanaan, portait à son fils Joseph une affection très vive, qui excitait la haine et l'envie de ses autres enfants. Ceux-ci résolurent de tuer Joseph ; mais, le moment venu d'exécuter ce criminel dessein, ils se contentèrent de vendre leur frère comme esclave à des marchands ismaélites qui allaient porter des parfums en Egypte. Joseph, conduit dans ce pays, fut acheté par Putiphar, général des armées de Pharaon. Bientôt il se concilia la faveur de son maître ; mais, par malheur, l'épouse de celui-ci conçut pour l'esclave une passion criminelle. Cependant, comme Joseph ne voulut point répondre aux désirs de cette femme, elle l'accusa d'avoir attenté à son honneur, et il fut jeté en prison. Pharaon, qui entendit parler et du talent de Joseph pour expliquer les songes et de l'exactitude de ses prédictions, le fit venir et lui demanda ce que signifiaient les deux rêves qu'il avait eus, et dont aucun devin n'avait pu découvrir le sens : « Dans le premier, dit le roi, je croyais être sur le bord du Nil. Je vis sortir du fleuve sept vaches très belles et très grasses, qui se mirent à paître dans les marécages voisins. Bientôt après, sept autres vaches, d'une maigreur effrayante, sortirent du même fleuve et dévorèrent les premières, sans que leur voracité parût satisfaite et sans que leur maigreur diminuât. Ce spectacle m'émut et me réveilla ; mais je ne tardai pas à me rendormir, et je vis dans un autre songe sept épis remplis de grain de la plus belle apparence et sortant d'une même tige, qui furent dévorés par un pareil nombre d'épis maigres et desséchés. » Joseph reconnut que ces deux songes devaient recevoir une même interprétation. Les sept épis remplis de grain présageaient, comme les sept vaches grasses, sept années d'une fertilité extrême, qui répandraient partout l'abondance et qui seraient suivies de sept années de stérilité, lesquelles absorberaient les produits des années précédentes et causeraient une horrible famine. La prudence conseillait donc de confier l'administration de l'Egypte à un homme qui, pendant les années d'abondance, réunirait dans de vastes dépôts tous les grains qui ne seraient pas indispensables à la consommation, et formerait ainsi une réserve assez considérable pour suffire aux besoins que feraient naître les temps de stérilité. Satisfait de cette explication, Pharaon confia à Joseph l'intendance générale du royaume, l'accabla de faveurs et lui fit épouser la fille de Putiphar, prêtre d'Héliopolis, qui le rendit père de Manassès et d'Ephraïm. Joseph, comblé de richesses et d'honneurs, pardonna à ses frères leur infâme conduite à son égard, et appela sa famille en Egypte. Jacob, près d'expirer, fit promettre à son fils qu'il le ferait déposer dans le tombeau de ses pères ; et, lorsqu'il fut mort, Joseph conduisit son corps au pays de Chanaan, au milieu d'un immense cortége, et l'ensevelit avec la plus grande pompe dans le tombeau d'Abraham.

Quand Joseph et toute la première génération de Jacob, appelée dès lors Israël, eurent cessé d'exister, le peuple hébreu, devenu très nombreux en Egypte, inspira de sérieuses inquiétudes au roi successeur de Pharaon. Le monarque résolut d'empêcher cette race de se multiplier, et, pour y parvenir, il lui imposa les plus pénibles travaux ; puis, il poussa la rigueur jusqu'à ordonner de jeter dans le Nil tous les enfants mâles qui naîtraient des Hébreux. Un de ces enfants, abandonné au cours du Nil dans un berceau, fut aperçu flottant à la surface du fleuve par la fille de Pharaon, qui le recueillit, l'adopta et lui donna le nom de Moïse, c'est-à-dire sauvé des eaux. Plus tard, Moïse, indigné de l'humiliante oppression de ses frères en Egypte, tua un Egyptien qui maltraitait un Hébreu, et s'enfuit, pour se soustraire à la vengeance de Pharaon. Un jour, qu'il gardait les troupeaux de son beau-père, au fond du désert, le Seigneur lui apparut au milieu d'une flamme qui sortait d'un buisson et lui ordonna d'annoncer aux Hébreux que le moment de leur délivrance approchait, et de se présenter devant Pharaon pour l'avertir que le Dieu des Hébreux les appelait hors d'Egypte. Moïse se mit en route avec sa femme et ses enfants, et, arrivé en Egypte, il raconta à son frère Aaron ce que le Seigneur lui avait prescrit d'accomplir. Pharaon fut sourd aux instances des deux frères ; alors le Seigneur, voulant vaincre l'opiniâtreté du monarque égyptien, commanda à Moïse et à Aaron de frapper successivement le pays de plusieurs fléaux, qui furent appelés les dix plaies d'Egypte. Aaron étendit d'abord la main, au moment où le roi se rendait aux bords du Nil, et aussitôt les eaux des fleuves, des rivières, des lacs, des ruisseaux, se changèrent en sang et se corrompirent, et, pendant sept jours, les Egyptiens ne trouvèrent aucun moyen d'étancher leur soif : Pharaon fut encore inflexible. Alors Aaron fit sortir du Nil une innombrable quantité de grenouilles, qui pénétrèrent dans les maisons : Pharaon, effrayé, promit à Moïse que, s'il faisait cesser ce fléau, il permettrait aux Hébreux d'aller accomplir leur sacrifice ; mais, lorsque les grenouilles eurent disparu, le roi ne voulut pas tenir sa parole. Aaron fit naître avec sa verge des moucherons qui s'attachaient aux hommes et aux animaux, puis, de grosses mouches qui remplissaient les maisons et attaquaient les hommes; ensuite vint une peste qui enleva la plus grande partie des animaux que possédaient les Egyptiens. Le lendemain, les hommes et les animaux qui avaient échappé à l'épidémie furent couverts d'ulcères et d'abcès. D'autres fléaux frappèrent successivement les Egyptiens et leur roi, et, lorsque le neuvième jour fut accompli, le Seigneur annonça à Moïse que la dernière plaie réservée à l'Egypte forcerait enfin Pharaon à laisser partir les Hébreux. Au jour indiqué, à minuit, l'ange exterminateur fit périr, sans distinction, tous les premiers-nés des Egyptiens; mais les Hébreux, qui se tenaient renfermés dans leurs maisons, furent épargnés. A ce dernier coup, Pharaon, qui venait de perdre son fils, fit appeler Moïse et Aaron, et leur ordonna de partir sur-le-champ avec tous les Israélites. Ainsi cessa leur première captivité.

Mais, comme les Hébreux s'éloignaient, ils furent atteints au bord de la mer Rouge par l'armée de Pharaon, qui, sous la conduite de ce prince, avait marché à leur poursuite. Or, le Seigneur, qui les avait guidés en plaçant devant eux une colonne de nuées pendant le jour et une colonne de feu pendant la nuit, les préserva des nouveaux dangers qui les menaçaient. Moïse ayant étendu la main sur la mer Rouge, les eaux se séparèrent et ouvrirent un large passage; les Hébreux traversèrent la mer à pied sec. Les Égyptiens voulurent la traverser à leur tour, mais Moïse fit reprendre aux eaux leur ancienne place, et toute l'armée des Egyptiens fut engloutie dans l'abîme. En traversant le désert de Sur, les Israélites souffrirent les plus horribles privations. Moïse convertit des eaux amères et saumâtres en des eaux douces et agréables; à sa voix, arriva une immense quantité de cailles, et la terre se couvrit d'une matière blanche et sucrée qui fournit aux Israélites une nourriture substantielle et à laquelle on donna le nom de manne. Dans un lieu appelé Raphidim, Moïse frappa de sa baguette le rocher d'Horeb, et il en jaillit une source abondante.

Les Hébreux étaient parvenus près du Sinaï. D'après l'ordre du Seigneur, Moïse les fit assembler au pied de la montagne, et il monta seul au sommet. Aussitôt, l'Éternel apparut à sa vue, et tout, autour de lui, se couvrit de flammes et de fumée. C'est pendant le long séjour qu'il fit sur cette montagne sainte que lui furent dictés le Décalogue, c'est-à-dire les dix commandements de Dieu, et toutes les autres lois révélées. Moïse en fit un recueil et en prescrivit l'observation. Il s'entretint souvent sur le Sinaï avec le Seigneur, et il reçut de lui des instructions diverses sur la manière dont il entendait être honoré, sur les cérémonies et sur les autres détails du culte. Moïse fit le dénombrement général du peuple hébreu, et le divisa en douze tribus. Après avoir réglé la législation, et pourvu, par des dispositions nombreuses, à l'ordre général, il présenta Josué au grand-prêtre Éléazar, et devant l'assemblée d'Israël, il le déclara à haute voix son successeur; il recommanda à toute la nation juive de le reconnaître désormais pour son chef, de l'écouter et de lui obéir en toutes choses. Ensuite Éléazar et Josué furent désignés, avec un prince de chaque tribu, pour partager la terre promise entre les enfants d'Israël, suivant les limites que Dieu avait prescrites. Moïse, voyant approcher le moment où il devait abandonner à Josué le gouvernement du peuple, se hâta de donner ses dernières instructions à son successeur, lui remit le livre de la loi, qu'il avait écrit en entier de sa main, et, après avoir rappelé de nouveau aux Juifs les commandements du Décalogue, il bénit les douze tribus, et monta de la plaine de Moab sur la montagne de Nebo. Là, le Seigneur lui fit voir les pays qui formaient toute l'étendue de la terre de Chanaan, promise aux descendants d'Abraham et de Jacob, et il mourut en ce même lieu, à l'âge de cent vingt ans. Il fut enseveli par les anges, dans la vallée de Moab, vis-à-vis de Phogor, et nul homme n'a connu le lieu de sa sépulture. Toute la nation le pleura pendant trente jours.

Devenu chef des Israélites, Josué fit toutes ses dispositions pour passer le Jourdain. Quand le peuple fut rassemblé près du fleuve, les prêtres qui portaient l'arche d'alliance, espèce de coffre que Moïse avait fait construire pour renfermer les tables de la loi, reçurent l'ordre de marcher droit au fleuve et d'y pénétrer. Dès qu'ils y eurent mis le pied, les eaux qui venaient d'en haut s'arrêtèrent en un même lieu, et, s'élevant comme une montagne, restèrent suspendues dans les airs, pendant que les eaux d'en bas s'écoulaient comme un torrent dans la mer du désert. Les prêtres et le peuple purent alors traverser le fleuve à pied sec. Les Israélites vinrent camper près de Jéricho, et Josué mit immédiatement le siége devant cette ville. Il commanda à ses troupes de faire une fois par jour le tour des murailles, et de répéter cette évolution pendant six jours consécutifs; le septième jour, les prêtres saisissant les sept trompettes dont on se servait dans l'année du jubilé, marchèrent en avant de ceux qui portaient l'arche d'alliance, et firent ainsi sept fois de suite le tour de Jéricho; au septième tour, les murailles s'ébranlèrent soudain et s'écroulèrent au bruit éclatant des trompettes sacrées. Maître de la ville, Josué en fit passer les habitants au fil de l'épée. Après avoir conquis toutes les terres qui formaient le pays de Chanaan, le vainqueur en opéra la distribution aux tribus; il les assembla à Sichem, leur rappela tout ce qu'elles devaient à Dieu depuis la sortie miraculeuse de l'Égypte, leur fit renouveler leur alliance avec le Seigneur, écrivit tous les préceptes et toutes les instructions destinées à diriger leur conduite à venir, et plaça son livre près de celui de Moïse, sous un chêne qui avait sa racine dans le sanctuaire, et il recouvrit le tout d'une pierre, afin que cette pierre servît de témoignage. Il mourut âgé de cent dix ans.

Après sa mort, les Israélites eurent de nouvelles guerres à soutenir avec leurs voisins. Cependant, vivant au milieu de peuples idolâtres qu'ils avaient asservis, ils prirent insensiblement leurs usages et leurs mœurs; ils finirent par adorer leurs dieux et par offrir des sacrifices à Baal et à Astaroth. Pour les punir, Dieu les fit tomber sous la domination de Chusan-Rasathaïm, roi de Mésopotamie. Leur esclavage dura huit ans; mais ils en furent délivrés par Othoniel, qui, devenu juge d'Israël, les gouverna pendant quarante ans, et les fit jouir d'une paix profonde. Ensuite ils retombèrent dans leur idolâtrie, furent successivement assujétis par Eglon, roi des Moabites, et par Yabin, roi des Chananéens, qui régnait dans Asor, et qui les opprima durant vingt ans de la façon la plus dure et la plus tyrannique. Cependant, le peuple d'Israël sortit de son engourdissement à la voix de la prophétesse Débora, qui l'exhorta à secouer le joug sous lequel il gémissait. Les troupes de Yabin furent vaincues. Leur général, Sisara, était venu chercher un asile dans la tente d'Haber, capitaine israélite. Jahel, femme d'Haber, lui accorda l'hospitalité, et le voyant endormi, s'arma d'un long dard de fer et le lui enfonça à coups de marteau dans la tempe avec une telle force que la tête se trouva clouée contre la terre. Le peuple élu, reconnaissant des services que lui avait rendus Débora, l'éleva, par acclamation, à la dignité de juge, dignité dont jusque-là les hommes seuls avaient été investis. Elle gouverna les Israélites pendant quarante ans. Asservis à sa mort par les Madianites, ils durent leur délivrance à Gédéon, à qui un ange avait apparu pendant qu'il était occupé à battre et à vanner son blé, pour lui annoncer que Dieu l'avait choisi pour être le libérateur de ses concitoyens. Gédéon, avec trois cents hommes de bonne volonté, se porta contre les Madianites, qui étaient très nombreux; il divisa ses soldats en trois corps, leur fit prendre à chacun une trompette d'une main et de l'autre une lampe allumée, renfermée dans un pot de terre; et, au signal convenu, qui était le son de la trompette que tenait Gédéon, les trois cents hommes pénétrèrent, au milieu de la nuit, par trois côtés différents, dans le camp des Madianites endormis. Alors, ils sonnèrent tous à la fois de leurs trompettes, et heurtant leurs pots et les brisant les uns contre les autres, ils se ruèrent sur l'ennemi aux cris mille fois répétés de : *Vive le Seigneur! vive l'épée de Gédéon!* Les Madianites, frappés d'épouvante, et croyant avoir toute une armée à combattre, tournèrent, dans leur trouble, leurs armes contre eux-mêmes. Gédéon fut proclamé sauveur du peuple d'Israël; on lui offrit la couronne, mais il n'accepta que le titre et les fonctions de juge. Il mourut dans un âge avancé, laissant soixante-dix enfants.

Cédant à leur penchant pour l'idolâtrie, les Israélites sacrifièrent de nouveau aux dieux de Syrie, de Sidon, de Moab et des enfants d'Ammon, et ils retombèrent bientôt sous le joug des Philistins et des Ammonites. Jephté, chef d'une troupe de vagabonds qui ne vivaient que de brigandages, marcha contre les Ammonites, et fit vœu au Seigneur, s'il lui accordait la victoire, de lui immoler la première personne qui s'offrirait à ses yeux, lorsqu'il retournerait à sa demeure. Jephté fut vainqueur, mais la première personne qu'il rencontra fut sa propre fille. Douée d'un courage au-dessus de son sexe, cette vertueuse enfant exhorta son père, que la surprise et la douleur avaient abattu, à accomplir religieusement son vœu ; elle lui demanda seulement un délai de deux mois pour pleurer sa mort avec ses compagnes. A l'expiration de ce terme, elle revint, et Jephté accomplit son pieux et cruel sacrifice. De là vint la coutume qui s'est toujours observée parmi les Israélites, que toutes les jeunes filles s'assemblent une fois l'année pour pleurer la fille de Jephté pendant quatre jours. Jephté devint le juge de la nation. A sa mort, les Israélites retombèrent encore dans l'idolâtrie et furent opprimés pendant quarante ans par les Philistins. Vers le commencement de la grande sacrificature d'Héli, vint au monde Samson, fameux par la force extraordinaire dont il était doué. A peine âgé de dix-huit ans, il déchira de ses mains un jeune lion, et il devint la terreur des Philistins. Ces peuples menacèrent la tribu de Juda d'une entière destruction si elle ne leur livrait Samson, pieds et poings liés. Trois mille hommes de la tribu furent envoyés aussitôt vers une caverne où Samson s'était retiré, avec l'ordre de s'emparer de sa personne. Sur l'assurance qu'ils lui donnèrent qu'ils ne le tueraient pas, il se laissa prendre. On le lia de deux fortes cordes, et il fut emmené hors de la caverne. Lorsque les Philistins l'aperçurent, ils poussèrent de grands cris ; mais Samson, rompant ses liens tout à coup, tomba sur les ennemis, et, s'armant d'une mâchoire d'âne qu'il rencontra par hasard sous ses pieds, il tua mille Philistins et mit les autres en fuite. Samson continua ses attaques contre ce peuple, qui eut recours à la ruse pour se défaire d'un aussi terrible ennemi. Ses chefs promirent une forte somme d'argent à Dalila, jeune femme qu'aimait Samson, si elle pouvait découvrir la cause de sa force prodigieuse. Séduite par l'appât qui lui était offert, Dalila y appliqua tous ses soins ; elle finit par arracher à Samson la révélation de ce secret précieux, et apprit de lui que sa force résidait principalement dans sa chevelure. Alors, profitant du sommeil de son amant, la perfide s'arma de tranchants ciseaux et lui coupa ses longs cheveux. Avertis par elle, les Philistins se saisirent de leur ennemi, désormais hors d'état de se défendre, et, lui ayant arraché les yeux, ils le chargèrent de chaînes et lui firent tourner la meule d'un moulin. Quelque temps après, les princes philistins, célébrant une grande fête en l'honneur de leur dieu Dagon, firent venir Samson dans une vaste salle où se trouvaient réunies trois mille personnes. Samson, dont les cheveux avaient eu le temps de repousser en partie, et qui avait repris quelques forces, saisit de ses deux bras les deux colonnes principales qui soutenaient l'édifice, leur imprima une violente secousse; la voûte s'écarta, et, en s'écroulant, écrasa tous les assistants avec lui. Ses frères et ses parents enlevèrent son corps et l'ensevelirent. Samson avait été juge d'Israël pendant vingt ans.

Le règne de Saül eut d'abord quelque éclat, mais bientôt ce prince oublia les sages leçons que lui avait données le prophète Samuel, et, tourmenté par les remords, il demanda à l'art des devins ce qu'il ne pouvait obtenir du ciel. Une nuit, couvert d'un travestissement, il se rendit chez une magicienne, connue sous le nom de pythonisse d'Endor. Il lui ordonna de consulter l'esprit de Python et d'évoquer l'ombre de Samuel, qui était mort depuis deux ans. Après avoir fait diverses conjurations, la magicienne jeta un grand cri, et dit à Saül : « Pourquoi m'avez-vous trompée, car vous êtes Saül? — Ne craignez rien, » lui dit le roi, saisi lui-même d'étonnement en voyant sortir de terre l'ombre d'un vieillard, dans laquelle il reconnut les traits du prophète. A cette apparition, Saül se prosterna, et Samuel lui prédit sa mort prochaine, ainsi que celle de ses trois fils. Son successeur, David, forma le dessein d'élever un temple magnifique pour y déposer l'arche d'alliance; mais cet honneur était réservé à son fils Salomon, qui employa deux cent-cinquante mille hommes et huit années de travail à la construction de cet édifice. Après la mort de Salomon, deux tribus seulement restèrent fidèles à son fils Roboam; les dix autres reconnurent Jéroboam pour roi. Celles-ci formaient le royaume d'Israël; les deux premières, le royaume de Juda. Jéroboam érigea des veaux d'or semblables à celui qu'Aaron avait fait fabriquer au pied du Sinaï, pendant la longue absence de Moïse, et introduisit de notables changements dans le culte. C'est sous le règne d'Achab, fils d'Amri, usurpateur du trône d'Israël, que parut Elie, prophète fameux, qui eut longtemps sa demeure près du Carmel. Elie menait la vie la plus frugale; du pain et de l'eau formaient sa seule nourriture; il n'avait pour se couvrir qu'une peau de chameau. Elie prédit à Achab sa fin malheureuse et l'entière destruction de sa postérité.

Après de nombreuses vicissitudes, qui assaillirent le royaume d'Israël, Salmanazar, roi d'Assyrie, vint fondre sur la Judée à la tête d'une armée nombreuse. Il mit le siége devant Samarie, s'en rendit maître et transporta la population en Assyrie. Le même malheur était réservé au royaume de Juda. Sous le règne de Joakim, Nabuchodonosor, roi de Babylone, s'empara de la ville de Jérusalem et emmena avec lui un grand nombre de captifs choisis parmi les grands de la cour. Dans le nombre se trouvaient plusieurs enfants du sang royal, qu'il fit conduire dans sa capitale. C'est à dater de cet évènement que l'on commence à compter les soixante-dix années de la captivité de Babylone. Cependant, Jéchonias, fils de Joakim, ayant entrepris de secouer le joug du vainqueur, Nabuchodonosor vint assiéger une seconde fois Jérusalem, enleva tous les trésors du temple, mit en pièces les vases d'or que Salomon avait fait fondre, et emporta toutes ces richesses dans ses États. Parmi les nouveaux captifs qu'il traîna à sa suite au retour de cette expédition, il faut compter Ézéchiel, Mardochée et Josedec, grand-sacrificateur. Il ne resta dans la Judée que les plus pauvres familles. Nabuchodonosor établit roi sur ce malheureux pays Mathanias, fils de Josias, dont il changea le nom en celui de Sédécias, qui signifie *la justice du Seigneur*. Mais ce roi étant entré dans une ligue formée par des peuples voisins contre Nabuchodonosor, le monarque babylonien marcha contre Sédécias avec une armée formidable pour le punir de sa rébellion. Jérusalem fut prise et saccagée. Nabuchodonosor fit égorger les deux fils de Sédécias en sa présence, lui fit à lui-même crever les yeux ; et le malheureux souverain, chargé de chaînes d'acier, fut conduit à Babylone et jeté en prison, où il finit ses jours. Ainsi fut accomplie la prédiction d'Ézéchiel, que Sédécias serait transporté dans le pays des Chaldéens, mais qu'il ne verrait pas Babylone, quoiqu'il dût y mourir. Non-seulement Nabuchodonosor fit enlever tous les trésors du temple, et tout ce qu'il y avait de précieux dans le palais du roi et dans les demeures des particuliers, mais encore il ordonna qu'on mît le feu au temple et qu'on détruisît la ville de fond en comble. Réduite en un monceau de ruines, Jérusalem resta cinquante deux ans dans ce déplorable état, jusqu'à ce qu'enfin, revenus dans leur patrie par la faveur de Cyrus, les Juifs eussent la faculté de la rebâtir. C'est en l'an 536 avant notre ère que ce grand homme fit publier l'édit qui accordait aux captifs la liberté de retourner en Judée, et qui permettait le rétablissement du temple. Ce monarque ne borna pas là ses bienfaits : il exhorta ses propres sujets à aider les Juifs dans l'accomplissement de leur pieuse entreprise ; il ordonna même, dans la suite, qu'on prît dans le trésor royal les sommes nécessaires pour subvenir aux frais de la reconstruction de l'édifice sacré, et il voulut en outre que les vases d'or et d'argent qui en avaient été enlevés fussent restitués aux Juifs. Plusieurs années après, sous le règne d'Artaxercès-longue-main, le reste des richesses prises par Nabuchodonosor fut rapporté par Esdras.

Libres ou captifs, les Juifs, comme on l'a vu, associèrent souvent à leur culte des divinités étrangères. Les leçons et les menaces de leurs prophètes ne pouvaient les guérir de leur disposition à l'idolâtrie. Leurs rois eux-mêmes en donnèrent l'exemple. Ainsi, Achab introduit dans ses États le culte de Baal, divinité des Phéniciens; il lui bâtit un temple dans la ville de Samarie, indépendamment des différents autels que les Israélites consacrèrent à ce culte, soit dans les bois, soit sur les terrasses de leurs maisons. On offrait à Baal des victimes humaines. Un autre dieu des Phéniciens, Tammouz ou Adonis, comptait aussi des adorateurs parmi les Juifs. Manassé, fils d'Ézéchias, releva les autels de Baal, que son père avait détruits, et il convertit le temple en une espèce de panthéon, réceptacle de toutes sortes de superstitions et d'idolâtries. Il s'abandonna non-seulement aux enchantements et aux sortiléges, mais même il remplit Jérusalem et toute la Judée de hauts-lieux, d'idoles, de bocages ou bois sacrés, et d'autels profanes. On dit aussi qu'il fit passer ses enfants à travers les flammes en l'honneur de Moloch, et que c'est lui qui institua les augures ou devins appelés pythons. Les Juifs adorèrent beaucoup d'autres dieux encore, principalement Astaroth, qui, avec Moloch, était la principale divinité des Chananéens.

Mythisme de la Bible. Comme tous les peuples anciens, les Juifs avaient une double doctrine. Ils attribuaient aux faits énoncés dans la Bible un sens littéral, qu'ils enseignaient à la masse de la nation, et un sens allégorique, qui était le partage des seuls hommes d'élite, des initiés. Les docteurs hébreux, les Pères de l'Église chrétienne eux-mêmes, conviennent que les livres attribués à Moïse sont rédigés dans un style allégorique, et que l'on porterait sur la divinité et sur ses œuvres un très faux jugement, si l'on s'arrêtait à l'écorce qui couvre la science sacrée. Les écrits laissés par la célèbre école judaïque d'Alexandrie ne permettent pas de concevoir à cet égard le moindre doute. Cette école, qu'il faut distinguer de toutes celles que renfermait la métropole des Lagides, est connue par deux de ses plus illustres chefs : Aristobule, qui vivait sous Ptolémée-Évergète, 224 ans avant notre ère, et Philon, qui florissait 180 ans plus tard. Elle enseignait à ses disciples la doctrine secrète renfermée depuis longtemps dans le sein du judaïsme, et que l'opinion générale des Juifs du temps d'Aristobule et de Philon attribuait aux anciens sages de la nation. Ce sont en particulier les trois premiers livres de la Genèse, qui étaient considérés comme purement mythiques. Philon a composé deux traités intitulés : *Allégories*, dans lesquels il rapporte au sens figuré l'arbre de vie, les fleuves du Paradis et les autres assertions de la Genèse. Voici ce que dit sur le même sujet Maïmonides, le plus savant des rabbins : « On ne doit ni prendre à la lettre ce qui est écrit dans les livres de la création, ni s'en former l'idée qu'en a le commun des hommes; autrement, nos anciens sages ne nous auraient pas recommandé avec autant de soin d'en cacher le sens et de ne pas lever le voile allégorique qui cache les vérités qui y sont contenues. Pris à la lettre, cet ouvrage donne les notions les plus absurdes et les plus extravagantes de la divinité. Quiconque en devinera le vrai sens devra bien se garder de le divulguer. C'est une maxime que nous répètent tous nos sages, surtout en ce qui touche l'intelligence de l'œuvre des six jours. Il est possible que, par soi-même ou à l'aide des lumières d'autrui, quelqu'un parvienne à en pénétrer le sens : alors il doit se taire, ou, s'il parle, ne s'exprimer qu'obscurément, ainsi que je fais moi-même en ce moment, laissant le reste à deviner à ceux qui peuvent me comprendre. » La plupart des Pères de l'Église tiennent le même langage : « C'est une chose avouée de tous ceux qui connaissent les Écritures, dit Origène, que tout y est enveloppé sous le voile de l'énigme et de la parabole. » Ce docteur et tous ses disciples regardaient en particulier comme une allégorie toute l'histoire d'Adam et d'Ève et la description du paradis terrestre. Saint Augustin abandonne en quelque sorte le vieux Testament aux manichéens, qui s'inscrivaient en faux contre les trois premiers livres de la Genèse, et il est d'opinion qu'il n'y a pas moyen d'en conserver le sens littéral sans blesser la piété, sans attribuer à Dieu des choses indignes, et qu'il faut absolument, pour l'honneur de Moïse, recourir à l'allégorie. Dans sa *Cité de Dieu*, le même Père constate que beaucoup de gens voient une pure fiction dans l'aventure d'Ève avec le serpent, ainsi que dans le paradis terrestre (1).

Origine égyptienne des Juifs. Ce qui viendrait confirmer, s'il en était besoin, le sentiment émis par ces docteurs à l'égard du mythisme de la Bible, c'est l'origine même du peuple qui avait fait de ce livre la règle de sa foi. Or, ce peuple était sorti de l'Égypte, pays où tout se traduisait en symboles et en allégories. Manéthon et Chérémon, historiens égyptiens dont Josèphe nous a conservé le témoignage, racontent qu'une multitude de lépreux et d'autres malheureux infectés de maladies contagieuses avaient été chassés autrefois d'Égypte par ordre du roi Aménophis, parce que l'oracle d'Amou avait déclaré qu'il était impossible de les guérir, et que ces lépreux élurent pour chef un prêtre d'Héliopolis nommé Osarsiph ou Moïse, qui leur donna une religion et des lois. Sysimaque, également cité par Josèphe, rapporte les mêmes circonstances ; seulement, il donne le nom de Bocchoris au roi qui chassa les Juifs. Sans faire mention ni de Bocchoris ni d'Aménophis, Diodore de Sicile dit simplement qu'on avait assuré à Antiochus-Épiphane que cette nation n'avait été chassée d'Égypte que parce qu'elle était infectée de

---

(1) Voir ce que nous avons dit déjà du mythisme de la Bible dans l'introduction de ce livre, t. I, p. 10 et suivantes, et dans notre *Histoire pittoresque de la Franc-Maçonnerie et des Sociétés secrètes anciennes et modernes*, page 56 et suivantes.

la lèpre. De tous les historiens qui ont parlé de l'origine des Juifs, Strabon est le seul qui n'ait pas fait mention de cette maladie. Il dit que les Juifs sortirent de l'Égypte sous la conduite de Moïse, qui était un prêtre du pays; mais il ne se prononce pas sur la question de savoir si les Juifs étaient originaires d'Égypte ou s'ils y étaient venus d'ailleurs. A l'exception encore de Justin, qui les fait Syriens de nation, et de Tacite, qui, trompé par la ressemblance du nom de Juda avec celui d'Ida, montagne de Crète, a pensé qu'ils étaient Crétois, tous les autres écrivains de l'antiquité se sont accordés à en faire des Egyptiens. Au reste, quelle que fût en réalité la patrie primitive des Juifs, on ne saurait nier qu'il y eût une frappante ressemblance entre les usages de ce peuple et ceux qui étaient en vigueur en Egypte.

Conformité du judaïsme avec la religion égyptienne et avec le magisme. On sait que, parmi les Egyptiens, le sacerdoce était revêtu d'une autorité presque souveraine; qu'il était entretenu aux dépens du public; que ses membres portaient des vêtements de lin; que le grand-pontife décorait sa poitrine d'une plaque enrichie de pierreries; que les prêtres faisaient, la nuit et le jour, de fréquentes ablutions; qu'ils prononçaient des imprécations sur la tête des victimes, pour appeler sur cette tête tous les maux dont la nation était menacée; qu'ensuite ils rejetaient la victime, comme chargée des iniquités du peuple, etc. Toutes ces choses étaient pratiquées à peu près de la même manière par les Juifs. La circoncision, la prohibition de certaines viandes, entre autres, de celle du porc, l'usage de jeûner la veille des fêtes, la distinction des choses sacrées et des choses profanes, celle des animaux en mondes et en immondes, étaient aussi chez les Juifs des coutumes empruntées des Egyptiens. On voit dans la Bible que, dès que Moïse se fut éloigné d'eux pour aller recevoir la loi sur le mont Sinaï, les Juifs se fabriquèrent une idole à laquelle ils donnèrent la forme d'un veau, animal qui, sous le nom d'Apis, était le principal objet matériel du culte des Egyptiens. Enfin, il s'était conservé de si nombreux rapports entre les cérémonies et les pratiques de ces deux nations, que les païens les confondaient ordinairement l'une avec l'autre, de même que l'on confondit depuis les chrétiens avec les Juifs.

M. Matter, dans son histoire du gnosticisme, a signalé d'autres emprunts faits par les Juifs aux opinions et aux pratiques de la Perse, depuis leur transplantation sur les bords de l'Euphrate et du Tigre. « Daniel, ajoute-t-il, qui joue un si grand rôle parmi les Juifs, et dont la mémoire y est si vénérée, Daniel fut revêtu à Babylone de plusieurs charges de confiance, et fut l'ami et le ministre des rois, qui le placèrent *à la tête du collége des mages.* » Le même écrivain aperçoit des traces du magisme dans la Genèse elle-même, et plus particulièrement dans les traditions des Pharisiens, sectaires juifs, qui prétendaient avoir le dépôt des instructions orales que Moïse avait reçues sur le mont Sinaï. « Comme les Perses, dit-il, les Pharisiens enseignaient une lutte constante entre l'empire du bien et celui du mal: comme eux, ils attribuaient le mal et la chute de l'homme aux démons et à leur chef, et, comme eux aussi, ils admettaient une protection spéciale des bons par les agents inférieurs de Jéhovah. » Les doctrines des esséniens, qui habitaient la Palestine, et des thérapeutes, qui habitaient les environs d'Alexandrie, étaient un mélange d'opinions juives, persanes et pythagoriennes; cependant les esséniens avaient pris davantage aux Perses; les thérapeutes, aux Grecs.

CHAPITRE II.

CROYANCES, SACERDOCE, CULTE, HISTOIRE. Dieu, les anges, l'homme. — Morale. — Vie future. — Messie. — Prophètes. — Sacerdoce. — Édifices sacrés. — Culte. — Oracles. — Fêtes. — Naissances, mariages, funérailles, etc. — Opinions et coutumes superstitieuses. — Sectes. — Histoire des Juifs depuis leur dispersion.

Dieu, les anges et l'homme. Jéhovah est, dans la langue hébraïque, le nom propre de Dieu. Dans plusieurs endroits de l'Écriture, Dieu se donne lui-même ce nom, qui exprime son être et sa substance. En effet, la plupart des étymologistes s'accordent à définir ce mot : *celui qui est.* Les Juifs regardent l'unité de Dieu comme le premier article de leur foi, et ils condamnent également l'idolâtre, qui croit à la pluralité des dieux, et le chrétien, qui admet trois personnes divines dans une seule essence. Les rabbins considèrent Dieu comme un être purement spirituel, qui possède toutes les perfections et qui gouverne l'univers avec une puissance absolue et sans bornes. Créateur de toutes choses, premier principe de tous les êtres, ce Dieu peut subsister indépendamment de l'univers, mais rien au monde ne saurait subsister sans lui. Il est un et indivisible, mais d'une unité différente de toutes les autres unités. Il est incorporel, de toute éternité, et tout ce qui est, excepté lui, a commencé avec le temps. On ne doit adorer et servir que Dieu seul. Dieu connaît toutes les actions humaines, et il en dispose à son gré.

Comme Moïse ne s'explique pas sur le temps où naquirent les anges, les docteurs juifs suppléent à son silence. Ils disent que Dieu fit les anges le second jour de la création, et qu'il les appela à son conseil lorsqu'il méditait la formation de l'homme, afin qu'ils lui en dissent leur avis. A cet égard, ajoutent les rabbins, les anges ne furent pas d'un sentiment unanime : celui-ci approuvait la création de l'homme ; cet autre la repoussait, prévoyant qu'Adam pècherait par complaisance pour sa femme. Dieu fit taire les contempteurs, et il produisit l'homme avant qu'ils s'en fussent aperçus. Il les avertit ensuite qu'ils pècheraient, eux aussi, en s'éprenant des filles des hommes. Quelques rabbins prétendent que les anges ne furent créés que le cinquième jour ; d'autres veulent que Dieu produise des anges tous les jours, et qu'ils sortent d'un fleuve appelé Dinar ; enfin, il y en a qui donnent aux anges la faculté de s'entre-créer, et qui disent que c'est ainsi que l'ange Gabriel a été produit par l'ange Michel, lequel est d'un rang supérieur à lui ; d'où il résulterait que les séraphins, placés en tête de la hiérarchie angélique, sont seuls aptes à procréer les chérubins, qui viennent immédiatement après eux. Philon regarde les anges comme les colonnes sur lesquelles l'univers est appuyé. Presque tous les rabbins supposent, avec le Talmoud, que chaque nation a son ange particulier, qui veille sur elle, et qu'il y a des anges qui président à chaque chose. Azariel gouverne l'eau ; Gazardia garde l'Orient, et a soin que le soleil se lève ; et Neskid est préposé au pain et aux aliments. D'autres anges président à chaque planète, à chaque mois de l'année, à chaque heure du jour. Chaque homme a deux anges, l'un, bon, qui le garde, l'autre, mauvais, qui surveille ses actions et le pousse dans la voie du mal.

Suivant quelques rabbins, Dieu créa les démons en même temps que les enfers, qu'il leur assigna pour demeure. D'autres disent qu'Adam étant resté longtemps sans approcher sa femme, l'ange Samel, touché de la beauté de celle-ci, l'aima, s'unit à elle, et que, de cette union, naquirent des démons. Plusieurs prétendent que les anges ont été créés dans un état de complète innocence, et qu'ils en sont déchus par leur jalousie à l'égard de l'homme et par leur révolte contre Dieu. Du reste, les rabbins s'accordent à penser que les démons ont été créés mâles et femelles, et que par conséquent ils ont pu perpétuer leur race ; que les âmes des damnés se changent en démons et viennent tourmenter les hommes sur la terre et jusque dans les tombeaux. Les démons, ajoutent-ils, ont des ailes comme les anges, peuvent voler comme eux d'un bout du monde à l'autre ; comme eux connaissent l'avenir ; et, de même que les hommes, boivent, mangent, engendrent, se multiplient et sont sujets à la mort. Le prince de ces démons s'appelle Asmodée.

Les âmes des hommes furent formées, disent les rabbins, dès le premier jour de la création. Elles jouissent d'une très grande félicité dans le ciel, jusqu'à ce qu'elles puissent être unies aux corps auxquels elles sont destinées. En attendant, elles peuvent mériter des récompenses par leur bonne conduite. « Les âmes ont été créées doubles, afin qu'il y en eût une pour le mari et une pour la femme. » Lorsque ces âmes, séparées après leur formation, viennent à se rencontrer, le mariage qu'elles contractent ne peut être qu'heureux et tranquille ; mais les unions formées d'âmes étrangères l'une à l'autre n'entraînent avec elles que trouble, haine et malheur.

Morale. Pour être heureux dans ce monde et dans l'autre, l'homme doit se conformer, dans ses actions, à la loi morale que le Seigneur a fait connaître à Moïse, que ce prophète a consignée dans le Pentateuque, et que les autres organes inspirés de la divinité ont développée dans les divers écrits qu'ils ont laissés. Toute cette loi se résume dans les dix préceptes suivants, qu'on peut lire dans le chapitre xx de l'Exode, et dont on désigne la réunion sous le nom de Décalogue : « 1. Je suis le Seigneur votre Dieu, qui vous ai tirés de la terre d'Égypte, de la maison de servitude. Vous n'aurez pas d'autres dieux devant moi ; vous ne ferez point d'images taillées, vous ne ferez aucune figure pour les adorer ou pour les servir. 2. Vous ne prendrez point en vain le nom du Seigneur, votre Dieu. 3. Souvenez-vous de sanctifier le jour du sabbat. 4. Honorez votre père et votre mère, afin que vous viviez longtemps sur la terre. 5. Vous ne tuerez point. 6. Vous ne commettrez point de fornication. 7. Vous ne déroberez point. 8. Vous ne porterez pas faux témoignage. 9. Vous ne convoiterez point la femme de votre prochain. 10. Vous ne désirerez ni sa maison, ni son serviteur, ni sa servante, ni son bœuf, ni son âne, ni rien qui lui appartienne. » Voici quelques autres maximes que nous tirons des différents livres de la Bible : « Ne soyez pas comme des mercenaires, qui ne servent leurs maîtres qu'à condition d'être payés, mais servez votre maître sans aucune espérance d'être récompensés, et que la crainte de Dieu soit toujours devant vos yeux. — Faites toujours attention à ces trois choses, et vous ne pècherez jamais : D'où venez-vous ? où allez-vous ? à qui rendez-vous compte de cette vie ? Vous venez de la terre, vous retournez à la terre et vous rendrez compte de vos actions au Roi des rois. — La sagesse ne va jamais sans la crainte de Dieu, la prudence sans la conscience. — Celui-là est coupable, qui, lorsqu'il s'éveille la nuit ou qu'il se promène seul, s'occupe de pensées frivoles. Celui-là est sage, qui apprend quelque chose de tous les hommes. — Il y a cinq choses qui caractérisent le sage : il ne parle pas devant celui qui le surpasse en sagesse et en autorité ; il ne répond point avec précipitation ; il interroge à propos ; il ne contrarie point son ami ; il dit toujours la vérité. — Un homme timide n'append jamais bien, et un homme colère enseigne toujours mal. — Faites-vous une loi de parler peu et d'agir beaucoup, et soyez affable envers tout le monde. — Ne parlez pas longtemps avec une femme, pas même avec la vôtre, beaucoup moins avec celle d'un autre; cela irrite nos passions et nous détourne de l'étude de la loi. — Défiez-vous des grands et en général de ceux qui sont élevés en dignité. — Avant de juger quelqu'un, mettez-vous à sa place, et commencez toujours par le croire innocent. — Que la gloire de votre ami vous soit aussi chère que la vôtre. — Celui qui augmente ses richesses multiplie ses inquiétudes. Celui qui multiplie ses femmes remplit sa maison de poisons. Celui qui augmente le nombre de ses servantes augmente le nombre des femmes débauchées; enfin celui qui augmente le nombre de ses domestiques augmente le nombre des voleurs. »

Vie future. Les Juifs croient que Dieu récompense les hommes qui observent sa loi, et qu'il châtie ceux qui la violent; que la plus grande récompense c'est l'autre vie, et le plus grand châtiment la damnation de l'âme; que les bons iront dans le paradis (*gan hédem*), où ils verront Dieu face à face, et que les méchants seront précipités dans l'enfer (*ghéhinnam*), où ils seront tourmentés par le feu et par d'autres supplices. Ils pensent qu'il y a des méchants qui sont condamnés à des peines éternelles, et d'autres qui ne doivent souffrir que pendant un temps limité, ce qui constitue une sorte de purgatoire; mais ils ajoutent que ce purgatoire n'est pas distinct de l'enfer par le lieu, qu'il l'est seulement par le temps. Parmi les Juifs modernes, quelques uns admettent la doctrine de la métempsychose, et s'imaginent qu'à la mort les âmes passent d'un corps dans un autre : ils appellent cette transmigration *ghilgoul*. A l'appui de leur système, ils invoquent plusieurs passages de l'Ecriture, tirés pour la plupart du livre de Job et de l'Ecclésiaste. D'autres Juifs se forment du paradis la même idée que les mahométans : ils s'imaginent y goûter tous les plaisirs des sens, ceux particulièrement que procure le commerce des femmes.

Messie. La croyance en un rédempteur du genre humain, que nous avons vue établie chez presque tous les peuples, a été adoptée également par les Juifs. Le Messie, dont le nom, en hébreu, signifie oint ou sacré, a été annoncé par Dieu lui-même aux patriarches Abraham et Jacob. Dieu dit expressément au dernier que le libérateur promis naîtrait dans la tribu de Juda. Les Juifs, dispersés aujourd'hui dans l'univers, attendent encore ce sauveur. Les rabbins diffèrent d'opinion en ce qui concerne son avènement. Les uns pensent que ce sont les péchés du peuple qui retardent sa venue; les autres disent qu'il doit venir deux messies, l'un dans un état de pauvreté et de misère, l'autre dans un état de gloire et de splendeur. Celui-ci rétablira les Juifs dans leur première situation et les vengera de leurs ennemis. Les Juifs croient qu'à l'apparition du Messie, les corps de leurs ancêtres sortiront des tombeaux où ils sont renfermés, et se traîneront jusqu'en Judée, en roulant à travers des cavernes que Dieu leur creusera sous terre. Ils désignent ce voyage des morts sous le nom de *ghilgoul-hamméthim*. Autrefois ils qualifiaient aussi de messies les rois et les sacrificateurs qui avaient reçu la consécration solennelle.

Prophètes. Le Messie attendu avait, en quelque sorte, pour précurseurs des hommes inspirés, que l'on appelait prophètes, et dont on compte un très grand nombre. Abraham, Moïse, Josué, Samuel, Nathan, David, Elie, Elisée, et plusieurs autres, ont été remplis de l'esprit de Dieu, qui leur a révélé des vérités inconnues au reste des Juifs. Il n'y a jamais eu autant de prophètes que pendant le temps qui s'est écoulé depuis Elie et Elisée jusqu'à la captivité de Babylone. C'étaient de véritables religieux, portant des vêtements particuliers, vivant séparés du monde, formant des communautés, et observant la chasteté la plus rigide. Quelques-uns d'entre eux seulement étaient mariés, et les enfants qui naissaient de ces unions suivaient la même carrière que leurs pères. Bien que, le plus souvent, pour faire connaître ses décrets, Dieu se servît de ceux qui menaient la vie prophétique, il accordait quelquefois la même faculté à d'autres hommes. Les prophètes passaient le jour et la nuit à prier, à s'exercer à la pratique de toutes les vertus, à méditer les textes sacrés. Ils instruisaient leurs disciples et leur découvraient l'esprit de la loi. Quand, les jours de fêtes, le peuple venait entendre leur parole, ils le faisaient participer à leurs instructions. Ils lui reprochaient ses péchés, l'exhortaient à en faire pénitence et lui annonçaient, de la part de Dieu, les châtiments qui leur étaient réservés. La liberté avec laquelle ils prédisaient aux rois eux-mêmes les plus fâcheux évènements les rendait généralement odieux, et l'on en cite plusieurs à qui elle coûta la vie.

Sacerdoce. Le *cohen gadol*, grand-sacrificateur, pontife suprême, était le chef de la religion. Son autorité s'étendait même sur les choses civiles, et il était considéré comme le souverain dépositaire de la justice. Le prêtre qui était élevé à cette éminente dignité devait être exempt de tout défaut corporel. La moindre imperfection dans un de ses membres suffisait pour le rendre inhabile à exercer ses fonctions. Il était soumis à des lois particulières : la femme qu'il épousait devait être vierge ; il ne lui était pas permis de prendre le deuil à la mort de ses parents ; et, quelques jours avant les fêtes dans lesquelles il était appelé à officier, il fallait qu'il s'abstînt de tout commerce charnel avec sa femme. Aaron est le premier qui fut revêtu de la charge de grand-prêtre. Moïse le présenta à l'Eternel à la porte du tabernacle, en présence de tout le peuple. Il le fit baigner dans de l'eau pure, qui fut tirée d'un grand vaisseau placé pour cet usage près de l'autel.

Il le revêtit ensuite des ornements pontificaux, et répandit sur sa tête une huile sainte dont Dieu lui avait enseigné la composition. Ces cérémonies furent répétées pendant sept jours. Les successeurs d'Aaron étaient considérés comme consacrés de droit. Le nouveau grand-prêtre revêtait les habits sacrés de son prédécesseur et entrait en exercice sans autre formalité. Lorsqu'il officiait, il portait par-dessus sa tunique de lin, qui lui était commune avec les autres prêtres, une robe sans manches, de couleur pourpre. Le bord inférieur de cette robe était garni d'une frange dont les fils étaient entremêlés de clochettes et de pommes de grenades travaillées en or, lesquelles, en s'entre-choquant, produisaient un son qui avertissait de l'approche du pontife. La robe était attachée avec une large ceinture qui faisait deux fois le tour du corps et dont les bouts retombaient très bas par devant. Un troisième vêtement, appelé *éphod*, richement brodé en or, recouvrait en partie les précédents. Il était retenu sur les épaules par deux pierres précieuses enchâssées dans de l'or. Sur la poitrine, était fixée une pièce d'étoffe où l'on voyait douze autres pierres précieuses, sur chacune desquelles on avait gravé le nom d'une des tribus d'Israël. C'était ce qu'on nommait le *pectoral*. La tiare qui couvrait la tête du grand-prêtre avait la forme hémisphérique, et lui descendait jusque sur les oreilles. Au-dessus, était une autre coiffure de couleur hyacinthe et surmontée d'une triple couronne. Tout autour régnait une plaque d'or, avec cette inscription en caractères hébraïques : « La sainteté à l'Eternel. » Le souverain pontife, ainsi que les autres prêtres, officiaient toujours pieds nus.

Les cohanim, ou sacrificateurs, les prêtres proprement dits, appartenaient tous à la famille d'Aaron, dans laquelle Dieu avait placé le sacerdoce. Ils commençaient à vingt-cinq ans l'exercice de leur ministère, et le terminaient à cinquante. Après leur retraite, ils continuaient à être nourris des offrandes de l'autel. La cérémonie de leur consécration était fort simple. On les introduisait dans le parvis du tabernacle ou du temple; ils s'y lavaient eux-mêmes avec de l'eau pure destinée à cet usage; on les revêtait ensuite de leurs habits sacerdotaux, et on les amenait au cohen gadol, qui les présentait à l'Éternel. Ces formalités accomplies, ils étaient solennellement proclamés, et le peuple était invité à les reconnaître en leur qualité, et à leur accorder, sous peine d'excommunication, le respect qui leur était dû. Les fonctions des cohanim consistaient à brûler de l'encens dans le lieu saint, le matin et le soir, ou à offrir les sacrifices particuliers aux jours ordinaires. Ils répandaient au pied de l'autel le sang des victimes, entretenaient un feu continuel sur l'autel des holocaustes, allumaient les lampes, faisaient et offraient les pains de proposition sur la table d'or. Hors du temple, ils instruisaient le peuple, jugeaient les différends, examinaient les lépreux, connaissaient des diverses pollutions légales, et déterminaient les cas dans lesquels il fallait recourir à l'épreuve des eaux de jalousie. Ils proclamaient au son de la trompette le sabbat et les autres fêtes solennelles; ils donnaient le signal de la guerre, excitaient et encourageaient les combattants. Leur costume consistait en une tunique, des caleçons, une ceinture et une tiare. Tous ces vêtements étaient de lin. L'historien Josèphe dit que leur tiare ressemblait à un casque ou à un turban pointu. Leur ceinture, où étaient représentées des fleurs et diverses figures, était tissue de manière à simuler la peau d'un serpent. Il leur était prescrit de couper leur chevelure à des intervalles déterminés. Les ministres employés au service des autels s'appelaient lévites, parce qu'ils étaient tirés de la tribu de Lévi. Lorsque l'on consacrait les lévites, on les arrosait avec de l'eau où l'on avait délayé les cendres de la vache rousse; on leur rasait le corps et on lavait leurs vêtements. Ensuite le peuple les présentait au cohen gadol, et posait ses mains sur leurs têtes, de la même façon que s'il eût offert une victime au Seigneur. Les lévites assistaient les prêtres, préparaient la fleur de farine, les gâteaux, le vin, l'huile et tout ce qui servait aux sacrifices. Ils chantaient et jouaient de divers instruments dans les fêtes solennelles, et montaient la garde autour du temple. Rien, dans leur costume, ne les distinguait du reste des Israélites. Les néthinim formaient une classe d'hommes descendus des Gabaonites, et que Josué avait condamnés aux emplois les plus vils et les plus pénibles du tabernacle. Ils étaient les domestiques des lévites.

Parmi les cohanim, les plus instruits, appelés scribes, étaient chargés de garder les saintes écritures, de les lire et de les interpréter au peuple, mais seulement dans leur sens littéral; le sens caché étant réservé au sacerdoce seul.

Quoiqu'il fût le chef de la religion, le cohen gadol n'exerçait pas un pouvoir absolu, et il ne jouissait pas du privilége de l'infaillibilité. A côté de lui était une assemblée, qu'on appelait sanhédrin, et qui répondait à quelques égards à ce qu'est, dans l'organisation du clergé catholique, le collége des cardinaux. Le sanhédrin se composait de soixante et onze anciens, un desquels avait le titre d'hannassi, ou de prince. C'était le président. Au-dessous de ce chef, il y avait une sorte de vice-président, qui était appelé ab, c'est-à-dire le père. Cette assemblée ne pouvait se réunir que dans la ville de Jérusalem, dans un lieu nommé le conclave de pierre, qui dépendait du temple. L'autorité du sanhédrin était si grande en tout ce qui touchait aux matières religieuses et judiciaires, qu'il pouvait, selon le langage des Juifs, faire le *tsom* ou le *ghidar hatorah*, une haie à la loi, c'est-à-dire en fixer le sens, en tracer la limite. Quiconque refusait de se soumettre à ses décisions était considéré comme rebelle et frappé d'excommunication.

Le revenu des cohanim se composait particulièrement de dîmes, que les lévites étaient chargés de lever. Ces dîmes ne s'appliquaient pas seulement aux récoltes des Juifs; elles atteignaient encore leurs propriétés elles-mêmes. Possesseurs du dixième des richesses publiques, les cohanim avaient droit en outre à certains repas, que les fidèles leur donnaient tous les trois ans, et auxquels pouvaient assister les lévites, les orphelins, les veuves et les étrangers. A proprement parler, les lévites n'appartenaient pas au sacerdoce; néanmoins ils avaient part à quelques-uns de ses privilèges. Dans le nombre, était la propriété de trente-cinq villes dotées d'immunités particulières, et parmi lesquelles on en comptait six qu'on nommait villes de refuge. Là, le Juif et même l'étranger qui avait tué un homme involontairement était à l'abri de toute recherche, jusqu'à ce qu'il fût en état de produire ses moyens de justification.

Les Juifs donnaient le nom de *rabbonim*, maîtres ou docteurs, aux hommes qui faisaient profession d'étudier les Écritures et de les interpréter. Pour obtenir ce titre, il n'était pas nécessaire d'être de race sacerdotale; il suffisait de se distinguer par son savoir. Les rabbonim étaient divisés en trois classes : les talmidim, ou disciples; les schamourim, ou assistants; et les rabbonim, ou rabbins. Ceux-ci recevaient leur consécration des cohanim, qui leur imposaient les mains et leur donnaient le pouvoir de lier et de délier en leur remettant les cinq livres de Moïse avec une clef, symbole de la pénétration de leur esprit. Dans la synagogue, ils étaient assis sur une chaise élevée; les schamourim occupaient les bancs voisins; les talmidim se plaçaient à leurs pieds. La dignité de rabbi, ou rabbin, s'est conservée jusqu'à nos jours; mais l'élection se fait avec moins d'apparat. Le jour du sabbat ou de quelque autre fête solennelle est ordinairement choisi pour la cérémonie. Le prêtre qui est chargé de faire l'intallation annonce que le sujet ayant été jugé digne d'entrer dans le corps des rabbins, le peuple est invité à le reconnaître et à le respecter. Les devoirs du rabbin, que l'on confond aujourd'hui avec le cohen, ou prêtre, est de recommander la justice, d'exhorter à la vertu, à la pureté des mœurs, de frapper d'anathème tout homme qui mène une vie publiquement licencieuse, ou qui n'observe pas le sabbat ou les jours d'abstinence. Il célèbre les mariages, juge les causes de divorce, et prêche, s'il est doué d'une élocution facile. On appelle ieschivah les académies où les rabbins s'assemblent avec leurs disciples pour disputer sur les matières de religion. Ces discussions commencent ordinairement à l'issue des prières du matin.

Les ministres actuels de la synagogue sont le cohen, ou sacrificateur, titre que l'on continue de lui donner, quoiqu'il n'y ait plus ni autels ni victimes; le hhazan, qui est chargé d'entonner les prières; les parnassim ou némounim, qui ont la police intérieure du temple et la distribution des secours aux juifs nécessiteux; et enfin le schamath, qui a la garde des clefs de la synagogue, qui veille à l'entretien de l'édifice, allume les lampes et les bougies, et prépare tout ce qui est nécessaire pour l'accomplissement du culte religieux.

Édifices sacrés. La Bible rapporte que, dans l'origine, les patriarches offraient leurs sacrifices sur un autel de gazon ou sur quelque pierre informe. Lorsqu'il donna sa loi à Moïse sur le mont Sinaï, Dieu lui prescrivit l'emploi d'autels de ce genre, et lui recommanda de ne point se servir de pierres taillées dans leur exécution. Il défendit pareillement que l'on fît des degrés pour monter à ces autels, afin que les prêtres, qui ne portaient alors d'autre vêtement qu'une simple tunique, ne fussent pas exposés à découvrir leur nudité. Le tabernacle est le premier édifice qui fut consacré au culte avant la construction du temple de Jérusalem. Dieu lui-même, selon l'Écriture, en avait donné le plan à Moïse. Le tabernacle n'était qu'une tente; mais cette tente se distinguait des autres par son extrême magnificence. Elle avait la forme d'un parallélogramme, et était longue de trente coudées, large de dix, et d'une hauteur égale à sa largeur. L'arche d'alliance, placée d'abord dans le tabernacle et ensuite dans le temple, était le coffre sacré où furent renfermées les deux tables de pierre sur lesquelles Dieu avait gravé le Décalogue. Ce coffre était d'un bois précieux nommé séthim, et couvert de lames d'or en dehors et en dedans. Il avait une coudée et demie de haut, autant de large, et deux coudées et demie de long. Le couvercle, appelé propitiatoire, était surmonté à ses deux extrémités de chérubins sous la forme de figures ailées. L'arche ne pouvait être portée que par les lévites. Ce qu'on désignait sous le nom de parvis était une vaste enceinte carrée qui entourait le tabernacle. L'entrée en était fermée par un voile transparent, qui permettait au peuple de voir ce qui se passait dans l'intérieur, c'est-à-dire l'immolation des victimes.

Le temple de Jérusalem, construit par les ordres et sous les yeux de Salomon, sur la montagne de Moriah, qu'il avait fallu aplanir, était un édifice couvert, long d'environ trente-quatre mètres, haut de dix-sept et large de douze. Il était divisé en trois parties : le sanctuaire, le saint et le vestibule. Trois enceintes l'environnaient et contenaient des appartements servant à renfermer les trésors de l'État et à loger les cohanim et les lévites. Les murailles étaient revêtues à l'intérieur de bois de cèdre.

sculpté, assure-t-on, avec une perfection rare. Le sanctuaire, ou saint des saints, était le lieu le plus reculé du temple. On y avait placé l'arche d'alliance. Les Juifs croyaient que c'était là que résidait particulièrement la majesté de Dieu. Seul, le cohen gadol avait le droit d'y pénétrer, et encore ne pouvait-il user de ce droit qu'une fois par année, lors de la fête de l'expiation. Le saint était une salle qui précédait immédiatement le sanctuaire. On y voyait l'autel des parfums, ou autel d'or, entre la table des pains de proposition et le chandelier à sept branches. Le vestibule donnait accès dans le saint, dont il était séparé par un grand voile de différentes couleurs. A l'entrée du vestibule, se dressait l'autel des holocaustes, sur lequel les cohanim entretenaient continuellement ce même feu sacré qui, lors de la consécration du tabernacle, était descendu directement du ciel. Près de là, était la cuve ou mer d'airain, que les lévites tenaient constamment pleine d'eau. Ce vase, de vastes dimensions, était soutenu par douze bœufs de bronze, disposés en quatre groupes de trois chacun, qui faisaient face aux quatre points cardinaux. Avant d'exercer leur ministère, les cohanim s'y lavaient les pieds et les mains; ils y lavaient aussi les entrailles des victimes. Autour de l'édifice régnait une enceinte appelée le parvis des prêtres, limitée par des galeries couvertes, dont le plafond reposait sur plusieurs rangs de colonnes. Deux autres enceintes, le parvis d'Israël, accessible au peuple, et le parvis des gentils, destiné aux étrangers, qui ne pouvaient le franchir, environnaient le parvis des prêtres.

Après avoir duré quatre cents ans, le temple de Jérusalem fut détruit, comme on l'a vu, par les Babyloniens, l'an 588 avant notre ère. Soixante-dix ans plus tard, il fut relevé par Esdras et Néhémie; mais l'arche avait disparu et le feu sacré s'était éteint. Pillé plusieurs fois par les monarques syriens, le temple resplendit de nouveau sous Judas Macchabée. Plus tard, profané par les Romains, il fut reconstruit par Hérode sur un nouveau plan, et décoré de superbes portiques soutenus par des colonnes du plus beau travail. Enfin, il tomba sous les coups de Titus, l'an 71 de notre ère, pour ne plus se relever. Les Juifs dispersés conservent toujours le souvenir de la chute de Jérusalem, et particulièrement de celle du temple. Lorsqu'ils bâtissent une maison, ils ont coutume d'en laisser une partie imparfaite, en mémoire de la ruine des lieux où leur religion fut jadis florissante. Quelquefois ils se contentent de tracer sur les murs ces paroles de la Bible : « Si jamais je t'oublie, ô Jérusalem ! que ma main droite reste, ainsi que toi, dans l'oubli ! » ou seulement ces trois mots : *Zehher la hhorban*, mémoire de la désolation.

Culte. Les sacrifices occupaient originairement une place très importante dans le culte judaïque. Le lévitique en règle toutes les cérémonies, et entre sur ce point dans les plus minutieux détails. Les victimes qu'il était permis d'immoler comprenaient les taureaux, les vaches et les veaux, les béliers et les brebis, les boucs et les chèvres, les pigeons et les tourterelles. On distinguait trois sortes de sacrifices : les holocaustes, dans lesquels le cohen faisait consumer sur l'autel les chairs de l'hostie; les sacrifices expiatoires, où le prêtre faisait sept aspersions avec le sang de la victime; les sacrifices volontaires et eucharistiques, ou d'actions de grâces, qui consistaient à répandre au pied de l'autel le sang de l'animal immolé. L'offrande des prémices des champs était toujours accompagnée d'un sacrifice. On comptait des purifications de plusieurs sortes. Lorsqu'un Juif avait été atteint de quelqu'une des souillures spécifiées par la loi, il lui était ordonné de l'effacer par un sacrifice. Il immolait un chevreau, s'il appartenait au sacerdoce; un bouc, un mouton ou un agneau, s'il était un simple laïque. A ces hosties, les pauvres substituaient ou deux pigeons ou une poignée de fleur de farine. Pour certaines pollutions légales, il y avait une espèce de purification qui s'opérait au moyen d'aspersions que l'on faisait, suivant la pratique usitée par les brâhmanes, avec de l'eau dans laquelle on avait délayé les cendres d'une vache rousse. On purifiait de la même manière les vases découverts qui avaient été souillés par le voisinage d'un cadavre. Une femme qui devenait mère restait enfermée chez elle quarante jours, quand elle avait donné la vie à un fils; quatre-vingts jours, quand elle avait eu une fille. Ce terme expiré, elle se rendait au temple, et y faisait sacrifier un agneau ou seulement deux pigeons, selon l'état de sa fortune.

Les jeûnes étaient et sont encore très nombreux chez les Juifs. Pendant leur durée, le fidèle ne doit prendre aucune nourriture, ni solide, ni liquide. Il offre à Dieu en sacrifice le sang et la graisse de son corps, que cette pénitence aura pour effet de diminuer. Parmi les jeûnes, les uns sont ordonnés, les autres sont purement volontaires. Ceux-ci ne peuvent avoir lieu ni pendant une fête, ni le jour où la lune se renouvelle. Ceux-là, au nombre de cinq, reviennent à des époques régulières, et rappellent quelque anniversaire fameux. Le plus solennel est celui de *kipour*, ou du pardon. Il est consacré à l'expiation des péchés du peuple. C'est aussi une des huit grandes fêtes de la religion judaïque. Ensuite vient le jeûne qu'on appelle *tischo ab*, ou neuf du mois d'ab, en commémoration de la destruction du premier et du second temples de Jérusalem; et enfin les jeûnes de tamouz, de tisri, de tebeth et d'adar, qui sont d'une beaucoup moindre importance. Les Juifs expient aussi leurs fautes par la confession, dont le formulaire varie suivant les pays. Ils ont la grande et la petite confession, et l'une et l'autre doivent se réciter debout. C'est aussi debout qu'ils prient : ils ont les pieds joints, et ne peuvent s'appuyer contre quoi que ce soit : il faut qu'ils aient le visage tourné du côté de Jérusalem, la tête couverte, le corps serré par une ceinture, afin de séparer le cœur des parties inférieures, qui sont considérées somme impures. Les prières se répètent trois fois dans le cours de la journée : le matin, après midi et le soir. Elles se disent en commun à la synagogue le lundi, le jeudi et surtout le samedi, jour du sabbat ou du repos. Après les prières, le cohen ou le rabbin lit un passage du Pentateuque, qui est partagé en cinquante-deux leçons nommées *parschoh*, divisions. A la suite de cette lecture, le prêtre donne la bénédiction, élève le *sépher torah*, disant à l'assemblée : « Voilà la loi de Moïse, » roule ensuite le livre, l'enveloppe et le dépose dans le tabernacle, d'où il l'avait tiré.

Oracles. Les Juifs anciens avaient aussi leurs oracles. L'acte par lequel le cohen gadol consultait la divinité, et la réponse qu'il recevait d'elle, étaient désignés par les mots *ourim* et *thoummim*, qui signifient lumière et perfection. Revêtu de ses ornements sacrés, le pontife entrait dans le saint lieu, et, le visage tourné vers le saint des saints, il interrogeait humblement l'éternel. Les opinions varient sur la voie par laquelle l'oracle se manifestait; mais, quelle qu'elle fût, ce prodige cessa avec le tabernacle, et il n'y a pas d'exemple que l'*ourim* ait été mis en pratique depuis la construction du temple de Salomon.

Fêtes. C'est en mémoire de ce qu'après avoir créé le monde en six jours, Dieu se reposa le septième, que les Juifs solennisent le sabbat. Dieu, du reste, leur en fit une prescription absolue, dont l'infraction était punissable de mort, ainsi qu'on peut le voir aux chapitres XX et XXI de l'Exode. Ce jour-là, il leur est défendu de labourer, de semer, de moissonner, de se livrer à aucune espèce de travail de quelque nature et de quelque urgence qu'il soit. La fête commence le vendredi, une demi-heure environ avant le coucher du soleil. Alors les femmes allument une lampe garnie de quatre ou de six lumignons; et tous les membres de la famille ainsi que les serviteurs se revêtent de linge blanc, se lavent les mains et le visage, vont prier à la synagogue, et, au retour, se saluent réciproquement par ces mots : « Bon sabbat! » Les pères bénissent leurs enfants; les maîtres, leurs élèves. On se met à table, et, après avoir rempli quelques formalités religieuses, les mets sont attaqués. Le samedi matin, la famille retourne à la synagogue; elle s'y rend de nouveau le soir pour entendre la prédication. Le sabbat finit dès qu'on peut distinguer dans le ciel trois étoiles de moyenne grandeur. Les casuistes juifs enseignent que la prière du vendredi soir fait cesser les tourments qu'endurent les âmes du purgatoire. Ils exhortent à fêter le samedi par les plaisirs de toute espèce, par l'aumône et par l'accomplissement du devoir conjugal. « L'œuvre du mariage, disent-ils, pratiquée la nuit du sabbat, est très sainte, et porte toujours d'heureux fruits ; mais il faut que l'esprit et le cœur s'élèvent à Dieu pendant que le sacrifice se consomme. »

Le passage de la mer Rouge et le massacre des premiers-nés des Égyptiens par l'ange exterminateur sont deux faits miraculeux qui ont motivé l'établissement de la fête de Pâques. Dès la veille, les Juifs sont tenus de nétoyer avec le soin le plus minutieux les meubles qui garnissent leurs demeures et les ustensiles qui servent à préparer leurs repas, s'ils ne sont pas assez riches pour les renouveler. La femme chargée de pétrir la pâte sans levain des azymes prend un morceau de cette pâte, en fait un gâteau qu'elle brûle, et façonne le reste en forme de pains plats, ordinairement ronds. Ces pains, durs, compacts, d'un goût très fade et de digestion difficile, sont les seuls dont on se nourrisse pendant la fête, qui dure huit jours. Les préparatifs du festin terminés, la table est aussitôt dressée. Au milieu, sont les pains azymes et un plat couvert dans lequel on a placé trois gâteaux mystérieux, l'un pour le grand-rabbin, le second pour les lévites, le dernier pour le peuple. Une épaule d'agneau accompagne les gâteaux. On y ajoute le plus ordinairement un œuf dur et une sorte de mets qui représente la brique à laquelle travaillaient les Israélites pendant leur captivité en Égypte. Avant que ces aliments aient reçu leur consécration solennelle, les convives se lavent les mains et s'asseient autour de la table. Alors ont lieu diverses cérémonies auxquelles préside le chef de la famille ; puis commence le repas, dont le quartier d'agneau fait principalement les frais. La réfection achevée, le chef de la famille découvre un gâteau qu'il avait caché sous sa serviette, le brise en autant de fragments qu'il y a de personnes présentes, et en fait la distribution. Quand chacun a mangé la part qui lui est échue, tous les convives quittent la table. Sept semaines après le premier jour de la Pâque, vient la fête de la Pentecôte, dans laquelle on commémore la promulgation de la loi sur le Mont-Sinaï. Autrefois, les Juifs offraient à Dieu, dans cette solennité, les prémices de leurs récoltes. Aujourd'hui, que les sacrifices et les offrandes sont supprimés, ils se contentent d'orner les lieux saints et certaines maisons particulières de guirlandes de verdure et de fleurs. La loi est lue à la synagogue et dans les demeures de quelques fidèles ; on récite des prières et l'on entonne des hymnes sacrés, où est célébré le grand évènement en mémoire duquel la fête a été instituée. La fête des trompettes ou du nouvel an suit celle de la Pentecôte. Elle a lieu le jour de la néoménie de tisri, c'est-à-dire aux approches de l'équinoxe d'automne. On a vu, page 217 de notre premier volume, quelles étaient dans l'origine et quelles sont encore de nos jours les cérémonies usitées en cette occasion.

Dix jours après la fête des trompettes, arrive *kipour*, ou le grand pardon. Chez les Juifs anciens, le cohen gadol, revêtu de ses habits sacrés, offrait ce jour-là un bœuf en sacrifice, puis, à l'entrée du temple, il recevait des mains du peuple deux boucs et un bélier. Deux billets étaient déposés dans une urne, et l'on en tirait un au hasard, qui désignait celui des boucs qui serait offert à Dieu comme victime expiatoire. L'immolation accomplie, le second bouc était amené devant le pontife, qui lui posait les mains sur la tête, confessait ses propres péchés et ceux du peuple, et conjurait l'éternel de faire retomber sur l'animal dévoué les malédictions et les châtiments qu'Israël avait mérités. Des lévites conduisaient ensuite Azazel, le bouc émissaire, sur la limite du désert, et là ils lui rendaient la liberté. Pendant ce temps, le cohen gadol dépouillait ses ornements pontificaux, se lavait, reprenait ses ornements, et offrait en holocauste deux béliers, l'un pour le peuple, l'autre pour lui-même. Parmi les Juifs modernes, le formulaire de la fête est d'une simplicité beaucoup plus grande. Les fidèles se réunissent dans la synagogue et y chantent des cantiques d'un ton de voix lugubre. Ils font à Dieu la confession de leurs péchés, avec toutes les marques d'une profonde contrition. Quelques dévots passent toute la nuit dans le temple; les autres doivent s'y transporter de nouveau à l'aube du jour, pour y réciter les prières du matin. Le soir, le chef de la synagogue donne la bénédiction de Moïse au peuple, qui la reçoit en se couvrant les yeux de ses mains. Le son du cor termine cette solennité expiatoire.

La fête des tentes ou des tabernacles, que l'on nomme en hébreu *souccot*, rappelle le séjour des Hébreux dans le désert, et se célèbre le 15 du mois de tisri. Primitivement, on offrait pendant sept jours un grand nombre de victimes, et on sacrifiait un bouc, en expiation des péchés du peuple; les Juifs se livraient avec leurs femmes et leurs enfants à des réjouissances de toute espèce; ils admettaient à leurs tables les lévites, les étrangers, les veuves et les orphelins. De nos jours, ils dressent près de leurs maisons des cabanes couvertes de feuillage, dans lesquelles ils habitent pendant la durée de la fête. Chaque jour, ils vont à la synagogue, où, après l'accomplissement de l'office divin, ils font une procession autour de l'estrade qui s'élève au centre de l'édifice, tenant dans la main droite une branche de palmier, trois de myrte et deux de saule, liées ensemble, et, dans la main gauche, une branche de citronnier, chargée de son fruit. Le septième jour, cette procession se répète sept fois. C'est à la suite de tout ce cérémonial religieux que commencent, dans la demeure de chaque fidèle, les divertissements et les festins.

A ces solennités, qui sont de fondation ancienne, il faut en ajouter deux autres, que les rabbins ont établies depuis la dispersion. Ce sont la *hha-*

nouka, ou la fête des lumières, que nous avons décrite, page 228 de notre premier volume ; et le *pourim*, fête des sorts, instituée en mémoire de l'heureux évènement qui garantit les Juifs, captifs à Babylone, des embûches que leur avait tendues le ministre Aman, dans le but de les faire tous massacrer. Les cérémonies religieuses qui ont lieu dans cette occasion offrent la représentation des incidents qui signalèrent la délivrance du peuple israélite ; elles sont suivies de jeux, de danses et de repas, dans lesquels éclate la joie la plus vive et souvent la plus licencieuse.

Naissances, mariages, funérailles, etc. C'est le huitième jour après la naissance d'un enfant que l'on procède à la cérémonie de la circoncision. Il est permis de retarder cette opération douloureuse, si le nouveau-né est faible ou maladif. Elle a lieu indifféremment à la synagogue ou dans la maison même de l'accouchée. Les instruments avec lesquels on l'accomplit, ont été tour à tour un couteau de pierre, un morceau de verre ou un rasoir ; mais le dernier de ces trois moyens a généralement prévalu aujourd'hui. L'acte de la circoncision consommé, on jette dans un plat couvert de sable le fragment de peau que le rabbin a enlevé. Suivant cette prescription de l'Exode : « Consacrez-moi vos premiers-nés », et cette autre : « Tu rachèteras le premier-né de tes enfants, » l'aîné de tout Israélite appartient de droit au cohen, et il ne peut être rendu à son père qu'en échange d'une légère somme (deux sicles, ou environ trois francs) : c'est ce qu'on appelle le rachat du premier-né. Avant la loi de Moïse, ce titre conférait à l'enfant qui en était pourvu le privilége de parvenir au sacerdoce. A treize ans et un jour, le Juif est réputé homme, et, par conséquent, tenu d'observer la loi. Cette majorité est déclarée par le père en présence de dix témoins. L'article du Décalogue qui dit : « Croissez et multipliez-vous, » impose à tout Israélite le devoir absolu de se marier. L'âge fixé pour les garçons est leur dix-huitième année : on marie généralement les filles à quatorze ans. Le Juif qui ne satisfait pas à cette obligation est censé vivre dans l'état de péché. Il est permis aux Israélites d'épouser plusieurs femmes ; mais ce n'est que dans l'Orient, où règne la polygamie, qu'ils usent de cette faculté. Parmi eux, le mariage n'est pas un lien indissoluble, et ils ont le droit de répudier leurs femmes sous les prétextes les plus légers. La veuve ou la femme divorcée ne peut contracter une nouvelle alliance que quatre-vingt-dix jours après celui où elle a reconquis sa liberté. Les promesses de mariage se font en présence de témoins. Le futur époux dit à la femme qu'il a choisie : « Sois mon épouse, » et, en même temps, il lui passe au doigt un anneau. Quelquefois il s'écoule jusqu'à deux années entre les fiançailles et la célébration du mariage. Cette cérémonie a lieu, s'il est possible, le mercredi ou le jeudi de la semaine, si la future est une fille ; le jeudi, si c'est une veuve. Le moment venu, les fiancés se rendent dans une chambre disposée pour la solennité. Ils se placent sous un dais, ayant à leurs côtés des musiciens et des enfants qui chantent des cantiques et tiennent des flambeaux à la main ; puis ils sont conduits l'un après l'autre dans la chambre nuptiale, où un rabbin les bénit et leur présente une coupe remplie de vin, qu'il a préalablement portée à ses lèvres. Cette formalité accomplie, l'époux passe l'anneau matrimonial au doigt de sa femme, et il lui dit : « Tu es maintenant mon épouse, selon le rite de Moïse et d'Israël. » Après la lecture de l'acte qui stipule la dot et qui constate que l'époux l'a reçue, le rabbin présente de nouveau du vin aux mariés. Ils en boivent tous les deux, et le mari brise avec force le vase contre terre, de la même façon que le pratiquent les Tzingaris de l'Inde. Le repas de noces est sanctifié par sept bénédictions. On y sert toujours quelque volaille et particulièrement une poule, que l'on place devant la mariée, comme symbole de fécondité. Le festin achevé, on conduit les époux à la couche nuptiale.

Pour empêcher qu'on abuse du droit du divorce consacré par le Deutéronome, les rabbins ont apporté des entraves multipliées à l'exercice de ce droit. Il faut un temps considérable pour que les lettres de répudiation soient revêtues des formalités nécessaires, et il arrive presque toujours qu'avant qu'elles aient pu être remplies en entier, les époux ont fini par se réconcilier. Lorsque deux frères ont vécu sous le même toit, le survivant est tenu d'épouser la veuve de l'autre. La cérémonie qui a lieu dans cette occasion est appelée *yiboum*, c'est-à-dire l'acte d'épouser sa belle-sœur. Mais alors la dot de la femme et les biens du défunt deviennent légalement la propriété du second mari. Il y a peu de Juifs aujourd'hui qui acceptent le bénéfice de cette coutume ; ils préfèrent presque toujours rendre à leur belle-sœur la liberté de disposer d'elle-même. Dans ce cas, le beau-frère et la veuve comparaissent devant trois rabbins et deux témoins. Le président de cette sorte de tribunal s'enquiert des motifs qui portent le beau-frère à renoncer au mariage, et l'exhorte à changer de résolution. Mais tout cela n'est que de pure forme. Le beau-frère persiste dans son refus, et chausse un soulier affecté à cette cérémonie. La veuve s'approche alors de lui et dit : « Le frère de mon mari ne veut point continuer la postérité de son frère en Israël, il ne me veut point pour épouse. » A quoi le beau-frère répond : « Il ne me plaît pas de la prendre. » Aussitôt la veuve se baisse, dénoue et déchausse le soulier, le jette à terre, crache et ajoute : « Voilà ce que l'on fait à l'homme qui n'édifie pas la maison de son frère. Sa maison sera appelée en Israël la maison du pied nu. » Elle répète trois fois ces paroles ; et les assistants, criant : « Pied nu ! » accablent le beau-frère de propos outrageants et de huées. On délivre ensuite à la femme un acte qui la déclare libre et l'autorise à se marier selon son choix. On donne à cette cérémonie le nom de *hhaliza*, qui signifie l'action de déchausser le soulier.

Dès qu'un Juif a rendu le dernier soupir, les assistants se font une déchirure de quinze centimètres environ au côté gauche de leur habit; si le mort est un père ou une mère de famille, la déchirure se fait du côté droit. Cette première formalité remplie, on répand au dehors toute l'eau que renferme la maison; puis on étend sur le carreau le corps du défunt, on lui couvre le visage et l'on place une bougie allumée près de sa tête. On le lave ensuite avec de l'eau très chaude, dans laquelle on a fait bouillir des fleurs de camomille et des roses sèches, on le dépose dans le cercueil, et, s'il était docteur de la loi, on met près de lui plusieurs livres religieux. Alors les parents et les amis chargent le cercueil sur leurs épaules et le portent ainsi jusqu'au champ du repos, où ils le posent sur le bord de la fosse. Un d'entre eux prononce l'oraison funèbre du défunt, et tous font sept fois processionnellement le tour de sa dépouille mortelle, en implorant pour son âme la miséricorde de Dieu. L'inhumation terminée, le cortége se sépare. Les parents retournent à la maison mortuaire, s'asseient à terre, prennent en commun du pain, des œufs durs et du vin, et restent dans la même position durant sept jours, celui du sabbat excepté, sans qu'il leur soit permis de vaquer à aucune affaire. Pendant onze mois, les fils du défunt sont tenus d'aller prier soir et matin à la synagogue pour le repos de son âme, qui demeure et souffre dans le purgatoire un pareil laps de temps. Les Juifs professent un profond respect pour les morts en général, et, à certains jours marqués, ils vont honorer les tombeaux de leurs proches et de leurs amis.

Opinions et coutumes superstitieuses. D'après ce que nous avons dit, on a pu juger combien sont simples au fond les dogmes religieux et les cérémonies liturgiques des Juifs; cependant, plus qu'aucun autre, ce peuple est imbu d'erreurs et de superstitions. Il a foi aux présages, principalement à ceux que l'on tire des songes; et l'histoire de la Bible elle-même contribue, pour la meilleure part, à les maintenir dans cette croyance. On se rappelle, en effet, ce que l'Écriture rapporte des songes de Jacob, de Joseph, de Pharaon, de Nabuchodonosor et de Daniel. Assiste-t-il, dans ses rêves, à la prière du soir, voit-il ses dents tomber, s'écrouler les murs de sa maison, sa femme enfreindre le devoir de la fidélité conjugale, le livre de la loi devenir la proie des flammes, un Israélite augure, de ces illusions du sommeil, les plus redoutables malheurs, et, pour les détourner de lui, ne trouve rien de mieux, à son réveil, que de se soumettre au jeûne le plus sévère, fût-ce même un jour de sabbat. Tout, dans ses actions, est empreint de cet esprit méticuleux et crédule. Il faut qu'en se levant il observe de chausser son soulier droit le premier; au contraire, lorsqu'il se couche, c'est le soulier gauche qu'il lui importe de déchausser d'abord. Il lui est interdit d'employer pour se vêtir des étoffes dans lesquelles le fil serait mêlé avec la laine. Aussitôt qu'il a revêtu ses habits, il doit incliner humblement la tête, et se rappeler avec douleur la ruine de Jérusalem et du temple. S'il est marié, il dispose son lit de façon que les pieds soient tournés vers le nord, la tête dans la direction du sud, parce que c'est dans cette position seulement qu'il peut espérer que sa femme lui donnera une nombreuse postérité. Pendant leurs repas, les juifs s'abstiennent de parler de choses frivoles ; leurs entretiens roulent exclusivement sur les matières de foi. S'ils dérogeaient à cette règle, le bon ange qui veille sur eux se retirerait à l'instant et céderait la place à l'ange mauvais, qui ne manquerait pas de les frapper de maladies. Dans la crainte d'offenser l'un ou l'autre de ces esprits, ils évitent avec soin de jeter en l'air ou sur le parquet des os ou des arêtes de poissons, et de poser sur la table, dans le sens du tranchant, les couteaux dont ils se servent. Ils ne se nourrissent de la chair d'aucun quadrupède, ou bétail, ou gibier, qui ne soit un ruminant et n'ait les pieds fourchus, et qui n'ait été abattu, suivant les rites prescrits, par un boucher israélite dûment examiné et breveté par le rabbin. Outre la chair du porc, ils proscrivent celle du lièvre, du lapin, des poissons sans écailles ou sans ailerons, des oiseaux de proie et des reptiles. Ils excluent également de leur table le sang et la graisse des animaux, et les aliments où le gras et le laitage se trouveraient mélangés. Il ne leur est pas permis de porter en même temps à leurs lèvres de la viande et du poisson ; un de ces mets ne peut succéder à l'autre qu'après un intervalle pendant lequel ils triturent un fragment de pain, ou se lavent la bouche avec du vin ou toute autre boisson. Enfin ils doivent rigoureusement s'abstenir de préparer leurs aliments dans des ustensiles appartenant à des chrétiens ou à d'autres infidèles; ou bien, si une impérieuse nécessité les y oblige, il faut qu'ils effacent la souillure que ces ustensiles ont contractée, en y versant de l'eau bouillante dans laquelle ils plongent ensuite un fer rougi au feu.

Sectes. Les dissidences religieuses datent parmi les Juifs des temps les plus reculés. Il est déjà fait mention dans le Pentateuque d'une secte de Nazaréens qui se vouaient à l'observance de règles particulières, dont les principales consistaient à s'abstenir de liqueurs enivrantes et à ne point assister à des cérémonies funéraires. Le terme de ces épreuves arrivé, les Nazaréens se présentaient à la porte du temple, et offraient les sacrifices usités en cette occasion. Alors le cohen leur rasait la tête, jetait leurs cheveux dans les flammes et les déliait de leur vœu. Il est question d'une autre secte, celle des hhasidéens ou kasidéens, dès le règne de Salomon, période à laquelle elle paraît avoir pris naissance. Les hhasidéens affectaient une grande austérité de vie et enseignaient qu'il était nécessaire, pour opérer son salut, de pratiquer les œuvres de surérogation, c'est-à-dire celles qui excèdent les prescriptions du devoir. On les confondait généralement avec les réchabites et surtout avec les esséniens, qui, du reste, avaient une même origine et observaient en partie les mêmes pratiques. Les esséniens vivaient séparés du monde, mettaient en commun leur fortune, exerçaient divers métiers et se soumettaient à une règle sévère. Nul n'était admis dans leurs rangs qu'à la faveur d'une initiation qui a de frappants rapports avec celle de la franc-maçonnerie (1). Cette secte se divisait en deux branches : les esséniens proprement dits, qui habitaient la Judée, et les thérapeutes (serviteurs), qui étaient établis en Égypte. Les uns et les autres attachaient un sens allégorique aux faits consignés dans la Bible. Les réchabites avaient pour auteur Jonadad, fils de Réchab, prophète qui florissait sous le règne de Jéhu, roi d'Israël. Ils fuyaient aussi le séjour des villes et demeuraient sous des tentes. Le vin leur était interdit. Les pharisiens affectaient de se distinguer par une grande ponctualité à pratiquer les cérémonies extérieures du culte. Ils macéraient leur corps par des austérités extraordinaires. Mais ce n'était là qu'une pure ostentation qui ne trompait personne ; aussi leur nom était-il employé proverbialement pour désigner des dévots orgueilleux et hypocrites. Les pharisiens étaient particulièrement attachés à la tradition. Au contraire, les saducéens la rejetaient. Ceux-ci, parmi les livres de l'Écriture, ne regardaient comme vraiment divins que ceux qu'on attribue à Moïse. Ils niaient d'ailleurs l'existence des anges, l'immortalité de l'âme, et, avec elle, la résurrection des corps. Une secte contemporaine, qu'on accusait de menées séditieuses, celle des galiléens, dérivée de Judas de Galilée, professait à peu près les mêmes doctrines que les pharisiens. Dans les temps postérieurs s'établirent successivement les hérodiens, qui parurent au commencement de notre ère et qui reconnaissaient Hérode pour le Messie ; les sabbataires, qui font profession d'observer le sabbat avec plus de rigueur que les autres Juifs ; les carraïm ou caraïtes, dont le nom est formé de l'hébreu *micra*, c'est-à-dire le pur texte de la Bible, parce qu'en effet ils s'attachent plus strictement que leurs coreligionnaires au sens littéral de l'Écriture, et n'admettent ni les interprétations ni les paraphrases des rabbins ; les hhasidim, disciples d'un rabbin nommé Israël, qui se rendit fameux en

---

(1) Voir notre *Histoire pittoresque de la franc-maçonnerie et des sociétés secrètes*, p. 338 et suivantes.

Ukraine vers le milieu du xvIII° siècle, et attribuait à sa doctrine la vertu
d'augmenter la sainteté de l'homme et de l'unir étroitement à Dieu ; enfin
les demi-juifs, sectateurs de Seidelius, qui parut en Silésie lors de la réforme de Calvin. Ceux-ci font peu de cas des sacrifices et des cérémonies
judaïques ; toute leur religion consiste dans l'observation du Décalogue.
Suivant eux, le Messie est uniquement destiné à opérer le salut des Juifs,
qui forment le véritable et le seul peuple de Dieu ; et les chrétiens et les
autres infidèles ne doivent pas profiter de la venue de ce divin Sauveur.
Il ne faut pas omettre, dans cette nomenclature de sectes, la plus fameuse
et la plus hérétique de toutes, celle des samaritains, qui remonte au règne
d'Alexandre-le-Grand, et dont on retrouve de nos jours les débris à Gaza,
à Sichem, à Damas, au Kaire et dans quelques autres villes d'Afrique et
d'Asie. Les samaritains se vantent d'avoir encore à leur tête des pontifes
de la race d'Aaron. Les formes de leur culte ont conservé leur caractère
antique ; ils accomplissent des sacrifices sanglants, et se montrent beaucoup
plus rigides que les autres Juifs dans l'observation des fêtes et de la plupart des prescriptions de la loi. De tous les livres de l'Écriture, ils n'admettent que le Pentateuque, et ne considèrent le reste que comme autant
d'écrits fabriqués dans le but de maintenir sur le trône la postérité de
David.

Dispersion des Juifs. Après la destruction du temple et la ruine de
Jérusalem, sous Vespasien et sous Titus, son fils, les Juifs furent vendus
comme esclaves et disséminés dans l'empire romain, à l'exception d'un
petit nombre qu'on laissa dans la Palestine. Sous le règne d'Hadrien, les
descendants de ceux-ci se soulevèrent à la voix de Barcochebas, qui s'annonçait comme le Messie ; Hadrien marcha contre eux et en fit un grand
carnage. A la suite de mouvements séditieux qui éclatèrent de nouveau
parmi les Juifs, l'empereur Sévère punit les instigateurs du désordre et
expulsa du pays leurs adhérents. Constantin châtia ce peuple remuant pour
une autre révolte, en faisant couper les oreilles aux coupables et en les
dispersant dans toutes les terres de l'empire. Dans le v° siècle, les Juifs
furent bannis d'Alexandrie, où ils étaient établis depuis la fondation de
cette ville. Un fourbe, nommé Moïse, leur avait persuadé qu'il était l'ancien
législateur des Hébreux, descendu tout exprès du ciel pour les soustraire
à l'oppression sous laquelle ils gémissaient, et pour les remettre en possession de la terre promise. Un siècle après, vers l'an 530, Julien, autre
Messie, se présente aux Juifs comme un conquérant, et les appelle à la
conquête du monde. Mais bientôt Justinien envoie des troupes pour le
combattre, et Julien, vaincu, fait prisonnier, est condamné au dernier
supplice. Plus tard, Phocas chasse les Juifs d'Antioche ; Héraclius les chasse

de Jérusalem. Expulsés d'Espagne par Sisebut, roi des Goths, ils se réfugient en France, où Dagobert les force bientôt à opter entre le bannissement et leur conversion au christianisme. Leurs malheurs recommencent à l'époque des croisades. Dans tous les lieux où passent les croisés, on les pille, on les égorge. La persécution est générale : elle s'étend en Allemagne, en Angleterre, en Italie.

En 1138, un nouveau Messie rassemble une armée assez nombreuse pour livrer bataille au roi de Perse ; mais il donne dans un piége : ses partisans sont décimés, et lui-même a la tête tranchée. Les violences dont les Juifs avaient eu à souffrir se renouvellent en France au XIIe siècle. Philippe-Auguste les bannit deux fois de son royaume ; Philippe-le-Bel se montre plus cruel encore envers eux. En 1253, de nouveaux édits les avaient expulsés de la France ; ces édits furent confirmés par le roi en 1295. Un certain nombre de Juifs s'étaient réfugiés en Angleterre et en Allemagne : ils y furent traités avec la même inhumanité. Louis-le-Hutin, fils et successeur de Philippe-le-Bel, les rappela en France ; mais il leur fit payer cher l'asile qu'il leur donnait. Dans plusieurs villes de la Provence et du Languedoc, il était permis de battre ces malheureux depuis le vendredi-saint jusqu'à Pâques, lorsqu'on les rencontrait dans les rues. Ils étaient obligés de porter ou une roue de drap jaune sur la poitrine, ou un chaperon de la même couleur, ou toute autre marque ostensible qui pût les faire facilement reconnaître.

En Angleterre, le roi Jean-sans-Terre fit emprisonner tous les Juifs riches pour les contraindre à lui livrer leur fortune. Henri III tira d'Aaron, Juif d'York, vingt-quatre mille marcs d'argent. Il vendit les autres Israélites d'Angleterre à son frère Richard, pour un certain nombre d'années, « afin, dit l'historien Mathieu Paris, que l'un leur arrachât les entrailles quand l'autre les avait écorchés. » Sous le règne de Philippe-le-Long, les hordes de paysans appelés pastoureaux massacrèrent partout les Juifs et pillèrent leurs magasins et leurs demeures. En 1321, Philippe les chassa de France, sous prétexte qu'ils empoisonnaient les puits et les fontaines. Malgré ces persécutions réitérées, les Juifs reparurent dans le pays à diverses reprises, jusqu'à ce que Charles VI les en bannît sans retour, en 1395, après avoir confisqué leurs biens. Si on les toléra depuis dans quelques villes, et s'ils eurent des synagogues à Metz, à Bordeaux, à Bayonne, c'est qu'on les trouva établis dans ces villes lorsqu'elles furent réunies à la couronne. En 1392, les Juifs éprouvèrent en Allemagne le même sort qu'en France. Ils se rachetèrent pour de l'argent en Castille ; mais ils ne furent pas aussi heureux dans les autres parties de l'Espagne, où ils furent horriblement persécutés. On en fit, en 1506, un affreux massacre à Lisbonne pendant trois jours consécutifs : les blessés étaient brûlés sur les places publiques. En 1492, Ferdinand et Isabelle chassèrent les Juifs d'Espagne. Il sortit de ce royaume trente mille familles de la race réprouvée.

Depuis que la raison et une saine politique ont prévalu dans la plupart des gouvernements, l'état des Israélites est devenu moins malheureux : en Angleterre, en Hollande, en Belgique, ils vivent sous la protection des lois; quelques États de l'Allemagne ont modifié à leur égard la législation ancienne et leur ont conféré les droits civils; en France, ils ont obtenu le titre de citoyens. Les États-Unis d'Amérique sont peut-être le seul pays où ils n'aient été en butte à aucune violence ; ils y jouissent de tous les droits civils et politiques, et sont admis à tous les emplois.

LIVRE SIXIÈME. — CHRISTIANISME.

CHAPITRE Ier.

ORIGINES, PHASES DIVERSES. — Livres sacrés. — Légende chrétienne. — Naissance du christianisme. — Gnosticisme. — Progrès de la foi. — Persécutions. — Schismes, hérésies. — Croisades. — Réformation. — Sectes dissidentes contemporaines.

Livres sacrés. Le Pentateuque et les autres écrits religieux insérés au canon mosaïque sont à l'usage commun des juifs et des chrétiens. Les derniers admettent encore, comme règle de leur foi, une collection de livres où se trouvent consignées la vie et la doctrine de Jésus-Christ. Cette collection, qu'on nomme l'Évangile (1) ou le Nouveau-Testament, renferme quatre récits distincts des aventures terrestres du Sauveur, rédigés par les apôtres saint Mathieu et saint Jean, et par saint Marc et saint Luc, qui étaient les disciples, l'un de saint Pierre, et l'autre de saint Paul. Indépendamment de ces quatre Évangiles, le Nouveau-Testament contient un écrit intitulé : les Actes des apôtres ; des Épîtres de saint Paul, de saint Jacques, de saint Pierre, de saint Jean, de saint Jude ; et l'Apocalypse (2) de saint Jean, où sont rapportées, sous forme allégorique, les révélations que Dieu fit à l'auteur pendant son exil à l'île de Pathmos, sous le règne de Domitien.

Légende chrétienne. Dieu, disent les chrétiens, avait créé l'homme dans un état heureux, dont il ne pouvait déchoir que par le péché. Tenté par le démon, l'imprudent porta la main sur le fruit défendu, et, par cet acte de désobéissance, il encourut la damnation éternelle. Toute sa postérité fut enveloppée dans le terrible châtiment qui l'atteignait. Cependant Dieu se sentit ému de pitié pour les hommes, et, courroucé contre le démon, il lui signifia que, de la femme, naîtrait un jour un enfant qui détruirait sa puissance. En s'exprimant ainsi, Dieu avait en vue son propre fils. Il résolut enfin d'envoyer ce fils sur la terre, afin qu'il délivrât le genre humain ; et il choisit une femme entre les Juifs, son peuple de prédilec-

---

(1) Mot tiré du grec *euaggélion*, bonne nouvelle.
(2) Du grec *apokaluptô*, découvrir, révéler.

tion, pour qu'elle donnât le jour à ce divin libérateur. En ce temps-là les Juifs étaient gouvernés par Hérode, que les Romains, maîtres du pays depuis plusieurs années, avaient établi sur le trône.

Il y avait en Judée un saint prêtre appelé Zacharie, dont l'épouse portait le nom d'Élisabeth. Ils étaient tous les deux avancés en âge, et, jusqu'alors, ils n'avaient point eu d'enfants. Un jour que Zacharie remplissait dans le temple les fonctions de son ministère, l'ange Gabriel lui apparut, et l'informa de la part de Dieu qu'il lui naîtrait un fils; que ce fils, qu'on nommerait Jean, serait rempli du Saint-Esprit, et marcherait devant le Seigneur. Ainsi que l'ange l'avait dit, Élisabeth ne tarda pas à s'apercevoir qu'elle était mère.

Depuis six mois elle était enceinte, lorsque le même ange se rendit à Nazareth, ville de Galilée, près de la femme que, de toute éternité, Dieu avait désignée pour enfanter le Sauveur. C'était Marie, vierge immaculée de la famille de David, et l'épouse de Joseph, qui appartenait à la même race. Vouée à une vie sainte et toute de continence, Marie avait trouvé dans son époux un gardien fidèle de sa pureté. L'ange lui dit qu'elle aurait un fils qui serait grand, et qui recevrait le nom de Jésus, c'est-à-dire de Sauveur. Se rappelant alors de quelle manière elle vivait avec Joseph, et ne voyant pas comment elle pourrait conserver sa virginité en devenant mère, Marie dit à l'ange : « Comment cela se fera-t-il ? je ne connais point d'homme. » L'ange lui répondit que ce fruit divin naîtrait d'elle par l'opération miraculeuse du Saint-Esprit. Simple de cœur et résignée, Marie répliqua : « Voilà la servante du Seigneur. Qu'il me soit fait selon votre parole. » L'ange la quitta, et le Saint-Esprit opéra en elle le grand mystère, auquel il l'avait préparée depuis longtemps par une abondante effusion de sa grâce. Marie conçut donc le fils de Dieu, la seconde personne de la Trinité sainte, qui s'incarna dans le sein de cette chaste et pudique vierge.

Cependant le temps des couches d'Élisabeth arriva, et elle mit au jour l'enfant qui lui avait été annoncé. Aussitôt Zacharie se sentit plein de l'esprit de Dieu : il connut le mystère de l'incarnation, et il dit à son fils : « Vous serez appelé le prophète du Très-Haut, car vous marcherez devant la face du Seigneur pour lui préparer les voies et pour donner à son peuple la connaissance du salut. » Dieu accomplit ce que Zacharie prédisait de son fils; et, « pour préparer Jean au grand ministère auquel il le destinait, il le fit croître en esprit, et il voulut qu'il demeurât dans les déserts jusqu'au jour où il devrait paraître devant le peuple d'Israël. »

Marie avait tû à son époux ce qu'il lui était arrivé ; mais elle ne put lui dérober les traces de sa grossesse : Joseph les aperçut bientôt. C'était un homme prudent et bon, qui ne voulut point la perdre, et qui résolut seulement de s'éloigner d'elle furtivement et sans éclat. Le moment venu d'exécuter son projet, un ange lui apparut en songe et lui dit : « Ne craignez point de garder avec vous votre femme Marie, car le fruit qu'elle porte dans ses flancs est l'œuvre de l'Esprit saint. Le fils qu'elle enfantera, je vous le dis, sauvera le peuple de ses péchés. » Joseph eut foi dans les paroles de l'ange, et demeura avec Marie.

Conçu le 25 mars, Jésus naquit le 25 décembre. Il vit le jour dans une étable de la petite ville de Bethléem. Des bergers qui gardaient près de là leurs troupeaux se virent tout à coup environnés, au milieu de la nuit, d'une éclatante lumière, et un ange vint à eux, qui leur dit : « Ne craignez point. Je viens vous annoncer une heureuse nouvelle qui comblera tout le peuple de joie. Aujourd'hui, dans la ville de David, sous l'humble toit d'une étable, il vous est né un sauveur, qui est le Christ, le Seigneur. » Les bergers se hâtèrent d'aller à Bethléem, et ils y trouvèrent Joseph et Marie, avec l'enfant, qui était couché dans une crèche. « Ils reconnurent la vérité de ce que l'ange leur avait dit, et ils publièrent les merveilles qu'ils avaient vues. » Le huitième jour après sa naissance, l'enfant divin « voulut bien se soumettre à la loi mosaïque ; il fut circoncis et reçut le nom de Jésus. »

Marie et Joseph étaient encore à Bethléem, où les avait appelés un décret de l'empereur qui prescrivait le dénombrement du peuple, lorsqu'entrèrent à Jérusalem des mages venus de l'Orient, qui demandaient où était le roi des Juifs, nouvellement né. Ils disaient qu'ils avaient vu récemment son étoile se lever dans le ciel, et que, sur cet indice, ils étaient accourus l'adorer. Un tel évènement surprit et inquiéta le roi Hérode. Il assembla les sacrificateurs et les plus doctes d'entre les Juifs, pour s'enquérir d'eux du lieu où devait naître le Messie qu'ils attendaient ; car il soupçonnait que c'était le Messie que cherchaient les mages. Ils lui répondirent que, selon les paroles du prophète Michée, ce devait être à Bethléem, terre de Juda. Alors Hérode fit appeler secrètement les mages, les questionna et ensuite les envoya à Bethléem, en leur disant : « Allez. Quand vous aurez trouvé l'enfant que vous cherchez, faites-le-moi savoir, afin que j'aille aussi l'adorer. » A peine les mages s'étaient-ils mis en route, « qu'ils aperçurent l'étoile qui leur était apparue en Orient : elle marchait devant eux pour les conduire, et elle s'arrêta sur le lieu où était Jésus-Christ. Ils entrèrent dans la maison, et ils y trouvèrent l'enfant avec la sainte Vierge, sa mère ; alors, se prosternant devant lui, ils l'adorèrent, et lui offrirent en présent de l'or, de l'encens et de la myrrhe. Après lui avoir ainsi rendu leurs hommages, ils retournèrent dans leur pays, sans passer par Jérusalem, parce qu'un ange leur avait conseillé en songe de se bien garder de revoir le roi. » Cependant Hérode, qui les avait attendus vainement, résolut de faire égorger tous les enfants de Bethléem, qui étaient nés depuis deux ans, afin que celui dont il voulait la perte ne pût pas échapper à la mort. Mais Dieu trompa l'espérance de ce prince barbare, et, de tant d'enfants dont il répandait le sang, le seul qu'il cherchât fut justement le seul qu'il ne put faire mourir. Averti par un ange qui lui avait ordonné de s'enfuir en Égypte, Joseph s'était retiré dans cette contrée avec la Vierge et son fils.

Jésus avait atteint sa douzième année lorsque, par ordre de Dieu, saint Jean sortit de sa solitude pour venir prêcher, dans le désert de la Judée et dans tout le pays du Jourdain, un baptême de pénitence qui ne procurait pas la rémission du péché, mais qui était une image et comme un premier degré du baptême que Jésus-Christ devait instituer dans la suite. Jésus, parvenu à sa trentième année, alla, comme la foule des Juifs, se faire baptiser par saint Jean. Ensuite il se mit en prières; et, pendant qu'il priait, le Saint-Esprit, sous la forme d'une colombe, descendit et s'arrêta sur lui; et une voix qui venait du ciel fit entendre ces paroles: « Vous êtes mon fils bien-aimé; vous êtes l'objet de mes faveurs les plus précieuses. » Jésus quitta les bords du Jourdain, et le Saint-Esprit le conduisit dans le désert. Il y passa quarante jours sans approcher de ses lèvres aucun aliment, aucune liqueur. Le démon le transporta sur le faîte du temple de Jérusalem, et lui dit de se précipiter de là sur le sol, pour prouver qu'il était le fils de Dieu; mais Jésus lui répondit: « Vous ne tenterez pas le Seigneur votre Dieu. » Alors le démon le porta sur une haute montagne, du sommet de laquelle on voyait tous les royaumes de la terre, et lui offrit de le rendre maître de tout cela, s'il voulait se prosterner devant lui et l'adorer. Jésus s'écria: « Retire-toi, satan, car il est écrit: « Vous adorerez le Seigneur votre Dieu, et vous ne servirez que lui seul. » Le démon s'éloigna, et les anges entourèrent Jésus et s'empressèrent à le servir.

C'est à quelque temps de là que Jésus commença à s'environner de disciples et qu'il fit son premier miracle. On l'avait invité à des noces à Cana, en Galilée. « Le vin ayant manqué, Marie le lui fit apercevoir. Le fils de Dieu ordonna qu'on remplît d'eau de grands vases de pierre qui servaient aux purifications, et, quand ils furent pleins, il dit aux serviteurs: « Puisez maintenant dans ces vases et portez de la liqueur qu'ils contiennent au maître de la maison. » Le maître goûta ce que ses serviteurs lui avaient apporté, « et il reconnut que c'était d'excellent vin. » De Cana, Jésus se rendit à Capharnaüm, puis à Jérusalem. Il vit que le temple de la dernière de ces villes avait été envahi par des marchands de toute espèce. Indigné d'une pareille profanation, il s'arma d'un fouet et chassa ces hommes en leur disant : « Ne faites pas un marché de la maison de mon père! » Successivement, il guérit un grand nombre de malades, notamment la belle-mère de saint Pierre, un de ses disciples; il apaisa une tempête, il opéra d'autres prodiges encore; ensuite il se retira sur une montagne et y passa la nuit en prières. Lorsque le jour fut venu, il fit choix de douze de ses disciples, à qui il donna mission d'aller propager sa parole sur toute la terre, et qu'il appela pour cette raison apôtres, c'est-à-dire envoyés. Il les investit en outre du double pouvoir de guérir les maladies et de chasser les démons. Ces douze apôtres furent Simon, à qui déjà il avait donné le nom de Pierre; André, frère de ce même Simon; les deux fils de Zébédée, Jacques et Jean; Philippe, le premier à qui il avait dit : « Suivez-moi »; Barthélemy; Mathieu, qu'il avait tiré du bureau de l'impôt; Thomas; un autre Jacques, fils d'Alphée, et son frère, nommé Jude ou Thadée; et enfin Simon et Judas Iscariote. Jésus descendit avec eux, et trouva réuni dans la plaine le peuple qui était venu pour le contempler et pour recueillir sa parole. Beaucoup fendaient la foule dans l'espérance de parvenir jusqu'à lui, parce qu'ils savaient que son contact guérissait les maladies. Un lépreux s'approcha plein de foi et d'humilité : Jésus lui rendit la santé. Un paralytique vint ensuite, qui ne fut moins heureux. Il y avait aussi des gens qui étaient possédés des démons; Jésus les en délivra tous. De là le fils de Dieu se dirigea vers Naïm, ville de la Galilée. Lorsqu'il y arriva, il vit qu'on allait inhumer le fils unique d'une veuve qui suivait le cercueil. Ému de compassion à l'aspect de cette mère affligée, il lui dit : « Ne pleurez point. » Puis, s'approchant du corps, il le toucha et prononça ces paroles : « Jeune homme, levez-vous! » Au même instant, le mort s'étant dressé sur son séant, commença à parler, et Jésus le rendit à sa mère. » Tous ceux qui étaient présents furent saisis de frayeur, et glorifièrent Dieu en disant : « Un grand prophète a paru parmi nous, et Dieu a visité son peuple! »

Ces miracles accomplis, Jésus alla prêcher à Nazareth. Il parcourut encore la Galilée, et il fit prêcher ses apôtres devant lui. C'est à cette époque que le roi Hérode fit trancher la tête à saint Jean. Pour se dérober à la fureur de ce tyran, Jésus se retira avec ses apôtres dans le désert. Là, il nourrit avec cinq pains d'orge et deux poissons cinq mille hommes qui l'avaient suivi pour écouter sa parole; puis il marcha sur l'eau et y fit marcher saint Pierre. A la vue de ces miracles, ses disciples le reconnurent pour le fils de Dieu et l'adorèrent. Mais Jésus leur défendit de publier sa divine origine, et il leur apprit ce qu'il aurait à souffrir comme fils de l'homme. De cette solitude, il se dirigea de nouveau vers Jérusalem, guérissant en chemin dix lépreux, dont un seul, qui était samaritain, c'est-à-dire hérétique, le glorifia pour le bienfait qu'il avait reçu de lui. Jésus lui dit : « Allez. Votre foi vous a sauvé. » Cependant on célébrait à Jérusalem la fête des tabernacles. Les Juifs de cette ville, qui avaient entendu parler de tous ces prodiges, s'entretenaient beaucoup de Jésus. Les uns disaient que c'était un homme de bien ; les autres, que ce n'était qu'un imposteur. Jésus arriva vers le milieu de l'octave, et se mit à prêcher dans le temple, au grand étonnement du peuple, qui ne pouvait comprendre comment il était si parfaitement versé dans les saintes Écritures, lui qu'on n'avait jamais vu étudier. Il dit à la foule qu'il n'enseignait pas de lui-même, et que, si elle se conformait à la volonté de Dieu, elle reconnaîtrait facilement que sa doctrine venait de Celui qui l'avait envoyé. Il ajouta qu'il était instruit qu'il y en avait dans ses rangs qui voulaient le faire mourir. Quelques habitants, sachant la haine que leurs magistrats lui portaient, s'étonnaient qu'il osât s'exprimer si librement, sans qu'on entreprît rien contre lui ; et ils se demandaient entre eux : « Ne serait-ce pas que les princes des prêtres ont la certitude qu'il est véritablement le fils de Dieu ? » Plusieurs d'entre le peuple crurent en Jésus-Christ ; mais les sacrificateurs et les pharisiens envoyèrent des archers pour le prendre. Jésus, qui ne devait souffrir que dans le temps prescrit par son père, imposa aux archers, qui le laissèrent libre, et se retirèrent vers les sacrificateurs. « Pourquoi ne nous l'avez-vous point amené ? » leur dirent ces prêtres. Ils répondirent : « Jamais homme n'a parlé comme celui-là. »

Un jour que Jésus, revenant à Jérusalem, donnait des instructions au peuple qui s'était porté sur son passage, les pharisiens vinrent lui dire : « Retirez-vous, car Hérode veut vous faire mourir. » Jésus, qui savait le temps de sa mort, « puisqu'il ne devait mourir que lorsqu'il le voudrait, » leur ordonna d'informer le roi qu'il était résolu à passer quelques jours encore sur la terre pour chasser les démons et guérir les malades ; et qu'ensuite il se tiendrait prêt à consommer son sacrifice. Puis il leur prédit la ruine prochaine de Jérusalem. Cependant le moment n'était pas éloigné où les pharisiens, ses mortels ennemis, allaient enfin assouvir leur haine. Après avoir accompli une foule de nouveaux miracles, qui faisaient accourir le peuple sur ses pas, Jésus donna ses dernières instructions à ses apôtres ; et, trahi, comme il l'avait prédit, par Judas Iscariote, un de ses disciples, il fut conduit et accusé devant Ponce-Pilate, gouverneur de la Judée pour les Romains. Un de ses apôtres l'avait vendu ; un autre, saint Pierre, le renia ; tous l'abandonnèrent. Condamné à un supplice infâme, attaché à la croix entre deux larrons, il offrit sa vie en sacrifice pour racheter le genre humain. A sa mort, le ciel s'obscurcit, la terre trembla, le voile du temple se déchira, les tombeaux s'ouvrirent et des morts ressuscitèrent. L'homme-Dieu, mis en croix, expira dans la soirée du vendredi, quatorzième jour de nisan, quinze jours après l'équinoxe du printemps, et dans la trente-troisième année de sa vie terrestre. Son corps fut mis dans un tombeau, près duquel on posa des gardes. Mais, le troisième jour, qui était un dimanche, Jésus sortit vivant de ce sépulcre. Il apparut d'abord à plusieurs saintes femmes, ensuite à ses apôtres, avec qui il resta pendant quarante jours, partageant leur repas, leur prouvant de cette manière, et d'autres encore, qu'il était ressuscité d'entre les morts, et leur parlant du royaume de Dieu. Ce terme expiré, il monta au ciel en leur présence, après leur avoir ordonné de prêcher l'Évangile à toutes les nations, et leur avoir promis d'être avec eux jusqu'à la fin du monde.

Naissance du christianisme. Longtemps l'époque précise de l'établissement du christianisme a été, dans l'Église, un sérieux sujet de controverse. Huit opinions différentes partageaient les chronologistes sur ce point important, lorsque, en 527, Denys-le-Petit, abbé romain, présenta des calculs qui se concilièrent tous les suffrages. Il fut convenu, dès ce moment, que l'on compterait l'ère chrétienne du 1er janvier après le 25 décembre de l'an de la fondation de Rome 753 ; mais ce comput ne fut définitivement en usage que sous Charles-Martel, au VIIe siècle. De nos jours, quelques savants, rejetant la supputation de l'abbé Denys, reculent considérablement la naissance du christianisme, et font venir cette religion, non plus de la Judée, comme le veut la légende, mais de l'Hindoustân ou de la Perse. Si, en effet, on se reporte à ce que nous avons dit plus haut et du magisme et des croyances des sangas et des brâhmanes, on sera forcé de reconnaître que, si cette hypothèse n'est pas, à la rigueur, exempte de critique, elle repose du moins sur un ensemble de faits et sur des rapprochements assurément bien capables de séduire et de faire illusion.

Quoi qu'il en soit, ce n'est que vers le IIe siècle qu'il est formellement question des chrétiens dans les auteurs profanes, et la ville d'Alexandrie est le lieu où nous les voyons apparaître pour la première fois. Alexandrie était depuis longtemps déjà le centre de la civilisation et du commerce du monde ; elle entretenait des rapports multipliés, non-seulement avec Rome et la Grèce, mais encore avec la Perse, l'Inde et la Chine. On connaît ses célèbres écoles où affluaient, des points les plus éloignés du globe, les philosophes de toutes les sectes, les partisans de toutes les croyances religieuses. Là, comme ailleurs, à cette période, l'enseignement théologique et philosophique était entouré de mystère. Chaque maître, animé de l'esprit de prosélytisme, s'efforçait d'augmenter le nombre de ses disciples, qui, à leur tour, pour la plupart, sollicitaient successivement les autres initiations, soit pour accroître les connaissances qu'ils possédaient déjà, soit pour obtenir la confirmation de leur doctrine de prédilection. Mis en contact de cette façon, les divers systèmes enfantèrent, par la combinaison de leurs principes, mille systèmes nouveaux. Le judaïsme s'assimila le péripatétisme dans les leçons d'Aristobule, le platonisme dans celles de Philon. Les esséniens et les thérapeutes mêlèrent dans leurs doctrines ce que les hiérophantes d'Éleusis et de Samothrace, de Saïs et de Persépolis, ce que Pythagore et Platon leur offraient de plus sublime. Les kabbalistes, renchérissant sur les thérapeutes et sur les esséniens, adoptèrent le zoroastrisme presque tout entier. Enfin le christianisme, que quelques-uns conjecturent avoir été un des produits de cette fermentation religieuse, et s'être formé d'un mélange de brâhmaïsme, de magisme et de judaïsme, servit de base aux rêveries des gnostiques.

Gnosticisme. Si l'on en croit la première lettre de saint Paul à Timothée, il s'était introduit, dès l'an 58, dans la doctrine chrétienne, des idées empruntées au zoroastrisme, à la philosophie platonicienne, aux théogonies et aux pneumatogonies de l'Égypte, de la Chaldée et de la Grèce. Ces idées étaient professées dans le secret par une foule de sectes dont les membres étaient connus sous le nom générique de gnostiques, parce qu'ils prétendaient posséder la vraie *gnôsis*, la vraie science. Divisés sur quelques points secondaires de leur doctrine, ces sectaires s'accordaient sur tout le reste. Tous enseignaient que l'être suprême, l'être infiniment parfait et heureux, n'était pas le créateur de l'univers, qu'il n'était pas non plus le seul être indépendant; car, ainsi que lui, la matière était éternelle. L'être suprême résidait dans l'immensité de l'espace, appelé le *plérôme*, ou le plein. De lui étaient émanées d'autres natures immortelles et spirituelles, les *éons*, qui remplirent la demeure de la divinité d'êtres semblables à eux-mêmes. Les uns furent placés dans les plus hautes régions, les autres dans les plus basses. Les éons des régions inférieures se trouvaient le plus près de la matière, qui, dans l'origine, constituait une masse inerte et informe, jusqu'à ce qu'un d'entre eux, de son propre mouvement et sans l'aveu de la divinité, l'organisât et en animât une partie. L'auteur de cette œuvre était le *Démi-ourgos*, le grand ouvrier. Mais, telle était la perversité de la matière, lorsqu'elle eut pris une forme, qu'elle devint la source de tous les maux. Pour pallier ce fâcheux résultat autant qu'il était possible, la divinité ajouta la puissance rationnelle à la vie dont étaient animées plusieurs parties de la matière. Les parties auxquelles la puissance rationnelle fut donnée sont les ancêtres de la race humaine; les autres sont la souche des animaux proprement dits. Par malheur, cette intervention de l'être suprême demeura sans effet. Le Dêmi-ourgos, fier de sa puissance, séduisit l'homme, l'excita à secouer l'obéissance qu'il devait à Dieu et appela à lui toute son adoration. Par suite de leur éloignement de la divinité, les âmes des hommes sont en proie à la souffrance ; elles font de pénibles et vains efforts pour parvenir à la connaissance de la vérité et pour retourner à leur primitive union avec l'être suprême. Mais un temps viendra où leurs vœux seront accomplis et où elles rentreront dans le sein de Dieu, d'où elles sont originairement émanées.

Suivant M. Matter, les gnostiques s'étaient considérablement multipliés vers le milieu du IIe siècle. Ils avaient des écoles en Syrie, en Égypte, dans l'Asie mineure et en Italie. L'école et les sectes gnostiques de Syrie qui avaient puisé leurs doctrines dans les systèmes des Phéniciens, des Juifs, des Égyptiens, des Perses et des Grecs, eurent pour chefs principaux Saturnin et Bardesanes. Cerdon fut le fondateur de l'école de l'Asie mineure; Marcion, de celle de l'Italie, qui, de toutes les écoles gnostiques, se rapprochait le plus de l'orthodoxie chrétienne. Les gnostiques de l'Égypte avaient leur centre à Alexandrie. Ils s'étaient assimilés une partie des doctrines du platonisme judaïsé et de celles des anciens mystes égyptiens. Basilide, leur fondateur, ne communiquait son système que par degrés, et en réservait les mystères aux seuls initiés. A l'exemple de Pythagore, il éprouvait ses disciples par cinq années de silence. D'après lui, Jésus-Christ avait fait les miracles que les chrétiens lui attribuaient, mais il ne s'était pas incarné. A la mort de Basilide, ses disciples se réunirent à ceux de Valentin. Ce chef, de souche judaïque, parut d'abord à Alexandrie; de là il se rendit à Rome, où il fut excommunié trois fois, et, ensuite il s'établit dans l'île de Chypre, et y opéra de nombreuses conversions à ses idées. Les valentiniens se rattachaient à l'Égypte ancienne par leurs doctrines essentielles et par leurs symboles.

On ne connaît au juste ni l'origine ni le nom du fondateur de la secte gnostique des ophites, ainsi nommée du serpent (*ophis*) qui jouait un rôle très important dans le cérémonial de son culte. Ce qui paraît positif, c'est qu'elle était contemporaine de Basilide, de Marcion et de Valentin. De la secte principale, se détachèrent deux rameaux : les séthiens et les caïnites. Les derniers avaient pour but (et c'est à cela qu'ils devaient leur nom) de réhabiliter la mémoire de Caïn, lequel, suivant eux, était un homme vertueux qui avait entrepris de renverser la tyrannie du Dêmi-ourgos. L'école de Carpocrate clot la série des écoles gnostiques de l'Égypte. Une branche de cette secte, celle des prodéciens, s'attribuait exclusivement le nom de gnostique et prétendait posséder des apocalypses de Zoroastre. Les autres branches étaient celles des borborites, des phibéonites et des antitactes.

Le manichéisme, qui se produisit un peu plus tard et qui eut pour fondateur le Perse Manès ou Manichée, avait, comme toutes les sectes gnostiques de l'époque, deux doctrines, l'une pour les *parfaits*, pour les *élus*, pour ceux qui étaient capables de s'élever jusqu'à la *gnôse*, et l'autre pour les catéchumènes auxquels on donnait l'enseignement de l'école, seulement sous l'enveloppe des symboles et des allégories. Selon Manès, une vie pure et sainte délivrant l'âme de tous les attachements terrestres, la rendait digne de parvenir, après la destruction de sa prison, c'est-à-dire du corps, à la région de la lune, où elle était purifiée pendant quinze jours dans un grand lac. De là elle arrivait dans la région du soleil où elle était sanctifiée par le feu. Admise alors à un commerce intime avec le rédempteur, qui réside dans le soleil, et avec les saints esprits des cieux, elle pouvait désormais s'élever sans peine et d'elle-même dans l'empire de la lumière.

Les gnostiques s'accordaient à penser que, pour sauver les hommes, il suffisait de les éclairer; que leur corruption et leur attachement à la terre tenaient à leur ignorance de la grandeur et de la dignité de l'homme et de sa destination originelle; que la doctrine de Jésus-Christ pouvait être enseignée à tous les hommes, parce que tous étaient doués d'organes propres à écouter et à entendre les sons de la voix, mais que tous n'étaient pas susceptibles d'apprécier l'instruction que Jésus-Christ avait apportée dans le monde. Quelques-uns des gnostiques admettaient l'ancien et le nouveau Testament; mais ils en attribuaient certaines parties à l'esprit de vérité, d'autres à l'esprit de mensonge. Leur système général était une sorte d'éclectisme chrétien. Toutes les écoles gnostiques se partageaient en initiés et en aspirants, en parfaits et en imparfaits, à l'instar des autres associations mystérieuses. Elles se perpétuèrent ostensiblement jusqu'au IVe siècle, et en secret beaucoup plus tard (1).

Propagation du christianisme. Persécutions. Schismes. Le gnosticisme et d'autres sectes qui se formèrent jusque vers le commencement du IIIe siècle contribuèrent à arrêter le développement du christianisme. Bientôt cependant cette religion rompit toutes ses entraves et se substitua de tous côtés au paganisme. Il est toutefois à remarquer que les persécutions dont elle fut l'objet dès le berceau firent beaucoup plus pour son succès que les prédications même de ses premiers apôtres. Il paraît, d'après le témoignage d'un grand nombre d'historiens, que les chrétiens de cette époque avaient soulevé contre eux une haine et un mépris universels. Leurs discours sur

---

(1) Voir l'*Histoire du Gnosticisme*, par M. Matter. Consulter aussi notre *Histoire pittoresque de la Franc-Maçonnerie et des Sociétés secrètes*, pages 342 et suivantes.

les vanités des choses terrestres, sur le jugement dernier, sur la fin prochaine du monde ; l'exposition de leurs dogmes, qu'on trouvait bizarres et absurdes ; tout semblait accuser en eux des ennemis du genre humain. Comme on voyait qu'ils ne prenaient aucune part aux réjouissances publiques, et qu'au contraire dans ces occasions ils s'affligeaient et faisaient pénitence ; que, d'autre part, ils se réjouissaient dans des circonstances que le reste du peuple considérait comme malheureuses, on se persuadait facilement qu'ils désiraient la ruine des institutions existantes. Dans ce temps-là, ils n'avaient encore ni autels, ni statues, ni sacrifices : on en concluait qu'ils étaient des athées et des impies qui détestaient toutes les religions. Parlaient-ils de leurs miracles, on mettait ces prodiges sur le compte de la magie, et les nouveaux thaumaturges étaient rangés dans la classe détestée des enchanteurs, des devins et des charlatans qui couvraient alors la surface de l'empire. Et ce n'était pas seulement la foule ignorante qui éprouvait de la haine pour les chrétiens ; les gens instruits eux-mêmes regardaient ces sectaires, sinon comme des scélérats, du moins comme des fous opiniâtres et dangereux.

D'après cette disposition des esprits, il n'est pas surprenant que les chrétiens aient été en butte à des violences de la part du peuple et des magistrats eux-mêmes, d'autant mieux qu'ils rendaient haine pour haine à la société et qu'ils ne laissaient échapper aucune occasion de mutinerie ou de révolte. On compte onze ou douze persécutions dirigées contre eux dans le cours des quatre premiers siècles de l'Église. La première s'éleva, dit-on, sous le règne de Néron, vers l'an 64 ; la dernière eut lieu sous Julien, vers le milieu du IVe siècle. Les plus cruelles sont celles qui sévirent sous Domitien, sous Décius, sous Aurélien, sous Dioclétien et sous Licinius. Un édit de l'empereur donnait le signal de la persécution. Cet édit défendait aux chrétiens de tenir leurs secrètes assemblées, car, à l'exemple des initiés païens, ils célébraient leurs mystères dans des lieux inaccessibles aux regards des profanes ; dans l'ombre des bois sacrés, ou dans les profondes catacombes. L'édit leur enjoignait en outre, sous des peines sévères, de sacrifier sur l'autel des divinités reconnues par l'État. Quiconque était soupçonné de professer la religion nouvelle était aussitôt conduit devant le magistrat, qui lui faisait subir un interrogatoire. Reniait-il sa foi, il était le plus souvent renvoyé sans autre forme de procès ; mais, quand le juge conservait quelque doute, il ne lui rendait la liberté qu'après l'avoir obligé à accomplir quelque acte de paganisme ou à prononcer quelque parole injurieuse contre le Christ. S'il confessait qu'il était chrétien, on s'efforçait de le ramener à la croyance païenne, d'abord par la persuasion et par les promesses, puis par les menaces, et enfin par les tourments. Tel est du moins ce que rapportent les auteurs chrétiens qui ont écrit l'histoire de ces persécutions.

Le premier schisme qui vint troubler sérieusement la paix de l'Église est celui que provoqua, en l'an 319, Arius, prêtre d'Alexandrie. Arius soutenait que Jésus-Christ était une créature tirée du néant, comme les autres hommes, et, comme eux, capable de vertus et de vices; qu'il participait de la divinité, mais sans être véritablement Dieu, ou du moins sans être coéternel à Dieu. Ce novateur répandit sa doctrine dans une grande partie de la chrétienté, et lui gagna même des évêques. Eusèbe de Nicomédie et Eusèbe de Césarée furent au nombre de ses plus ardents prosélytes. Anathématisé dans deux conciles, en 319 et en 321, Arius n'en vit pas moins son parti se grossir considérablement, et il sut intéresser jusqu'au peuple dans sa querelle. Eusèbe de Nicomédie assembla un concile formé de la plus grande partie des évêques de la Bithynie et de la Palestine, et ce concile leva l'excommunication prononcée contre Arius par Alexandre, évêque d'Alexandrie. Les adversaires d'Arius assemblèrent de leur côté, en 325, à Nicée en Bithynie, un conseil œcuménique, c'est-à-dire universel, dans lequel Arius fut de nouveau excommunié, et l'empereur Constantin le condamna au bannissement. La mort de cet hérésiarque, qui arriva en 336, ne ralentit pas les progrès de sa secte. Ils furent aussi étendus que rapides dans l'Orient, et l'arianisme domina toujours à la cour et dans la capitale de l'empire jusqu'au règne de Théodose. Les Vandales le portèrent en Afrique, et les Visigoths en Espagne, où il subsista très longtemps, protégé par les rois qui l'avaient embrassé.

Du sein de l'arianisme, s'éleva, au commencement du règne de Théodose, une nouvelle hérésie, œuvre de Macédonius, évêque de Constantinople, et qui attaquait pareillement la divinité de Jésus-Christ. En peu de temps les novateurs devinrent très nombreux et ils eussent fait de plus grands progrès encore, si l'empereur n'était venu en aide à l'église orthodoxe en publiant, après son baptême, une loi célèbre dans laquelle il enjoint à tous les peuples de son obéissance d'adopter le symbole romain, interdit l'exercice des autres croyances, et stigmatise « du nom ignominieux « d'hérétiques » les téméraires et les insensés qui persisteraient à professer ces erreurs criminelles.

Malgré ce coup d'autorité, et peut-être même à cause de cela, les schismes se multiplièrent dans l'Église. Les donatistes, qui avaient pour chef Donat, évêque de Carthage, se révoltèrent contre une décision du pape, et leur rébellion, provoquée par une question d'un assez médiocre intérêt, inspira une si grande frayeur au pontife que ce chef de l'Église implora contre eux la protection de Théodose. L'empereur publia un édit sévère qui défendait sous peine de mort aux donatistes de tenir des assemblées publiques; mais il n'empêcha pas le schisme de se perpétuer dans le secret, avec des phases et des prétextes divers. Après les donatistes, parurent les pélasgiens, disciples de Pélasges, né dans la Grande-Bretagne, qui soutenait, contrairement à la doctrine de saint Paul, que le péché du premier homme ne s'est pas communiqué à sa postérité, et que, sans être doué d'une grâce intérieure, l'homme peut, par ses seules forces naturelles, accomplir les commandements de Dieu. L'hérésie pélasgienne enfanta la secte des demi-pélasgiens, qui attribuaient au libre arbitre le commencement de la foi et les premiers mouvements de la volonté humaine vers le bien. Comme les catholiques, les demi-pélasgiens admettaient le péché originel et la nécessité d'une grâce intérieure pour se maintenir dans la bonne voie; mais ils disaient que l'homme peut mériter cette grâce par un commencement de foi, par un premier mouvement de vertu dont Dieu n'est pas l'auteur. Une hérésie beaucoup plus puissante attaqua le mystère de l'incarnation. Nestorius, évêque de Constantinople, enseigna en 430 qu'il y avait deux personnes en Jésus-Christ. Il disait que la Vierge Marie ne doit pas être appelée la mère de Dieu, mais seulement la mère du Christ. Le pape tint à Rome une assemblée d'évêques qui examina les écrits de Nestorius et condamna sa doctrine. Un concile œcuménique convoqué à Éphèse en 431 par l'empereur Théodose-le-Jeune déclara solennellement la sainte Vierge Marie mère de Dieu et prononça la déposition du hardi novateur. Relégué d'abord dans un monastère d'Antioche, Nestorius fut ensuite exilé à Thasis en Égypte, où il mourut quelques années après. Un autre chef de secte, Eutychès, enseignait que, l'incarnation accomplie, les deux natures divine et humaine de Jésus-Christ s'étaient confondues en une seule et même nature. Cette nouvelle hérésie fut condamnée en 448 par un concile assemblé à Constantinople.

Pendant que les empereurs intervenaient dans les discussions théologiques sur la nature de Jésus, sur son incarnation, sur la grâce, et sur les autres problèmes que les mystères du christianisme offrent à la sagacité humaine, les Huns, les Vandales et les Hérules se jetaient sur l'Italie, s'emparaient de Rome et en effaçaient jusqu'au nom dans l'Occident. La plupart des vainqueurs embrassèrent la croyance nouvelle, et, par politique ou par conviction, s'en firent les soutiens et les propagateurs. En 496, se place la conversion des Gaules, affranchie par les barbares du joug détesté des Romains, et le baptême de Clovis, principal chef des Francs. Un peu plus tard, vers le milieu du vi^e siècle, se reproduisit le schisme des arméniens, qui, adoptant la doctrine d'Eutychès, ne voulaient point reconnaître, avec le concile général de Chalcédoine, tenu en 451, qu'il y eût en Jésus-

Christ deux natures distinctes qui ne fissent pourtant qu'une seule personne. A cette dissidence près, les arméniens ne différaient, à proprement parler, de l'Église romaine que dans le rite, car ils avaient tous les sacrements de cette Église. En l'année 630, la secte d'Eutychès reparaît sous un autre nom. Ses membres enseignent qu'il n'y a eu en Jésus-Crist qu'une seule volonté, qu'une seule opération, ce qu'exprime en grec le nom de monothélisme que les catholiques ont donné à cette hérésie. La doctrine des monothélistes fut soutenue par Servius, patriarche de Constantinople, qui mit tout en œuvre pour l'accréditer, et l'empereur Héraclius l'appuya par le fameux édit ayant pour titre : *Ecthèse*, ou exposition. Un sixième concile œcuménique, convoqué par l'empereur Constantin-Pogonat, condamna le monothélisme, mais ne le détruisit pas.

Dans les premières années du VIII⁰ siècle, surgit à Constantinople une nouvelle hérésie qui était d'autant plus redoutable qu'elle avait pour auteur l'empereur lui-même. S'érigeant en réformateur religieux, Léon l'Isaurien abolit le culte des images, qu'il appelait idolâtrie, et publia en conséquence un édit qui enjoignait d'enlever des églises les représentations du Christ, de la Vierge et des saints. Cette témérité sacrilége souleva de toutes parts les fidèles, qui, pour la faire cesser, provoquèrent une grande assemblée d'évêques. Dans cette réunion, qui se tint à Rome, l'hérésie des *iconoclastes*, ou destructeurs d'images, fut condamnée ; mais Léon n'en devint que plus ardent à poursuivre l'exécution de son édit. Partout il fit brûler les images sur les places publiques et blanchir les murs des églises qui étaient ornés de peintures. Constantin-Copronyme, fils et successeur de Léon, marcha sur les traces de son père, et poussa même plus loin sa rage de destruction. Il livrait une guerre acharnée non-seulement aux images des saints, mais encore à leurs reliques elles-mêmes. D'après ses ordres, ces restes vénérés étaient arrachés des sanctuaires et jetés dans la fange des ruisseaux. L'impératrice Irène ne suivit pas ces déplorables exemples, et, sous sa régence, les dévastations se ralentirent, si elles ne cessèrent tout à fait. Un septième concile œcuménique, tenu à Nicée en 787, rétablit momentanément la paix dans l'Église. Mais cette paix ne tarda pas à être troublée par de nouveaux schismes, de nouvelles hérésies, qui se multiplièrent pendant deux siècles sous toutes les formes, et contre lesquelles vinrent échouer, impuissants, les anathèmes des conciles. En 1050, Béranger, archidiacre d'Angers, attaqua le mystère de l'eucharistie, prétendit que le corps et le sang de Jésus-Christ ne sont pas contenus en réalité dans l'hostie, et que l'assertion contraire n'est et ne peut être qu'une simple figure. Vers le même temps, Michel Cérularius, patriarche de Constantinople, rompit ouvertement avec l'Église romaine. Excommunié par le pape, il excommunia le pape à son tour, et prépara le triomphe d'un schisme du sein duquel devait surgir, un siècle plus tard, l'Église grecque ou d'Orient.

En 1095, commencèrent les croisades, guerres saintes qui avaient pour but de délivrer du joug des musulmans la Palestine, où s'étaient jadis passés les mystères incompréhensibles de la vie et de la mort de l'Homme-Dieu. C'est dans un concile convoqué à Clermont par le pape Urbain II, qu'un prêtre du diocèse d'Amiens, appelé Pierre l'Hermite, fit décréter la première croisade, en s'élevant avec une chaleureuse énergie contre l'opprobre des chrétiens, qui, sans horreur et sans honte, abandonnaient aux mains des infidèles le tombeau de leur Dieu. On sait les phases diverses de ces expéditions lointaines, dans lesquelles la politique des rois et l'ambition mondaine de la noblesse eurent, en général, beaucoup plus de part que les sentiments religieux. Après s'être emparés des lieux saints et en avoir conservé une partie pendant près de deux siècles, les chrétiens finirent par céder à la force, et toutes leurs conquêtes devinrent successivement la proie des Sarrasins.

Ce n'est pas seulement pour combattre les sectateurs du mahométisme que le clergé catholique excita les fidèles à prendre les armes. Au commencement du XIIIe siècle, le pape Innocent III ordonna une croisade contre la secte des albigeois, qu'on appelait de ce nom, parce que la plupart de ses membres étaient originaires du diocèse d'Albi, et s'étaient répandus de là dans le haut Languedoc. S'il faut en croire les écrivains catholiques du temps, la doctrine des albigeois différait peu de celle des manichéens. On accusait les nouveaux sectaires de reconnaître deux principes, l'un bon, l'autre méchant; le premier, créateur des choses invisibles et spirituelles; le second, créateur des corps et auteur de l'Ancien Testament. Ils admettaient de même, assurait-on, deux christs, l'un, méchant, qui avait paru en Judée, l'autre, bon, dont l'avènement n'avait pas encore eu lieu. On prétendait en outre qu'ils rejetaient le baptême, qu'ils avaient l'eucharistie en horreur, et qu'ils professaient une foule d'autres hérésies non moins considérables. La croisade dirigée contre eux fut signalée par toute sorte de crimes. C'est à cette époque et pour condamner ces malheureux, que l'inquisition, qui devait plus tard faire tant d'autres victimes, fut inaugurée par saint Dominique, chanoine régulier de l'église d'Osma, en Espagne.

L'Eglise romaine tendait par tous les moyens à l'unité. Après le massacre des albigeois, elle tenta la voie des négociations pour mener à fin le schisme d'Orient. Le deuxième concile de Lyon, convoqué en 1274, eut pour objet de sceller la réconciliation des deux communions, habilement ménagée par le saint-siége. La réunion paraissait devoir être durable; mais elle ne se maintint que jusqu'à la mort de l'empereur Michel : le fils de ce monarque renouvela le schisme. Un siècle plus tard, en 1378, l'Eglise d'Occident devint la proie de nouvelles dissensions, qui produisirent un grand scandale. Il y eut à la fois trois papes rivaux qui se disputaient la tiare : Urbain VI, Clément VII et Alexandre V. Pour faire cesser un si fâcheux état de choses, un concile général fut assemblé à Constance en 1414. Les trois prétendants à la papauté, ou abdiquèrent les droits qu'ils s'arrogeaient, ou furent déposés par l'autorité du concile. A leur place, les évêques élurent Martin V, qui fut généralement reconnu pour légitime et unique souverain pontife. Le même concile condamna Wiclef, docteur de l'Université d'Oxford, lequel enseignait que le pape n'est pas le chef de l'Eglise, que les évêques n'ont aucune prééminence sur les simples prêtres, que la confession est inutile au pécheur qui est suffisamment contrit, etc. Jean Huss, recteur de l'Université de Prague, qui avait adopté cette doctrine, fut pareillement condamné, et périt sur le bûcher. Jérôme, disciple de Jean Huss, subit le même supplice.

Ces cruelles rigueurs du clergé catholique n'étaient, certes, pas propres à lui créer des partisans. Aussi, lorsqu'en 1439, le concile de Florence eut de nouveau proclamé la réunion de l'Eglise grecque à l'Eglise de Rome, de l'aveu des évêques des deux communions, le peuple de Constantinople ne voulut-il pas souscrire à ce pacte et contraignit-il ses prêtres à maintenir la séparation. L'énergie avec laquelle les schismatiques exprimèrent leurs répugnances dans cette occasion fit depuis lors renoncer à toute tentative de rapprochement. Soumise en apparence à l'autorité romaine, parce qu'elle avait le bras séculier pour appui, les populations qui dépendaient directement du saint-siége en supportaient impatiemment le joug, et étaient toujours prêtes à s'associer aux novateurs qui entreprenaient de les en délivrer. Cette disposition des esprits, qui était générale, explique la facilité et la rapidité avec lesquelles se propagèrent les hérésies dont nous allons parler.

En 1517, Martin Luther, moine Augustin, né en Saxe, prêcha la révolte contre la puissance des papes, en commençant par déclamer contre l'abus des indulgences accordées par le pape Léon X. Condamné par une bulle, il ne garda plus aucune mesure. Il écrivit contre le purgatoire, contre le libre arbitre, contre la confession, contre le mérite des bonnes œuvres. Il donna à sa doctrine le nom de réformation. D'autres réformateurs se précipitèrent dans la voie ouverte par Luther. L'un d'eux, Zuingle, curé en Suisse, prêcha contre les indulgences, attaqua presque tous les dogmes de l'Eglise romaine, abolit toutes les cérémonies, et détacha du catholicisme la plus grande partie des cantons helvétiques. Un autre réformateur, Calvin, né à Noyon, en France, imbu des doctrines de Luther, et craignant d'être arrêté dans son pays natal, où l'on sévissait contre les luthériens, se retira à Bâle, où il publia son livre de l'*Institution chrétienne*, qui offre l'abrégé de toute sa doctrine. Adoptant la plupart des opinions de Luther, il enseignait que le libre arbitre a été entièrement éteint par le péché ; il rejetait l'invocation des saints, le purgatoire et les indulgences, il ne voulait ni pape, ni évêque, ni prêtre, ni fêtes, ni culte extérieur. Luther avait conservé le dogme de la présence réelle du corps et du sang de Jésus-Christ dans l'eucharistie ; Calvin la repoussa. Le luthérianisme, en Allemagne, et le calvinisme, en France, eurent à soutenir des guerres longues et sanglantes. Charles-Quint fut obligé de transiger avec le premier ; et le second n'obtint que sous Henri IV des garanties qu'on respecta jusqu'à la révocation de l'édit de Nantes, prononcée par Louis XIV.

Au moment même où Luther et Calvin sapaient les bases du catholicisme et ébranlaient la puissance des papes, Henri VIII, roi d'Angleterre, irrité contre Clément VII, qui avait jugé que les raisons alléguées par le monarque pour faire prononcer son divorce avec Catherine d'Aragon n'étaient pas suffisantes, ne voulut plus reconnaître l'autorité du souverain pontife, et se fit déclarer, par un acte solennel du parlement, chef suprême de l'Église anglicane. Après sa mort, Edouard VI abolit entièrement la religion catholique et établit la réforme dans toute la Grande-Bretagne.

En 1545, le pape Paul III convoqua un concile général à Trente, pour remédier aux maux de l'Eglise, et le résultat des travaux de ce concile fut un corps de doctrines sur les principaux points attaqués par les novateurs. Mais il n'était plus possible d'arrêter le mouvement des esprits, et la réforme continua de se propager avec une activité non moins grande qu'auparavant. Du luthérianisme, du zuinglisme et du calvinisme, naquirent de nombreuses sectes, presque aussi opposées entre elles qu'elles étaient ennemies de l'Eglise romaine. Parmi les nouveaux sectaires, il faut citer les anabaptistes, qui se divisaient en treize ou quatorze branches. La plus remarquable était celle des frères Moraves, dont la première règle était de ne pas tolérer de gens oisifs au milieu d'eux ; qui affectaient des mœurs patriarchales et mettaient en commun les biens qu'ils possédaient. Après les anabaptistes, venaient les sacramentaires, qui se divisaient en neuf branches distinctes ; puis les confessionnistes, partagés en vingt-quatre sectes ; les extravagants, qui avaient des sentiments opposés à la confession d'Augsbourg, c'est-à-dire à la profession de foi présentée par les luthériens à l'empereur Charles-Quint en 1530, dans la ville d'Augsbourg. Ceux-ci se subdivisaient en six sectes différentes. Des calvinistes primitifs se détachèrent les gomaristes et les arminiens, les supra-lapsaires et les infra-lapsaires, les puritains, les anglicans, les sociniens, les nouveaux ariens, et tant d'autres rameaux dont les noms eux-mêmes échappent.

La réforme ne fut définitivement et solidement établie en Angleterre que sous le règne d'Elisabeth. Diverses constitutions synodales, confirmées par des actes du parlement, réglèrent le service divin. Les changements apportés alors au cérémonial liturgique et à d'autres points religieux n'obtinrent pas l'assentiment général. Il y eut des dissidents qui prétendirent que la réformation de l'Eglise anglicane était imparfaite, infectée d'un reste de paganisme, et qui combattirent la hiérarchie et l'autorité des évêques. Ces frondeurs sont ce qu'on appelle les presbytériens ou les puritains. On appliqua le nom d'épiscopaux aux partisans de l'ordre de choses existant. Robert Brown, ministre anglais, jugea que les presbytériens donnaient encore trop aux sens dans le culte qu'ils rendaient à Dieu, et que, pour honorer littéralement en esprit la divinité, il fallait supprimer toute prière à haute voix, même l'oraison dominicale. Il eut des disciples qui firent secte, et qui se considéraient comme la pure et véritable Eglise chrétienne.

Parmi les nombreuses sectes nées en Angleterre, il faut distinguer le méthodisme, dont l'Université d'Oxford fut le berceau en 1729, et John Wesley le fondateur. Les nouveaux sectaires avaient distribué tous leurs moments entre l'étude, la prière, le jeûne et d'autres bonnes œuvres. Cette conduite régulière et méthodique les fit appeler méthodistes par dérision, et ils adoptèrent cette dénomination, quoiqu'elle ne fût pas de leur choix. D'autres sectaires ont reçu le nom de *quakers*, ou trembleurs, parce que, dit-on, ils tremblent de tous leurs membres lorsqu'ils croient sentir l'inspiration divine. La secte des quakers fut fondée vers le milieu du xviie siècle par Georges Fox, cordonnier dans le comté de Leicester. Cet homme renonça à son métier, s'érigea en apôtre, en prophète, et publia la réforme que Dieu, prétendait-il, lui avait ordonné d'introduire dans les dogmes et dans le culte des chrétiens, altérés par les diverses Eglises. Selon sa doctrine, celui-là seul est véritablement chrétien qui dompte ses passions, qui ne se permet aucune médisance, aucune injustice, qui ne voit point un malheureux sans souffrir avec lui, qui partage sa fortune avec les pauvres, qui aime enfin tous les hommes comme ses frères. Fox prêchait cette doctrine dans les places publiques, dans les cabarets, dans les maisons particulières, dans les temples. Il émut, il toucha, il persuada et eut bientôt de nombreux disciples. D'après les principes du quakérisme, il n'est pas permis de donner aux hommes des titres qui impliquent la flatterie, tels que ceux-ci : votre sainteté, votre majesté, votre excellence et autres analogues, et l'obéissance due au souverain et aux magistrats n'entraîne pas nécessairement l'obligation d'employer ces formules de pure étiquette. D'ailleurs il est interdit au chrétien de se prosterner, de courber le corps, de se découvrir la tête devant son semblable, quel qu'il soit ; il lui est également défendu de prêter serment sur l'Évangile, même s'il est appelé à témoigner en justice. Il serait difficile de donner une nomenclature complète de toutes les autres sectes religieuses qui existent dans la Grande-Bretagne, où il en surgit de nouvelles chaque année. Mentionnons seulement les *relievers*, ou *relief-seceders*, les secoureurs ; les béréens ; les *lifters and anti-lifters, or new and old light*, c'est-à-dire les leveurs et anti-leveurs, ou la nouvelle et l'ancienne lumière ; les *jumpers*, ou sauteurs ; les *welsh-methodists*; les hutchinsoniens ; les anti-noméens ; les caméroniens ; les macmillanistes ; les mugglitoniens ; les philadelphiens ; les buchanistes ; les tunkers ; les *shakers*, ou secoueurs ; les glassites.

Pendant les trois derniers siècles, les sectes dissidentes se multiplièrent dans toutes les contrées de l'Europe, en dépit des excommunications papales, qui étaient tombées dans un discrédit complet. Le catholicisme recourut aux missions pour reconquérir dans les autres parties du monde la puissance qu'il avait perdue dans l'Orient et dans l'Occident. L'ordre des jésuites, fondé par Ignace de Loyola, en 1534, et confirmé par le pape Paul III en 1540, rendit dans cette occasion quelques services au saint-siége ; mais les fautes de cet ordre et surtout son orgueil forcèrent le pape Clément XIV à prononcer sa suppression en 1773. Après avoir eu tant à souffrir déjà des attaques de la réforme, le catholicisme se trouvait, à cette époque, en face d'un autre ennemi, non moins redoutable, l'esprit philosophique, qui avait envahi tous les rangs de la société et ébranlé toutes les croyances. Mais la grande révolution française devait bientôt lui porter des coups plus terribles encore. L'assemblée nationale abolit, le 11 août 1789, toute espèce de dîmes, de droits casuels des curés, les annates pour la cour de Rome, la pluralité des bénéfices, etc. Le 28 octobre de la même année, un autre décret suspendit l'émission des vœux monastiques. L'assemblée décréta, le 2 novembre suivant, la mise à la disposition de l'État de tous les biens ecclésiastiques, et, le 12 juillet 1790, la constitution civile du clergé. Un décret postérieur enjoignit à tous les prêtres de prêter serment de fidélité à la nation, à la loi et au roi, dans le délai de huit jours, sous les peines les plus sévères. Ceux des prêtres qui se soumirent à ce décret furent appelés constitutionnels; on qualifia les autres de réfractaires. La convention nationale se montra encore plus hostile au catholicisme : le 23 février 1793, elle autorisa les communes à convertir en canons une partie des cloches des églises; le 11 octobre, elle décréta que la basilique de Notre-Dame de Paris se nommerait dorénavant le Temple de la Raison; le 15 novembre, elle y interdit l'exercice du culte religieux. Plus tard, elle institua et elle fit célébrer dans cette cathédrale la fête de la Raison et celle de l'Être suprême. Enfin, le 3 novembre 1795, elle remplaça les fêtes de l'Eglise par sept fêtes nationales, en l'honneur de la République, de la Jeunesse, des Époux, de la Reconnaissance, de l'Agriculture, de la Liberté et des Vieillards. Sous le gouvernement consulaire, la religion catholique reprit en France, sinon sa puissance et son éclat passés, du moins son existence légale et publique. A peine Bonaparte fut-il nommé premier consul, qu'il ouvrit avec le saint-siége des négociations secrètes, par suite desquelles un concile national se tint, en 1801, dans l'église métropolitaine de Paris. On comptait dans cette assemblée quarante-cinq évêques et quatre-vingts députés du second ordre. Le pape y avait envoyé le cardinal Gonsalvi, son premier ministre, accompagné du cardinal Caprara et de M. Spina, évêque de Gênes. On y arrêta les bases d'un concordat qui fut signé le 15 juillet et qui devint loi de l'État le 8 avril 1802. Pendant la durée de l'empire, le clergé français fut soumis et résigné. Mais, quand les Bourbons eurent été ramenés en France par les évènements de 1814, il se montra exigeant, impérieux même dans ses prétentions. On vit alors reparaître des ordres et des congrégations dont l'existence était une violation flagrante de la loi. Les jésuites se reconstituèrent sous le titre de Pères de la foi, et les doctrines ultramontaines, professées hardiment en public, trahirent des espérances que vint tromper, pour un temps du moins, la révolution qui éclata en 1830.

A cette époque, quelques prêtres de Paris, invoquant la liberté des cultes, que venait de consacrer la nouvelle charte constitutionnelle, publièrent un manifeste dans lequel ils faisaient appel à la France religieuse et patriote, et se mettaient à la disposition des communes qui manquaient de curés. « On nous a placés, disaient-ils, dans la cruelle alternative d'opter entre l'obéissance aux lois de notre pays et l'obéissance passive, aveugle, fanatique, à un pouvoir éminemment ennemi de la patrie. Nous n'avons point hésité; nous avons rompu d'une manière éclatante avec les évêques en hostilité ouverte contre la France entière. » L'abbé Chatel, ancien aumônier de régiment, était celui de ces prêtres à qui devaient s'adresser les communes pour avoir des pasteurs. Il ouvrit une chapelle provisoire dans son domicile, rue des Sept-Voies, à Paris, et l'on y célébra l'office en français. De nombreuses demandes de desservants arrivèrent à l'Église catholique française (tel est le titre qu'elle avait pris), et une chapelle définitive fut ouverte, par les soins de l'abbé Chatel, rue de la Sourdière. La profession de foi adoptée par la nouvelle Église conservait tous les dogmes de la religion catholique romaine : elle reconnaissait les symboles des apôtres, de Nicée et de saint Athanase; elle admettait les trois principaux mystères, la divinité de Jésus-Christ, le dogme de la présence réelle, le sacrifice de la messe, les sept sacrements, et approuvait l'invocation de la Vierge et des saints. Comme points de réforme, elle établissait l'emploi de la langue vulgaire dans l'exercice du culte; elle repoussait l'usage abusif des dispenses pour les mariages, les abstinences, les indulgences, le droit d'excommunication et le dogme de l'éternité des peines; elle déclarait la confession facultative et non obligatoire, et n'admettait aucun tarif pour l'administration des sacrements et pour les autres cérémonies religieuses. Comme la chapelle de la rue de la Sourdière était devenue trop étroite pour contenir toutes les personnes qui y affluaient, la jeune Église se pourvut d'un local plus vaste et plus convenable. L'abbé Chatel inaugura le nouveau temple dans la salle des concerts de la rue de Cléry. Il reçut à cette époque la prélature des mains de M. Mauviel, ci-devant évêque de Saint-Domingue, prit le titre de primat-coadjuteur des Gaules et institua pour ses vicaires primatiaux les abbés Auzou et Blachère, qui, de leur côté, se firent ordonner prêtres par l'abbé Poulard, ancien évêque constitutionnel d'Autun. Plusieurs communes situées aux environs de Paris : Clichy-la-Garenne, Sarcelles, Boulogne, Saint-Prix, Montmorency, demandèrent des curés à l'Église française. Mais la division ne tarda pas à s'introduire dans le sanctuaire. Le tarif que le primat coadjuteur voulut établir, à l'instar de l'Église romaine, motiva l'éloignement des vicaires primatiaux. L'abbé Auzou se retira dans sa cure de Clichy-la-Garenne, après avoir essayé vainement d'élever autel contre autel dans une salle du boulevart Saint-Denis, où il avait installé son église rivale. C'est sans doute pour combattre ce schisme avec plus de succès que l'abbé Chatel transporta son église non loin de là, dans le local anciennement occupé, rue du Faub.-St-Martin, par l'administration des pompes funèbres. Quoi qu'il en fût, l'autorité fit fermer successivement tous les temples desservis par des ministres de la religion nouvelle. Il y eut des troubles et presque des émeutes dans plusieurs communes dont les habitants s'étaient prononcés en faveur de cette religion. Mais il fallut céder à la force, et les tribunaux décidèrent que la liberté des cultes, proclamée par l'article 5 de la charte, n'est qu'une promesse illusoire. Quelques-uns des prêtres qui avaient arboré l'étendard de cette réforme sont rentrés depuis dans le giron de l'Église romaine.

Dans les premiers mois de l'année 1845, un prêtre appelé Ronge, curé d'une obscure paroisse de Silésie, se présenta tout à coup comme un nouveau réformateur du catholicisme. Rompant avec l'Église romaine, il déclara qu'il en croyait les doctrines incompatibles avec le véritable esprit de l'Église chrétienne, apostolique, universelle; qu'en conséquence, il ne reconnaissait plus l'autorité du pape, pensant d'ailleurs que les gouvernements seuls ont le droit de se mêler des affaires du culte. Il invita les populations à suivre son exemple et à former avec lui ce qu'il appelait l'Église catholique-allemande. Du reste, il respectait tous les dogmes et la plupart des pratiques de la religion romaine, en admettant toutefois le principe de la discussion. Ce cri d'indépendance produisit une vive agitation dans toute l'Allemagne. Ronge fit de nombreux prosélytes; et, en peu de temps, sa réforme compta près de cent cinquante communautés religieuses, desservies par soixante prêtres romains, qui s'étaient convertis à ses doctrines. Les progrès de la nouvelle Église furent rapides. Elle trouva d'abord sympathie et protection parmi les protestants, qui voyaient avec satisfaction s'affaiblir de plus en plus la domination de Rome. Les gouvernements aussi étaient loin de se montrer hostiles aux partisans de Ronge; le roi de Prusse leur accorda l'usage des temples protestants, après avoir défendu qu'ils y tinssent leurs assemblées; le roi de Saxe n'osait s'opposer à leurs réunions; le roi de Wurtemberg les autorisait volontiers, et l'Église rongiste se croyait à la veille d'être constituée officiellement en Allemagne. Mais le grand-chancelier d'Autriche, M. de Metternich, effrayé d'un mouvement religieux qui pouvait prendre un caractère politique, a fait changer ces dispositions favorables. Il s'est d'abord adressé à la diète de Francfort pour faire décréter, par cette assemblée, des mesures rigoureuses contre les novateurs. La diète n'a pas voulu prêter les mains aux vues intolérantes du ministre, qui, alors, a eu recours aux négociations diplomatiques, c'est-à-dire aux intrigues, et a obtenu des rois de Wurtemberg et de Bavière, et du grand-duc de Hesse, que les églises seraient fermées aux nouveaux catholiques, sous prétexte que leur culte n'est pas légalement reconnu. D'un autre côté, les gouvernements protestants ont craint que la tranquillité publique ne fût troublée par les prédications des apôtres de la religion nouvelle; ils ont adroitement provoqué les défiances jalouses du protestantisme; et, dès lors, les disciples de Ronge se sont vus réduits à l'impuissance de propager leurs doctrines.

L'apparition de Ronge a fait surgir une foule d'autres réformateurs. Lorsqu'il eut fait à Leipzig, au début de son apostolat, sa déclaration ou profession de foi, un grand nombre de dissidents la trouvèrent insuffisante. Un de ses plus ardents collaborateurs, Czersky, s'est séparé de lui à cette époque, parce qu'il professait une opinion différente sur quelques points spéciaux, notamment sur la divinité de Jésus-Christ. Depuis, Czersky s'est rapproché du protestantisme. Un autre réformateur, Wislicénus, pasteur luthérien, a voulu fonder une nouvelle Église. Il a trouvé que la réforme n'avait pas été poussée assez loin, et il a créé le néo-protestantisme, qui compte des adhérents dans plusieurs villes de la Prusse. Wislicénus est l'ennemi déclaré de toutes les sectes piétistes, mystiques, ou obscurantistes, qui ont pour adhérents avoués Hegstenberger et autres, de Berlin. Les disciples d'un certain Hermès ont aussi fait secte dans ces derniers temps, à la faveur du mouvement religieux que nous venons de signaler. Cet Hermès, mort professeur à l'université de Bonn, en 1831, avait publié de nombreux écrits, condamnés par un bref du pape le 26 septembre 1835. Selon lui, la philosophie doit fournir la démonstration de la vérité du christianisme. Un tel principe explique la sévérité de l'arrêt prononcé à Rome contre les ouvrages de ce réformateur religieux.

CHAPITRE II.

DOGMES, SACERDOCE, CULTE. — Monde spirituel. — Vie future. — Mystères, symboles, commandements. — Hiérarchie ecclésiastique. — Organisation du pouvoir papal. — L'Inquisition. — Édifices religieux. — Culte. — Collation des sacrements. — Fêtes.

Dieu, les anges, l'âme humaine. A quelque secte qu'ils appartiennent, tous les chrétiens définissent Dieu un esprit éternel, indépendant, immuable, infini, qui est présent partout, qui voit tout, qui peut tout, qui a créé toutes choses et qui les gouverne toutes. Ils le représentent environné d'un immense cortége d'êtres immatériels, soumis et obéissants à ses volontés, qu'ils désignent sous le nom générique d'anges. Ces anges sont divisés en trois classes ou hiérarchies. La première comprend les séraphins, les chérubins et les trônes; la seconde, les dominations, les vertus et les puissances; la dernière se compose des principautés, des archanges et des anges proprement dits. Tous ces purs esprits avaient été créés dans un état absolu de perfection et de sainteté; mais beaucoup d'entre eux, égarés par l'orgueil, se mirent en révolte contre l'Être suprême, qui les chassa du ciel et les confina dans un lieu de punition, où ils endurent des tourments qui n'auront pas de fin. On donne à ces anges déchus le nom de diables ou de démons, et celui de Satan à leur chef. Ils sont occupés sans cesse à tendre des piéges à l'âme dont le créateur a doté l'homme, afin de la faire tomber dans le mal et d'attirer sur elle les douleurs dont ils souffrent eux-mêmes. Les bons anges, au contraire, saint Michel à leur tête, veillent avec un soin attentif et constant au bien et au salut de cette âme, et c'est pour cela qu'on les appelle anges gardiens ou tutélaires. On voit que les chrétiens admettent l'immortalité de l'âme humaine. Selon eux, à la fin du monde (car cet univers doit périr), tous les hommes reprendront les corps qu'ils avaient de leur vivant sur la terre, et paraîtront au tribunal de Dieu, qui les jugera et les rémunèrera suivant leurs œuvres. Ce jugement, le dernier de tous, confirmera le jugement particulier que subit chaque homme au moment même où il quitte la vie.

Vie future. L'âme habite divers séjours à partir de sa séparation du corps. Elle est placée ou dans les limbes, ou dans le purgatoire, ou dans l'enfer, ou dans le paradis. Les limbes sont le lieu où vont les âmes des enfants morts sans baptême, lesquelles sont exclues pour toujours de la vue de Dieu. Selon la tradition, c'est aussi dans les limbes que les patriarches, les prophètes et les autres saints de l'ancienne loi attendaient la venue du Messie, qui devait leur ouvrir les portes du ciel : Jésus y descendit après sa mort, en tira ces vénérables personnages et les conduisit en triomphe avec lui dans la gloire éternelle. C'est dans le purgatoire qu'après avoir été séparés de leur enveloppe périssable, les âmes expient leurs péchés véniels, ou subissent la peine due aux péchés mortels pardonnés dont elles n'ont pas fait en cette vie une suffisante pénitence. Luther niait le purgatoire. La religion grecque le rejette pareillement ; mais elle suppose que les prières des vivants ont le pouvoir de soustraire les âmes coupables aux supplices de l'enfer, et de leur ouvrir directement l'accès de la béatitude céleste. D'après la croyance de l'Église romaine, les démons et les hommes réprouvés de Dieu sont dévorés dans l'enfer par un feu qui ne s'éteindra jamais. Les théologiens distinguent deux sortes de peines subies par les hôtes de ce lieu de désolation et de ténèbres. La première est la peine du *dam*, qui consiste dans la privation perpétuelle de la vue de Dieu ; la seconde est la peine des *sens*, qui résulte de la douloureuse impression que l'action du feu fait éprouver à l'âme. Le paradis est le ciel, l'asile des élus et des saints. C'est là que la religion promet à ces âmes de choix un bonheur parfait, sans limites, dans la contemplation de la divinité et dans la jouissance de l'ineffable harmonie produite par les instruments et les voix des anges innombrables, qui, sans intervalle et sans fin, célèbrent les louanges du Très-Haut.

Mystères, symboles, commandements. Indépendamment des points de doctrine que nous venons d'indiquer, le catholicisme admet encore les dogmes suivants, qu'il appelle les trois mystères fondamentaux de la religion, savoir : la trinité, l'incarnation et la rédemption. Le premier de ces mystères enseigne qu'il y a un seul Dieu en trois personnes, comprenant le père, le fils et le saint-esprit; le second mystère, que la nature divine s'est unie à la nature humaine dans le fils de Dieu, ou le Verbe, deuxième personne de la trinité; le troisième mystère, que Jésus est le rédempteur du genre humain, c'est-à-dire qu'il a racheté les péchés des hommes en mourant sur la croix pour les expier. Les sacrements de l'Église, qu'on appelle aussi mystères, probablement parce que, dans l'origine, on en faisait un secret, non seulement aux infidèles, mais encore aux catéchumènes eux-mêmes, ont pour effet, suivant les théologiens, d'effacer les péchés, de conférer la grâce divine, d'unir les fidèles entre eux par des signes indiquant qu'ils sont tous d'une même religion. Les sacrements sont au nombre de sept dans l'Église romaine : 1° le baptême, qui régénère les fidèles en Jésus-Christ, leur donne la vie spirituelle et les constitue enfants de Dieu et de l'Église; 2° la confirmation, qui leur infuse l'esprit-saint et les rend chrétiens parfaits; 3° l'eucharistie, qui contient réellement et en vérité le corps, le sang, l'âme de Jésus-Christ, sous les espèces du pain et du vin; 4° la pénitence, qui remet les péchés commis après le baptême; 5° l'extrême-onction, établie pour le soulagement spirituel et corporel des malades; 6° l'ordre, qui confère le pouvoir de remplir les fonctions ecclésiastiques et la grâce pour les exercer saintement; 7° le mariage, qui légitime et sanctifie la société de l'homme et de la femme.

Le sommaire des principales croyances imposées aux catholiques romains s'appelle symbole. Ce mot est grec et signifie emblème. Il faut donc chercher dans le symbole chrétien un autre sens que le sens littéral. Il est probable que le sens caché était communiqué, dans l'origine, au néophyte, soit graduellement, suivant le degré d'initiation auquel il était parvenu; soit en une fois, lorsqu'il avait atteint la limite où tous les voiles devaient s'écarter devant lui. Quoi qu'il en fût, on compte ordinairement trois symboles : celui des apôtres, plus connu sous le nom de *Credo;* celui de Nicée, arrêté au concile tenu dans cette ville en 325, sous le règne de Constantin; et enfin celui qu'on attribue à saint Athanase et qui daterait à peu près du même temps. A ces symboles qui tiennent particulièrement au dogme, l'Église catholique ajoute des prescriptions morales et des règles disciplinaires qui, à ses yeux également sont articles de foi et intéressent le salut. Les premières sont renfermées dans le Décalogue, ou les dix commandements de Dieu, dont nous avons donné le texte à l'article *judaïsme* (1). Voici en quoi consistent les secondes, qu'on désigne sous le titre de commandements de l'Église. Elles prescrivent à tous les fidèles : 1° l'observation du dimanche; 2° la sanctification des fêtes; 3° la confession annuelle; 4° la communion pascale; 5° les jeûnes des quatre temps, des vigiles et du carême; 6° l'abstinence du vendredi et du samedi. Les diverses communions protestantes et l'Église grecque rejettent, comme nous l'avons déjà dit, plusieurs des dogmes, des sacrements et des commandements de l'Église catholique.

Sacerdoce. Dans le catholicisme, le pape est le chef suprême de l'Église; les prélats en gouvernent chacun une portion déterminée; les curés, sous l'autorité des prélats, sont chargés du soin des paroisses; enfin les simples prêtres forment le dernier rang de la hiérarchie, et dépendent directement des curés. Certaines attributions ou fonctions ecclésiastiques établissent quelques autres distinctions encore parmi les membres du clergé. Ainsi, les conseillers du pape sont appelés cardinaux et qualifiés princes de l'Église. Ils sont divisés en trois ordres : les évêques, les prêtres et les diacres. Sixte-Quint en a fixé le nombre à soixante-dix, parmi lesquels on compte six évêques, cinquante prêtres et quatorze diacres. L'assemblée des cardinaux forme le sacré collége. Elle prend le nom de conclave, lorsqu'elle est saisie de l'élection d'un nouveau pape. On appelle légats les prélats envoyés par le souverain pontife pour présider en sa place aux conciles généraux, ceux qu'il délègue spécialement pour assembler les synodes et pour réformer la discipline, et les représentants perpétuels du saint-siége, établis dans les États étrangers, tels qu'étaient autrefois, en France, les archevêques d'Arles et de Reims. Les gouverneurs des provinces du domaine pontifical sont aussi des légats. Les ambassadeurs extraordinaires du pape près des cours de la chrétienté portent le titre de légats *à latere*. Un nonce est un prélat envoyé par le souverain pontife près d'un prince ou d'une nation catholique, ou qui assiste de sa part à quelque réunion de diplomates. Les dignitaires de l'Église que l'on nomme prélats comprennent les légats, dont nous venons d'indiquer les attributions, les archevêques et les évêques. L'archevêque est un prélat métropolitain, c'est-à-dire exerçant une autorité qui s'étend à toute une province, lequel a pour suffragants un certain nombre d'évêques. L'évêque est le surveillant et le chef d'un diocèse, ou circonscription ecclésiastique embrassant plusieurs paroisses. L'évêque *in partibus* (*infidelium* sous-entendu) est celui qui a le titre nominal d'un évêché situé dans les pays infidèles. Le coadjuteur est

---

(1) Voir page 246 de ce volume.

un prélat adjoint à un autre prélat pour l'aider à remplir les fonctions de sa charge, et qui est destiné à lui succéder. Des ecclésiastiques à qui l'on donne la qualification de vicaires occupent un poste analogue près des évêques et des curés. La hiérarchie catholique comprend en outre les chanoines, prêtres séculiers, qui forment le clergé d'une église cathédrale ou collégiale, et dont la réunion s'appelle chapitre ; les aumôniers, autres prêtres, qui officient dans les maisons des princes, dans les hospices, dans les colléges, dans les quartiers militaires; les diacres et les sous-diacres, qui, dans des occasions particulières, secondent les évêques et les simples prêtres. Indépendamment des ministres revêtus des ordres, le catholicisme admet encore des fonctionnaires laïques de divers degrés, tels que les marguillers, qui sont chargés des affaires temporelles d'une paroisse ; les chantres, qui, suivant l'expression de Boileau, « sont gagés par les cha-« noines pour louer Dieu en leur place; » les sacristains, qui ont la garde des vases et ornements sacrés; les bedeaux, qui veillent à la propreté et à la police du saint lieu.

Les Églises réformées sont administrées diversement, suivant les communions auxquelles elles appartiennent. Le luthéranisme et le calvinisme n'obéissent pas à un pouvoir central. Dans chaque pays, ils ont des consistoires composés du corps entier des pasteurs, des anciens et des diacres, auxquels est remis l'enseignement de la foi et le maintien de la discipline. Les ministres ou prêtres principaux, président à ces assemblées, et c'est à eux que revient le droit de prêcher, d'instruire, de conférer les sacrements, de censurer, de rappeler la paix dans les familles désunies, et de visiter les malades. Le ministère est à vie, et l'on ne peut déposer un pasteur que pour des crimes avérés. Dans la religion anglicane, il y a, outre les ministres dont nous parlons, des évêques, dont les fonctions répondent à celles des prélats catholiques. Les Grecs ont un pontife suprême, qu'on nomme patriarche, et qui reçoit l'épithète de *panagiotatos*, c'est-à-dire tout saint. Il a son siége à Constantinople. De lui dépendent les chefs de plusieurs sectes qui, sans être précisément hérétiques, diffèrent cependant sur quelques points de doctrine et de liturgie du sentiment et des formes de la mère-Église grecque. Tels sont les patriarches de Jérusalem, d'Alexandrie, d'Antioche; ceux des maronites, des nestoriens et des géorgiens. L'Église d'Arménie, indépendante de celle de Constantinople, compte quatre patriarches. Les grecs de Russie, ou roskolnicks, ont pour chef spirituel le czar, depuis que Pierre-le-Grand réunit dans ses mains le pouvoir religieux et le pouvoir politique. Auparavant, ils étaient gouvernés par un patriarche qui ne relevait que de lui seul. Un des principaux officiers de l'Église grecque est le lecteur; son emploi consiste à lire la sainte écriture au peuple les jours de grandes fêtes. On donne le nom de popes aux prêtres de l'ordre inférieur.

Les ministres ordinaires du culte catholique, dont nous avons énuméré plus haut les titres et les fonctions, forment ce qu'on appelle le clergé séculier, c'est-à-dire le clergé qui appartient au siècle, qui vit dans le monde, mêlé aux laïques. Il y a en outre le clergé régulier, composé de personnes des deux sexes, qui se sont engagées à mener une vie retirée, dans les cloîtres de quelques-uns des ordres religieux approuvés par l'Église, et à se séquestrer par conséquent de la société profane. Il y avait autrefois un grand nombre de ces ordres, parmi lesquels nous citerons les carmes, les cordeliers, les augustins, les bernardins, les chartreux, les trappistes, les camaldules, les dominicains, les bénédictins, les oratoriens, etc. Aujourd'hui, la plupart ont cessé d'exister. Il n'y a dans l'Église grecque qu'un seul ordre de moines : c'est celui de saint Basile; toutefois cet ordre est prodigieusement étendu, et l'on ne compte pas moins de six mille basiliens sur le mont Athos seulement. Le protestantisme a, dans quelques pays, dans le Nord particulièrement, conservé l'institution de la vie monastique, mais il a complètement aboli les vœux, et il a réservé aux reclus la liberté de rentrer dans le monde dès qu'ils en éprouvent le désir.

Organisation du pouvoir papal. Le sacré collége se nomme consistoire lorsqu'il fonctionne comme conseil du pape et qu'il s'occupe des affaires, soit civiles, soit ecclésiastiques, qui importent à la cour de Rome. Suivant l'occasion, le consistoire est public, secret ou demi-secret. Le consistoire public se tient avec solennité dans la grande salle du palais apostolique, sous la présidence du pape revêtu de ses ornements pontificaux, la mitre en tête et assis sur son trône. Le consistoire secret est aussi présidé par le pape, mais le pontife y paraît avec ses habits ordinaires. C'est là que l'on propose les évêchés, que l'on préconise les évêques et que l'on expédie les autres affaires du même genre. Dans le consistoire demi-secret, on traite des intérêts temporels du souverain pontife, de ses différends avec les puissances, et l'on y discute les canonisations des saints. Le temporel du saint-siège, ce qui a rapport aux finances spécialement, est du ressort de la chambre apostolique. Cette chambre est présidée par le cardinal-camerlingue, principal dignitaire du saint-siége, qui remplit également les fonctions de chancelier, fait administrer la justice, et, pendant la vacance du trône papal, exerce tous les actes de la souveraineté. C'est de lui que dépend directement le tribunal de la rote, juridiction ecclésiastique établie pour juger, en cas d'appel, les contestations en matière bénéficiale et patrimoniale, qui s'élèvent dans les pays catholiques où il n'y a point d'indult, c'est-à-dire où les rois n'ont pas le pouvoir, conféré par les papes, de nommer personnellement aux bénéfices.

Ce tribunal connaît aussi de tous les procès de l'État ecclésiastique, d'une importance supérieure à cinq cents écus romains. Indépendamment des corps dont nous venons de parler, il existe encore plusieurs agrégations de cardinaux, qui ont pour but le maintien de la foi ou de la discipline. Ces assemblées portent le nom commun de congrégations, avec un titre particulier qui indique les attributions dont elles sont spécialement investies. Ainsi, par exemple, il y a la congrégation de l'index, qui a pour mission de rechercher et de condamner les livres pernicieux ; la congrégation de la propagande, qui pourvoit à la propagation des croyances catholiques ; la congrégation des rites, qui a pour objet de régler tous les points liturgiques qui peuvent faire question, et de rétablir l'unité des cérémonies religieuses, lorsqu'elle a été violée, etc.

Mais la plus importante est celle qu'on appelle la congrégation du saint-office, et plus communément l'inquisition. Cette juridiction, dont nous avons précédemment rapporté l'origine (1), avait été introduite dès le principe dans plusieurs royaumes : en Espagne, en Portugal, à Naples, à Venise, et même en France ; mais les excès et les crimes des inquisiteurs ont, de toute part, soulevé contre leur tribunal l'animadversion publique, devant laquelle enfin il a fallu qu'il tombât. Si, de nos jours encore, l'inquisition existe à Rome, ce n'est que d'une manière purement nominale.

C'est en Espagne que l'inquisition a déployé ses plus détestables fureurs. Pendant trois siècles, elle y a été toute-puissante. Tout tremblait devant elle, et ni le rang, ni les vertus, ni la piété la plus austère, ne pouvaient mettre à l'abri de ses coups redoutables. Dans les procédures portées devant ce tribunal, on distinguait quatre chefs principaux d'accusation : 1° l'hérésie, le soupçon d'hérésie, la protection accordée à l'hérésie ; 2° la magie noire, les maléfices, les sortiléges et les enchantements ; 3° le blasphème ; 4° les injures faites à l'inquisition, à quelqu'un de ses membres ou de ses officiers, la moindre résistance à l'exécution de ses ordres. Pour tirer des aveux des accusés, on les soumettait à la question. Il y avait trois manières d'appliquer ce supplice : par la corde, par l'eau, par le feu. Dans le premier cas, on liait derrière le dos les mains du patient avec une corde passée dans une poulie fixée à la voûte ; on l'élevait en l'air, et, après l'avoir tenu quelque temps suspendu à une grande hauteur, on le laissait retomber à un demi-pied de distance de la terre. Cette terrible secousse disloquait tous les membres de la victime, et la corde qui lui ceignait les poignets pénétrait dans ses chairs jusqu'aux nerfs. Si cette torture ne suffisait pas, on employait celle de l'eau. On faisait avaler une grande quantité de ce liquide à

---

(1) Voir page 280 de ce volume.

AUTO-DA-FÉ EN ESPAGNE.

Publié par Pagnerre

l'accusé, qu'on étendait ensuite sur une espèce de chevalet de bois en forme de gouttière, lequel, lui comprimant fortement l'estomac et l'abdomen, lui causait les plus intolérables douleurs. Mais la torture du feu était encore plus cruelle. On frottait de lard la plante des pieds de l'accusé, et on la dirigeait du côté d'un feu vif qui la lui brûlait avec d'horribles souffrances. On laissait le malheureux dans cette situation jusqu'à ce qu'il eût fait les aveux qu'on attendait de lui. La durée de ces tourments excédait quelquefois une heure, et jamais elle n'était moindre.

Avant leur exécution, les condamnés étaient obligés de faire une déclaration publique de croyances orthodoxes ; ce qui avait fait appeler l'accomplissement de leur supplice *auto da fé*, acte de foi. Le saint-office célébrait deux sortes d'auto da fé, les auto da fé particuliers et les auto da fé généraux. Les premiers avaient lieu plusieurs fois par année, à des époques fixes, telles que le dernier vendredi de carême et autres jours déterminés par les inquisiteurs. Les exécutions générales se présentaient plus rarement ; on en réservait le spectacle pour les grandes occasions. Un mois avant le jour fixé pour l'auto da fé général, on dressait, sur la plus grande place de la ville, un théâtre de cinquante pieds de long, élevé, quand l'auto da fé avait lieu dans la capitale, jusqu'à la hauteur du balcon du roi. La cérémonie commençait par une procession formée de charbonniers, de dominicains et de familiers du saint-office. Cette procession partait de l'église et se rendait sur la grande place ; elle s'en retournait après avoir planté près de l'autel une croix verte entourée d'un crêpe noir et l'étendard de l'inquisition. Les dominicains seuls restaient sur l'estrade et passaient une partie de la nuit à psalmodier et à célébrer des messes. A sept heures du matin, le roi, la reine et toute la cour paraissaient sur le balcon. A huit heures, la procession sortait du palais de l'inquisition et se dirigeait vers le lieu de la cérémonie dans l'ordre suivant : 1° cent charbonniers armés de piques et de mousquets, lesquels avaient le droit de figurer dans la procession, parce qu'ils fournissaient le bois destiné à brûler les hérétiques ; 2° les dominicains, précédés d'une croix blanche ; 3° l'étendard de l'inquisition, porté par le duc de Médina-Céli, suivant le privilége de sa famille ; 4° les grands d'Espagne et les familiers de l'inquisition ; 5° toutes les victimes, sans distinction de sexe, marchant dans l'ordre des peines plus ou moins sévères qui avaient été prononcées contre elles. Celles qui n'étaient condamnées qu'à de légères pénitences occupaient le premier rang, la tête et les pieds nus, et revêtues d'un *san benito*, espèce de chemise de toile, avec une grande croix de saint André, de couleur jaune, sur la poitrine, et une croix semblable sur le dos. Après cette classe, s'avançaient les condamnés au fouet, aux galères et à l'emprisonnement. Puis venaient ceux qui, ayant évité le feu en faisant des aveux après leur jugement, avaient mérité la faveur d'être étranglés seulement. Ceux-ci portaient un san bénito sur lequel étaient peints des diables et des flammes renversées, et leur tête était coiffée d'un bonnet de carton, appelé *coroza*, haut de trois pieds, et peint comme le san bénito. Les condamnés destinés à être brûlés vifs fermaient la marche. Ils étaient vêtus comme les précédents, avec cette différence que les flammes peintes sur leur san bénito étaient dans la direction ascendante. Souvent, parmi ces malheureux, on en voyait à qui on avait mis un bâillon, sans doute pour leur ôter les moyens de protester à la face du peuple contre l'iniquité de leur condamnation. Tous avaient à la main un cierge de cire jaune. Ceux qui devaient mourir étaient accompagnés de deux religieux et de deux familiers. Après les victimes vivantes, venaient les images en carton des condamnés au feu, morts avant l'auto da fé. Leurs ossements suivaient, portés dans des coffres.

Un prêtre commençait l'office divin dès que la procession était arrivée sur le lieu de la cérémonie. Le grand-inquisiteur interrompait l'officiant à l'évangile, et, s'approchant du balcon où était le roi, il faisait prêter au monarque le serment par lequel les souverains de l'Espagne s'obligeaient à protéger la foi catholique et à extirper les hérésies. Le roi, debout, la tête nue, jurait d'accomplir ces devoirs sacrés, et le même serment était répété par toute l'assemblée. Alors un dominicain montait dans une chaire qu'on avait placée à cet effet sur l'estrade, et faisait un sermon contre les hérésies. Ce sermon achevé, le relateur du saint-office lisait les sentences aux condamnés, qui les entendaient à genoux, dans les cages où ils étaient renfermés. Ensuite, le grand-inquisiteur quittait son siége et prononçait l'absolution de ceux qui étaient réconciliés. Quant aux infortunés qui devaient être exécutés, on les livrait au bras séculier. Ils étaient placés sur des ânes et conduits au *quemadero*, c'est-à-dire au lieu du supplice. Là se trouvaient autant de bûchers qu'il y avait de victimes. On brûlait premièrement les images figurées et les ossements des morts; puis les condamnés, qu'on attachait successivement aux poteaux élevés au centre des bûchers. La seule grâce qu'on leur fît consistait à les étrangler avant de les livrer aux flammes; mais il fallait pour cela qu'ils eussent spontanément déclaré vouloir « mourir en bons chrétiens. » Il résulte d'un relevé de M. Llorente, dernier greffier de l'inquisition, que, dans les trois cent vingt huit années de son existence, ce tribunal féroce a fait brûler vifs trente-quatre mille six cent cinquante-huit hérétiques ou présumés tels; qu'il en a fait brûler en effigie dix-huit mille quarante-neuf, et qu'il en a condamné aux galères et à l'emprisonnement deux cent quatre-vingt-huit mille deux cent quatorze!

Édifices religieux. Dans les premiers temps du christianisme, l'édifice où s'assemblaient les fidèles était isolé de tout bâtiment profane. D'abord, on rencontrait un portail ou premier vestibule, qui donnait accès dans un péristyle, c'est-à-dire dans une cour carrée environnée de galeries couvertes. Une ou plusieurs fontaines, destinées aux ablutions, s'élevaient au milieu de la cour. A l'extrémité était un double vestibule, d'où l'on entrait par trois portes dans la salle ou basilique, qui était le corps de l'église. En dehors et près de la basilique, il y avait au moins deux bâtiments : le baptistère, à l'entrée, au fond, la sacristie ou le trésor. Souvent, tout autour de l'église, on disposait des chambres ou cellules pour les fidèles qui voulaient méditer et prier en particulier. La largeur de la basilique était divisée en trois parties ; deux rangs de colonnes soutenaient une galerie de chaque côté ; le milieu était la nef. Vers le fond, à l'orient, se trouvait le presbytère ou sanctuaire, dont le plan demi-circulaire enfermait l'autel. La partie supérieure était voûtée en forme de niche ; on l'appelait *concha*, coquille. L'arcade qui en faisait l'ouverture était l'abside, ainsi nommée d'un terme d'astronomie qui désigne la situation du soleil lorsqu'il occupe le point le plus éloigné ou le point le plus rapproché de la terre. L'autel était ceint par devant d'une balustrade à jour, hors de laquelle était un autre retranchement où se plaçaient les chantres. Cet espace se nommait le chœur, du grec *choros*, lieu où l'on chante, où l'on danse, où l'on se réjouit, parce qu'en effet on y exécutait habituellement des danses religieuses, mêlées aux hymnes d'actions de grâces. A l'entrée du chœur, était l'ambon, tribune élevée qui servait aux lectures publiques. L'autel, table de marbre, de porphyre ou de métal, demeurait nu, excepté pendant le sacrifice. Dans la suite, on dressa aux quatre angles un nombre égal de colonnes, soutenant au-dessus une espèce de tabernacle qui le couvrait tout entier, et auquel on donnait le nom de ciboire, parce qu'il avait la forme d'une coupe renversée. L'introduction de l'architecture gothique apporta de notables changements à l'aspect extérieur des églises ; mais, dans l'intérieur, les principales dispositions que nous venons de retracer ont été conservées. Les églises des Grecs formaient ordinairement un rectangle régulier ; le chœur en était toujours tourné vers l'orient. On voit encore quelques-uns de ces anciens édifices qui ont deux nefs, dont la voûte s'arrondit en berceau ; plusieurs sont surmontés de dômes. Les églises des monastères basiliens se dressent au milieu d'une vaste cour, et sont environnées des cellules des moines. Les arméniens divisent les leurs en quatre parties : le sanctuaire, le chœur, le côté des hommes et le côté des femmes. On n'y trouve qu'un seul autel, et la chaire n'y figure que lorsqu'un pope vient y prononcer un sermon. Les temples du calvinisme et de quelques autres sectes protestantes consistent le plus ordinairement en une salle garnie seulement d'une chaire qui en occupe le milieu, et du haut de laquelle le pasteur adresse ses instructions aux fidèles. On y voit aussi un autel destiné aux baptêmes, et qui est placé dans le fond, vers cette partie de l'édifice qui forme le chœur dans les églises catholiques.

Culte. Dans la primitive Église, la liturgie était d'une grande simplicité. On offrait le sacrifice du pain et du vin le dimanche, le vendredi et le mercredi, aux fêtes des martyrs, aux jours de jeûnes, et à d'autres époques encore, suivant la coutume de chaque paroisse. Le soir, les chrétiens se réunissaient dans les églises et y commémoraient, par de pieux festins, la cène de Jésus-Christ. Les riches pourvoyaient à la dépense. Après le repas, on communiait. Mais les abus qui, du temps même de saint Paul, s'étaient introduits dans ces assemblées, obligèrent cet apôtre à renvoyer le festin après la célébration des mystères. Le scandale subsista cependant, et, dans la suite, les évêques crurent devoir abolir tout à fait un usage louable dans son principe, mais qui entraînait trop souvent des excès pareils à ceux dont étaient souillées les orgies et les bacchanales du paganisme.

Peu à peu, les cérémonies du culte se sont multipliées et ont été entourées d'une plus grande solennité. Voici en quoi elles consistent de nos jours dans l'Église catholique. La première et la plus importante pratique est la prière. Le chrétien prélude à cet acte religieux en portant la main successivement au front, à la poitrine, à l'épaule gauche et à l'épaule droite, pendant qu'il récite cette formule : « Aux noms du Père, du Fils et du Saint-Esprit. Ainsi soit-il. » C'est ce qu'on appelle le signe de la croix. On distingue, parmi les prières, l'oraison vocale, qui se fait de bouche; l'oraison jaculatoire, qui a lieu mentalement et par des élans de l'âme vers Dieu, et l'oraison passive ou de quiétude, qui est un acte de foi par lequel on se place en présence de Dieu. L'oraison dominicale, ou le *Pater noster*, est une prière que Jésus, dit-on, a composée et laissée à ses disciples. Les prières de quarante heures sont les plus solennelles de toutes; elles ont pour but principal d'apaiser la colère du ciel, et sont précédées et suivies d'une procession. Les vêpres se chantent le soir, les jours de fêtes et les dimanches. L'*Angelus* a pour objet de solliciter la protection spéciale de la vierge. Le *Benedicite* est l'oraison que l'on dit avant le repas; les grâces, celle que l'on dit avant de quitter la table. L'office divin, ou l'ensemble des prières que le prêtre récite à l'église avec le concours des fidèles, se divise en huit parties ou heures, distribuées ainsi qu'il suit : matines, pour la nuit; laudes, pour le commencement du jour; prime, tierce, sexte, none, pour le jour; vêpres, pour le soir; et complies, pour l'entrée de la nuit. L'office de la vierge comprend certaines prières destinées à honorer la mère du Sauveur. On appelle office

AGAPE DES PREMIERS CHRÉTIENS

des morts les prières qui se disent dans l'église pour le repos des âmes des personnes décédées. Après les prières, viennent les jeûnes. On en compte quatre solennels, que l'on désigne sous le nom de quatre-temps. Chacun de ces jeûnes a une durée de trois jours. On les observe en mars, en juin, en septembre et en décembre. Outre les quatre-temps, il y a une période d'abstinence et de jeûnes, le carême, par laquelle les chrétiens se préparent à célébrer la fête de pâques, et qui doit son nom au nombre de quarante jours dont elle est composée. Pendant cette période, certains aliments, tels que la chair des animaux, les œufs, etc., sont interdits aux fidèles. La même abstinence doit être observée le vendredi et le samedi de chaque semaine, même hors le temps de carême. La messe est l'acte liturgique le plus élevé et le plus saint de tout le catholicisme. C'est, selon cette religion, l'image emblématique du sacrifice de Jésus-Christ, de son immolation volontaire, lorsqu'il s'est offert en victime à son père pour expier les péchés des hommes. Le pain employé dans cette cérémonie représente le corps du Sauveur; le vin représente son sang. La messe se célèbre avec plus ou moins d'éclat et de pompe. On distingue la messe basse ou petite messe, que tout prêtre dit les jours ordinaires, et la grand'messe ou messe solennelle, qui est célébrée les dimanches et fêtes par le curé ou par le vicaire, assisté d'un diacre ou d'un sous-diacre. Il y a aussi la messe des morts pour le repos des âmes des fidèles défunts, et enfin la messe sèche, qui se dit à bord des navires pendant une traversée. Dans cette occasion, le prêtre ne se sert point du calice, de peur que l'agitation du vaisseau ne fasse répandre le vin consacré. C'est de cette particularité que la messe sèche tire son nom.

Les luthériens ont conservé de la liturgie romaine les cérémonies de la messe, mais ils les ont considérablement modifiées. Au reste, chaque pays a son rituel particulier; et il n'existe sur ce point, parmi les réformés de la confession d'Augsbourg, aucune conformité de cérémonial. Dans les églises luthériennes, le prêche est toujours suivi de prières que l'on adresse en commun à Dieu pour les malades, les femmes en couches, les voyageurs, etc. On y chante aussi des litanies qui ont pour objet Dieu et Jésus-Christ. Dans l'Église grecque, on célèbre la messe; mais le cérémonial en diffère beaucoup de celui qui est usité parmi les catholiques romains. A l'entrée du sanctuaire, à gauche, est la prothèse, petit autel qui sert à préparer le sacrifice qu'on doit offrir sur le grand autel. Le prêtre, revêtu de ses habits sacerdotaux et accompagné d'un diacre, se rend près de ce petit autel. Le diacre y dépose le pain et le vin avec le calice et la patène (1). Le prêtre prend le

---

(1) On sait que la patène est une sorte de petit plateau ordinairement en vermeil, et que le calice est un vase de même métal, qui, dans la forme, a de la ressemblance avec un verre à pied.

pain et le perce en croix en plusieurs places avec un couteau, en récitant divers passages de l'Écriture, qui ont trait à la passion de Jésus-Christ. Le diacre met ensuite dans le calice le vin et l'eau, puis le prêtre prend tour à tour plusieurs autres pains qu'il élève au-dessus de sa tête et qu'il pose à côté du premier. Ces pains sont consacrés à la vierge, aux saints, à l'évêque, aux fondateurs de l'église et à toutes les personnes vivantes ou mortes qui sont recommandées au saint sacrifice. Cette consécration est suivie de prières et d'encensements, après l'accomplissement desquels on transporte les espèces, c'est-à-dire les saints dons, de la prothèse au grand autel; et cette translation se fait avec beaucoup de pompe. Ce n'est qu'après cela que commencent les cérémonies de la messe. Les Grecs ont dans l'année quatre grands jeûnes, dont trois sont aussi longs que le carême des catholiques, sans compter une foule d'autres jeûnes de moindre durée. Dans ces jours d'abstinence, il est interdit à leurs prêtres de consacrer les espèces; aussi disent-ils la messe avec des hosties précédemment sanctifiées.

Collation des sacrements. Il y a trois manières de baptiser : par immersion, par aspersion et par infusion. L'infusion, qui consiste à verser de l'eau sur quelque partie du corps de l'enfant, est le mode employé aujourd'hui pour le baptême dans l'Église catholique. Dans l'Église grecque, le baptême se confère par immersion, c'est-à-dire que l'on plonge dans l'eau le sujet que l'on baptise. Les anabaptistes, sectaires luthériens, ainsi appelés parce qu'ils condamnaient le baptême des enfants et qu'ils rebaptisaient ceux des nouveaux convertis qui avaient été baptisés à cet âge, ne reçoivent ce sacrement que lorsqu'ils sont adultes. Chez eux, le baptême s'opère tantôt par aspersion, tantôt par immersion; cette dernière méthode est cependant la plus généralement suivie. Le baptême a lieu dans les rivières, dans des bassins creusés exprès; et, pour rappeler l'innocence des temps primitifs, les catéchumènes se plongent tout nus dans l'eau. Les cérémonies de la confirmation, que, dans le catholicisme, les évêques seuls ont le droit de conférer, sont l'imposition des mains, l'onction sur le front du fidèle, accompagnée de cette formule : « Je te marque du signe de la croix et je te confirme avec le chrême (1) du salut. » Quelques luthériens ont adopté l'usage de la confirmation, mais ils n'y emploient point de chrême. Les Grecs confirment en même temps qu'ils baptisent; ils font des onctions avec le chrême sur les organes des cinq sens, sur le front et sur la poitrine.

Dans l'Église catholique, le prêtre seul a le pouvoir de consacrer l'eucha-

---

(1) Le chrême se compose d'huile et de baume bénits, lorsqu'il doit servir pour le baptême, la confirmation et l'ordre; il se compose d'huile seulement lorsqu'il est employé à donner l'extrême-onction.

BAPTÊME DES ANABAPTISTES

ristie. Il faut être à jeun pour se présenter à la communion, et l'Église ordonne qu'un chrétien communie au moins une fois l'an dans sa paroisse. On appelle viatique la communion que l'on donne aux agonisants. La confession auriculaire est la seule qui soit en usage aujourd'hui dans le catholicisme. Pour l'entendre, le prêtre se place dans une espèce de cellule de bois qu'on nomme confessionnal. Là, une petite grille le sépare du pénitent, qui, à genoux, confesse ses péchés. Le prêtre lui accorde ou lui refuse l'absolution, après lui avoir imposé une pénitence proportionnée aux fautes qu'il a commises. Dans quelques parties de l'Allemagne, les luthériens pratiquent ce mode singulier de confession : le ministre lit à haute voix une formule à des pénitents rassemblés autour de lui ; après la lecture, il demande aux assistants s'ils se reconnaissent coupables des péchés qu'il vient d'énumérer ; et, sur leur réponse affirmative, il leur donne une absolution générale. Parmi les catholiques romains, les cérémonies de l'extrême-onction consistent dans les onctions que le prêtre fait sur les organes des cinq sens du malade, avec de l'huile d'olive, bénite par un évêque. Pendant la cérémonie, le prêtre prononce ces paroles : « Que Dieu, par cette onction de l'huile sacrée et par sa très sainte miséricorde, vous pardonne les péchés que vous avez commis par la vue, par l'ouïe, par l'odorat, etc. » L'Église grecque désigne l'extrême-onction sous le nom d'*euchélaïon*, qui signifie huile de prière. Elle exige que ce sacrement soit administré par trois prêtres réunis. Les Arméniens ne le donnent qu'aux morts.

A l'évêque seul appartient le droit de conférer le sacrement de l'ordre. Dans la cérémonie à laquelle donne lieu cette collation, l'évêque et les les prêtres assistants posent les deux mains sur la tête de l'ordinant et récitent en sa faveur les prières d'usage. Ensuite l'évêque le décore des ornements du sacerdoce, lui consacre les mains avec l'huile des catéchumènes, et, après lui avoir présenté le calice plein de vin et la patène avec le pain, il lui remet le pouvoir de consacrer à son tour. Il n'y a rien de particulier dans l'ordination des prêtres de l'Église grecque, si ce n'est que le protopapas, ou archi-prêtre, et celui qui tient le premier rang après lui, font faire au candidat trois fois le tour de l'autel en chantant l'hymne des martyrs. Ces prêtres, à la différence des membres du clergé romain, peuvent se marier ; mais il leur est interdit de contracter de secondes noces. La réception d'un ministre luthérien est entourée de quelque solennité, malgré la simplicité ordinaire des pratiques des cultes réformés. Après avoir justifié de la pureté de ses mœurs et de sa doctrine, et subi avec succès diverses épreuves de prédication, le postulant est admis à l'ordination. Au jour marqué, les pasteurs, les juges ecclésiastiques et le peuple se réunissent dans l'église. La cérémonie commence par un prêche, après lequel toute l'assemblée adresse une prière au Saint-Esprit en faveur du candidat. Le surintendant, sorte d'évêque du luthéranisme, s'approche de l'autel, assisté de six autres ministres. Ceux-ci d'abord, et lui ensuite, imposent les mains au récipiendaire, qui se tient à genoux ; puis le surintendant dit au nouveau ministre : « Nous avons prié le Saint-Esprit qu'il répandît sur vous sa lumière et ses dons ; nous osons espérer que nos vœux ont été entendus. C'est pourquoi je vous ordonne, je vous confirme, je vous établis, au nom de Dieu, pasteur et conducteur des âmes. » Ensuite le pasteur qui a fait le prêche administre la communion à son nouveau confrère. On chante des cantiques et des actions de grâces, et chacun se retire.

Le dernier sacrement, celui du mariage, se confère comme il suit parmi les catholiques. Les époux vont à l'église et se présentent au prêtre, debout devant l'autel ; le prêtre bénit un anneau et une médaille qu'on appelle pièce de mariage ; le mari remet la médaille à sa femme et lui passe l'anneau au quatrième doigt de la main gauche, après quoi tous deux se prennent la main droite. Le prêtre leur demande s'ils consentent à s'épouser ; et, sur leur réponse affirmative, il leur donne la bénédiction nuptiale ; puis il commence la messe. A la partie de l'office qu'on nomme l'offertoire, les deux époux, tenant chacun un cierge à la main, se rendent à l'offrande. Le prêtre interrompt ensuite le sacrifice pour leur donner une seconde bénédiction ; mais cette formalité n'a pas lieu quand la mariée est déjà veuve d'un premier mari. Parmi les Grecs, les futurs époux se placent, à la fin de la messe, en face du prêtre, le mari vers la droite, la femme vers la gauche ; le prêtre fait sur eux plusieurs signes de croix, leur met à chacun un cierge allumé dans les mains, les encense, et, prenant deux anneaux, l'un d'or, l'autre d'argent, qui se trouvaient sur l'autel, il remet le premier au mari et le second à la femme ; puis il dit à trois reprises : « Je vous unis, serviteur et servante de Dieu, aux noms du Père, du Fils et du Saint-Esprit. Ainsi soit-il. » Ensuite il reprend les anneaux, avec lesquels il fait des signes de croix sur la tête des nouveaux mariés, et il termine la cérémonie en donnant au mari l'anneau de la femme et à la femme l'anneau du mari. Dans l'Abyssinie, la bénédiction nuptiale se confère à la porte de l'église. Les prêtres et les diacres ont seuls le privilége de se marier dans l'intérieur. Les cérémonies nuptiales des luthériens sont d'une grande simplicité. Le ministre demande aux fiancés s'ils consentent à s'unir l'un à l'autre. Ils répondent affirmativement, se prennent la main, et accomplissent la cérémonie de l'anneau. Cela fait, le ministre annonce que, du consentement des deux futurs, il les déclare mariés. Cette proclamation est suivie de la lecture de quelques passages de la Bible, relatifs au mariage, et d'une prière pour les nouveaux époux.

Il y a encore une cérémonie qui, bien qu'elle ne figure pas au nombre des sacrements, peut en être considérée comme le complément et la fin ; c'est la cérémonie des funérailles. Dans l'Église catholique, lorsqu'une personne meurt, les cloches de la paroisse annoncent aussitôt ce triste évènement. Un prêtre se transporte à la maison mortuaire, et récite à côté du défunt diverses prières pour le repos de son âme. Au temps marqué, le clergé, précédé de la croix et du bénitier, vient enlever le corps. Enseveli et enfermé dans une bière couverte d'un drap noir, ce corps est exposé pendant quelques instants sur le seuil de la porte extérieure de la maison, pour que les personnes pieuses qui viennent à passer prient pour lui et l'arrosent d'eau bénite. Lorsque le cercueil est arrivé à l'église, la messe des morts commence ; puis le célébrant se transporte auprès de la dépouille inanimée, en fait plusieurs fois le tour en l'aspergeant d'eau lustrale et en récitant les prières consacrées ; et le convoi funèbre se dirige vers le champ du repos où, avant de descendre la bière dans la fosse qui a été creusée pour le recevoir, le clergé récite encore quelques prières d'adieu. Dans plusieurs contrées luthériennes d'Allemagne, on ouvre la bière au moment où l'on s'apprête à la déposer dans la tombe, et l'on examine le cadavre pour s'assurer qu'il ne donne plus aucun signe de vie. En Danemark, le ministre luthérien apostrophe le corps du défunt. Il dit, en jetant de la terre sur lui : « Tu es né de la terre. » Il jette de la terre une seconde fois, et reprend : « Tu redeviendras terre ; » et enfin, il en jette une dernière fois et ajoute : « Tu ressusciteras de la terre. » Les pratiques funéraires des Grecs offrent beaucoup de ressemblance avec celles des catholiques romains ; elles en diffèrent par une plus grande solennité et par les lamentations affectées des assistants. Des femmes même font métier de pleurer aux enterrements : les cheveux épars, les vêtements en désordre, elles suivent le corps jusqu'au cimetière et donnent des marques du plus violent désespoir.

Fêtes. En tête des fêtes du christianisme, il faut placer le dimanche, institué en mémoire de la résurrection du Sauveur, comme le sabbat parmi les juifs, était destiné à honorer le jour où le Créateur se reposa. Les autres fêtes sont de plusieurs sortes : il y en a, suivant l'expression des rituels, de mobiles, de doubles, de semi-doubles et de simples ; toute la différence tient au plus ou moins de solennité avec laquelle elles sont célébrées. Les fêtes mobiles sont ainsi nommées parce que, dépendant de la fête de Pâques, elles sont tantôt reculées, tantôt avancées, selon l'époque à laquelle tombe cette fête, qui a lieu le dimanche qui suit immédiatement le quatorzième jour de la lune de mars. Les fêtes doubles, qui comprennent toutes les fêtes mobiles, ont reçu ce nom parce qu'on y double les antiennes et que l'office y est plus complet qu'aux jours des fêtes simples ou semi-doubles. Les principales fêtes de l'Église catholique comprennent la pâque, qui est la plus solennelle et qui est consacrée à perpétuer le souvenir de la résurrection de Jésus-Christ; la Pentecôte, qui arrive cinquante jours après Pâques et qui rappelle le jour où le Saint-Esprit descendit sur les apôtres; Noël, ou la nativité de Jésus-Christ; l'Ascension, où l'on commémore le retour de Jésus vers son père; l'Assomption, anniversaire de l'ascension de la vierge dans le ciel; la Fête-Dieu, instituée en 1264 par Urbain IV, pour honorer particulièrement le rédempteur dans le saint sacrement de l'autel; l'Annonciation, établie en mémoire du message de l'ange Gabriel près de la Vierge; la Toussaint, en l'honneur des morts; la Transfiguration, qui se rattache au souvenir de la transfiguration de Jésus sur le mont Thabor; l'Épiphanie, qui fait allusion à l'adoration des mages; la Nativité de la vierge; celle de saint Jean-Baptiste; la Purification, instituée en l'honneur de la mère du Christ; les Rogations, fêtes qui durent trois jours, pendant lesquels on fait des prières et des processions publiques pour les biens de la terre, etc., etc. Les luthériens ont conservé les fêtes de Pâques et de Noël. Dans l'ancienne Église grecque, on célébrait le six janvier la naissance de Jésus-Christ, l'adoration des mages, le baptême du Sauveur et le miracle des noces de Cana; on appelait cette fête théophanie ou fête des lumières. On doit mettre aussi au nombre des fêtes principales et des grandes solennités du catholicisme le jubilé, qui se célèbre à Rome tous les vingt-cinq ans, et dont l'institution peut être reportée à l'année 1300. Le pape Boniface fit publier à cette époque une bulle qui portait que les fidèles qui visiteraient, en l'année 1300 et tous les cent ans ensuite, les basiliques de saint Pierre et de saint Paul, après s'être confessés de leurs péchés, gagneraient une indulgence plénière; mais dans cette bulle il n'était pas fait mention du jubilé. Le pape Clément VI donna le premier, à cette institution, le nom de jubilé et en abrégea le terme; il ordonna que la solennité se répéterait tous les cinquante ans. Sixte IV et Paul II en ont fixé le retour périodique à vingt-cinq ans; ce qui n'empêche pas que chaque pape, comme l'a fait récemment Pie IX, ne célèbre l'année de son exaltation au pontificat par un jubilé universel. Les luthériens ont aussi leur jubilé, en l'honneur de la réforme. Cette fête commémorative, qui date de l'an 1617, revient tous les cent ans et dure ordinairement plusieurs jours.

Conclusion. Tels sont les traits généraux de la religion chrétienne. On voit que cette religion n'a fait que revêtir d'une apparence nouvelle des dogmes, des principes, des rites, une organisation, beaucoup plus anciens. On dit qu'elle a initié l'homme aux idées d'égalité et de liberté, sources du progrès moderne : c'est une erreur. Bien avant elle, le bouddhaïsme avait décrété l'abolition des castes et la fraternité humaine. Loin aussi d'avoir proclamé le droit à la liberté, elle commande la soumission absolue de l'esprit : or, enchaîner l'intelligence, ce n'est pas affranchir le corps; c'est les enserrer l'un et l'autre dans les mêmes liens. Mais ce n'est pas tout : en prescrivant à l'homme qui a été frappé sur la joue droite de présenter la gauche à l'agresseur, elle interdit la résistance à toute violence, à toute tyrannie; elle tend à détruire le germe de tout sentiment de dignité personnelle. Déjà nous l'avons dit ailleurs : ces vices de sa doctrine n'ont été paralysés, en Europe, que par la puissante influence des traditions et des mœurs nées du druidisme; on peut remarquer, en effet, à quel état d'ignorance et d'abjection elle rive ses sectateurs dans toutes les contrées de l'orient, où elle ne s'est pas trouvée placée dans d'aussi favorables circonstances. Ce qui fait néanmoins qu'elle constitue un véritable progrès, ce sont les préceptes de l'*amour* et du *sacrifice*, qu'elle enseigne, non parce qu'ils lui appartiennent en propre, mais parce qu'elle en a fait la base essentielle de sa morale. En insistant plus qu'aucune croyance sur l'importance de ces deux vertus, elle a développé et fortifié l'esprit de sociabilité et de paix, condition et véhicule de tout bien-être et de tout perfectionnement.

LIVRE SEPTIÈME. — MAHOMÉTISME.

CHAPITRE Ier.

ORIGINES, DOGMES, MORALE. Religion des anciens Arabes. — Formation du mahométisme. — Livres sacrés. — Dieu, les anges, l'homme. — Vie future. — Morale.

Religion des anciens Arabes. Originairement, les Arabes croyaient en un dieu suprême, Allah Taâla, à qui obéissaient des myriades de déesses chargées, sous sa direction, du gouvernement des diverses parties de l'univers. Ces déesses, nommées al ilahât, étaient les astres du firmament, ou plutôt les anges et les intelligences qu'on supposait habiter ces globes lumineux. Parmi elles, outre le soleil, on comptait Zohal, ou Saturne; Zoharah, ou Vénus; al Debarân, ou l'œil du Taureau; al Moshtari, ou Jupiter; Sohaïl, ou Canope; Olâred, ou Mercure, etc. Les Arabes rendaient aussi un culte à trois autres divinités dont la nature n'est pas bien définie, et qui étaient représentées sous la figure de pierres informes. On les appelait Allât, al Uzza et Manah. Chaque tribu, chaque famille, se plaçait sous la protection spéciale d'une de ces divinités, et pensait qu'elle intercédait en sa faveur auprès du Très-Haut. Les opinions des Arabes sur le principe des choses n'étaient pas uniformes. Les uns prétendaient que le monde était éternel, les autres étaient persuadés qu'il était l'œuvre d'Allah Taâla, et qu'il serait un jour détruit. Tous admettaient une vie à venir; mais les avis différaient sur la destinée de l'âme. Ceux-ci soutenaient qu'une fois dissous, les éléments du corps étaient anéantis à jamais; ceux-là, qu'un jour viendrait où ces éléments se réuniraient et où les morts renaîtraient à la vie. Quelques-uns voulaient que les âmes des bons fussent récompensées dans un lieu de délices pendant toute l'éternité, et que celles des méchants, après avoir enduré d'horribles souffrances, dans un lieu de punition, pendant neuf mille siècles, obtinssent enfin leur grâce et fussent reçues à leur tour dans le sein miséricordieux d'Allah Taâla. D'autres, à l'exemple des Hindous et des Égyptiens, s'imaginaient qu'à la mort, l'âme humaine expiait les fautes qu'elle avait inspirées, en revêtant successivement des corps d'animaux de diverses espèces.

Les Arabes avaient sept temples fameux, dédiés aux sept planètes. Un de ces temples, nommé Beit Ghomdân, était consacré à la déesse Zoharah, la planète Vénus. Le temple de la Mecque avait été érigé en l'honneur de Zohal, ou Saturne. La Kaaba spécialement (1) renfermait les simulacres de trois cent soixante divinités, nombre égal à celui des jours de l'année arabe. Ce n'est pas seulement dans les édifices religieux que l'on rencontrait des idoles; chaque père de famille avait aussi, dans sa maison, les images de ses dieux domestiques, qu'il saluait à son départ et à son retour. L'Arabe rendait hommage à ses dieux par des prières, par des jeûnes, par des sacrifices; il priait trois fois par jour, le visage tourné vers le *Sabian-Kebla*, c'est-à-dire vers le point du ciel où se trouvait l'astre qu'il voulait honorer. Il jeûnait trois fois par année. Le premier de ces jeûnes avait une durée de trente jours; le deuxième était de neuf jours, et le dernier de sept. En général, le croyant s'abstenait de fèves, d'ail, et de plusieurs autres sortes d'aliments. Les sacrifices qu'il accomplissait s'adressaient aux divinités du ciel, aux images qui les représentaient sur la terre, et même au temple de la Mecque et aux pyramides d'Égypte. Les victimes étaient des animaux particuliers, qui différaient suivant les circonstances. Ainsi l'Arabe offrait au temple de la Mecque et aux pyramides un coq et un veau noir, auxquels il ajoutait de l'encens. Il ne mangeait aucune portion des chairs consacrées; elles devaient être entièrement consumées par le feu de l'autel. À l'époque où parut Mahomet, ces croyances et ce culte primitifs s'étaient considérablement modifiés. Le magisme, qui avait tant d'affinité avec le sabéisme arabe, en avait ramené à lui les derniers sectateurs; le judaïsme et le christianisme avaient fait aussi de nombreux prosélytes, et les disputes religieuses, engagées entre les partisans des diverses doctrines, avait donné naissance au zendicisme, secte indépendante, qui, n'admettant aucun des dogmes controversés, s'était ralliée au déisme pur, avait rejeté toutes les pratiques extérieures, et rendait à Dieu un culte tout philosophique.

Formation du mahométisme. Suivant les traditions musulmanes, le nombre des prophètes que Dieu a envoyés sur la terre, à diverses époques, s'élève à deux cent vingt-quatre mille, parmi lesquels trois cent treize ont été chargés spécialement de la mission d'apôtres, c'est-à-dire de retirer les hommes de l'infidélité et de la superstition où ils étaient plongés. Six d'entre ces apôtres ont établi de nouvelles lois, dont la dernière abrogeait toujours celle qui l'avait précédée. Ces six prophètes législateurs sont Adam, Noé, Abraham, Moïse, Jésus et Mahomet. Celui-ci, le plus grand de tous, est la plus récente et la plus haute expression du progrès religieux.

(1) C'est un bâtiment carré, une sorte de tour élevée, qui dépend du temple.

Mahomet, ou mieux Mohammed (loué, glorifié), naquit à la Mecque l'an 570 de notre ère. Les docteurs arabes le font descendre en ligne directe d'Ismaël, fils d'Abraham. Son père, Abdallah, était le fils puîné d'Abdalmotalleb; il mourut fort jeune, du vivant de celui-ci, laissant sa veuve et Mahomet, encore enfant, dans un état voisin de l'indigence. Abdalmotalleb recueillit l'orphelin et le recommanda en mourant à son fils aîné, Abutâleb, frère d'Abdallah. Abutâleb pourvut avec affection à tous les besoins de son neveu et le destina au négoce. C'est dans ce dessein qu'il l'emmena avec lui en Syrie, quoique Mahomet eût à peine atteint, à cette époque, l'âge de treize ans. Plus tard, il le plaça chez Khadidjah, veuve riche et noble, qui en fit son facteur. Mahomet s'acquitta des devoirs de son emploi avec tant d'habileté et de succès, que Khadidjah jugea utile à ses intérêts de le prendre pour époux. Par ce mariage, Mahomet devint un des plus riches particuliers de la Mecque. C'est alors qu'il résolut d'établir une nouvelle religion, ou, ainsi qu'il le disait, de faire revivre dans toute sa pureté celle qu'avaient professée Adam, Noé, Abraham, Moïse, Jésus, et tous les saints prophètes, et qui consistait principalement dans l'adoration d'un seul Dieu, sans mélange d'idolâtrie et de superstitions. Il pensa qu'il lui importait de travailler d'abord à la conversion de sa propre maison. En conséquence, il se retira dans la grotte du mont Hira, et, là, il confia à sa femme que l'ange Gabriel lui était apparu et lui avait annoncé que Dieu l'avait institué son apôtre parmi les hommes. Khadidjah crut en la parole du nouveau prophète et accueillit avec joie la nouvelle de sa mission. Elle communiqua ce qu'elle venait d'apprendre à son cousin Warakah-ebn-Nawfal, qui était chrétien, parlait l'hébreu et était très versé dans la connaissance des saintes écritures, et qui reconnut également en Mahomet l'élu et l'envoyé de Dieu. On était alors dans le mois de ramadân, et Mahomet avait atteint la quarantième année de son âge. Le troisième disciple du prophète fut Zéid-ebn-Hâretha, son esclave, qu'il mit en liberté à cette occasion; ce qui devint par la suite une règle pour ses sectateurs. Le quatrième disciple de Mahomet fut son cousin Ali, fils d'Abutâleb, qui, sans tenir compte des conversions précédemment opérées, prit le titre de premier des croyants. Vinrent ensuite six Koréisch (1); parmi lesquels se trouvait un homme qui jouissait d'un grand crédit dans la tribu, et qu'on appelait Abdallah-ebn-Abikohâfa, surnommé Abou Bekr.

Trois ans s'étaient écoulés, lorsque Mahomet, cessant de faire un secret de sa mission, invita ses plus proches parents à un festin, et leur révéla ce que Dieu lui avait ordonné d'annoncer aux hommes. « Quels sont

(1) Habitants de la ville et du territoire de la Mecque.

ceux d'entre vous, ajouta-t-il, qui veulent m'aider dans mon ministère et devenir mes frères et mes lieutenants? » Aussitôt Ali se leva, déclara au prophète qu'il pouvait compter sur lui, et éclata en imprécations et en menaces contre quiconque entreprendrait de lui faire obstacle. Mahomet l'embrassa avec effusion, et engagea tous les assistants à écouter et à obéir à ce disciple zélé, attendu qu'à partir de ce moment il l'instituait son khalife (1). Cependant, à cette exhortation prononcée avec chaleur, l'assemblée ne répondit que par un éclat de rire.

Le mauvais succès de cette tentative ne découragea pas Mahomet. Loin de là, il hasarda bientôt des prédications publiques. La foule l'écouta d'abord tranquillement; mais ensuite, irritée des reproches qu'il lui adressait sur son idolâtrie, elle se porta à des violences contre sa personne, et elle l'eût infailliblement mis en pièces, si son oncle, Abou Taleb, ne l'avait fort à propos couvert de sa protection. Malgré les représentations de ce parent affectionné, qui essaya de le détourner de l'exécution de ses projets en lui en faisant envisager les périlleuses conséquences, le prophète demeura inébranlable, et les raisons qu'il donna pour justifier la résolution qu'il avait prise, non-seulement portèrent la conviction dans l'esprit d'Abou Taleb, mais même finirent par attirer ce vieillard dans son parti. A dater de ce jour, les sectateurs de Mahomet se virent en butte à des violences qui obligèrent la plupart d'entre eux à s'enfuir de la Mecque. Mais ces persécutions eurent leur résultat ordinaire : elles favorisèrent le progrès de la nouvelle croyance, au lieu de l'étouffer à son berceau. Dans le cours de cette année, Mahomet perdit son oncle Abou Taleb et sa femme; triste évènement dont les vrais croyants commémorent l'époque, qu'ils appellent l'année du deuil. Privé de l'appui que lui avaient prêté, parmi les Koréisch, ces deux personnages influents, Mahomet dut, lui aussi, s'exiler de sa ville natale, et chercher un asile à Tayef, distant de la Mecque d'environ soixante milles. Cet exil fut cependant de courte durée, et le prophète recommença ses prédications. Dans la douzième année de son apostolat, il publia que, pendant une nuit, il avait fait le voyage de la Mecque à Jérusalem; qu'il avait conversé dans le ciel avec Dieu lui-même, comme autrefois Moïse sur le mont Sinaï; et que, dans cette occasion solennelle, le Très-Haut lui avait dicté plusieurs ordonnances destinées à assurer le salut des hommes. Personne n'ajouta foi à ce récit, dont l'invraisemblance était évidente pour les esprits les plus crédules. Mahomet, accusé d'imposture, se vit abandonné par un bon nombre de ses sectateurs; la désertion eût même été générale, si Abou Bekr, qu'on vénérait pour son grand âge

---

(1) Ce titre signifie à la fois lieutenant et successeur.

et pour sa sagesse éprouvée, et dont le témoignage était décisif, ne s'était porté garant de la vérité des faits. Dès lors, par une inconséquence qui n'est pas sans exemple, le nombre des croyants s'accrut à la Mecque, à Médine, et dans tout le reste de l'Arabie.

Au commencement, Mahomet avait prêché à ses disciples la modération et la patience; il les avait exhortés à souffrir passivement les injures que leur attirait la profession de l'islamisme, et leur avait déclaré qu'il ne tenait du ciel aucune autorité pour contraindre par la force qui que ce fût à embrasser sa religion. Mais, quand il se vit en état de lutter avec quelque chance de succès contre ses adversaires, il changea de langage et publia que Dieu lui avait permis d'établir par le glaive le règne de la véritable foi. C'est alors qu'ayant conclu, avec ses sectateurs de Médine, une ligue offensive et défensive, il enjoignit à ses disciples de la Mecque de se retirer de la ville. Quant à lui, il y resta avec Ali et Abou Bekr, prétendant qu'il n'avait pas encore reçu de Dieu l'autorisation d'en sortir. Cependant les Koréisch, que sa présence irritait, conspirèrent contre ses jours; et il eût misérablement péri sous leurs coups, si, informé à temps de leurs projets, il ne s'était hâté de se dérober par la fuite au péril dont il était menacé. Cette fuite, cette *hégire*, eut lieu dans la nuit du 15 au 16 juillet de l'an 622; elle est devenue le point de départ de l'ère mahométane. Pendant trois jours, pour se soustraire à la recherche de leurs ennemis, Mahomet et ses compagnons demeurèrent cachés dans la grotte de Thoûr, montagne située au sud-est de la Mecque. Mais cet asile ne les eût pas mis à l'abri du danger qu'ils couraient, si, par une miraculeuse intervention du ciel, les Koréisch n'avaient été frappés d'un aveuglement subit, qui les avait empêchés d'apercevoir la grotte. D'ailleurs, pour plus de précaution, Dieu y avait envoyé une araignée, qui, à l'aide de sa toile, en avait masqué l'entrée.

Le prophète partit aussitôt qu'il le put pour Médine, et, dès qu'il y fut arrivé, il y éleva un temple pour l'exercice de son culte. Se trouvant alors en état, non-seulement de repousser les agressions de ses ennemis, mais encore de se faire lui-même agresseur, il commença la guerre contre les Koréisch. Le gain de la bataille de Bedr, donnée dans la deuxième année de l'hégire, fut le fondement de la grandeur de Mahomet. De nouvelles victoires vinrent successivement mettre le comble à sa puissance. Six ans après sa fuite de la Mecque, il y rentrait, non pour y commettre des actes d'hostilité, mais pour en visiter religieusement le temple. Une trêve de dix années, conclue avec les Koréisch, lui avait rouvert l'accès de cette ville. Une clause du traité portait que, pendant la trêve, il serait permis à tout citoyen d'embrasser librement le parti de Mahomet ou celui des chefs de la tribu. Mais, en l'an 8 de l'hégire, ceux-ci ayant violé la convention, le prophète marcha sur la Mecque, s'en rendit maître, et détruisit les idoles qui se trouvaient dans les temples de cette ville et des lieux environnants. Dans les dernières années de sa vie, Mahomet s'occupa de propager sa religion par tous les moyens dont il pouvait disposer. Il écrivit des lettres aux souverains des pays limitrophes pour les inviter à embrasser la nouvelle croyance. Ceux d'entre ces princes qui obéirent furent maintenus sur le trône et devinrent des agents actifs de propagation; les autres furent attaqués, vaincus, renversés du pouvoir, et leurs États furent réunis au territoire que possédait déjà le prophète. Les conquêtes de Mahomet s'étaient ainsi étendues au loin, lorsque ce grand homme mourut à Médine, dans la soixante-treizième année de son âge, en 632 ou 633 de Jésus-Christ.

A cette époque, l'islamisme régnait dans toute l'Arabie, à l'exception de l'Yamâma, province où Moséilama s'était aussi érigé en prophète. Cet imposteur réunit d'abord un parti considérable, et tint tête pendant quelque temps aux forces que Mahomet avait envoyées contre lui; mais il fut enfin vaincu sous le khalifat d'Abou Bekr; et, dès ce moment, tous les Arabes, réunis sous l'étendard d'une même religion, purent, à l'aide de l'épée, propager leur croyance dans la plus grande partie de l'Asie et de l'Afrique, dans l'est de l'Europe et jusque dans les archipels océaniens. Indépendamment de Moséilama, on compte encore plusieurs autres faux prophètes. Les principaux furent al Aswald, qui prétendait recevoir des révélations de deux anges; Hakem-ebn-Hâshem, que les Arabes appellent quelquefois al Mokanna, et quelquefois al Barkaï, c'est-à-dire le voilé, parce qu'il se couvrait ordinairement le visage d'un voile ou d'un masque doré; Babek, surnommé al Khozemmi et Khorremdin, qui parut en l'an 201 de l'hégire; Mahmoud ebn Faradj, qui prétendait être Moïse ressuscité, et florissait trente ans plus tard. Il faut citer en outre Karmata, Arabe du Khoûsistân, chef de la secte des karmatiens, qui excitèrent des troubles sérieux en 278 de l'hégire, sous le règne d'al Motamed; Abou'l Teyyebâmed, surnommé al Motannabi, qui était un des meilleurs poètes arabes, et enfin Bâba, qui parut en Natolie vers l'an 638 de l'hégire, et qui faisait la guerre à quiconque refusait de dire : « Il n'y a de dieu que Dieu, et Bâba est l'apôtre de Dieu! » La plupart de ces faux prophètes périrent misérablement. Une femme aussi voulut s'ériger en prophétesse dans la onzième année de l'hégire; on l'appelait Sedjâdj, et elle avait pour surnom Omm Sâder. Son mari, Abou Kadhalla, remplissait l'office de devin dans l'Yamâma, du temps de Moséilama, le faux prophète. Sedjâdj, qui avait converti à ses doctrines la tribu de Tamim, à laquelle elle appartenait, et plusieurs autres tribus encore, alla grossir le parti de ce novateur et l'épousa. Mais, après être restée trois jours avec lui, elle le quitta pour retourner près de son premier époux, renonçant très probablement au rôle brillant, mais périlleux, qu'elle avait adopté, puisque les historiens se taisent sur la suite de sa vie.

Livres sacrés. Le livre saint par excellence de la religion mahométane est le Korân, dont le nom, dérivé du verbe *karaa*, lire, signifie : ce qui doit être lu. Il est formé de cent quatorze chapitres appelés, au singulier, *soûra*, c'est-à-dire ordre, rang, suite. Chaque soûra se subdivise en versets, qu'on nomme *ayât*, signes ou merveilles. Les docteurs mahométans admettent en outre deux autres divisions du Korân : la première en soixante *ahzab*, ou sections égales ; la deuxième en trente *ajzá*, doubles en longueur des ahzab. Ce livre est écrit dans le dialecte koréisch, le plus poli et le plus noble de tous. Le style en est pur et élégant ; et, quoiqu'en prose, les sentences dont il est composé se terminent par des rimes redoublées, qui les gravent facilement dans la mémoire. Indépendamment de l'exposé des dogmes, des prescriptions relatives au culte public et aux pratiques religieuses privées, le Korân renferme encore des exhortations morales, des conseils pour la conduite de la vie, et même les lois civiles les plus ordinaires. C'est, pour les musulmans, un article de foi que ce livre a une source divine, qu'il est incréé. Suivant eux, le premier exemplaire résidait de toute éternité près du trône de Dieu, tracé sur une vaste table, *la table conservée*, qui sert aussi à enregistrer les décrets de la divinité sur le passé et sur l'avenir. Une copie de cette table fut apportée dans le ciel le plus bas par l'ange Gabriel, au mois de ramadân, pendant la nuit appelée *al kadr*, ou du pouvoir. De ce ciel inférieur, l'ange le communiqua par fragments détachés à Mahomet, tantôt à la Mecque, tantôt à Médine, suivant le besoin, pendant l'espace de vingt-trois ans. A cette faveur, Gabriel en joignit une autre non moins désirable : une fois par année, il montrait au prophète le livre saint tout entier, écrit sur papier, relié en soie, et orné de pierres précieuses du paradis. Quand les chapitres nouvellement révélés avaient été recueillis de la bouche de Mahomet par son secrétaire, ils étaient communiqués à ses sectateurs ; les uns en prenaient des copies, les autres les apprenaient par cœur. Les copies faites, on déposait les originaux pêle-mêle dans un coffre. A la mort de Mahomet, Abou Bekr, son successeur, trouvant les révélations dans le même désordre, et s'apercevant qu'il y existait de nombreuses et importantes lacunes, ordonna qu'on lui communiquât du Korân tout ce qu'on pourrait recueillir, soit écrit sur des feuilles de palmier ou sur des peaux d'animaux, soit conservé dans la mémoire ; et, dès qu'il eut complété et mis en ordre cette collection, il en confia la garde à Hafsa, fille d'Omar, une des veuves du prophète. Les musulmans témoignent pour le Korân un respect qui va presque jusqu'à l'adoration. Ils n'oseraient y porter la main si, préalablement, ils n'avaient pris le soin de se purifier par les ablutions légales. Lorsqu'ils le lisent, ils le tiennent toujours plus haut que la ceinture. Ils jurent par ce livre, le consultent dans toutes les occasions importantes, l'emportent avec eux à la guerre, en tirent des sentences qu'ils inscrivent sur leurs étendards, en ornent la reliûre avec de l'or et des pierreries, et n'ont garde de le laisser lire à des personnes qui professent une autre religion que la leur. Comme tous les livres religieux, le Korân contient beaucoup de passages allégoriques, qui, après avoir longtemps exercé sans fruit la sagacité des commentateurs, ont été légalement abrogés; les autres passages, qui sont clairs et précis, forment la règle absolue des décisions des musulmans dans toutes les affaires civiles et politiques, religieuses et profanes. Un autre code, le *Malteka*, qui date de l'an 2 de l'hégire, et qui a pour auteur Ibraïm Aleppo, est en quelque sorte le complément du Korân. Le style en est parabolique; les allégories et les emblèmes y abondent. On y trouve particulièrement, sous le titre de *Sonna*, le recueil des faits et dits du prophète.

Dieu, les anges et l'homme. L'unité de Dieu est le dogme fondamental de l'islamisme; Mahomet n'est qu'une créature mortelle, qu'Allah, par une grâce spéciale, a bien voulu choisir pour promulguer la nouvelle loi. De là ces deux propositions ou articles de foi, qui renferment toute la doctrine musulmane : « Il n'y a de dieu que Dieu; Mahomet est le prophète de Dieu. » Dieu donc règne sans partage; mais il se fait seconder dans le gouvernement de l'univers par des ministres innombrables, qu'il a investis de fonctions déterminées, et qui sont toujours prêts à exécuter les ordres qu'il lui plaît de leur donner. Ces ministres, ce sont les anges, corps purs et subtils comme le feu dont ils sont formés. Les anges participent à l'immortalité de Dieu. Les uns restent perpétuellement prosternés devant son trône; les autres chantent continuellement ses louanges. Ceux-ci sont occupés à écrire les actions des hommes; ceux-là intercèdent en faveur des malheureux ou des pécheurs repentants. Il y en a enfin qui se répandent dans le monde, s'attachent pendant un jour, par groupes de deux, à la personne d'un homme, le gardent, l'observent, tiennent note de tous ses actes, et sont relevés le lendemain par deux autres : on les nomme pour cette raison al moakkibât, anges qui se succèdent. Quatre de ces purs esprits sont plus particulièrement aimés de Dieu : le premier est Gabriel, l'ange de révélation; le deuxième, Michaël, l'ami et le protecteur des juifs; le troisième, Azraël, l'ange de la mort; le dernier, Israfil, l'ange ou le héros de la résurrection. Un cinquième ange jouissait aussi, dans l'origine, de la faveur de Dieu; c'était Azazil. L'orgueil le perdit. Il refusa de rendre hommage à Adam, malgré l'ordre qu'il en avait reçu de Dieu; et il fut exilé à jamais des demeures célestes. Depuis ce moment, aigri par le malheur, tout, jusqu'à son créateur, est l'objet de sa haine ; il se complait dans le mal, et s'applique à corrompre et à faire souffrir les hommes. Le désespoir qui déchire son cœur depuis sa chute lui a fait donner le surnom d'Eblis. C'est le satan des chrétiens. Indépendamment des anges bons et mauvais dont nous venons de parler, il y a encore des créatures d'un ordre intermédiaire appelées djin, ou génies. Ces êtres, formés également de feu, diffèrent des anges en ce qu'ils propagent leur espèce, et qu'ils sont sujets à la faim, à la soif et à la mort. Les djin se divisent en plusieurs classes, qui comprennent : les djin proprement dits, les péri, ou fées, les div, ou géants, et les tacwîns, ou destins. Quant à l'homme, on a vu que, malgré sa nature imparfaite et périssable, il occupe, dans la hiérarchie des êtres créés, une place supérieure à celle des anges eux-mêmes, puisqu'Eblis a été chassé du ciel pour s'être refusé à reconnaître cette supériorité dans la personne du père de la race humaine.

Vie future. L'âme de l'homme reçoit dans un autre monde la récompense ou le châtiment des œuvres qu'elle a consommées dans celui-ci. Lorsque le moment est venu, Azraël la sépare du corps, et elle entre aussitôt dans l'état appelé al berzakh, l'intervalle entre la mort et la résurrection. Les âmes des croyants sont de trois catégories distinctes : il y a les âmes des prophètes, qui sont immédiatement mises en possession de la béatitude éternelle ; il y a les âmes des martyrs, qui vont habiter le gésier de certains oiseaux verts, nourris des fruits du paradis et abreuvés de l'eau des fleuves qui arrosent ce lieu de délices ; il y a enfin les âmes du reste des fidèles, sur la destinée desquelles, de la mort à la résurrection, les docteurs musulmans sont divisés d'opinions. Suivant les uns, ces âmes vulgaires errent, inquiètes et agitées, dans le voisinage des sépulcres ; d'après les autres, elles habitent, avec Adam, le ciel le plus bas. Ceux-ci supposent que les âmes des élus résident dans le puits de Zemzem (1), et que celles des réprouvés sont précipitées dans le puits de Borhût (2) ; ceux-là disent que les âmes restent pendant sept jours près de la tombe où repose leur corps, mais qu'ils ignorent ce qu'elles deviennent ensuite. Plusieurs pensent qu'elles vont s'installer dans le vide de la trompette d'Israfil, au son de laquelle les morts ressusciteront. Quelques-uns assurent que les âmes des méchants périssent, et que celles des bons demeurent près du trône de Dieu sous la forme d'oiseaux blancs. Enfin il y en a qui enseignent que deux anges vont au-devant de l'âme fidèle, s'emparent d'elle, et la conduisent à la place qu'elle doit occuper dans les lieux de béatitude. Quant aux âmes des damnés, repoussées tour à tour de

---

(1) Il est situé, dans le temple de la Mecque, à l'orient de la Kaaba.
(2) Les musulmans placent ce second puits dans la province d'Hadramant.

la terre et du ciel comme sales et puantes, elles sont reléguées dans la septième terre et enfermées dans un donjon appelé Sadjin, qui se dresse sur un roc vert; ou bien, suivant une autre tradition, elles sont jetées sous la mâchoire d'Eblis, et triturées, broyées sans relâche, jusqu'au grand jour de la résurrection.

Après la mort, le corps ne périt pas tout entier; l'os nommé *al ajb* (le coccix) résiste à l'action dissolvante du temps. Une époque viendra où, pendant quarante jours, une pluie tombera sur la terre, la couvrira à une hauteur de douze coudées, fera germer et pousser comme des plantes les os al ajb enfouis dans le sol, et rappellera ainsi à la vie les morts des siècles écoulés. Le moment où s'effectuera la résurrection n'est connu que de Dieu seul, qui en a fait un secret même au prophète. Cependant on en discernera l'approche à certains signes qui apparaîtront dans le monde. Pour ne parler que des plus éclatants de ces signes, le soleil se lèvera à l'occident; un animal monstrueux sortira, ou de la terre, ou du mont Safâ, ou du temple de la Mecque; le Masihal Dadjdjâ, le faux christ, paraîtra parmi les hommes, et sera bientôt suivi de Jésus de Nazareth; les Éthiopiens renverseront la Kaaba; les animaux et tous les objets insensibles recevront le don de la parole; enfin Israfil tirera successivement trois sons éclatants de sa formidable trompette. Le premier sera nommé le son précurseur; le second, le son de la consternation; le troisième, le son de la résurrection. Au bruit du deuxième, toutes les créatures qui habitent encore le ciel et la terre seront subitement frappées de mort, à l'exception de celles qu'il pourra plaire à Dieu de dispenser de ce commun destin. Rien alors ne restera debout, que Dieu, le paradis et l'enfer, avec leur population d'âmes saintes et réprouvées. Quarante ans après cette grande catastrophe, Israfil, rappelé à la vie avec Gabriel et Michaël, fera entendre le troisième son. Aussitôt toutes les âmes, celle de Mahomet en tête, sortiront de la trompette sacrée et retourneront dans les corps qu'elles occupaient autrefois.

Toutes les créatures, anges, génies, fées et géants devront paraître ensuite au tribunal de Dieu, qui tiendra sur la terre ses redoutables assises, dont la durée sera de cinquante mille ans. Ce n'est pas, toutefois, immédiatement après la résurrection que commencera le jugement; ce n'est que quarante ans plus tard. Jusque là, chaque homme conservera, dans les rangs de l'immense assemblée, la place qui lui aura été marquée par les anges, et endurera des tourments plus ou moins cruels, selon le degré de culpabilité de ses œuvres passées. A l'instant fixé, Dieu apparaîtra dans toute sa gloire aux regards des êtres éblouis et tremblants, et se disposera à les juger. Adam, Noé, Abraham et Jésus refuseront de défendre les coupables, mais Mahomet se chargera d'accomplir cet acte d'amour et de charité. Chaque créature sera obligée de rendre compte de son temps, et de la façon dont elle l'aura employé; de ses richesses, des moyens par lesquels elle les aura acquises, et de l'usage qu'elle en aura fait; de son corps et de quelle sorte elle s'en sera servi; de ses connaissances, de son savoir, et de la manière dont elle les aura appliqués. Pendant ce temps, Gabriel pèsera toutes choses dans la balance du jugement, dont les bassins, si vastes qu'ils pourraient contenir le ciel et la terre, seront suspendus, l'un sur le paradis, et l'autre sur l'enfer. L'examen terminé, les âmes destinées à habiter le paradis prendront le chemin de droite; les âmes vouées aux tourments de l'enfer s'engageront dans le chemin de gauche. Mais, auparavant, toutes devront traverser le pont al Sirât, construit au-dessus de l'enfer. Ce pont est plus étroit qu'un cheveu, plus aigu que le tranchant d'une épée, et il est bordé de ronces et d'épines. Grâce à l'aide de Mahomet et de ses fidèles musulmans, les bons en franchiront le passage avec facilité; mais les méchants, abandonnés à eux-mêmes, tomberont la tête la première dans le gouffre ouvert sous leurs pas.

L'enfer est divisé en sept étages superposés, chacun desquels est disposé pour recevoir une classe particulière de damnés. Le premier étage, nommé Gehennam, comme l'enfer des juifs, sera le séjour provisoire des pécheurs mahométans, qui passeront de là dans le paradis, lorsqu'ils auront subi une punition proportionnée à la gravité de leurs fautes. Le second étage, appelé Ladhâ, sera spécialement affecté aux juifs. Al Hotama, le troisième étage, servira de demeure aux chrétiens. Les sabéens occuperont al Saïr, le quatrième étage. Le cinquième, Sakar, sera la résidence des parsis. Les idolâtres habiteront al Djahîm, le sixième. Enfin les hypocrites de toutes les religions seront relégués dans al Hâwiyat, le septième étage, le plus bas et le plus redoutable de tous. Chaque étage aura une garde, composée de dix-neuf anges. Après avoir expié leurs péchés pendant le temps et par les peines prescrits, les musulmans seront délivrés de l'enfer et admis dans les lieux de béatitude; mais les pécheurs des autres croyances, les infidèles, subiront des châtiments éternels.

Un mur gigantesque, al Orf; d'autres disent plusieurs murs, al Arâf, séparent l'enfer d'*al Djannat*, le jardin, c'est-à-dire du paradis (1).

Dès que les justes auront passé le pont al Sirât, ils se désaltèreront dans l'étang du prophète, alimenté par l'al Kawthar, une des rivières

---

(1) Les mahométans appellent encore leur paradis *djannat Eden*, jardin d'Eden; *djannat al jerdaws*, jardin du paradis; *djannat al mawa*, jardin de la retraite; *djannat al naïm*, jardin du plaisir.

du paradis, dont les eaux délicieuses sont plus blanches que le lait et plus odoriférantes que le musc. Les élus seront transportés ensuite dans le septième ciel, immédiatement au dessous du trône de Dieu, où est situé le paradis. Le sol de ce séjour est formé de la plus fine farine de froment; les pierres qu'on y rencontre sont autant de perles et d'hyacinthes; le tronc des arbres est d'or, et, entre tous les arbres, le plus remarquable est le toûba, ou l'arbre du bonheur. Les racines de cet arbre sont les sources de rivières de lait, de miel et de vin qui sillonnent en tous sens les riantes campagnes du paradis. A leur arrivée dans ces lieux fortunés, les élus seront conviés à un festin. On leur servira les fruits les plus exquis, les viandes les plus succulentes et les plus délicates, particulièrement celles du bœuf Balâm, et du poisson Noûn dont le foie seul suffirait pour nourrir soixante et dix-mille hommes. En quittant le festin, chacun des bienheureux sera conduit dans la demeure qui lui aura été destinée. Le moins favorisé de tous aura quatre-vingt mille serviteurs à ses ordres. Outre les femmes qu'il avait sur la terre et qui lui seront rendues, s'il le désire, il aura encore soixante et douze femmes, choisies parmi les ravissantes filles aux yeux noirs, *hoûr al oyoûn*, que nous appelons les houris. Ces filles sont exemptes de toutes les impuretés, de tous les défauts et de tous les accidents particuliers à leur sexe. Les harems qui les recèlent sont des pavillons faits de perles creuses, d'une si énorme grandeur qu'une seule pourrait couvrir l'espace occupé par soixante villes. L'élu sera servi à table par trois cents domestiques. On lui présentera les mets dans des plats d'or; les liqueurs, dans des coupes de même métal. Il boira des vins délicieux, même avec excès, sans danger pour sa raison, car les vins du paradis n'enivrent pas comme ceux de ce monde. Il sera vêtu d'habits de soie et de brocard, et paré de bracelets d'or et d'argent. Les divers objets qui meubleront sa demeure, les lits, les coussins, les tapis, seront brodés d'or, et incrustés de pierres précieuses. Des chevaux tout sellés et bridés, couverts de riches harnais, seront toujours prêts à le transporter partout où son caprice le poussera. Sa taille égalera celle d'Adam, qui n'avait pas moins de soixante coudées de haut; il jouira d'une jeunesse éternelle; et, s'il lui plaît de devenir père, une heure suffira pour que ses enfants soient conçus, mis au monde et amenés à leur perfection. Les femmes, elles aussi, recevront dans une autre vie, la peine de leurs mauvaises actions, la récompense de leurs bonnes œuvres; car, selon le Korân, Dieu ne fait, sur ce point, aucune distinction entre les deux sexes. Toutefois, à l'exception de celles que les élus désireront avoir près d'eux dans al Djannat, les femmes seront placées, après leur jugement, dans des lieux séparés, où, coupables ou vertueuses, elles subiront des châtiments ou goûteront des plaisirs analogues aux châtiments et aux plaisirs que Dieu a réservés aux hommes.

Quoique le genre humain soit, comme on vient de le voir, rémunéré du bien et puni du mal qu'il a fait, cependant il ne jouit pas de son libre arbitre, et ses actes, ses penchants et jusqu'à ses pensées ont leur principe en dehors de lui-même. En effet, c'est pour le musulman article de foi que tout ce qui s'est passé dans ce monde et que tout ce qui s'y passera dans l'avenir procède uniquement de la volonté de Dieu et est irrévocablement fixé et enregistré de toute éternité sur la table conservée. Selon cette doctrine, Dieu a secrètement décrété, non-seulement le bonheur ou le malheur temporel de chaque individu, même dans les particularités les plus insignifiantes, mais encore sa foi ou son infidélité, son obéissance ou sa désobéissance, son bonheur ou son malheur éternel ; et il n'y a ni prévoyance ni sagesse qui puisse lui faire éviter cette destinée fatale.

Morale. Il semblerait dès lors que la résignation fût la seule vertu qui dût être prescrite à l'homme. Le prophète ne l'a pas pensé ainsi, et voici quelques-uns des préceptes qu'il a inscrits dans le Korân. « Adorez le Seigneur, qui vous accorde la terre pour lit, et le ciel pour toît. Ne donnez point d'égal au Très-Haut. Pour être justifié devant lui, il ne suffit pas de tourner en priant le visage vers l'orient ou vers l'occident. Vous servirez Dieu en secourant vos proches ; en aidant les orphelins, les pauvres, les voyageurs et les captifs. Vous remplirez vos promesses. Vous supporterez patiemment l'adversité. Ne dissipez point vos richesses inutilement. Ne les offrez pas aux juges pour ravir l'héritage de vos frères. Dieu hait la joie insolente. Celui qui fait l'aumône par ostentation est semblable au rocher couvert de poussière : une pluie survient, et ne lui laisse que la dureté. Que l'indulgence soit votre partage. Recommandez la justice et fuyez les ignorants. Ne défendez pas l'usage des plaisirs que Dieu vous a permis. Malheur au médisant et au calomniateur ! Pesez toutes choses avec justice et évitez la fraude. Ils mentent à la face du ciel, ceux qui disent : « la loi « ne nous ordonne pas d'être justes envers les infidèles. » Les serviteurs du miséricordieux (d'Allah) sont ceux qui répondent avec bonté à l'ignorant ; qui, dans leurs largesses, ne sont ni prodigues ni avares, mais économes ; et qui ne transgressent point les préceptes divins. Efforcez-vous de mériter l'indulgence du Seigneur et la possession du paradis, séjour préparé pour les justes, pour ceux qui font l'aumône dans la prospérité, pour ceux qui sont maîtres des mouvements de leur colère. Le mal et le bien ne sauraient marcher de pair. Rends le bien pour le mal, et tu verras ton ennemi se changer en ami et en protecteur. Quiconque fait le bien, le fait à son avantage ; celui qui fait le mal, le fait à son détriment. C'est la sagesse de la vie que de supporter avec patience, et de pardonner. »

CHAPITRE II.

SACERDOCE, CULTE, SECTES. Hiérarchie sacerdotale. Ordres religieux. — Mosquées ordinaires. Temple de la Mecque. La kaaba. La pierre noire. La pierre blanche. Le myzab. La pierre d'Abraham. Le kéfoua. Le sanctuaire. Le puits de Zemzem. — Reliques. — Pratiques de dévotion. — Le hadj, ou pèlerinage de la Mecque. Le mahmal. L'ihrâm. Le towaf. La course de Safâ à Merwa. Les telby. L'addofa min Arafat. Les trois piliers et les sept pierres. Le sacrifice. — Le nâmaz. Les deux baïrâms. — Mariages. Funérailles. — Sectes. — Conclusion.

Sacerdoce. Les oulémas, ou docteurs, qui forment le clergé musulman, sont à la fois prêtres et magistrats. Ils ne prononcent aucun vœu, et peuvent, quand il leur plaît, renoncer au sacerdoce, embrasser une autre profession et se marier. Dans l'origine, ils avaient pour chef suprême un pontife guerrier appelé khalife, ou successeur, dont la juridiction s'étendait sur tous les vrais croyants. Le khalife réunissait dans ses mains le pouvoir spirituel et le pouvoir temporel, précédemment exercés par Mahomet; mais il n'était pas considéré comme prophète. Avec le temps, il s'éleva plusieurs khalifes à la fois, et cette dignité perdit dès lors de son autorité et de son prestige. Aujourd'hui les deux pouvoirs sont séparés de fait : le pouvoir temporel appartient au sultan de Constantinople ; le pouvoir spirituel, au mouphti, qui a le titre de *schéik al islam*, chef de la loi ou de l'islamisme. C'est ce prêtre qui, avec le concours des oulémas, fait toutes les lois politiques, civiles et militaires, et prononce souverainement sur toutes les questions de doctrine. Lorsqu'une affaire est déférée à son tribunal, il la fait préalablement examiner par un ouléma qu'il désigne à cet effet, puis, sur le rapport qui lui en est présenté, il rend son jugement. Le *fefta*, ou expédition de la sentence, qu'il délivre gratuitement, porte au bas ces mots : « Dieu le sait mieux, » tracés de sa propre main. Bien que le mouphti reçoive du trésor un traitement fort modique, il n'en dispose pas moins de revenus considérables, qu'il tire de redevances imposées aux titulaires des emplois dépendants des *djamis*, ou mosquées impériales. Sa personne est inviolable et sacrée ; cependant il peut être puni de mort, s'il s'est rendu coupable de quelque crime d'État. Dans ce cas, il est dégradé de son caractère pontifical, placé dans un mortier et broyé jusqu'à ce que sa chair et ses os soient réduits en bouillie. On a vu, sous le règne d'Amurat IV, un exemple de l'application de cet horrible supplice.

Après le mouphti, viennent, dans l'ordre hiérarchique, deux kâdilaskiers, chefs de la justice, l'un en Asie, l'autre en Europe. Au-dessous sont placés les mollahs, qu'on peut comparer aux archevêques ou métropolitains du catholicisme. Les kâdis, dont le rang et les attributions sont les mêmes que ceux de nos évêques, sont subordonnés aux mollahs, et ne peuvent jamais prétendre à une dignité plus élevée. Ce sont eux qui administrent la justice ordinaire. Les kâdilaskiers, qui les nomment, ont aussi le droit de les déposer lorsqu'ils ont manqué essentiellement à leurs devoirs. Les condamnations dont ils les frappent, dans certains cas, vont quelquefois jusqu'à la bastonnade. Chaque mosquée, ou temple, est dirigée par un nazir, dont les fonctions répondent à celles de nos curés. Seulement le nazir est indépendant des mollahs et même du mouphti, et il n'y a que le grand vizir qui ait qualité pour le juger. C'est le nazir qui, en conséquence, nomme les imans ou desservants, les khatibs, ou prédicateurs, lesquels, en outre, disent, le vendredi, les prières récitées, les autres jours de la semaine, par les imans ; les muezzins ou muedhins, qui, du haut des minarets des mosquées, appellent les fidèles à la prière ; et les kayyins, ministres subalternes, dont l'emploi se rapproche de ceux de nos sacristains et de nos bedeaux. Les marabouts forment une espèce particulière de prêtres fort répandue en Afrique. Le nom qu'ils portent a pour signification littérale : enfant du roseau ardent, et on le leur donne, soit parce qu'ils brûlent le plus habituellement leurs victimes avec des roseaux, soit parce qu'il leur arrive quelquefois de souffler des flammes, au moyen d'étoupes allumées qu'ils tiennent dans leurs bouches, suivant un procédé familier aux charlatans. Quoi qu'il en soit, ces prêtres sont en grande vénération parmi les Maures et les Arabes. On en distingue de trois sortes : les uns habitent les villes, les bourgs et les villages ; les autres n'ont aucune demeure fixe et mènent une vie errante ; les derniers se confinent, comme nos anciens anachorètes, dans quelque solitude désolée.

Indépendamment de ce clergé séculier, on compte parmi les musulmans un grand nombre d'agrégations monacales, dont quelques-unes font remonter leur origine jusqu'aux temps des premiers khalifes. Tous ces religieux sont soumis à un noviciat sévère, et ne sont admis qu'à la suite de longues épreuves. Ils font vœu de pauvreté, de chasteté et d'obéissance ; mais souvent ils éludent ces engagements, les rompent ouvertement même, et sortent de leurs tekkiés, ou couvents, pour se marier ou pour embrasser quelque profession lucrative. Ces dervichs (c'est leur nom générique) forment trente-deux ordres principaux, gouvernés par des chefs qui ont le titre de schéiks. Il y en a dont la dévotion consiste à s'infliger des châtiments corporels, à mordre et à lécher des fers ardents. D'autres, au contraire, dansent en l'honneur de Dieu, à certaines époques de l'année, pendant plusieurs jours consécutifs. Les sadys manient et dévorent des reptiles vivants. Les santons (saints), qu'on appelle aussi kalendris ou kalenders, se livrent spécialement à la mendicité. Ceux-ci ont eu, disent-ils, pour fondateur un homme pieux nommé Kalendéri. Ils le représentent comme un excellent médecin et un savant philosophe. Il possédait des facultés surnaturelles et opérait toute sorte de prodiges. Sa vie était austère et pleine de mortifications; il allait la tête nue et ne portait point de linge; son unique vêtement était la peau d'une bête sauvage, dont il se couvrait les épaules. Ses disciples ont d'autres habitudes et se gouvernent par d'autres maximes. Ils aiment la joie et le plaisir; ils vivent sans embarras d'esprit, sans souci du lendemain. Tout leur temps est consacré à manger et à boire. Ils estiment la taverne aussi sainte que la mosquée, et pensent être aussi agréables à Dieu « en se servant librement de ses créatures, » c'est-à-dire en se livrant à la débauche, que le font les autres religieux en jeûnant et en se mortifiant. Ils appliquent tous leurs soins, toutes les ressources de leur imagination, à pénétrer dans les maisons des personnes riches; et, lorsqu'ils y ont trouvé accès, ils s'accommodent à l'humeur de toute la famille, la divertissent par des contes et des plaisanteries, s'asseyent à sa table, et, usant à propos d'aphorismes gastronomiques débités joyeusement, savent la déterminer à augmenter le nombre et la qualité des mets dont se composent ses repas ordinaires. D'autres moines, les bektachis, ont la faculté d'observer ou d'enfreindre les heures de la prière. Ils étaient pour cette raison en grande estime auprès des janissaires, qui, les prenant pour modèles, se dispensaient des exercices de piété prescrits par le Korân. Les fakirs, dont le nom signifie pauvres, sont une espèce de dervichs qui pratiquent la divination et opèrent de prétendus miracles à l'aide, soit de l'eau, soit d'une épée, soit d'un miroir. Dans le nombre, on en compte qui se bornent à mendier à la porte des mosquées. Ceux-ci emploient tout leur temps à lire le Korân; et, lorsqu'ils en ont acquis une connaissance suffisante, ils peuvent être élevés à la dignité de mollahs. Ces fakirs se marient et prennent communément plusieurs femmes. Leur but, à les en croire, est de travailler à la plus grande gloire de Dieu, en procréant autant qu'il leur est possible de fidèles serviteurs du prophète. Nous avons décrit ailleurs (1) les mœurs des fakirs de l'Hindoustân.

Édifices religieux. Les mosquées sont des édifices à peu près semblables aux églises des chrétiens. De chaque côté, au lieu de clochers, se dressent des minarets, tours élancées terminées en pointe et surmontées d'un croissant, dans lesquelles on a pratiqué une ouverture pour y placer le muezzin. Le Korân proscrit expressément le culte des images; aussi ne voit-on ni tableaux, ni statues dans l'intérieur des mosquées. Au fond du lieu saint, dans la direction de la Mecque, et tout en face de la porte d'entrée, est le mehrâb, sorte de niche où repose un exemplaire de la loi du prophète. En

___
(1) Tome Ier, page 208.

passant devant le mehrâb, les musulmans doivent s'incliner et fléchir le genou. Une vaste cour, ombragée de cyprès, de sycomores et d'autres arbres touffus, précède la mosquée. Dans le centre de cette cour, s'élève un pavillon dont la voûte est soutenue par des piliers, et qui abrite une fontaine et des bassins où les fidèles lavent leurs mains avant de pénétrer dans le temple. Autour de la cour, règnent des galeries couvertes qui communiquent aux cellules des imans attachés au service de la mosquée, et donnent également accès à des bâtiments d'habitation où de jeunes étudiants sont logés et instruits sous la direction de moudéris, imans spécialement chargés d'enseigner les lois et le Korân. Dans le voisinage des temples, la piété des fidèles a fondé des imarets, ou hôpitaux, pour les malades et pour les insensés, et des asiles temporaires pour les pauvres voyageurs.

La plus vénérée de toutes les mosquées est celle de la Mecque. On l'appelle *masjad al alharâm*, c'est-à-dire le temple sacré et inviolable. Le caractère de haute sainteté qui la distingue lui est plus particulièrement imprimé par l'édifice principal, qu'on nomme *Kaaba*, cubique, et quelquefois *béit Allah*, la maison de Dieu, et *al harâm*, le sanctuaire. La Kaaba s'élève au centre d'un espace carré, long de deux cent-cinquante pas, large de deux cents. Cette espèce de cour est entourée d'une colonnade de quatre rangs de pilastres du côté est, et de trois rangs seulement des autres côtés. Les pilastres, dont quelques parties sont peintes de bandes rouges, jaunes et bleues, ont sept mètres environ de hauteur, et un diamètre d'un peu plus de cinquante centimètres; ils sont réunis par des arcades en ogive, surmontées, de quatre en quatre, d'un petit dôme, ou *koubbet*. Entre chaque colonne, sont suspendues des lampes qu'on allume en partie tous les soirs, et en totalité pendant les nuits du jeûne de ramadhân, dont nous parlerons plus loin. Sept chaussées pavées, assez larges pour que quatre personnes puissent y marcher de front, et élevées de onze centimètres au-dessus du sol, conduisent de la colonnade à la Kaaba.

Cet édifice forme un tout presque cubique. Il a seize pas de long, quatorze de large, et une hauteur de treize à quatorze mètres. Il repose sur une base inclinée, d'un mètre environ d'épaisseur. La seule porte qui y donne entrée, et qu'on n'ouvre que trois fois par an, est sur le côté nord du monument, à deux mètres et demi au-dessus de terre. On n'y parvient qu'à l'aide d'un escalier mobile, qu'on pousse contre le mur quand il en est besoin. Les deux battants qui la ferment sont revêtus en entier d'argent et enrichis d'ornements dorés. Chaque soir, on place sur le seuil des bougies allumées et des cassolettes dans lesquelles brûlent de l'encens et des bois de senteur. A l'angle nord-ouest, près de la porte, est l'*hadjar al asouad*, la pierre noire, que la tradition assure avoir été précipitée du ciel avec Adam, après le péché originel. L'ange Gabriel la sauva des eaux pendant le déluge, et la conserva dans le ciel inférieur jusqu'à l'époque où Abraham construisit la Kaaba. Il la remit alors à ce patriarche, pour qu'il l'exposât dans le temple à la vénération de sa postérité. L'hadjar al asouad, qui paraît être une aérolithe, est composée d'une douzaine de fragments d'un rouge-brun foncé, tirant sur le noir, réunis et maintenus à l'aide d'un ciment de poix et de sable et d'un cadre d'argent de huit à neuf centimètres de large. La forme générale en est ovoïde, et la surface d'un diamètre moyen de vingt-et-un centimètres. Elle est enchâssée dans l'épaisseur du mur, à un mètre et demi de hauteur, afin que les fidèles puissent y appliquer leurs lèvres et leurs mains. En avant de la face occidentale de la Kaaba, est une autre pierre, la pierre blanche, que l'on dit être le sépulcre d'Ismaël. Celle-ci reçoit, par une gargouille d'or appelée *myzab*, la pluie qui tombe sur le faîte de l'édifice. A une petite distance de la face opposée, est une troisième pierre renfermée dans un pavillon, le mékam Ibrahim, sur laquelle on voit, dit-on, l'empreinte des pieds d'Abraham et de son fils Ismaël. Les deux saints personnages se tenaient debout sur cette pierre pendant qu'ils bâtissaient la Kaaba. Elle leur servait d'échafaud, et s'élevait et s'abaissait d'elle-même, suivant qu'il en était besoin. Les quatre côtés de la Kaaba sont revêtus extérieurement d'une étoffe de soie noire, bordée d'une bande brodée en or, et semée de sentences tirées du Korân, qui laisse seulement le toit à découvert. Ce rideau, ou voile, qui se nomme *kéfoua*, est renouvelé tous les ans à l'époque du pèlerinage. C'était autrefois un don des khalifes. Dans la suite, les soudans d'Égypte s'attribuèrent cette libéralité comme un droit. Aujourd'hui, les empereurs de Constantinople tiennent à honneur et considèrent comme leur plus belle prérogative de vêtir la Kaaba. Au moment où l'on fait l'*oryan*, c'est-à-dire où l'on enlève le vieux kéfoua, une foule de femmes poussent des *walwalou*, ou cris de joie, et les pèlerins s'en disputent les lambeaux, qu'ils conservent ou qu'ils vendent dévotement comme de saintes reliques.

L'intérieur de la Kaaba renferme une seule et vaste salle, dont le faîte est soutenu par deux colonnes et qui ne reçoit de jour que par l'ouverture de la porte. Les murs latéraux depuis le haut jusqu'à un mètre et demi au-dessus des dalles, la partie supérieure des colonnes et le plafond tout entier sont tapissés d'une épaisse étoffe de soie rouge richement brodée en fleurs et en grandes lettres d'argent qui forment des inscriptions. Le bas de chaque colonne est revêtu de bois d'aloès sculpté, et la partie du mur qui s'étend au-dessous des tentures de soie est couverte d'un beau marbre blanc avec des inscriptions en relief et d'élégants arabesques, le tout d'un travail exquis. Le sol, qui est de niveau avec le seuil de la porte, et par conséquent, à deux mètres et demi au-dessus de la surface de la cour, est dallé en marbre de diverses couleurs. Enfin, entre les colonnes sont suspendues de nombreuses lampes, données par les fidèles, et que l'on prétend être d'or pur. Suivant l'opinion commune, soixante et dix mille anges sont préposés à la garde de la Kaaba, et la transporteront dans le paradis quand sonnera la trompette du jugement dernier. Tout est miraculeux dans ce saint édifice. Le nombre des fidèles qu'il peut contenir ne saurait se chiffrer; et, dût tout le monde mahométan y entrer à la fois, les peuples y trouveraient encore la place nécessaire pour prier. Il est vrai que, dans ce cas, les anges étendraient les dimensions de la Kaaba, et diminueraient en même temps la taille des individus.

Autour du monument, règne un beau pavé de marbre décrivant un cercle irrégulier limité par trente-deux piliers dorés d'un très petit diamètre, entre lesquels sont suspendues sept lampes de cristal qu'on allume tous les jours après le coucher du soleil; au delà de cette ligne de piliers, un second pavé, un peu plus élevé que le premier, s'étend sur une largeur de huit pas; un troisième, plus élevé encore, et qui a seize pas de largeur, succède à celui-là : au moyen de cette disposition, on descend de la grande cour carrée à la Kaaba par deux larges degrés. En face des quatre côtés de cet édifice, à une faible distance, se dressent un nombre égal de *mékams*, petits oratoires où se réunissent les membres des quatre sectes orthodoxes, les shaféites, les hanéfites, les mâlekites et les hanbalites, pour accomplir leurs devoirs religieux sous la direction de leurs imans respectifs. Non loin d'une de ces chapelles, le mékam hanbali, on trouve un autre pavillon, de construction massive, qui renferme le puits de Zemzem, et qui n'a qu'une seule porte s'ouvrant sur le côté nord. La chambre où est l'orifice du puits, qu'entoure un mur circulaire de neuf mètres de développement et haut d'un mètre et demi, est somptueusement parée de marbre de diverses couleurs. Un réservoir de pierre constamment rempli d'eau occupe une pièce voisine. La porte de cette seconde pièce est percée d'un guichet à travers lequel les dévots passent le bras pour aller puiser l'eau sainte dans le réservoir. L'eau de Zemzem est de couleur blanchâtre et de difficile digestion; elle provient d'un ruisseau qui coule à plusieurs mètres au-dessous du sol. On la considère comme une panacée universelle, et l'on est persuadé que la santé qu'elle procure est proportionnée à la quantité qu'on en a absorbé. On croit aussi que, si l'on enveloppe un mort dans un linceul qui en ait été mouillé, l'âme du défunt sera plus assurée de faire son salut : c'est probablement par suite de cette croyance qu'on en expédie dans tous les pays mahométans, pour servir aux ablutions légales dans les occasions solennelles. A l'ouest de la Kaaba, près du mékam Ibrahim, est le *member*, ou chaire de la mosquée, construction de forme élégante et de beau marbre blanc, avec des ornements sculptés. Un escalier raide et étroit conduit à la plate-forme où se tient le khatib et que surmonte une sorte de clocher aigu à plusieurs faces et entièrement doré. C'est au pied du member que les pèlerins qui visitent la Kaaba déposent leurs chaussures ; car il ne leur est permis ni de les garder aux pieds ni de les porter à la main pendant qu'ils sont dans le sanctuaire. Autour de tous ces édifices, s'étend un espace considérable borné par des maisons qui appartenaient autrefois à la mosquée, mais qui aujourd'hui, pour la plupart, sont des propriétés particulières. Les personnes qui les habitent jouissent du privilége tout à fait exceptionnel de réciter chez elles les prières du vendredi. Dans cette ceinture de maisons, s'ouvrent à des distances irrégulières, et sans aucune symétrie, dix-neuf portes cintrées en ogive, formant chacune deux ou trois arcades, et qui restent constamment ouvertes. Sept minarets de construction ordinaire, et distribués également sans ordre, ornent tout ce pourtour extérieur. Là finit, à proprement parler, le temple de la Mecque. Mais, comme cette ville et le territoire qui en dépend sont *harâm*, ou sacrés, on peut dire avec quelque raison que le temple embrasse tout le pays, dans un rayon de dix milles autour de la Kaaba.

Reliques. Les musulmans conservent avec un soin religieux tout ce qui peut rappeler la gloire et la sainteté de l'islamisme. Leurs reliques sont nombreuses et ils les entourent d'une profonde vénération. Les fragments du kéfoua et des tentures intérieures de la Kaaba, la poussière qui couvre les murs de l'édifice sous son vêtement annuel, et d'autres objets analogues sont d'une valeur inestimable pour les vrais croyants. Mais la relique la plus précieuse à leurs yeux est le *sangiak schérif*, l'étendard du prophète, qui est déposé dans le séraï de Constantinople et remis à la garde personnelle du sultan. Les musulmans croient que cet étendard a été apporté du ciel et donné à Mahomet comme un gage de victoire, lorsqu'il faisait la guerre aux Koréischs. Par un usage passé en loi, chaque fois que le grand-seigneur, sollicité par les dangers de la religion et de la patrie, fait déployer et exposer ce saint drapeau, tous les fidèles qui ont atteint l'âge de sept ans sont obligés de prendre les armes, sous peine d'être considérés comme ennemis du prophète.

Pratiques religieuses. Il n'y a point d'acte important de la vie que les mahométans ne soient tenus de faire précéder ou suivre de purifications, d'ablutions légales. Ces ablutions sont de deux sortes : le *ghosl* et le *wodou*, ou *abdest*. Le ghosl est une immersion complète du corps dans l'eau ; l'abdest consiste en des lotions du visage, des mains et des pieds seulement, opérées suivant la méthode déterminée par la loi. Les musulmans font usage du ghosl dans quelques cas extraordinaires : par exemple, après avoir co-habité avec une femme ou s'être approché d'un mort. Les femmes s'y soumettent à la suite de leurs couches ou de leur menstruation. L'abdest est le préliminaire obligé de la prière. Pour l'accomplissement de ces deux espèces d'ablutions dans les lieux arides, les fidèles sont autorisés à remplacer l'eau par la poussière ou par le sable fin. Il y a un troisième mode de purification, ou plutôt de pratique préservatrice, que le Korân ne prescrit pas, mais qui n'en est pas moins regardé par les docteurs comme très convenable et très utile : c'est la circoncision. Ce n'est pas, selon la coutume des Juifs, le huitième jour après la naissance, que les musulmans circoncisent leurs enfants ; c'est dans l'intervalle qui s'écoule entre leur sixième et leur seizième année ; et cette opération n'est valable qu'autant que le sujet est au moins en état d'articuler la profession de foi de l'islamisme : « Il n'y a de dieu que Dieu ; Mahomet est le prophète de Dieu. »

Le Korân appelle la prière : le pilier de la religion, la clef du paradis ; et il ordonne à tout vrai croyant de prier cinq fois dans le cours de vingt-quatre heures : le matin, avant le lever du soleil ; après midi, lorsque cet astre commence à décliner ; le soir, avant qu'il disparaisse à l'horizon ; après son coucher, mais avant qu'il soit nuit close ; enfin, lorsque l'obscurité est complète. Ces cinq prières se nomment *námazi*. Le moment précis où elles doivent être faites est annoncé du haut des minarets par les muezzins. A cet *ézan*, ou appel, tout bon musulman doit se rendre à la mosquée, surtout le vendredi. Là, les hommes se placent en silence à l'entrée du temple ; les femmes, sous les portiques extérieurs. Les uns et les autres s'inclinent profondément, lèvent les yeux au ciel et se bouchent les oreilles à l'aide de leurs deux pouces ; puis ils s'agenouillent ou sur le pavé nu, qu'ils baisent à trois reprises, ou sur un *ségiadah*, sorte de petit tapis ou de natte de jonc, dont ils ont eu soin de se pourvoir ; ou bien ils s'asseyent sur leurs talons, en inclinant la tête devant eux et à droite et à gauche, pour saluer le prophète et les anges bons et mauvais. Dès que tous les fidèles sont placés, l'iman se lève, et, posant successivement ses mains sur ses épaules, sur ses oreilles et sur sa poitrine, il récite la prière, dont les assistants répètent après lui chaque mot. Le *salavat*, ou profession de foi, et quelques versets du Korân forment le texte de la prière. Ce texte épuisé, les fidèles récitent leur chapelet, dont chaque grain se rapporte à un des attributs de Dieu. Lorsque, par l'effet d'un empêchement quelconque, un musulman ne peut se rendre à la mosquée, il n'est pas dispensé pour cela de dire la prière aux heures voulues. Pour l'accomplissement de ce devoir, il se dépouille des habits somptueux dont il pourrait être revêtu ; ensuite, il se purifie par les ablutions, et il prie, le visage tourné vers la

Mecque. Il est expressément défendu d'abréger la formule de la prière, excepté dans le cours d'un voyage, à l'approche d'un combat et dans quelques autres cas particuliers.

Un acte de piété presque aussi méritoire que la prière, l'aumône, est de même recommandé particulièrement aux musulmans. Il y a les aumônes légales et les aumônes volontaires. On nomme les premières *zacât*, et *sadakât* les secondes. Le Korân veut que l'on fasse l'aumône de cinq sortes de choses : 1° de bétail, c'est-à-dire de chameaux, de bœufs et de brebis, en exceptant ceux de ces animaux qui servent à labourer la terre ou à porter des fardeaux ; 2° d'argent ; 3° de blé ; 4° de dattes et de raisins ; 5° de marchandises. Hormis le cas où l'intégralité de ces choses lui serait indispensable à lui-même et le cas où il n'en serait pas possesseur au moins depuis un an, le fidèle est tenu d'en affecter la quarantième partie à l'aumône. Il doit en outre, à la fin du jeûne de ramadhân, dont nous allons parler, donner aux pauvres, pour lui personnellement et pour chacun des membres de sa famille, une mesure de froment et une égale quantité d'orge, de dattes, de raisin, de riz et d'autres denrées.

Le jeûne est aussi une impérieuse obligation pour le fidèle. Mahomet y attachait une très haute importance. C'était, selon son expression figurée, la porte de la religion ; et il disait que l'odeur de la bouche de l'homme qui jeûne est plus agréable à Dieu que celle du musc elle-même. Les musulmans distinguent trois degrés dans le jeûne. Le premier consiste à empêcher le corps de satisfaire ses appétits ; le second, à contenir les yeux, les oreilles, la langue, les mains, les pieds, de manière qu'ils ne pèchent pas ; le troisième, à garder le cœur de toutes les affections mondaines, en détournant la pensée de tout autre objet que Dieu seul. Le Korân commande aux musulmans de jeûner pendant tout le mois du ramadhân. Durant cette période, ils doivent s'abstenir de toute nourriture et de tout commerce avec les femmes depuis le point du jour jusqu'à la nuit. Il y a des dévots qui observent ces prescriptions avec une si scrupuleuse exactitude, qu'ils se gardent de respirer un parfum, de baigner leur corps, de prendre quelque remède nécessaire, et même d'avaler leur salive à dessein. Il s'en rencontre qui vont jusqu'à se condamner à un mutisme complet, dans la crainte que, s'ils ouvraient la bouche, l'air n'y entrât trop librement et avec trop d'abondance. La nuit venue, les fidèles sont affranchis de toutes leurs privations, et ils usent le mieux qu'ils peuvent, jusqu'aux premières lueurs du matin, de tous les dons que le ciel leur a départis. Les voyageurs sont dispensés des austérités de ce carême, mais à la condition de jeûner autant de jours qu'ils en auront passé dans l'inobservation de la loi, lorsque la raison de la dispense n'existera plus pour eux. Outre les jeûnes obligatoires, il y a les jeûnes volontaires, qui sont d'autant plus méritoires qu'on se les impose pendant les mois que les musulmans regardent comme sacrés.

En temps ordinaire, comme pendant la durée des jeûnes, les mahométans sont tenus à l'observation de certaines abstinences. Ils ne peuvent se nourrir ni de sang, ni de la chair de porc, ni de celle de quelque animal que ce soit qui aurait été sacrifié à une idole, qui serait mort de maladie, ou qui aurait péri par suite d'un accident quelconque. Il leur est défendu pareillement de faire usage de vin et de tout autre liqueur enivrante. D'autres actes aussi, qui ne tiennent point à l'alimentation du corps, leur sont interdits sévèrement. Ainsi, le prêt d'argent à intérêt, et par conséquent l'usure, même envers des hommes étrangers à l'islamisme, leur sont prohibés, comme de graves manquements à la loi. Il ne leur est pas permis non plus de se livrer aux jeux de hasard, et l'homme qui aurait enfreint cette règle ne serait pas admis à témoigner en justice. Les jeux à combinaisons, tels que les échecs et les dames, sont seuls tolérés, encore faut-il que ce genre de délassement ne soit pas un obstacle à l'accomplissement des devoirs religieux, et que les joueurs ne soient mus par aucun intérêt d'argent.

Le *hadj*, ou pèlerinage de la Mecque, est un acte de dévotion dont tout fidèle est tenu de s'acquitter au moins une fois en sa vie, si sa fortune et sa santé le lui permettent. Les femmes elles-mêmes, toutes choses égales, ne peuvent se dispenser de remplir ce pieux devoir. Les musulmans qui entreprennent le saint voyage s'organisent à cet effet en caravanes, ou troupes, pour traverser le désert avec plus de sécurité. On compte chaque année cinq caravanes principales, qui prennent le nom du lieu de leur départ : ce sont celles du Kaire, de Maroc, de Damas, de Perse et des Indes. Chacune est précédée d'un *mahmal*, ou chameau sacré, qui tire son nom d'une haute pyramide de bois, creuse, couverte de beau brocard de soie, ornée de plumes d'autruches, et dans la cavité de laquelle est renfermé un livre de prières et de charmes. Le mahmal se dresse sur le dos du chameau et sert en quelque sorte de bannière aux pèlerins. La caravane la plus considérable est celle de Damas. Le pacha de cette ville ou un de ses officiers l'accompagne toujours, et donne, pendant le trajet, en tirant un coup de fusil, le signal des haltes et celui des départs. Un corps de cavaliers précède ; un autre suit pour rallier les traînards. Les hadjis, ou pèlerins, appartenant à la même province, à la même ville, forment autant de sections distinctes, et s'avancent en colonnes serrées. La place de chaque corps est invariablement fixée dans les rangs de la caravane, afin d'empêcher le désordre pendant les marches de nuit. En général, les pèlerins, par groupes de vingt à trente, louent à Damas les services d'un *mékowem*, espèce d'entrepreneur ou d'intendant, chargé de fournir les chameaux et les vivres nécessaires pour

PRISONNIERS DE LA DECHRA.

Publié par Plon

toute la route, qui ne dure pas moins de trente jours. Ceux d'entre-eux qui sont assez riches pour voyager en litière ou à dos de chameau, sur des selles disposées à cet effet, peuvent dormir la nuit et n'éprouver que peu de fatigue; mais ceux qui, par pauvreté ou par avarice, suivent la caravane à pied, meurent en grand nombre sur le chemin. Au reste, les stations ne sont éloignées l'une de l'autre que de dix à douze heures de marche. On y trouve de l'eau en abondance, et des provisions qu'on y a déposées à l'avance sous la garde de soldats qui y tiennent garnison. La veille du jour où l'on doit arriver à la Mecque, un mékowem se détache et se dirige au galop vers la ville, pour gagner le prix qu'on alloue au *sabbak*, ou précurseur, qui apporte la nouvelle qu'une caravane est arrivée saine et sauve.

Avant de faire leur entrée dans la ville, les pèlerins remplacent, pour la plupart, les vêtements qu'ils portent par l'*ihrâm*, ou habit sacré. L'ihrâm se compose de deux pièces d'étoffe, soit de laine, soit de chanvre, soit de coton, soit de cachemire blanc, dont l'une est roulée autour des reins et l'autre jetée sur le cou et sur les épaules, de manière à laisser à découvert une partie du bras droit. La tête est aussi complètement découverte; et les pieds, nus, sont chaussés de sandales qui n'y tiennent que par l'extrémité des doigts. En arrivant dans la ville sainte, le premier soin du hadji est de visiter la béit Allah. Sous la colonade qui entoure la Kaaba, il récite quelques prières, pour saluer l'édifice, et fait deux *rikâts*, ou quatre prosternations, pour remercier Dieu de lui avoir permis de toucher cette terre sacrée. Ces premiers devoirs remplis, il se dirige vers la Kaaba par une des chaussées pavées qui y conduisent, et fait deux rikâts en face de la pierre noire, où il porte la main, et qu'il baise, si la foule des dévots qui l'assiégent lui en laisse la possibilité. Puis il commence le *towaf*, ou évolution autour de la Kaaba, en observant de garder le monument à sa gauche. Il répète sept fois cette cérémonie, les trois premières fois en avançant d'un pas rapide, les quatre autres en allant d'un mouvement grave et mesuré. Pendant chaque évolution, il récite à voix basse des prières appropriées à chacune des parties de l'édifice, et lorsqu'il passe devant la pierre noire, il y applique de nouveau ou les lèvres ou la main. Les sept tours achevés, il se pose devant l'*al metzam*, c'est-à-dire devant le pan de mur qui s'étend entre la porte et la pierre noire. Là, tenant les deux bras ouverts et la poitrine appuyée contre le mur, il supplie le Seigneur de lui pardonner les fautes qu'il a pu commettre. De la Kaaba, il se rend successivement au mékam Ibrahim, où il fait deux rikâts appelés *sonnât al towaf*, et au puits de Zemzem, où il boit de l'eau sainte en aussi grande quantité qu'il en peut absorber. Là se terminent les formalités qu'il est tenu d'accomplir dans l'intérieur du temple.

Bientôt il en sort par la porte nommée *bab as Safâ*. A cent cinquante pas de là, sur une légère éminence, se dressent trois petites arcades ouvertes, liées par une architrave, et auxquelles on arrive par trois larges degrés. C'est ce qu'on appelle la montagne de Safâ. Debout sur la plus haute marche, le visage tourné vers la Mecque, le hadji élève ses mains au ciel, adresse une courte prière à Dieu, et invoque son assistance pour le *saï*, ou la marche sainte, qu'il est venu accomplir. Aussitôt il descend de la montagne et s'engage dans une rue bien nivelée, longue d'environ six cents pas, et conduisant à Merwâ, qui occupe l'extrémité opposée. On nomme Merwa une plate-forme de pierre, haute d'un peu plus de deux mètres, à laquelle on parvient par plusieurs larges degrés. Au centre de la rue qui remplit l'intervalle de Safâ à Merwâ, quatre piliers de pierre, scellés dans le mur des maisons qui la bordent, marquent la limite d'un espace de quelque étendue dans lequel la marche du hadji doit augmenter de vitesse. Ces piliers portent le nom d'*al miléin al akhdéréin*. Arrivé à Merwâ, le pèlerin se place sur la plate-forme, et répète la prière qu'il a déjà faite à Safâ. La marche entre ces deux points se renouvelle sept fois comme le towaf autour de la Kaaba. Elle est suivie d'une visite à Omra, lieu voisin, où se trouve une chapelle révérée, dans laquelle le hadji fait deux rikâts. Ces actes de de dévotion achevés, il retourne à la Mecque, en chantant pendant toute la route de pieuses oraisons appelées *telby*.

Le lendemain, il reprend le cours de ses saintes excursions. Il se dirige d'abord vers la vallée de Mouna, en passant entre deux colonnes connues sous le nom d'*al aaluméin*, et il y séjourne pendant toute la nuit, en récitant à haute voix les prières consacrées. Au lever du soleil, il continue sa marche et arrive bientôt au mont Arafat. Là, après avoir été honorer plusieurs lieux auxquels se rattachent de saintes traditions, il fait la prière de midi dans la mosquée de Nimréh, pratique l'ablution du ghosl, entend, à trois heures, le *khotbet al wakfé*, ou la prédication du khatib, qui est ordinairement le kâdi de la Mecque ; et, le sermon terminé, c'est-à-dire à la nuit, descend avec rapidité le flanc de la montagne ; course méritoire qu'on nomme *addofa min Arafat*. Le 10 de dzoulhedjé, jour de la fête appelée *néhar al nahher*, le hadji quitte la plaine d'Arafat à la pointe du jour, pour retourner dans la vallée de Mouna. A quelque distance, il gravit le plateau où se dresse la mosquée de Mozdalifa, pour entendre un second sermon du khatib et honorer le saint lieu. La tradition rapporte qu'Abraham, revenant du pèlerinage d'Arafat, rencontra, à l'entrée de la vallée de Mouna, Eblis, qui entreprit de lui barrer le passage. L'ange Gabriel, qui accompagnait le patriarche, lui conseilla de lancer des pierres au démon. Abraham en jeta sept, et Eblis se retira. Quand le patriarche atteignit le centre de la vallée, il eut de nouveau à lutter contre le mauvais ange, et il le contraignit de fuir en recourant au moyen qu'il avait déjà employé. En mémoire de cet évènement, Mahomet a fait construire au milieu de la vallée trois grands piliers de pierre : *djamret al Avala, djamret al Aousat* et *djamret al Sofala*. L'usage veut que le hadji, parvenu en cet endroit, jette sept pierres contre les piliers, par allusion à la victoire d'Abraham. Cette cérémonie achevée, le hadji se saisit d'un mouton ou de tout autre animal, lui tourne la tête du côté de la Kaaba, et lui plonge un couteau dans la gorge, en disant : *Bismillahi'rrahmani'rrahim! Allahou akbar!* au nom du dieu très miséricordieux! ô Dieu suprême! Ce sacrifice accompli, le hadji mange une partie de la chair de la victime et distribue le reste aux pauvres. Puis, il envoie chercher un barbier, se fait raser toute la tête, se dépouille de l'irhâm, reprend ses vêtements accoutumés, et considère le hadj comme terminé. Cependant, il convient qu'avant de retourner dans ses foyers, il aille de plus à Médine, faire ses dévotions au tombeau du prophète.

Fêtes. L'année des musulmans se compose de douze mois lunaires. Ces mois, dont le point de départ est marqué par le lever de la nouvelle lune, sont alternativement de 30 ou de 29 jours. Communément, l'année en compte 354 ; mais elle en a 355 une fois tous les trente ans, au moyen de l'addition d'un jour au mois de dzoulhedjé, qui la termine. Le 1er de moharram, par lequel elle s'ouvre, rétrograde ainsi de 11 jours sur l'année solaire de 365, et arrive successivement dans toutes les saisons. Quatre des mois sont considérés comme sacrés ; ce sont le premier, le septième et les deux derniers ; c'est-à-dire moharram, redjeb, dzoulcada et dzoulhedjé : pendant toute leur durée, il est expressément interdit de commettre aucun acte d'hostilité, fût-ce même contre l'ennemi. Indépendamment de la solennité hebdomadaire du vendredi, les mahométans comptent encore deux fêtes communes : le grand et le petit baïrâms. Le vendredi est pour les sectateurs du Korân ce qu'est le samedi pour les juifs et le dimanche pour les chrétiens : un jour plus spécialement consacré au culte de la Divinité ; mais il diffère des féries juive et chrétienne en ce qu'il n'emporte pas l'obligation de s'abstenir de travail. Ce jour-là, le musulman a uniquement pour devoir d'aller accomplir ses dévotions à la mosquée, au lieu de s'en acquitter dans sa propre maison, et de réciter une prière plus longue qu'il n'a coutume de le faire les autres jours de la semaine. Le sultan lui-même n'est pas dispensé de cet acte public de piété, qu'on désigne sous le nom de *námaz*. Le petit baïrâm, en arabe *id al fetr*, la fête de la rupture du jeûne, dure trois jours consécutifs, à partir du 1er de schoual, mois qui suit immédiatement celui de ramadhân. A Constantinople, aussitôt qu'on voit poindre la nouvelle lune de schoual, les détonations de l'artillerie se font entendre.

A ce signal, le jeûne cesse, et chacun se dispose à se livrer au plaisir. Dès que le soleil se lève, le sultan, assis sur son trône, étincelant de pierreries, entouré d'un faste inaccoutumé, donne audience aux hauts dignitaires de l'empire, reçoit leurs hommages et leurs présents, et, à son tour, leur distribue des faveurs et des grâces. Après cette cérémonie, qu'on appelle le *mouâyédé*, le sultan se rend en grande pompe à la mosquée impériale, où il accomplit avec toute sa cour les actes de piété usités en cette circonstance. Il retourne au temple une seconde fois dans la même journée, avec le même cortége et le même appareil, si le 1er de schoual arrive un vendredi. De leur côté, les musulmans de toutes les classes encombrent les mosquées dès le point du jour. Les prières qu'ils récitent ont plus d'étendue qu'en toute autre occasion. Les imans lisent plusieurs chapitres du Korân, où sont plus particulièrement recommandées l'union et la paix, et ils accompagnent ces lectures de prédications qui ont toujours pour sujet la nécessité du pardon des injures et du maintien d'une fraternelle amitié entre les enfants du prophète. A la sortie du temple, les fidèles se répandent dans la ville, se visitent et s'embrassent mutuellement, se réconcilient, s'il y a lieu, et échangent des vœux et des présents. Le soir, les membres de chaque famille se réunissent chez le plus considérable d'entre eux, s'asseyent à la même table, et prennent part à un festin solennel, dont, suivant la coutume des juifs, un mouton tué tout exprès et qu'on nomme l'agneau pascal, forme la principale pièce. Tant que dure la fête, les artisans interrompent leurs travaux, les marchands tiennent leurs boutiques fermées, toutes les affaires sérieuses sont suspendues, et il règne partout une joie douce et contenue. Le grand baïrâm, en arabe *id al korbân* ou *id ad adhá*, la fête du sacrifice, se célèbre soixante et dix jours après le petit. La durée de celui-là est de quatre jours, et les cérémonies en sont exactement les mêmes.

Mariages, funérailles. Bien que le Korân autorise la polygamie, il conseille néanmoins aux fidèles de limiter à quatre le nombre de leurs femmes; et il comprend dans ce nombre une épouse légitime, de condition libre, et trois concubines esclaves. Le mariage n'est considéré que comme un contrat purement civil, et la religion n'y intervient que pour lui imprimer plus de solennité. Le futur époux, le père, les frères et les autres parents de la future, se rendent, au jour marqué, chez le kâdi, et débattent, en présence de ce magistrat, la quotité de la dot qui sera donnée par le mari au père, ou, à défaut, au plus proche parent de la femme. De là, les parties contractantes se transportent à la mosquée, où l'iman bénit le mariage par des prières qu'accompagne le son des instruments. L'épouse ne prend part à cet engagement que lorsqu'il a été revêtu des formalités que nous venons de décrire. Le mariage n'est pas un lien indissoluble; dans certains cas

Hist.e des Religions.

PROCESSION DU BAIRAM

Publié par Pagnerre

spécifiés par le Korân, le mari peut le briser à son gré. D'un autre côté, le divorce n'a rien d'absolu et de définitif. Un musulman a la faculté de répudier et de reprendre sa femme une première et une seconde fois. Mais, s'il s'en sépare de nouveau après la deuxième rupture, il ne lui est permis de la rétablir dans le domicile conjugal que si, dans l'intervalle, elle a formé une autre union, et qu'elle ait été répudiée par son second mari. Les cérémonies du divorce parmi les musulmans, ne diffèrent point de celles qui sont en usage dans le judaïsme, dont Mahomet les a empruntées.

Les cérémonies des funérailles ont aussi une grande analogie avec ce qui se passe en pareille occasion chez les juifs. Lorsqu'un mahométan a rendu le dernier soupir, son corps est placé au milieu de la chambre mortuaire, et les personnes présentes profèrent tristement ces mots à plusieurs reprises : *Soubanna, Allah!* O Dieu miséricordieux, ayez pitié de nous! On lave ensuite le défunt avec de l'eau chaude dans laquelle on a fait dissoudre du savon ; on brûle de l'encens dans des cassolettes pour éloigner Eblis et les autres anges mauvais, qui s'apprêtent à s'emparer de lui ; et on l'enveloppe d'un linceul sans couture, afin qu'au jour de la résurrection, il puisse se mettre à genoux sans incommodité pour entendre son jugement. Cela fait, on le dépose dans un cercueil, que l'on couvre d'une bande de large étoffe semblable à celle dont se forme l'ihrâm que revêtent les pèlerins lors de la solennité du hadj ; et, sur sa dépouille, on répand des fleurs comme emblème d'innocence. Toutes ces formalités remplies, des imans de l'ordre inférieur chargent le cadavre sur leurs épaules, et le convoi funèbre se dirige vers le cimetière. Là, le mort est placé dans une fosse ouverte, que l'on recouvre seulement d'une dalle temporaire, après que les imans ont récité les prières appropriées à la circonstance. Ce sont des chants tristes et monotones qui renferment des versets du Korân relatifs à la fragilité des choses humaines, aux peines qui doivent atteindre le pécheur dans l'enfer, aux joies qui attendent dans le paradis le fidèle sectateur du prophète. De temps en temps, les imans s'interrompent, et les assistants reprennent en chœur les passages qui viennent d'être psalmodiés. La cérémonie finit avec la dernière strophe. Le Korân interdit formellement le deuil. C'est une opinion générale parmi les musulmans que, pour punir un parent ou un ami que le désespoir pousserait à s'arracher les cheveux, Dieu lui bâtirait dans l'enfer autant de demeures qu'il aurait enlevé de poils de sa tête. On croit aussi que Dieu rétrécira, jusqu'à les écraser entre les parois, le tombeau de ceux qui, en signe de deuil, auront porté des vêtements noirs, et que ces impies ressusciteront aveugles.

Sectes mahométanes. On peut partager en deux classes les sectes des mahométans : celles qui passent généralement pour orthodoxes, et celles qui sont regardées comme hérétiques. On désigne les sectes orthodoxes sous le nom général de sonnites ou de traditionnaires, parce qu'elles admettent l'autorité de la Sonna (1). Ainsi que nous l'avons dit ailleurs, celles-ci sont au nombre de quatre. Les membres de la première, les hanéfites, sont aussi appelés les sectateurs de la raison; ceux des trois autres, les mâlékites, les shâféites et les hanbalites, reçoivent l'épithète commune de sectateurs de la tradition. Les hanéfites ont eu pour fondateur Abou Hanîfa al Nômân ebn Thâbet, qui naquit à Koufâ en l'an 699 de notre ère, et mourut, en l'an 769, dans les prisons de Bagdâd, où l'avait fait jeter son refus d'accepter les fonctions de kâdi, qu'il se croyait incapable de remplir dignement. La secte des mâlékites a été établie par Mâlek ebn Ans, né à Médine en 709, mort en 796. Ce saint docteur était renommé pour son savoir et pour sa modestie. Sa doctrine est principalement professée par les Arabes qui habitent la Barbarie et d'autres contrées du nord de l'Afrique. Mahomet ebns Edous al Shâféi, auteur de la secte des shâféites, vit le jour à Gaza, ou Ascalon, en Palestine, en 774, et mourut en Égypte en 823. Il excella dans toutes les parties de la science sacrée, réveilla la tradition, qui, de son temps, était tombée dans un oubli presque complet, et fut le premier qui apporta de la méthode dans l'étude de la jurisprudence. L'opinion commune fait naître, en 780, à Méroû, dans le Khorassân, province de Perse, le fondateur de la secte des hanbalites, Ahmed ebn Hanbal, ami et contemporain de Mahomet ebns Edous al Shâféi. Il vint, encore enfant, à Bagdâd, où quelques-uns placent son berceau. Sa vertu et sa science lui acquirent dans la suite une haute réputation. Les historiens arabes rapportent qu'étant allé en Égypte, le khalife al Motassem le fit jeter en prison et fouetter cruellement, parce qu'il n'avait pas voulu reconnaître que le Korân est un livre créé. Ils ajoutent qu'à sa mort, qui arriva en 855, à Bagdâd, vingt mille juifs, chrétiens et parsis se convertirent au mahométisme, et que huit cent mille hommes et soixante mille femmes accompagnèrent son convoi funèbre. Ses sectateurs s'étaient fort multipliés originairement; mais, ayant, en 934, sous le khalifat d'al Râdi, provoqué des troubles graves à Bagdâd, sous prétexte de religion, ils se virent soumis à de très gênantes restrictions, qui, successivement, les ont rendus de plus en plus rares. On en compte un bien petit nombre aujourd'hui, et ces faibles restes sont presque exclusivement confinés dans l'Arabie.

Les sectes hérétiques datent des premiers temps de l'islamisme. Déjà, entre les compagnons du prophète, il s'éleva de profonds dissentiments. Le plus important de tous, né de l'intérêt et de l'ambition, avait rapport à la

---

(1) Voir page 313 de ce volume.

qualité d'imâm, ou de légitime successeur de Mahomet, qui était vivement disputée par ses lieutenants. A la mort de ceux-ci, de nouvelles sectes surgirent. Les musulmans évaluent à soixante-treize celles qui se sont formées depuis l'établissement de leur religion. Les principales sont celles des môtazalites, des séfâtiens, des khâredjites et des schiites.

Les môtazalites ont pour auteur Wâsel ebn Atâ, natif de Basra; leurs hérésies portent particulièrement sur la nature des attributs de Dieu, sur l'essence de ce souverain être, sur la prédestination, sur le péché, et sur quelques autres articles de foi. Dans les rangs des môtazalites, se sont établies des sectes secondaires, qui s'éloignent, sur plusieurs points, des dogmes et des maximes professés par la secte mère : telles sont celles des hodéiliens, dont le fondateur fut Hamdân Abou Hodéil; des djobbaïens, disciples d'Abou Ali Mahomet ebn Abd all Wahhâb, surnommé al Djobbaï; des hâshémiens, sectateurs d'Abou Hâshem Abd al Salâm; des nodhâmiens, ainsi appelés de leur chef, Ibrahim al Nodhâm; des hâyétiens, qui eurent pour auteur Ahmed ebn Hâyet; des djâhedhiens, qui suivent les opinions d'Amrou ebn Bahr, surnommé al Djâhedh; des mozdâriens, qui descendent d'Isa ebn Sobéid al Mozdâr; des bashariens, qui ont adopté la doctrine de Bashar ebn Môtamer; des thamâmiens, qui tirent leur nom de Thamâma ebn Bashar; et enfin des kadariens, qui dérivent le leur du mot *kadr*, pouvoir, parce qu'ils admettent que l'homme a la puissance d'agir librement.

La grande secte des séfâtiens se distingue des môtazalites en ce qu'elle affirme, contre le sentiment de ceux-ci, que Dieu a des attributs éternels, et qu'elle n'établit pas de différence entre les attributs essentiels et les attributs d'opération. On voit sur quelles subtilités reposent les dissidences d'opinions de ces sectaires. Les séfâtiens se subdivisent en cinq classes. Les ashâriens, qui forment la première, procèdent d'Abou Hasan al Ashâri, et enseignent la prédestination absolue et la prédétermination physique. Les moshabbéites, ou assimilateurs, affirment que Dieu a, comme les hommes, une figure visible et des sens. Les kérâmiens, disciples de Mahomet ebn Kérâm, et qu'on appelle aussi modjassémiens, ou corporalistes, soutiennent qu'il existe une ressemblance entre Dieu et les êtres créés, et que l'essence de Dieu est corporelle. Les djabâriens nient que l'homme soit doté du libre arbitre, et attribuent toutes ses actions à la pensée et à l'impulsion de Dieu. Leur nom est dérivé des mots *al djabr*, qui signifient nécessité. La cinquième classe des séfâtiens comprend les morgiens, ainsi appelés d'un terme arabe qui veut dire à la fois préférer, espérer, ajourner, par allusion à divers points de leur croyance. Ils enseignent que le jugement de tout musulman qui a été coupable d'un grand péché sera renvoyé jusqu'à la résurrection; que la désobéissance ne risque pas d'être punie, si elle est d'ailleurs accompagnée de la foi; et, d'un autre côté, que l'obéissance unie à l'incrédulité ne sert de rien pour assurer le salut.

La troisième grande secte hérétique, celle des khâredjites, ou des rebelles, a pour auteurs douze mille hommes qui se séparèrent d'Ali parce qu'il avait soumis à un arbitrage la décision de ses droits au khalifat. L'hérésie des khâredjites porte sur deux chefs principaux. Premièrement, ils soutiennent qu'un homme peut parvenir à la dignité d'imâm, ou de prince, bien qu'il ne soit pas de la tribu des Koréischs, et qu'il ne soit pas même libre, pourvu qu'il pratique la justice et la piété; qu'en tout cas, l'imâm peut être déposé et mis à mort, s'il se détourne de la vérité; enfin qu'il n'est pas de nécessité absolue qu'il y ait aucun imâm au monde. En second lieu, ils accusent Ali d'avoir péché en remettant au jugement des hommes une affaire qui devait être décidée par Dieu seul; et, par suite, ils le déclarent infidèle et maudissent sa mémoire. Les premiers khâredjites furent en grande partie taillés en pièces par les ordres d'Ali. Ceux d'entre eux qui échappèrent au massacre se répandirent au loin, conservant et propageant les opinions qui avaient causé leur proscription et la mort de leurs frères. Aujourd'hui, leurs successeurs habitent principalement le Kermân, le Sedjestân, la Mésopotamie et les autres contrées de cette région. Comme les deux hérésies principales dont nous venons de parler, l'hérésie khâredjite s'est fractionnée en plusieurs sectes, sur lesquelles on n'a recueilli que des notions incomplètes et d'un très faible intérêt.

Sous le nom de schiites, ou sectateurs, les partisans d'Ali ebn Abi Tâleb, cousin de Mahomet et l'un de ses lieutenants les plus dévoués, forment l'hérésie la plus importante de l'islamisme. Ce schisme trace une ligne de démarcation profonde entre les Persans, qui l'ont embrassé et perpétué, et les Turcs, qui professent les doctrines sonnites. Il date de l'époque où Ali, qui déjà avait pris le titre de premier des croyants, soutint qu'il était imâm et khalife légitime, et que l'autorité suprême temporelle et spirituelle appartenait de droit à ses descendants, quoiqu'ils pussent s'en laisser dépouiller ou par timidité ou par impuissance. Les schiites se partagent en cinq sectes principales, subdivisées elles-mêmes en une infinité d'autres. Toutes admettent les prétentions exprimées par Ali, et, de plus, elles croient que les imâms doivent se garder des péchés même les moins graves, et que chacun d'eux est tenu de déclarer publiquement, soit par paroles, soit par actions, soit par engagements, à qui il est attaché et de qui il est séparé, sans rien excepter ou dissimuler dans cette solennelle occasion. Les points sur lesquels elles diffèrent rapprochent les unes des môtazalites; les autres, des moshabbéhites; et un petit nombre, des sonnites ou orthodoxes. Plusieurs sectaires schiites se distinguent par des opinions exceptionnelles. Ainsi les khattâbiens, ou disciples d'Abou'l Khattâb, enseignent que le paradis n'est autre chose que les plaisirs que l'on goûte dans ce monde; que le feu de l'enfer doit s'entendre des peines qu'on y souffre; et que l'univers et le genre humain ne finiront jamais. Les gholaïtes, ainsi nommés du zèle outré qu'ils professent pour les imâms, attribuent à ces saints personnages une nature supérieure à celle des autres êtres créés, et des qualités toutes divines, qui leur seraient communiquées en vertu de l'opération appelée *al holoul*, laquelle constitue proprement une incarnation, dans le sens que les brahmaïstes et les chrétiens attachent à ce mot. Le dogme de la métempsychose figure également au nombre des croyances gholaïtes. Les nosaïriens et les ishakiens, renchérissant sur ces sectaires, affirment que non-seulement Dieu lui-même, mais encore les anges bons et mauvais, revêtent, quand il leur plaît, des corps humains; et, pour prouver la divinité d'Ali, ils lui prêtent une foule de miracles. Ils vont même jusqu'à soutenir qu'Ali a précédé la création de l'univers, et qu'il était de toute éternité dans la substance de Dieu. Les soufis enfin sont de prétendus inspirés, qui s'efforcent de persuader au peuple qu'ils sont en relations étroites avec le ciel et qu'ils en reçoivent des révélations. Il faut comprendre en outre dans les subdivisions de l'hérésie schiite une foule d'associations mystérieuses, telles que celle des servanites, des farkounites, des sindiks, des mohamméens, des rawendites, des karmathites, des haschischins et autres, qui surgirent en Perse et en Syrie dans les premiers siècles de l'islamisme, et dont les débris subsistent encore aujourd'hui (1).

Les wahabites, qui parurent dans l'Yémen, vers le milieu du xviiie siècle, n'appartiennent à aucune des hérésies ci-dessus. En général, les musulmans considèrent Mahomet comme un prophète inspiré; les wahabites ne voient dans ce novateur qu'un homme doué d'une grande sagesse. Le Korân est leur règle morale et ils en observent fidèlement les préceptes, mais ils en rejettent tout ce qui s'éloigne de la possibilité rationnelle. Ils n'apportent pas une foi plus grande dans ce qu'on nomme la tradition. Bien qu'ils admettent une révélation surnaturelle, ils disent cependant n'avoir reçu par cette voie la connaissance d'aucun autre dogme que celui de l'existence et de l'unité de Dieu. Par toutes ces raisons, ils envisagent les autres mahométans comme des idolâtres, et ressentent pour eux une profonde horreur; aussi, chaque fois que l'occasion s'en présente avec sécurité, se portent-ils contre eux à des actes de violence. Du reste, ils ont adopté la plupart des pratiques religieuses de l'islamisme. Comme les musulmans, ils sont circoncis; ils

---

(1) Voir pour ce qui concerne ces associations, notre *Histoire pittoresque de la franc-maçonnerie et des sociétés secrètes*, pages 345 et suivantes.

ont le même nombre d'oraisons, les mêmes ablutions, et ils font des génuflexions semblables. Ils observent le carême du ramadhân, s'abstiennent du vin et de toute liqueur fermentée, et ont même été jusqu'à s'interdire l'usage du tabac sous les peines les plus sévères. Leurs mosquées n'ont aucun ornement intérieur ; ils en ont abattu les minarets et ils n'y souffrent pas de lieux élevés. Un iman y fait la lecture du Korân et la prière. Le zèle qui anime les wahabites a engagé ces réformateurs de l'islamisme dans des guerres acharnées contre le reste des musulmans. Partout où ils ont pénétré, ils ont renversé les mosquées et les tombeaux, objets d'une vénération superstitieuse. Victorieux en beaucoup de rencontres, ils ont enfin été vaincus et dispersés en 1818 par Méhémet Ali. Toutefois ils n'ont pas été entièrement anéantis, et leurs croyances conservent encore, sur divers points, de nombreux et ardents sectateurs.

Une dernière hérésie qu'on ne saurait non plus classer dans aucune des catégories dont il vient d'être question est celle des druzes, peuples qui habitent le Liban. Leurs croyances et leurs pratiques religieuses offrent un mélange de mahométisme, de judaïsme, de christianisme, et d'opinions et de coutumes particulières. Nos évangiles sont au nombre des écrits qu'ils lisent avec le plus de respect et de prédilection. On a d'eux un catéchisme où ils enseignent qu'il existe un Dieu, le seigneur Hakem, lequel a révélé sa divinité huit ans après son apparition sur la terre ; que, la neuvième année, ce Dieu disparut ; qu'il revint la dixième pour disparaître encore ; et qu'il reviendra une dernière fois sous la figure humaine et corporelle à la fin des siècles, pour juger les hommes « par l'épée de sa toute-puissance. » Ils croient à l'immortalité de l'âme ; mais ils pensent qu'après la mort les hommes vertueux renaissent dans les corps d'autres hommes, tandis que les méchants revivent dans les corps des chiens. Les druzes ne prient point, parce que, disent-ils, Dieu connaît nos besoins mieux que nous-mêmes. Ils pratiquent la circoncision, la confession mutuelle, et la communion, qu'ils font consister à s'administrer eux-mêmes un morceau de pain, trempé dans du vin cuit. Là se borne ce que l'on connaît de cette religion, qui est entourée d'un profond mystère, et dont aucun étranger n'est admis à voir les cérémonies. C'est très probablement l'ignorance où l'on est de ce qui se passe dans leurs secrètes assemblées qui a fait accueillir par quelques auteurs l'accusation portée contre les druzes de se livrer dans ces réunions aux plus énormes impiétés et aux excès de la plus révoltante débauche. Mais ce sont évidemment d'indignes calomnies ; car il n'y a pas de société politique qui pût durer, si elle renfermait en elle un tel principe de dissolution.

Conclusion. On concevrait de l'islamisme une opinion très désavantageuse et très fausse, si on le jugeait sur l'ensemble des dogmes qu'il enseigne et des pratiques de dévotion qu'il prescrit. En le créant, Mahomet n'entendait pas formuler un système de religion homogène et à l'abri de toute critique; il voulait se donner l'instrument le plus propre à réaliser les vues politiques qu'il avait conçues. Ces vues consistaient à réunir en un corps de nation, et à lier entre elles par une doctrine et un culte communs, les tribus éparses et hostiles qui couvraient le sol de l'Arabie. En général, il procéda par voie, non d'innovation, mais de transaction, empruntant de chacune des croyances professées de son temps dans le pays ce qu'elles avaient de plus saint et de plus vénéré, afin de se les concilier toutes. Le petit nombre de principes qui lui appartiennent dans l'œuvre de l'islamisme accusent un esprit élevé et de louables intentions. Les Arabes étaient livrés à l'idolâtrie : il proclame l'unité de Dieu, et interdit, comme impie, l'adoration des images. Il prétend, il est vrai, qu'il reçoit les inspirations directes de la Divinité, mais c'est pour imprimer plus d'autorité à sa parole, et il ne cesse pas pour cela de confesser ce qu'il est, un être mortel et périssable. Les Arabes sont plongés dans une ignorance profonde : il exige qu'ils s'instruisent par l'étude, par les voyages, par de mutuels rapports; et il sanctionne, comme un des moyens les plus efficaces, l'antique usage du hadj, dont il fait une obligation absolue pour tout fidèle musulman. Les Arabes sont cupides et coutumiers de l'usure : il prohibe le jeu, le prêt à intérêt, même envers les infidèles, et fixe la quotité des aumônes que le vrai croyant devra faire chaque année. Les Arabes sont enclins à la paresse : il leur recommande le travail, et ne fait pas d'exception pour les jours plus spécialement consacrés au culte de la Divinité. Ils emploient les charmes, les talismans, pour éloigner les maux qui les menacent, pour nuire à leurs ennemis et aux heureux qu'ils envient : il leur révèle le dogme de la prédestination, qui leur montre l'impuissance de leurs pratiques conjuratrices. Ils sont disposés à abuser de la force envers les femmes et envers les vaincus : il leur dit que Dieu ne fait pas de distinction entre l'homme et la femme, et il veut qu'il n'y ait point d'esclaves parmi les sectateurs de sa doctrine. Qu'on lise la morale qu'il a consignée dans le Korân, et l'on se convaincra qu'il n'y a pas une vertu sociale qu'il n'ait entrepris de sanctifier. Sans doute que, pour les peuples qui avaient hérité des institutions de l'Occident, l'islamisme était une conception bien imparfaite et bien arriérée; mais il était un inappréciable bienfait pour ceux de l'Asie et de l'Afrique, qui l'ont principalement adopté, et qui lui doivent pour la plupart les quelques projets qu'ils ont faits dans la civilisation.

LIVRE HUITIÈME. — DÉISME.

CHAPITRE UNIQUE.

Religion naturelle, culte républicain, théophilanthropie, saint-simonisme. Écrits sur la religion naturelle. David Williams en établit le culte en Angleterre. — Tentatives du même genre dans d'autres pays. — Culte républicain. Fête de la Raison. Fête de l'Être-Suprême. — Théophilanthropie. Histoire, dogme, cérémonies. — Saint-simonisme. Vie du fondateur. Formation de l'école. Phases successives de la doctrine. Schismes. Retraite de Ménilmontant. Procès. Dissolution.

Religion naturelle. A toutes les époques, des écrivains philosophes ont professé plus ou moins ouvertement dans leurs ouvrages le déisme, ou la religion naturelle, qui se réduit à la croyance en un être suprême et en l'immortalité de l'âme. Il y avait souvent une grande hardiesse dans la manifestation de pareils sentiments, en présence d'institutions religieuses établies sous la sanction de la loi, et qu'avait intérêt à garantir de toute atteinte un clergé implacable et habile, soutenu par la faveur des gouvernements et par le fanatisme aveugle et brutal de la masse du peuple. Aussi plusieurs de ces imprudents penseurs payèrent-ils de leur liberté, de leur vie même, l'inopportune et périlleuse émission de leur doctrine. Mais ils avaient ouvert la voie; et d'autres vinrent après eux, qui, trouvant les esprits suffisamment préparés, purent, sans obstacle, exposer et propager leurs idées. Ceux-ci étaient sur une pente où il leur était difficile de s'arrêter. Une religion à l'état de pure théorie ne les satisfaisant pas, ils songèrent à traduire le déisme en culte public. C'est ce que, dès 1756, dans un écrit intitulé : *Panagiana panurgica, ou le faux évangéliste*, demandait Prémontval, qui, antérieurement, avait quitté le catholicisme pour se faire protestant. Un Anglais répondit le premier à cet appel ; il se nommait David Williams, et était pasteur d'une église de *dissenters*, ou dissidents, à Liverpool. En 1776, il concerta avec Benjamin Franklin un plan d'enseignement théologique pour propager le déisme, et immédiatement il publia une « liturgie fondée sur les principes universels de religion et de morale. » Le livre où cette liturgie était consignée avait pour titre : *Leçons sur l'éducation.* « J'ai, dit-il dans la préface, conçu le projet d'obtenir pour la philosophie la même tolérance qu'on accorde aux extravagances de l'enthousiasme. D'autres ont pensé, écrit, avec liberté; aucun n'a placé la morale à côté de la superstition, par un enseignement public. J'ai voulu émanciper la morale, la préserver du déshonneur d'être présentée au peuple infectée du venin du fanatisme. » L'entreprise de Williams eut l'approbation de Teller, célèbre théologien protestant de Berlin ; de Lecat, de Raspe, de Bode, conseiller aulique, fameux par la part qu'il prit à l'illuminisme et par sa haine pour les jésuites. Williams reçut aussi les encouragements de Frédéric II et de Voltaire. Le dernier lui écrivait : « J'ai lu votre lettre avec le même plaisir qu'un rose-croix lirait l'ouvrage d'un adepte. » Les *free thinkers*, ou libres penseurs anglais, se rallièrent aux idées de Williams, et ouvrirent des souscriptions au moyen desquelles le novateur loua, à Londres, dans Margaret-street, une vaste salle, qu'il transforma en un temple. Le jour de la dédicace, Williams, qui avait pris le titre de prêtre de la nature, s'éleva avec vivacité contre toutes les religions qui ont la révélation pour base. Toutefois, dans ses prédications, régnait en général un ton de modération qui était conforme à son caractère. L'affluence des curieux avait donné une certaine vogue au nouveau culte ; mais, insensiblement, le nombre des auditeurs diminua, et l'établissement disparut après quatre ans d'existence. Vers la fin du siècle dernier et au commencement de celui-ci, diverses tentatives du même genre furent faites en Hollande, en Allemagne, aux États-Unis d'Amérique, et elles n'eurent là ni plus de succès ni plus de durée que n'en avait eu en Angleterre celle de David Williams.

Culte républicain. En substituant, le 5 octobre 1793, au calendrier grégorien, un calendrier nouveau, dans lequel les noms des saints affectés à chaque jour de l'année étaient remplacés par ceux de productions du sol, d'animaux utiles et d'instruments aratoires, la Convention nationale faisait pressentir la suppression de droit du culte catholique, qui déjà existait de fait dans la presque totalité des communes de France. Les fêtes qu'elle institua, le 24 du même mois, en l'honneur de la Vertu, du Génie, du Travail, de l'Opinion et des Récompenses, et qui devaient être célébrées pendant les cinq jours complémentaires appelés *sans-culottides*, témoignaient qu'elle était imbue d'idées philosophiques et morales qu'il entrait dans sa politique de faire prédominer parmi le peuple. Elle se préparait à compléter son œuvre par l'établissement d'autres solennités, qui devaient remplacer celles du catholicisme, sans exclure toutefois la croyance en un être suprême ; mais la Commune de Paris, dont les membres rejetaient pour la plupart cette croyance, entreprit de mettre obstacle à la réalisation des vues de la Convention, et prit, en conséquence, l'initiative d'une cérémonie qui était en quelque sorte l'inauguration d'un culte tout philosophique : nous voulons parler de la Fête de la Raison, qu'elle célébra dans l'église de Notre-Dame le 25 novembre 1793, et dont voici la description :

Dans la nef de la cathédrale, s'élevaient des estrades: un théâtre était dressé à l'entrée du chœur. Au sommet d'une montagne, on apercevait un temple orné de guirlandes et entouré d'arbres, au fronton duquel on lisait cette inscription : « A la philosophie, » et dont la façade était décorée des bustes des philosophes qui se sont le plus signalés par leur haine contre le fanatisme. Au milieu de la scène, était un rocher sur lequel brillait le flambeau de la vérité. Tous les artistes de l'Opéra figurèrent dans cette fête. Elle s'ouvrit par un hymne dont voici la première strophe :

> A tant de siècles d'imposture,
> Succède un jour de vérité.
> De l'erreur la cohorte impure
> Rampe aux pieds de la liberté.
> Sur les ruines du despotisme,
> Nos mains ont placé ses autels :
> Français, dressons-en de pareils
> Sur les débris du fanatisme.
> Offrons à la Raison notre hommage et nos vœux :
> Un peuple qui l'invoque est digne d'être heureux.

Bientôt on vit arriver, portée sur un palanquin et entourée d'un nombreux cortége, une femme d'une remarquable beauté, représentant la déesse de la Raison. Elle alla se placer debout sur l'autel, aux acclamations de toute l'assemblée. Pendant qu'on chantait des hymnes, des jeunes filles vêtues de blanc, couronnées de feuilles de chêne, et portant à la main un flambeau, descendirent de la montagne; et la déesse de la Liberté, sortant du temple de la Philosophie, vint s'asseoir sur un siége de verdure, et recevoir les hommages du peuple affranchi par elle. La Liberté, accompagnée des membres de la Commune, fut ensuite menée en grande pompe, à la Convention nationale, qui décréta immédiatement qu'une députation de l'assemblée se rendrait au temple de la Raison pour y assister à une deuxième représentation de la cérémonie. De semblables fêtes eurent successivement lieu sur tous les points de la France.

Beaucoup de conventionnels n'avaient donné leur approbation à l'acte de la Commune que pour éviter un conflit. Ils ne renonçaient pas au projet qu'ils avaient formé de rapprocher le plus qu'il serait possible le nouveau culte des anciennes idées religieuses. Un d'entre eux, Robespierre, après avoir présenté au comité de salut public un « exposé sur les rapports des idées religieuses et morales avec les principes républicains, et sur les fêtes nationales, » proposa à la Convention un décret portant « que le peuple français reconnaissait l'existence de l'Être suprême et l'immortalité de l'âme; qu'il reconnaissait que le culte de l'Être suprême est la pratique des devoirs de l'homme; qu'il mettait au premier rang de ces devoirs la haine et la punition des tyrans; qu'il serait institué des fêtes pour rappeler à l'homme la pensée de la Divinité et la dignité de son être; que ces fêtes emprunteraient leurs noms des évènements glorieux de la révolution, des vertus les plus chères et les plus utiles à l'homme, et des plus grands bienfaits de la nature; que la république célébrerait les 10, 20 et 30 du mois, jours de décadi, des fêtes à l'Être suprême et à la Nature, au Genre Humain, au Peuple Français, aux Bienfaiteurs de l'Humanité, aux Martyrs de la Liberté, à la Liberté, etc. » La Convention nationale adopta cette proposition, et la fête à l'Être suprême, dont elle décréta la célébration, eut lieu à Paris et dans toute la France le 8 juin 1794.

Un écrivain du temps rapporte qu'un vaste amphithéâtre, qui pouvait contenir environ deux mille personnes, avait été dressé contre le château des Tuileries, du côté du jardin. Plus de huit cents musiciens en occupaient les degrés inférieurs. A midi, arrivèrent les membres de la Convention, vêtus d'habits bleu de roi avec des culottes en peau de daim, et portant à la main un bouquet d'épis de blé, de fleurs et de fruits. Le président, Robespierre, avait un habit de velours violet. Il parut à une tribune élevée, et prononça un discours dans lequel il félicitait le peuple de ce que le jour consacré à fêter l'Être suprême était arrivé, et l'exhortait à rendre à la Divinité le culte qui lui est dû. Ensuite on chanta un hymne dont les paroles étaient de Désorgues, la musique de Gossec, et qui commençait par ce vers:

> Père de l'univers, suprême intelligence!

En face de l'amphithéâtre, ajoute l'auteur que nous citons, s'élevait au-dessus du bassin, qu'on avait couvert d'un plancher, un monument qui représentait réunis tous les ennemis de la félicité publique. L'Athéisme y dominait soutenu par l'Ambition, l'Égoïsme, la Discorde et la Fausse Simplicité. Sur le front de ces figures on lisait: « Seul espoir de l'étranger. » Robespierre mit le feu au groupe; et, au moment où l'Athéisme devint la proie des flammes, il prononça un second discours, après lequel les chœurs se firent entendre de nouveau. Cette cérémonie terminée, les sept cents membres de la Convention, réunis sur deux lignes, sans gardes, et environnés du peuple, dont ils n'étaient séparés que par un simple cordon de soie rouge, se dirigèrent, leur président à leur tête, vers la place de la Révolution. Au milieu d'eux, s'avançait un char traîné par quatre taureaux ornés de guirlandes de feuillage et de fleurs, et surmonté d'un trophée composé d'instruments d'arts et de métiers et de productions du sol français. Arrivés au pied de la statue de la Liberté, qui occupait le centre de la place, les députés déposèrent des offrandes devant elle. Le cortége s'achemina ensuite vers le Champ-de-Mars. Là, s'élevait l'autel de la Patrie, formé par une haute montagne, au faîte de laquelle on avait planté un arbre de la liberté. Les représentants se groupèrent autour de cet arbre; et aussitôt les instruments se firent entendre et les chœurs exécutèrent un hymne de Marie-Joseph Chénier, que Méhul avait mis en musique. La fête se termina par une salve d'artillerie, et aux cris répétés de *Vive la Liberté*. On a vu ailleurs (1) que le Directoire, qui succéda à la Convention nationale, institua d'autres fêtes, et que toutes furent abolies par le gouvernement consulaire.

Théophilanthropie. A côté de ce culte officiel, que les auteurs avaient destiné à la nation en corps plutôt qu'à la famille, quelques personnes en établirent un autre, qui leur semblait remplir convenablement le dernier objet. Cet autre culte, appelé originairement théoandropophilie, reçut plus tard le nom de théophilanthropie, sous lequel il est généralement connu aujourd'hui. Les fondateurs, Chemin, Mareau, James, Mandar et Haüy, frère du physicien, adoptèrent un manuel rédigé par Chemin, l'un d'eux, et tinrent, en 1796, une première réunion à Paris, rue Saint-Denis, au coin de la rue des Lombards, à l'institution des aveugles dirigée par Haüy. Peu après, ils obtinrent de l'autorité civile la faculté de célébrer leur culte dans la plupart des églises, même dans celle de Notre-Dame, concurremment avec les catholiques, à qui elles venaient d'être rendues. Couronnée à Paris d'un si rapide succès, leur propagande s'étendit aux départements, et, en quelques mois, ils avaient établi des succursales à Versailles, Bernay, à Soissons, à Poitiers, à Châlons-sur-Marne, à Sancerre, à Bourges, à Liége, et dans beaucoup d'autre villes. Cependant tous leurs efforts échouèrent au Hâvre, à Château-Thierry et à Bordeaux. Ils éprouvèrent, après dix-huit mois d'existence, un autre échec qui leur fut plus sensible encore. La division se mit dans leurs rangs et arrêta leurs progrès. Les schismatiques, qui tenaient leurs assemblées dans l'église de St-Thomas-d'Aquin, à Paris, donnèrent à leurs cérémonies le titre de *non-catholiques*, puis celui de *culte primitif*, et se déclarèrent indépendants de la juridiction que les créateurs de la nouvelle religion prétendaient établir sur tous les théophilanthropes. Ils leur reprochaient de paraître se former en *secte*, de se distribuer des missions et de reconnaître entre eux un centre de doctrine et de police. Parmi les personnages diversement célèbres qui s'étaient ralliés à la religion théophilanthropique, on remarquait Creuzé-Latouche; Julien (de Toulouse); Regnault, du Conseil des Anciens; Dupont (de Nemours); Palissot; Laréveillère-Lépaux, qui fut membre du Directoire; Mercier, auteur du *Tableau de Paris*; Bernardin de Saint-Pierre, qui, s'il faut en

---

(1) Page 285 de ce volume.

croire un historien de la théophilanthropie, aurait été parrain d'un nouveau-né de cette religion, à Saint-Thomas-d'Aquin. Très nombreuses dans le commencement, les réunions théophilanthropiques finirent par se dissoudre d'elles-mêmes. Au 8 novembre 1799, la société n'occupait plus que les temples de la Reconnaissance (Saint-Germain-l'Auxerrois), de l'Hymen (Saint-Nicolas-des-Champs), de la Victoire (Saint-Sulpice), et de la Jeunesse (Saint-Gervais). Enfin, le 4 octobre 1801, un arrêté des consuls interdit aux théophilanthropes leurs réunions dans les édifices nationaux. Le culte théophilanthropique eut cinq ans d'existence à Paris, dans les départements et dans quelques villes de la Suisse et de la Hollande, où il avait pénétré.

L'existence de Dieu et l'immortalité de l'âme étaient les seuls dogmes admis par les théophilanthropes. Ils croyaient, sans rechercher par quelles voies, que Dieu récompense les bons et punit les méchants; qu'il ne juge les hommes, ni sur leurs opinions, ni sur les formes de leurs cultes, mais d'après le fond de leurs cœurs et d'après leurs actions. Ils n'étaient en conséquence ni intolérants ni persécuteurs. Toute leur morale reposait sur ce précepte : « Adorez Dieu, chérissez vos semblables, rendez-vous utiles à la patrie. » Pour se guider dans l'appréciation de ce qui est bien et de ce qui est mal, ils avaient adopté ce criterium : « Le bien est ce qui tend à conserver l'homme et à le perfectionner; le mal est ce qui tend à le détruire ou à le détériorer; » en d'autres termes : « Il n'y a de bonnes actions que celles qui sont utiles, et de mauvaises que celles qui sont nuisibles. » De ces principes, ils faisaient dériver une foule de devoirs, qu'ils divisaient en trois classes. La première classe comprenait les devoirs envers Dieu; la deuxième, les devoirs envers nous-mêmes; la dernière, les devoirs envers nos semblables. Les devoirs envers Dieu consistaient dans l'adoration; les devoirs envers soi-même se composaient de la science, de la sagesse, de la prudence, de la tempérance, du courage, de l'activité, de la propreté. Les devoirs envers autrui étaient de deux sortes : il y avait, premièrement, les devoirs de famille ou vertus domestiques, qui comprenaient l'économie, l'amour paternel, l'amour conjugal, l'amour filial, l'amour fraternel, les devoirs respectifs des maîtres et des serviteurs; il y avait, en second lieu, les devoirs envers la société, ou vertus sociales, telles que la justice, la charité, la probité, la douceur, la modestie, la sincérité, la simplicité des mœurs et l'amour de la patrie.

Les théophilanthropes ne donnaient au sommeil que le temps nécessaire pour réparer leurs forces. Au moment de leur réveil, ils élevaient leur âme à Dieu, et lui adressaient, au moins par la pensée, l'invocation suivante, que nous empruntons au Manuel de Chemin : « Père de la nature, je bénis tes bienfaits, je te remercie de tes dons. J'admire le bel ordre de choses que tu as établi par ta sagesse, que tu maintiens par ta providence, et je me soumets pour toujours à cet ordre universel. Je ne te demande pas le pouvoir de bien faire ; tu me l'as donné, ce pouvoir, et, avec lui, la conscience, pour aimer le bien ; la raison, pour le connaître ; la liberté, pour le choisir. Je n'aurais donc pas d'excuse, si je faisais le mal. Je prends devant toi la résolution de n'user de ma liberté que pour faire le bien, quelque attrait que le mal puisse me présenter. Je ne t'adresserai point d'indiscrète prière : tu connais les créatures sorties de tes mains : leurs besoins n'échappent pas plus à tes regards que leurs plus secrètes pensées. Je te prie seulement de redresser les erreurs du monde et les miennes ; car presque tous les maux qui affligent les hommes proviennent de leurs erreurs. Plein de confiance en ta justice, en ta bonté, je me résigne à tout ce qui arrivera. Mon seul désir est que ta volonté soit faite. » A la fin de la journée, qu'ils avaient consacrée au travail, et qu'avaient signalée l'amitié dans leurs rapports mutuels, la sobriété dans leurs repas, et l'exercice scrupuleux, mais sans faste, de tous les devoirs qu'ils s'étaient imposés, les théophilanthropes s'adressaient à eux-mêmes ces questions et d'autres semblables : « De quel défaut t'es-tu corrigé aujourd'hui ? Quel penchant as-tu combattu ? En quoi vaux-tu mieux ? » Le résultat de cet examen de conscience devait être la résolution de devenir meilleur le lendemain.

Les décadis, originairement, et plus tard, les dimanches, les sectateurs de la théophilanthropie se réunissaient dans leurs temples pour vaquer aux devoirs du culte, et entendre les discours de ceux d'entre eux qui étaient chargés accidentellement de l'office de pasteurs. Des inscriptions morales étaient peintes sur les murs de l'édifice. Dans le centre, se dressait un autel simple, sur lequel, suivant les saisons, les théophilanthropes déposaient, en signe de reconnaissance pour les bienfaits du Créateur, ou des fleurs ou des fruits. Tout près de là, une tribune était disposée pour l'orateur qui avait mission de prononcer l'instruction religieuse et morale. C'est à midi que commençait la pieuse cérémonie. L'officiant, vêtu quelquefois d'un habit bleu, serré par une ceinture rose, quelquefois, d'une robe blanche avec une écharpe bleue autour des reins, et la tête découverte, se plaçait à la tribune, et lisait d'abord les passages du Manuel relatifs aux dogmes et aux préceptes moraux, puis ceux qui concernaient la conduite journalière. Ensuite, et lorsque la réunion était complète, il se dirigeait vers l'autel ; et là, debout, il récitait à voix haute l'invocation que nous avons rapportée ci-dessus. Les assistants, debout aussi, la répétaient à voix basse. A cette cérémonie, succédait un moment de silence, pendant lequel chacun se rendait compte mentalement de la conduite qu'il avait tenue depuis la dernière solennité périodique. Bientôt l'on s'asseyait pour entendre des lectures ou des discours sur des points de morale conformes aux principes énoncés dans le Manuel. Dans les intervalles qui s'écoulaient entre les diverses lectures, les assistants chantaient en chœur des hymnes d'actions de grâces. La cérémonie avait habituellement une durée d'une heure et demie environ ; et, dès qu'elle était achevée, l'assemblait se séparait.

C'est à la fin de ces réunions que, lorsqu'il y avait lieu, les parents apportaient au temple leurs enfants nouveau-nés, pour les faire admettre dans la communauté. Le père se présentait devant le président de la fête, et là, élevant son enfant vers le ciel, il déclarait les noms qui lui avait été donnés dans l'acte civil. Alors le président lui disait : « Vous promettez devant Dieu et devant les hommes d'élever cet enfant dans la doctrine des théophilanthropes, de lui inspirer, dès l'aurore de sa raison, la croyance de l'existence de Dieu et de l'immortalité de l'âme, et de le pénétrer de la nécessité d'adorer Dieu, de chérir ses semblables, et de se rendre utile à la patrie? » Le père répondait affirmativement. Lorsque deux parrains s'associaient à cet acte religieux, le président leur adressait ces paroles : « Vous promettez devant Dieu et devant les hommes de tenir lieu à cet enfant, autant qu'il sera en vous, de son père et de sa mère, si ceux-ci étaient hors d'état de lui donner leurs soins? » Les parrains contractaient cet engagement. Toutes ces formalités remplies, le président faisait un discours sur les devoirs imposés aux pères et aux mères, et en général aux personnes qui sont chargées de l'éducation des enfants. Les époux aussi faisaient consacrer leur union par les cérémonies de la religion théophilanthropique. Ces cérémonies différaient peu de ce qui se passe en pareille occasion parmi les sectateurs des autres croyances. Les époux déclaraient s'unir l'un à l'autre ; le président leur passait au doigt un anneau, leur adressait une exhortation morale, etc. La seule particularité qui fût propre à la cérémonie théophilanthropique, c'est que, pendant toute sa durée, les conjoints étaient enlacés de rubans ou de guirlandes de fleurs, dont les extrémités étaient tenues par les anciens des deux familles. La théophilanthropie avait également des solennités funéraires. On plaçait, contre un des murs du temple, un tableau sur lequel cette inscription était tracée : « La mort est le commencement de l'immortalité, » et, devant l'autel, une urne cinéraire, ombragée de feuillage. Le président disait : « La mort a frappé un de nos semblables. Conservons le souvenir de ses vertus, et oublions ses fautes. Que cet évènement soit pour nous un avis d'être toujours prêts à paraître devant le juge suprême de nos actions. » Il ajoutait quelques réflexions sur la fragilité de la vie, sur l'immortalité de l'âme, et sur d'autres sujets convenables à la circonstance, et l'on chantait des hymnes conçus dans le même esprit.

Telle était cette religion sans mystères et sans prêtres, née de la liberté, morte avec elle, qui ne fit jamais de mal et qui vécut trop peu pour faire du bien. A quelque point de vue qu'on se place, on ne saurait disconvenir qu'elle fût l'œuvre d'hommes à la fois éclairés et honnêtes, et que ne dirigeait aucun intérêt privé : phénomène bien rare en pareille matière, et qui suffirait, à défaut d'autres titres, pour assigner à la théophilanthropie un rang distingué parmi les innovations religieuses.

Saint-simonisme. Les dernières années de la Restauration virent se fonder à Paris, avec le concours d'hommes éminents dans tous les genres, une nouvelle école philosophique, le saint-simonisme, qui élevait la prétention de transformer tout notre ordre social à l'aide d'une distribution meilleure des agents et des produits du travail. Vers l'époque de la révolution de juillet, ce plan fut modifié, étendu : « l'école devint une église; la doctrine philosophique, une religion. »

L'auteur du système, Claude-Henri, comte de Saint-Simon, appartenait à la famille du duc du même nom à qui l'on doit de curieux mémoires sur le règne de Louis XIV. Il naquit à Paris, le 17 octobre 1760. A dix-sept ans, il embrassa l'état militaire, et fit ses premières armes dans la guerre d'Amérique. C'est pendant cette période qu'il conçut la pensée « d'étudier la marche de l'esprit humain, pour travailler ensuite au perfectionnement de la civilisation, » et qu'il résolut de consacrer sa vie entière à la réalisation d'un si vaste dessein. De retour en Europe, il entreprit de nombreux voyages, afin d'observer par ses propres yeux le mécanisme des sociétés et son influence sur la condition des individus. Il était à Paris lorsque éclata la révolution de 1789, et, quoiqu'il eût pris à tâche de demeurer paisible spectateur de ce grand mouvement politique, il n'en fut pas moins incarcéré pendant plusieurs mois. Rendu à la liberté, il se livra sur les biens nationaux à des spéculations qui furent fructueuses; mais un associé le trompa et consomma sa ruine. A la même époque il se maria. Cette union ne fut pas heureuse, et, quelques années après l'avoir formée, il en demandait la rupture au divorce. Il avait quarante-deux ans, lorsqu'il publia son premier écrit, intitulé : *Lettres d'un habitant de Genève à ses contemporains.* Il y déposa le germe de toutes les idées qu'il développa par la suite dans d'autres ouvrages sur les sciences, l'industrie, la politique, la morale et la religion. Il fit paraître, en 1808, une *Introduction aux travaux scientifiques du* XIXe *siècle;* en 1810, les premières feuilles d'une *Nouvelle encyclopédie;* en 1814, des vues sur une réorganisation de la société européenne; en 1817, des *Lettres à un Américain,* et le journal *l'Industrie;* en 1819, un autre journal, *le Politique;* en 1820, *l'Organisateur,* publication du même genre; l'année suivante, le *Système indus-*

triel; et, en 1824, le *Catéchisme des industriels*. Il s'occupait de l'impression d'un dernier livre, le *Nouveau christianisme*, quand la mort vint le frapper, le 19 mai 1825. C'est au milieu d'obstacles de toute espèce, de préoccupations cruelles, qu'il déploya une si dévorante activité d'esprit, qu'il parvint à mettre au jour tant et de si importants travaux. On jugera de la force d'âme et de l'infatigable persévérance dont il était doué par ce tableau qu'il trace lui-même de l'affreux dénuement dans lequel il était plongé dès 1810, au moment où il entreprenait la publication de sa *Nouvelle encyclopédie*, que le défaut de ressources ne lui permit pas de mener à fin : « Depuis quinze jours, dit-il, je mange du pain et je bois de l'eau ; je travaille sans feu, et j'ai vendu jusqu'à mes habits pour fournir aux frais de copies de mon travail. C'est la passion de la science et du bonheur public, c'est le désir de terminer d'une manière douce l'effroyable crise dans laquelle toute la société européenne se trouve engagée, qui m'ont fait tomber dans cet état de détresse. Ainsi c'est sans rougir que je puis faire l'aveu de ma misère. » Un instant, désolé de se voir méconnu, le courage l'abandonna, il résolut de mourir. Mais, par bonheur, le pistolet avec lequel il attenta à ses jours n'était pas suffisamment chargé, et la balle ne lui offensa que légèrement l'os frontal. Renonçant alors à ses projets de suicide, il reprit avec une ardeur nouvelle le cours de ses travaux. Ceci se passait en 1821. Peu de temps après, un avenir meilleur parut lui sourire : à ses premiers disciples, MM. Auguste Comte et Augustin Thierry, qui s'étaient éloignés de lui, en succédèrent plusieurs autres, tels que MM. Olinde Rodrigues, à qui, depuis, il légua ses manuscrits, J.-B. Duvergier, Bailly (de Blois) et Léon Halévy. Ceux-ci embrassèrent ses idées avec chaleur, et appliquèrent tous leurs efforts à les propager. C'est au moment où Saint-Simon espérait ainsi voir se réaliser enfin le rêve de toute sa vie qu'il fut atteint d'une maladie grave et qu'il y succomba.

Fidèles exécuteurs de ses dernières volontés, ses disciples s'empressèrent de constituer l'école nouvelle. Ils formèrent immédiatement une société sous la raison *Enfantin, Rodrigues et compagnie*, pour la publication du *Producteur*, journal destiné à servir d'organe à la doctrine. Quelque remarquable qu'en fût la rédaction, et quelque sensation qu'il eût produite parmi les hommes sérieux, le *Producteur* ne put se soutenir : il cessa de paraître à la fin de 1826. Cependant, l'école voyait s'accroître de jour en jour le nombre de ses membres, qui se recrutaient particulièrement dans les rangs des gens de finance, des économistes, des élèves de l'École polytechnique, des légistes et des écrivains. On y comptait, indépendamment de ceux dont nous avons déjà parlé, MM. Bazard, Michel Chevalier, Émile et Isaac Péreire, d'Eichthal, Talabot, Charles Duveyrier, Émile

Barrault, Lherminier, Decourdemanche, Laurent, et beaucoup d'autres hommes d'une égale valeur. En 1828, M. Prosper Enfantin, qui occupait alors un emploi élevé à la caisse hypothécaire, dont M. Rodrigues était le directeur, réunit dans son salon les disciples de Saint-Simon, et leur exposa, dans des enseignements successifs, la partie de la doctrine du maître qui avait trait à la loi du développement progressif de l'humanité. La réforme qu'il s'agissait d'opérer consistait principalement dans l'abolition de tous les priviléges de la naissance; dans la suppression de l'héritage direct, et, transitoirement, de l'héritage collatéral, au profit de l'État, qui, par ce moyen, finirait par devenir seul propriétaire du sol et des instruments de travail; dans un mode d'éducation sociale et professionnelle conforme à ce nouvel état de la propriété; dans la classification des travailleurs suivant leur capacité, et dans leur rétribution suivant leurs œuvres; enfin dans l'égalité de l'homme et de la femme. Cette théorie habilement développée, attira de nouveaux sectateurs au saint-simonisme. Le salon de la rue Neuve-Saint-Augustin ne fut plus assez vaste pour contenir l'affluence des auditeurs. On loua un hôtel dans la rue Monsigny, et là, les enseignements continuèrent, non plus seulement devant les adeptes, mais devant une foule de personnes étrangères à la doctrine, qu'on invitait aux réunions, et qui, pour la plupart, amenées par un sentiment de pure curiosité, finissaient par se laisser convaincre.

A cette période, l'école saint-simonienne revêtit un nouveau caractère. Après avoir exposé tour à tour le point de vue scientifique et le point de vue économique du système, les chefs sentirent que ce système « avait besoin d'être vivifié par le principe religieux, chargé d'unir les deux ordres de travaux parcourus jusque-là isolément. » Dès ce moment, la religion saint-simonienne fut fondée, et MM. Bazard et Enfantin en devinrent les pontifes. On institua une hiérarchie sacerdotale : il y eut des membres du premier degré, des pères, qui formaient ce qu'on appelait le collége; il y eut, au-dessous de ce corps, un deuxième, un troisième degrés, qui comprenaient les frères; et un degré préparatoire, qui se composait des aspirants. La famille saint-simonienne était ainsi organisée, lorsque la révolution de 1830 éclata. Au plus fort de la lutte, à laquelle ils s'abstinrent de prendre part, les chefs du saint-simonisme, MM. Bazard et Enfantin, firent afficher sur les murs de Paris une proclamation par laquelle ils appelaient, « au nom de Saint-Simon, toutes les classes de la société à travailler *pacifiquement* à l'établissement d'un nouvel ordre social où chacun serait classé suivant sa capacité et rétribué suivant ses œuvres. » Cet écrit, diversement interprété, eut pour unique effet de porter à la connaissance de la masse du public, qui l'ignorait complètement, l'existence de la société saint-simonienne. Toutefois, le nouvel état de choses permettant à la *famille* de se manifester avec plus de liberté, elle fit bientôt, à la salle Taitbout, des prédications hebdomadaires, qui, en peu de temps, augmentèrent dans une proportion considérable le nombre des sectateurs de sa doctrine. A ce moyen de propagande, elle en ajouta un second, non moins puissant, celui que lui offrait la presse périodique ; et elle ne tarda pas à avoir pour échos le *Globe*, la *Revue encyclopédique*, l'*Organisateur belge*. En même temps, elle envoyait des missionnaires sur tous les points de la France, et installait, par leur secours, dans les principales villes du midi, des églises et des centres de prolétaires, où elle se proposait de commencer l'exécution de ses plans politiques par « l'amélioration du sort moral, physique et intellectuel de la classe la plus nombreuse et la plus pauvre. »

Rien ne semblait devoir arrêter l'essor de la nouvelle religion, lorsqu'à la fin de 1831, de graves dissentiments éclatèrent dans son sein. Jusqu'alors un point capital de la doctrine était resté sans solution : on n'avait pas précisé les rapports moraux et sociaux qui devaient exister entre les sexes. M. Enfantin entreprit de combler cette lacune, et voici, en substance, le système qu'il exposa : « Les individus de chaque sexe se divisent en deux classes, en mobiles et en immobiles. Les uns, doués d'affections vives et passagères, éprouvent le besoin de changement et de variété ; ceux-là ne sauraient rester longtemps unis au même homme, à la même femme ; pour eux, le mariage est temporaire. Les autres, doués d'affections profondes et durables, éprouvent, au contraire, le besoin de fixité ; leur amour est à l'abri des atteintes du temps ; pour eux, le mariage est définitif. Cependant, abandonnées à elles-mêmes, ces deux classes d'individus doivent se méconnaître et se repousser. Mais, entre elles, intervient le prêtre, homme et femme, qui a la puissance de les lier, parce que, réunissant en lui leurs qualités diverses (la mobilité et l'immobilité), il les aime également et peut se faire aimer également aussi de l'une et de l'autre. » Toutefois, M. Enfantin ajoutait que ce système n'était pas définitif, et il appelait à le modifier « la femme affranchie de son esclavage. » M. Bazard, et, avec lui, beaucoup d'autres saint-simoniens, n'admirent pas, même avec la restriction qu'y apportait l'auteur, une telle doctrine, à laquelle ils reprochaient de « réglementer l'adultère. » Il y eut scission. M. Bazard et ses partisans se retirèrent, et fondèrent une nouvelle hiérarchie, une nouvelle église, qui se dispersa un an après, à la mort de son chef. Plus tard, un second schisme éclata. A son tour, M. Olinde Rodrigues, chef du culte, protesta contre la théorie morale de M. Enfantin, se sépara de lui, et, en sa qualité d'héritier direct du maître, se proclama seul et unique chef de la religion.

Le pouvoir voyait avec inquiétude l'ardeur d'apostolat des saint-simoniens, l'abnégation de la plupart d'entre eux, qui s'étaient volontairement dépouillés de leur fortune au profit de la communauté, et le rapide progrès de leurs idées. Il profita donc de l'état de désarroi et de faiblesse momentané où les avaient réduits ces divisions, pour leur susciter des entraves. D'abord il ordonna la fermeture des salles où ils faisaient leurs prédications; puis il leur intenta un procès en cour d'assises sous la quadruple prévention d'atteinte à la morale publique et aux bonnes mœurs, d'escroquerie, d'atteinte à la propriété en général et de provocation au renversement du gouvernement du roi. L'instruction du procès dura plus de six mois. Dans l'intervalle, les saint-simoniens que n'avait pas découragés la perspective de la persécution résolurent de se retirer à Ménilmontant, près de Paris, dans une propriété de M. Enfantin, et d'y mettre en commun les ressources dont ils pouvaient disposer individuellement. Là, M. Enfantin établit une nouvelle hiérarchie. Il se réserva exclusivement le titre de père. Le reste de la famille fut partagé en frères aînés et en frères cadets; et ces rangs durent être marqués à l'avenir en vertu d'un acte, d'un fait, de nature à les justifier. La domesticité fut abolie, et chacun des frères investi d'une de ces fonctions que le monde appelle serviles. On adopta un costume uniforme : tunique de drap bleu, serrée au-dessus des hanches par une ceinture de cuir; toque aussi en drap bleu; gilet blanc boutonné par derrière; pantalon de toile blanche ou de drap bleu, suivant la saison. Le gilet était le symbole de la fraternité, parce qu'on ne pouvait le revêtir qu'avec l'assistance d'un frère; il avait pour objet de rappeler constamment au sentiment de l'association. Les degrés hiérarchiques étaient indiqués par des galons. M. Enfantin était distingué du reste de la famille par le mot *père*, brodé sur le devant de son gilet. Il fut réglé en outre qu'en s'abordant les frères se donneraient, selon l'occasion, le signe de la paternité, celui du patronage ou celui de la fraternité, qui différaient par la manière dont on se prenait les mains.

Le dogme saint-simonien n'a jamais été complètement et nettement déterminé. Autant qu'on peut en juger par leurs écrits, les adeptes se représentaient Dieu comme l'ensemble de tout ce qui existe. En effet, dans une espèce de dithyrambe sans rythme et sans rimes, M. Charles Duveyrier, qui se qualifiait *poète de Dieu*, plaçait ces paroles dans la bouche de l'Être suprême : « Je suis l'esprit et la chair du monde; je suis partout et je suis tout..... Ma volonté circule dans mes royaumes sans fin, plus rapide que le désir de l'homme ne voyage aux extrémités de son corps. Mon amour embrase éternellement le monde comme le baiser de deux amants flamboie dans leurs chairs frémissantes. » Dans le même écrit, Dieu consacrait en ces termes le dogme de la révélation : « Je me suis mis à la portée des hommes, et je me suis dévoilé pièce à pièce dans le temps. » C'est en vertu de cette révélation, dont le mode d'ailleurs n'était pas indiqué, que M. Enfantin venait annoncer sa religion à la terre. Il en exposa ainsi les bases générales, au moment où il se disposait à aller s'enfermer avec ses disciples dans la retraite de Ménilmontant : « Dieu m'a donné mission d'appeler le prolétaire et la femme à une destinée nouvelle; de faire entrer dans la sainte famille humaine tous ceux qui, jusqu'ici, en ont été exclus ou seulement y ont été traités comme mineurs; de réaliser l'association universelle, que les cris de liberté poussés par tous les esclaves, femmes ou prolétaires, appellent depuis la naissance du monde. J'ai parlé d'abord au prolétaire. Au nom de Saint-Simon, mon maître, je lui annoncé la destruction de tous les priviléges de la naissance, qui écrasent le travailleur et le livrent au bon plaisir de l'oisiveté; la fin des guerres qui le déciment et qui arrosent de son sang la terre déjà baignée de ses sueurs et de ses larmes; le terme de cette concurrence haineuse qui enfante la banqueroute et la misère, le crime et l'échafaud..... J'ai parlé ensuite aux femmes. Je leur ai demandé d'écouter avec bienveillance, avec respect, l'homme dont la vie est consacrée à détruire la prostitution ; de recevoir avec bonté, avec amour, la parole de cet homme, qui veut aussi délivrer le monde de l'adultère..... Depuis la fille des rois jusqu'à celle du peuple, je ne sache point qu'il existe une femme de laquelle l'homme ne se croie en droit d'exiger fidélité, dévoûment, obéissance, en échange de l'insultante tutèle que sa superbe raison et sa force brutale daignent accorder à l'être qu'il regarde comme un enfant sans force et sans raison..... Je viens apporter aux femmes l'égalité et la liberté..... » On a vu précédemment quelle devait être la fonction du couple sacerdotal. Quant au culte, il fut toujours incomplet comme le dogme, et ne commença guère à être mis en pratique qu'à Ménilmontant. Là, il se bornait à des travaux de terrassement destinés à creuser les fondements d'un temple que les frères exprimaient l'intention de bâtir, et qu'ils exécutaient en chantant des hymnes en prose qu'accompagnaient les accords d'un piano caché derrière des draperies.

L'action intentée contre les saints-simoniens eut à la fin son cours : un arrêt ordonna la dissolution de la société, et le chef, M. Enfantin, fut condamné pour tous à un long emprisonnement, comme convaincu d'avoir, par de pernicieuses théories, porté atteinte à la morale publique et aux bonnes mœurs. Il ne nous appartient pas de censurer la décision des juges; mais ne fut-elle pas bien sévère, appliquée à des hommes placés si haut par le talent, à qui l'on pouvait bien reprocher des doctrines hardies, mal digérées, fausses même, si l'on veut, mais dont la vie était honorable, et qu'on avait vus récemment dégrader un des leurs et le repousser de leur sein sur la simple prévention d'adultère?

Ainsi s'écroula l'édifice du saint-simonisme. Aucune autre école assurément ne critiqua avec plus de justesse et de raison les vices réels et nombreux de notre état social; mais il s'en faut de beaucoup qu'elle ait indiqué, dans la généralité des cas, les meilleurs moyens de faire cesser le mal. D'ailleurs ces moyens eussent-ils été moins imparfaits, il leur aurait encore manqué d'être convenablement étudiés ; et, s'il eût été donné à l'école d'entreprendre librement la réalisation de son système, elle eût rencontré sans contredit d'imprévues et insurmontables difficultés à chaque pas. Quoi qu'il en soit, et en laissant de côté la partie religieuse proprement dite de la doctrine, où, comme on a pu le voir, les défectuosités abondaient plus que dans tout le reste, plusieurs des idées du saint-simonisme ont prévalu à bon droit contre les railleries dont elles étaient l'objet et sont désormais acquises à la science économique.

Nous voici enfin parvenu au terme de la tâche que nous nous étions imposée. Certes, nous n'avons pas la prétention d'en avoir surmonté toutes les difficultés, qui étaient grandes et ardues ; mais du moins avons-nous la conscience d'avoir donné, dans un cadre restreint, ce qui a encore été publié de plus complet et de plus substantiel sur les matières religieuses. Nous avons été sobre de réflexions, parce que nous avions entrepris une exposition plutôt qu'une œuvre philosophique. La forme aussi nous a peu préoccupé : ce qui nous importait avant tout, c'était d'être clair et précis ; et nous nous estimerons heureux si nous avons atteint ce but. Les points que nous nous sommes plus spécialement attaché à développer sont ceux qui nous semblaient être le moins généralement connus : nous avons glissé sur les autres, tels que le paganisme grec et romain, le judaïsme et le christianisme, quelque intérêt d'ailleurs que nous eussions éprouvé à les traiter à fond. Une particularité importante ressortira de cette histoire : c'est qu'il n'y a pas un dogme, une fiction, une pratique, un usage religieux admis par un peuple quelconque, ou sauvage ou civilisé, sur quelque point de la terre et à quelque époque que ce soit, qui n'ait sa source originelle dans le brahmaïsme. Voilà ce que nous avons voulu principalement constater, afin que cette parenté, nous dirons presque cette identité de toutes les religions, vînt donner l'appui et la sanction des faits à ce principe si éminemment social proclamé par la philosophie moderne : la TOLÉRANCE RELIGIEUSE.

FIN DU TOME SECOND ET DERNIER.

TABLE DES MATIÈRES

DU SECOND VOLUME.

                                          Pages.

LIVRE TROISIÈME. Polythéisme de l'Océanie et de l'Amérique. . . 5
  Chapitre Ier. Croyances océaniennes. . . . . *ib.*
  Chapitre II. Croyances océaniennes (suite). 18
  Chapitre III. Croyances océaniennes (suite). 34
  Chapitre IV. Croyances américaines. 48
  Chapitre V. Croyances américaines (suite). 65
  Chapitre VI. Croyances américaines (suite). 80
  Chapitre VII. Croyances américaines (suite). 98
LIVRE QUATRIÈME. Paganisme. 117
  Chapitre Ier Magisme. . . . . *ib.*
  Chapitre II. Druidisme. 145
  Chapitre III. Religions slaves. 168
  Chapitre IV. Religion égyptienne. 175
  Chapitre V. Religion grecque-romaine. 202
LIVRE CINQUIÈME. Judaïsme. 230
  Chapitre Ier. Origines judaïques. . . . . *ib.*
  Chapitre II. Croyances, sacerdoce, culte, histoire. 244
LIVRE SIXIÈME. Christianisme. 266
  Chapitre Ier. Origines, phases diverses. . . . . *ib.*
  Chapitre II. Dogmes, sacerdoce, culte. 288
LIVRE SEPTIÈME. Mahométisme. 306
  Chapitre Ier. Origines, dogmes, morale. . . . . *ib.*
  Chapitre II. Sacerdoce, culte, sectes. 319
LIVRE HUITIÈME. Déisme. 304
  Chapitre unique. Religion naturelle, culte républicain, théophilantropie, . *ib.*
saint-simonisme. . . . . *ib.*

FIN DE LA TABLE.

INDEX DU PLACEMENT DES GRAVURES.

	Pages.
Cérémonies funèbres des naturels des îles Sandwich.	47
Sacrifices humains des Mexicains	69
Culte du feu chez les anciens Perses.	159
Triomphe d'un initié aux mystères égyptiens.	192
Jugement d'un roi chez les anciens Égyptiens.	199
L'Olympe des Grecs.	203
Augures romains.	219
Danse sacrée des prêtres saliens.	221
La pythie de Delphes.	224
Nègres adorant un fétiche.	228
L'autel des holocaustes chez les juifs anciens.	253
Auto-da-fé en Espagne.	295
Agape des premiers chrétiens.	298
Baptême des anabaptistes.	300
Pèlerinage de la Mecque.	328
Procession du baïrâm.	332

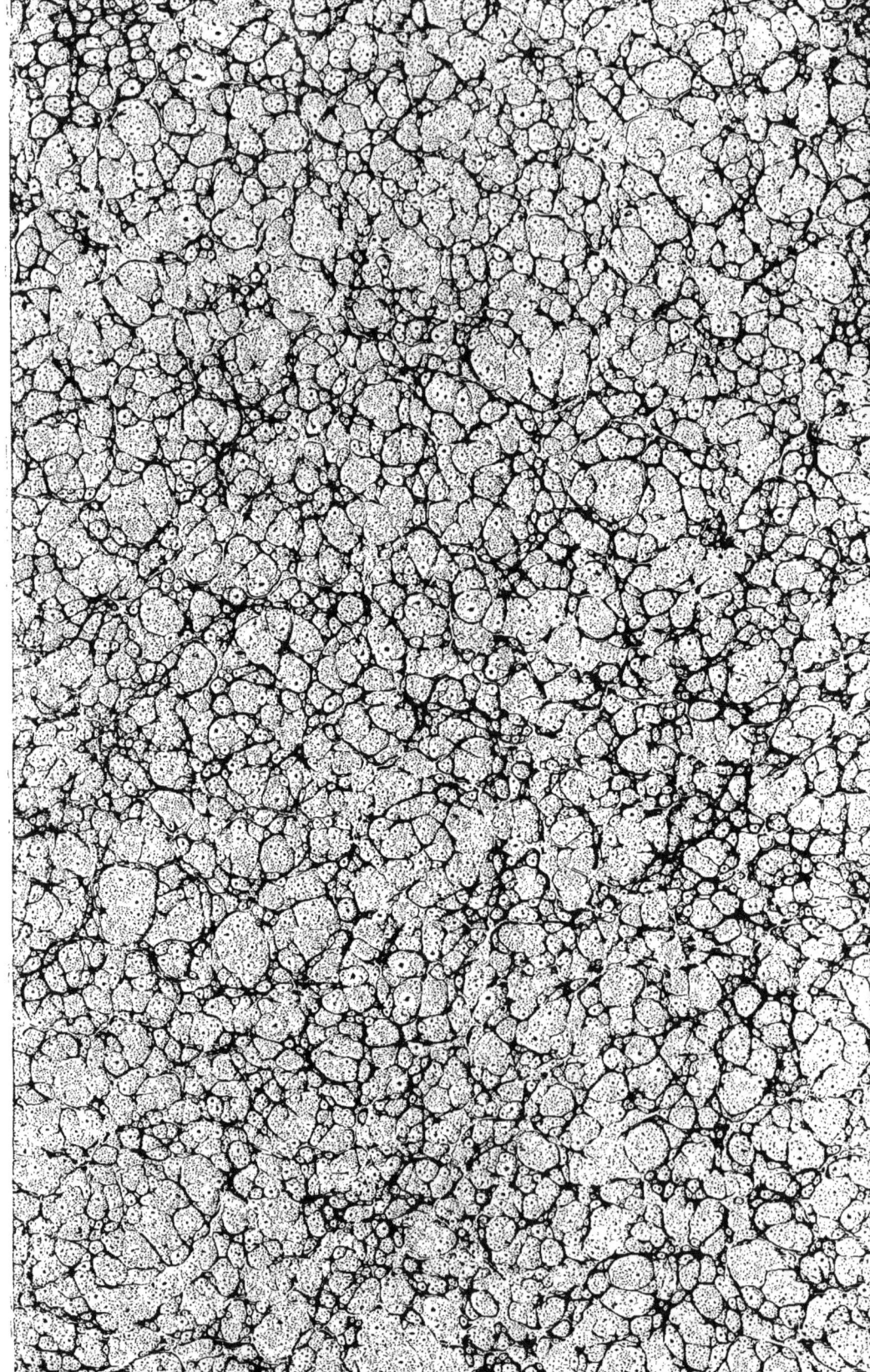

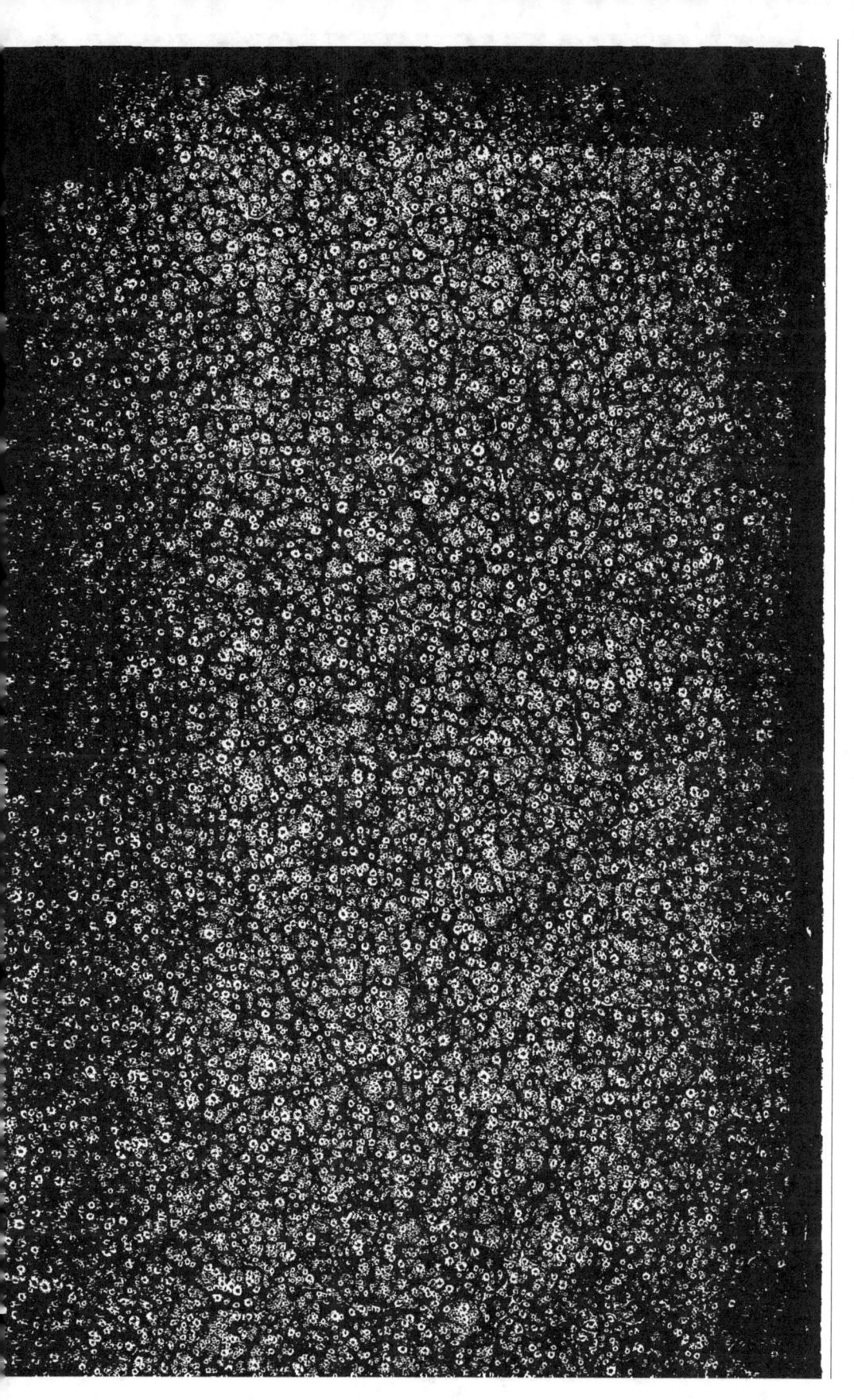